한설야와 이데올로기의 서사학

지은이 **이경재**(李京在, Lee, Kyung-Jae)는 서울대학교 국어국문학과 및 동 대학원을 졸업하였고 2006년 『문화일보』 신춘문예 평론부문에 당선되었다. 『문학수첩』 편집위원을 지냈으며, 『학산문학』 편집위원으로 활동 중이다. 육군사관학교, 서울대 등 여러 대학의 강사를 역임하였고 현재 아주대학교에서 강의를 하고 있다. 저서로는 『단독성의 박물관』(문학동네, 2009), 공저로 『현대소설의 구조와 미학』(태학사, 2005), 『어문학 연구의 넓이와 깊이』(역락, 2006), 『한국현대작가와 불교』(예옥, 2007) 등이 있다.

한설야와 이데올로기의 서사학

2010년 2월 1일 1판 1쇄 인쇄
2010년 2월 5일 1판 1쇄 발행

지은이 _ 이경재
펴낸이 _ 박성모
펴낸곳 _ 소명출판
등록 _ 제13-522호
주소 _ 137-878 서울시 서초구 서초동 1621-18 (란빌딩 1층)
대표전화 _ (02) 585-7840
팩시밀리 _ (02) 585-7848

somyong@korea.com | www.somyong.co.kr

값 22,000원
ISBN 978-89-5626-444-8 93810

한설야와 이데올로기의 서사학

Han Seolya and Narratology of Ideology

이경재

소명출판

● 책머리에 ●

대학원 박사과정에 처음 입학한 것이 2000년 3월이었고, 이 책의 기본 바탕이 된 박사논문이 통과된 것은 2008년 8월이었다. 처음부터 한설야를 연구한 것은 아니지만, 대충 잡아도 이 엉성한 책 한 권을 쓰는데 꼬박 5년이 넘는 세월을 보냈다. 그 시간 동안 나의 자세는 그야말로 소박한 것이었다. 한설야 문학의 실상을 가능한 한 빠짐없이 있는 그대로 규명하자는 것이었다. 한설야는 한국근대문학사에서 누구보다 노력하는 작가였다. 그렇기에 통념과는 달리 늘 방황하는 자이기도 했다. 식민지 시기 내내 이어진 여러 번의 투옥과 북한에서의 숙청은 그의 노력과 방황이 결코 가볍지 않은 것이었음을 증명한다. 한설야는 식민지 문학, 북한 문학, 나아가 통일 문학을 사유할 때 몇 번이고 돌아보지 않을 수 없는 존재이다. 이 책은 그의 노력이 문학화 되는 방식을 탐구한 것 이상도 이하도 아니다. 특히 그동안의 한설야 문학연구가 상대적으로 소홀하게 취급했던 서사적인 측면에 초점을 맞추고자 하였다. 이 책의 출발은 그야말로 문학사의 빈칸을 채우고자 하는 '담소심소(膽小心小)'한 것이었다.

이미 시효가 지나도 한참 지난 것으로 보이는 카프 문학, 그 중에서도 가장 완고하고 시대착오적으로 보이는 한설야 문학의 실상을 복원해 보겠다는 나를 보는 사람들의 반응은 두 가지였다. 한참 전에 다 파먹은 김

칫독을 이제와 왜 들여다보느냐는 반응이 하나였고, 내가 무슨 단단한 주의자라도 되는 것처럼 묘한 눈빛으로 바라보는 것이 다른 하나였다. 첫 번째 반응은 조금 어이없는 것이었다. 한설야를 비롯한 카프 연구에는 아직도 밝혀내야 할 과제들이 너무나 많았으며, 설령 다 파먹었더라도 그 안에 새 것을 담아내는 것 역시 연구자의 기본적인 임무라고 생각했기 때문이다. 두 번째와 관련해서는 학문의 객관성이라는 것을 늘 염두에 두고자 했다. 연구자의 애정과 열망이 연구대상을 정복할 때 가져올 수 있는 학문적 성과가 얼마나 대단한 것인지를 모르지 않는다. 그러나 실존주의자만이 실존주의를 연구하고, 낭만주의자만이 낭만주의를 연구하는 것은 아닐 것이다.

논문을 쓰는 과정에서는 힘든 것만큼이나 즐거운 순간도 적지 않았다. 한 번도 언급된 바 없는 자료들을 한 장씩 복사해서 도둑이라도 맞을까봐 조심조심 집에 들고 오던 순간의 설렘, 당연히 생각해오던 것과는 다른 한설야 문학의 특징을 발견했을 때의 긴장감 등은 오랜 시간이 지나도 잊지 못할 거 같다. 한설야의 일제 말기 소설들은 특히나 매력적이었다. 사회역사적 반영론과 토대 규정론으로만 규정지을 수 없는 깊고 광활한 세계가 펼쳐져 있었다. 섬세한 감성이나 존재의 비의 따위에는 눈길조차 돌리지 않을 것 같던 함경도 사나이 한설야는 누구보다 뛰어나게 일상인의 사소한 절망과 인간 내면의 짙은 어둠을 담아낼 줄 알았다. 또한 한설야를 공부하며 한국문학의 여러 문제적 개념과 현상들을 계속해서 공부해 보고 싶다는 바람을 가질 수 있었다. 이러한 과정을 거치며 나의 마음은 어느새 '담대심소(膽大心小)'한 것으로 조금씩 변해 갔다.

이 책은 여러 선생님들의 은혜가 모이고 모여 만들어진 것에 불과하다. 심사 과정에서 논문의 여러 문제점을 날카롭게 지적해 주신 권영민 선생님, 한설야와 관련된 북한의 참고 자료를 알려주신 장사선 선생님, 한설야 연구의 기본토대를 놓아주신 서경석 선생님, 문장 하나 단어 하나까지 빨간 펜으로 수정해주신 방민호 선생님께 감사드린다. 학부 시절부터 국문학의 우람한 성채를 보여주신 김윤식 선생님, 문학연구란 텍스트에 대한 사랑과 이해에서 시작됨을 알려주신 오세영 선생님께도 깊이 감사드린다. 또한 한설야의 북한 문학에 대하여 선구적인 업적을 남기신 김재용 선생님도 잊을 수 없다. 무엇보다 천둥벌거숭이에다가 천방지축인 저를 오랜 시간 지도해 주신 조남현 선생님께는 "고맙습니다"라는 말조차 올리는 것이 송구스럽다. 근면성실하게 학문 탐구의 길을 걷겠다는 다짐 밖에는 보여드릴 게 없다. 일일이 나열할 수는 없지만, 학문과 삶에 여러 도움을 주신 선생님, 선후배, 동기 여러분들께도 이 책이 작은 보답이 되었으면 좋겠다.

소명출판에 감사드리며
추운 겨울 이경재

● 차례 ●

제1장 서론

1. 연구사 정리와 문제 제기

한설야는 소설과 평론을 함께 창작한 카프의 중심인물이었으며, 해방 이후에도 이데올로기 지향적인 북한 문단에서 주도적인 역할을 담당하였다. 이러한 한설야의 이념지향적인 이력은 그의 문학을 이해하는데 기본 전제로서 작용해 왔다. 1980년대 월북작가의 해금 이후 활발하게 이루어진 한설야 소설에 대한 연구는, 그것이 작가론의 형식이 되었든 작품론의 형식이 되었든 간에 대부분 작품 분석의 방법으로 리얼리즘 미학을 사용하거나, 그의 문학을 당대 프로문학운동과의 관련성 속에서 이해했던 것이다. 지금까지 식민지시기 한설야 소설은 그 시대를 대표하는 경향소설,[1] 노동소설,[2] 전향소설[3]로서 자리매김될 수 있었다.

경향문학의 차원에서 이루어진 연구를 살펴보면 다음과 같다. 임화[4]

는 여러 편의 글을 통해 한설야 문학에 대한 지속적인 관심을 보였다. 임화는 「작가 한설야론」에서 『청춘기』에 이르기까지의 한설야 문학을 조망하면서, 「과도기」가 조선 땅에 돌아온 작가 한설야를 나타낸 것이라고 평하고 있다. 그러나 문제점으로는 한 사람의 신입 직공에 불과했던 창선이가 「씨름」의 선진적인 노동자인 명호가 되었는가 하는 "運命의 길, 性格的 改造의 過程"[5]이 생략되어 있는 것을 들고 있다. 이러한 문제점은 『황혼』의 인물들을 형상화하는 데에도 드러난다고 지적하고 있다. 이 시기 한설야 소설에 대한 부정적인 평가는 백철에 의해서 이루어졌다. 그는 프로문학이 유행하던 시대에는 "君과 같이 作家로서의 아무 才能이 없으면서도 그××主義的 教養과 階級問題에 대하야 一定한 常識을 붙잡는데 忠實한 努力만 가졌으면 一定한 作家의 地位를 찾이할수있었다"[6]고 말함으로써, 한설야의 문학을 시류에 편승한 지난 시절의 것으로 치부하고 있다. 한설야 작품의 치명적 결점으로는 "作品의 取材等에있어 아무 래디컬한 認識을 하지못하고 固定的으로 把握하는것", "複雜한 現實을 單純하게 一律化하고 事物을 生命있는것, 卽生成하고 飛躍하는

---

1) 조남현, 「1920년대 한국경향소설연구」, 서울대 석사논문, 1974; 정호웅, 「1920~30년대 한국경향소설의 변모과정 연구」, 서울대 석사논문, 1983; 김철, 「1920년대 신경향파 소설 연구」, 연세대 박사논문, 1984; 서경석, 「1920~30년대 신경향소설 연구」, 서울대 석사논문, 1987; 차원현, 「한국경향소설 연구」, 서울대 석사논문, 1987; 장성수, 「1930년대 경향소설 연구」, 고려대 박사논문, 1989; 김외곤, 「1930년대 한국 현실주의 소설 연구」, 서울대 석사논문, 1990.

2) 권영민, 「노동문학의 가능성과 한계」, 『월북문인연구』, 문학사상사, 1989; 장성수, 「1930년대 경향소설 연구」, 고려대 박사논문, 1989; 조현일, 「1920~30년대 노동소설연구」, 서울대 석사논문, 1991.

3) 김윤식, 「전향소설의 한국적 양상」, 『한국근대문학사상사』, 한길사, 1984; 김동환, 「1930년대 한국 전향소설연구」, 서울대 석사논문, 1987; 권보드래, 「1930년대 후반의 프롤레타리아작가 소설 연구」, 서울대 석사논문, 1994; 후지이시 다카요, 「1930년대 후반 한국 전향소설 연구」, 서울대 석사논문, 1997.

4) 임화, 「작가 한설야론－「과도기」에서 『청춘기』까지」, 『동아일보』, 1938.2.22~24; 임화, 「한설야론」, 『문학과 논리』, 학예사, 1940; 임화, 「소설문학 이십년」, 『동아일보』, 1940.4.20.

5) 『동아일보』, 1938.2.23.

6) 백철, 「作家 韓雪野에게」, 『신동아』 89, 1936.9, 209면.

것으로 보지못하는"[7] 것 등을 지적하고 있다.

카프시기 문학에 대한 해방 이후의 대표적인 연구들은 1980년대의 월북 작가 해금조치 이후 본격적으로 이루어졌다. 서경석은 1930년을 전후한 경향소설의 변화를 살피는 가운데, 한설야의 소설들이 각 단계를 대표한다고 보고 있다. 도식화되고 유형화된 목적의식기의 작품으로는 「씨름」을, 완결된 인물이 부차화됨으로써 서사적 공간을 확보한 작품으로는 「사방공사」를, 완결된 인물이 소멸되고 새로운 경향성을 획득한 작품으로는 「과도기」를 들고 있다.[8] 차원현은 「과도기」를 전후로 한 작품들이 이전의 경향소설이 보인 소설공간의 폐쇄와 관념의 도식적 표출에 의한 강한 이념적 속성을 극복했다고 보고 있다. 그것은 "무엇보다도 관념의 내면화를 통해 현실의 변화를 개인의 삶의 궤적이 보여주는 문제성과 더불어 형상화함으로써 본질적으로 현실속에 내재된 경향성을 파악해냄으로써 가능했던 것"[9]이라고 보고 있다. 서경석과 차원현의 연구는 리얼리즘적인 측면에서 인물 형상화의 문제를 다루었다는 선구적인 의의가 있다. 노동소설로서의 한설야 소설에 대한 연구는 주로 『황혼』을 중심에 놓고 논의가 진행되어 왔다.[10] 권영민은 카프를 중심으로 하는 계급문학운동 속에서 "농민들의 몰락과정과 노동자로의 계층 변화를 주목하면서 신음하는 노동계급의 의식을 소설의 형식 속에서 형상화하고자 했던"[11] 작가로 한설야를 의미부여하고 있다.

다음으로 카프 해체 이후 창작된 소설에 대한 연구들이 큰 흐름을 형성하고 있다. 이 시기 소설은 임화나 김남천과 같은 문인들로부터 부정

---

7) 위의 글, 212면.

8) 서경석, 「1920~30년대 한국경향소설 연구」, 서울대 석사논문, 1987.

9) 차원현, 「한국 경향소설 연구」, 서울대 석사논문, 1987, 34면.

10) 권영민, 「노동문학의 가능성과 한계」, 『월북문인연구』, 문학사상사, 1989; 최원식, 「『황혼』에 대하여」, 『황혼』, 창작과비평사, 1989; 김철, 「황혼과 여명－한설야의 『황혼』에 대하여」, 『황혼』, 풀빛, 1989; 오성호, 「식민지시대 노동소설의 성과와 한계」, 『연세어문학』 22, 1990.3; 조남현, 「지식인소설과 노동자소설의 이중음」, 『황혼』, 동아출판사, 1995.

11) 권영민, 앞의 글, 59면.

적인 평가를 받았다. 김남천은 「고발의 정신과 작가」에서 이른바 '고발문학론'의 관점에서 "長篇 『黃昏』이나 「林檎」, 「太陽」, 「후미끼리」등에 나타나잇는것을보면 테-마와 사상성이 훌쩍 푸러저서 藝術的으로 具象化되지못하고 生梗하여 新版公式主義라는 感이업지안타. 씨에게 잇어서도 새로운 創作理論의具體化의方向은 藝術的으로 理解되어잇지 안는것갓다"[12]고 말하고 있다. 안함광은 「지향하는 정열의 호곡-작가 한설야의 노정을 말함」이라는 글에서 비교적 중립적인 입장에서 이후 전향소설에 대한 평가의 시발점이 되는 본격적인 논의를 펼치고 있다. 「임금」, 「보복」, 「이녕」, 「술집」을 집중적으로 논의하고 있는 이 글에서, 「임금」은 "作者의主觀이 너무性急히 幕앞으로 나타나는 印象을 傳하는"[13] 작품으로, 「보복」은 "「林檎」의 時代에잇어서와같은 푸린씨플의世界가아니라, 어린애의世界, 다시 말하면 보담 根源的인 强靭한熱과 生命力의 世界"[14]를 표현한 작품으로, 「이녕」과 「술집」은 프린씨플과 보다 근원적인 것에 대한 정열도 닫아두었지만, "生活의시달림 가운데서 때론, 自己도 모르는사이에 情熱의一端이뛰처나와 反響없는 曠野에 號哭케되는"[15] 작품으로 평가하고 있다.

이 시기 소설들은 해방 이후 전향소설이라는 관점에서 연구되었다. 김동환은 「이녕」과 「숙명」이 가족의 발견과 현실타협의 논리를 보인다고 보았다.[16] 김윤식은 한설야의 전향소설이 '생리적인 오기'를 보여준다고 평가한다.[17] 이후 「한국소설사」에서 「이녕」은 "전향자의 소시민성에 대

12) 『조선일보』, 1937.6.4.

13) 『동아일보』, 1939.10.8.

14) 『동아일보』, 1939.10.11.

15) 『동아일보』, 1939.10.15.

16) 김동환, 「1930년대 한국 전향소설연구」, 서울대 석사논문, 1987, 57~71면.

17) 그는 전향을 관념으로서의 전향과 삶의 방식으로서의 전향으로 나누고 있다. 전자에는 박영희, 백철, 임화를 후자에는 이기영, 한설야, 김남천을 넣고 있다. 김윤식은 한설야, 이기영, 김남천을 각각 적극성, 소극성, 균형감각으로 선명하게 나누고 있는데 그는 「이녕」과 「철로교차점」 등에 대한 분석을 통해 한설야 전향소설의 특징을 "그것은 인간적 품격

한 합리화 양상을 가장 잘 보여주는 전범"[18]으로, 「귀향」, 『청춘기』, 『초향』, 『탑』 등은 퇴행적 경향의 산물[19]로 파악하고 있다. 장성수는 「임금」과 「철로교차점」을 고평하면서도, 파시즘의 대두라는 당대 환경의 영향으로 이들 작품에 나타난 신성한 노동의 세계와 생활실천을 통한 현실의 극복이라는 대안이 관념적인 한계를 지닐 수밖에 없다고 보고 있다.[20] 서경석은 이 시기의 소설을 두 단계로 나누고 있다. 「이녕」까지의 작품은 전향자에게 닥친 생활로의 복귀를 보여주고 있으며, 「보복」에서 「유전」으로 이어지는 단편들은 "그의 빗나간 열정과 자의식 그리고 현실에 대한 패배감이나 회의가 반복되어 있을 뿐"[21]이라는 것이다. 문영희도 김윤식과 서경석의 논의와 같은 맥락에서 「이녕」 이후에 전개되는 한설야의 작품은 과거 지향적 자기 폐쇄의 세계라고 보고 있다. 스스로 이녕 속에 빠진 폐쇄적인 모습을 보여 주거나(「모색」·「파도」), 나약한 것에 대한 강렬한 증오를 표출하거나(「보복」·「술집」·「종두」), 아니면 과거에 쓴 작품들을 개작하는 형태의 관습적인 글쓰기(「유전」·「혈」)로 해방이 될 때까지 시간을 보낸다는 것이다.[22]

위의 연구들은 기본적으로 리얼리즘 미학에 바탕하여 카프 해체 이후 한설야 소설을 바라보고 있으며, 이러한 시각에 의지할 때 이 시기 한설야 소설은 부정적으로 평가될 수밖에 없다. 이 시기의 소설은 대부분 부정적이며, 퇴행적인 모습을 지니는 것으로 파악된다. 이와 비슷한 전제에서 있으면서도 하정일은 이 시기 한설야의 소설을 긍정적으로 평가한다. 그는 '자기 성찰'이라는 개념을 핵심어로 삼아 "이 시기의 한설야는 자전

이랄까 자존심에 관련된 것. 그런데 그 자존심이란 생리적인 오기의 일종이 아닐 수 없다"고 말하고 있다(김윤식, 「1930년대 후반기 카프 문인들의 전향유형 분석」, 『한국현대문학사상사론』, 일지사, 1992, 109~145면).

18) 김윤식·정호웅, 『한국소설사』, 예하, 1993, 154면.

19) 위의 책, 157면.

20) 장성수, 「1930년대 경향소설 연구」, 고려대 박사논문, 1989.

21) 서경석, 「한설야 문학 연구」, 서울대 박사논문, 1992, 93면.

22) 문영희, 『한설야 문학 연구』, 시와시학사, 1996, 195면.

적인 작품이든 아니든 자기 성찰의 문제에 관심을 기울인다. 자기 성찰에서 생활은 매우 효과적인 매개가 된다. 생활은 이념과 현실의 괴리를 극명하게 드러내 보여주는 장이기 때문이다"[23)]고 말하고 있다.

최근에는 젠더 이론을 바탕으로 해서 이 시기의 작품들을 새롭게 해석하려는 연구들이 나오고 있다. 나명순은 가족의 발견과 아비로서의 자각이 생활세계를 발견하는 계기로 작용하고 있으며, 그 생활 세계는 곧 '집' 혹은 '방'이라는 닫힌 공간으로 인식된다고 주장한다. 또한 이 시기 소설에서 아내는 환전성의 질서가 지배하는 자본주의 일상세계를 표상하는 인물이기도 하지만, 주인공이 강한 생활력에 무의식적으로 견인되기도 하는 인물로도 그려진다고 보고 있다.[24)] 한민주는 전향자의 주체구성에 젠더 문제가 어떠한 메커니즘으로 작동하고 재구성되는지를 살피고 있는데, 전향 작품에서는 양항대립적인 젠더 구조의 형식을 취하며 남성/여성의 신체를 '비전향/전향', '순수/타락'의 형식으로 나타내는 작품이 상당수라는 것이다. 남성작가이자 인물들의 매저키즘적 글쓰기는 전향소설에서 남성주체를 비정력적이고 생기없는 인물군으로 표현한다고 보고 있다.[25)] 정신분석학이나 젠더 이론 등을 가져와 한설야 문학 연구의 다양성을 확보해준다는 측면에서 그 의의를 인정할 수 있다.

다음으로 해방 이후 창작된 한설야 문학에 대한 연구성과를 살펴보면, 창작의 양과 질에 비해 소략한 편임을 알 수 있다. 대부분의 연구가 『설봉산』을 중심으로 해서 이루어졌다. 김윤식은 한설야의 해방 이후 작품들이 혁명적 낙관주의만 드러나고 있음에 비해, 『설봉산』은 기억으로서의 묘사 영역을 확보함으로써 예술성 확보가 이루어졌다고 보고 있다.[26)]

---

23) 하정일, 「1930년대 후반 한설야 문학의 자기 성찰의 깊이」, 『한설야 문학의 재인식』(문학과사상연구회 편), 소명출판, 2000, 83면.

24) 나명순, 「1930년대 후반의 한설야 소설 연구」, 『우리어문연구』 19, 2002, 209~228면.

25) 한민주, 「1930년대 후반기 전향소설에 나타난 남성 매저키즘의 의미」, 『여성문학연구』, 2003, 276~297면.

26) 김윤식, 「한설야론」, 『한국 현대 현실주의 소설 연구』, 문학과지성사, 1990, 89~98면.

김외곤은 『설봉산』이 '낙관주의적 비극'이라는 미적 가치를 지닌 작품으로 평가한다.[27] Brian Myers는 꼼꼼한 실증을 바탕으로 해방 이후 한설야의 문학적 생애를 네 시기[28]로 나누고, 각 시기의 대표작들을 살펴보고 있다. 그는 북한과 한설야가 사회주의적 리얼리즘을 전범으로 내세웠지만, 실제로는 그것과는 거리가 먼 독특한 북한식 문학을 창조했음을 주장하고 있다.[29] 해방 이후 한설야의 소설은 주제별 분류의 대상에 머물고 있는 실정이다. 대부분의 연구자들은 이 시기의 소설을, 김일성을 다룬 소설, 친소적 의식을 다룬 소설, 사회주의를 찬양한 소설, 반미의식을 다룬 소설로 나누고 있다.

다음으로 한설야의 생애나 문학론, 작품을 포괄적으로 다룬 작가론이 있다. 1938년 임화의 한설야론 이후 한설야 문학에 대한 본격적인 조명은 서경석에 의해 이루어졌다.[30] 서경석은 '귀향'이라는 개념을 통해 한설야 문학의 특징을 밝히고 있다.[31] 이 개념을 더욱 발전시킨 박사논문에서 한설야 문학을 관류하는 특징으로 지방성을 들고 있으며, 이때 지방성이란 지정학적 공간의 후진성을 뜻하는 동시에 당시의 프로문학운동을 이끌던 중심부와의 상대적 대립개념으로 파악된다. 김윤식은 세 가지 '귀향의 형식'을 통해 한설야 소설의 전시기를 조망하고 있다.[32] 문영희는 리얼리즘 문학의 미적 반영 원리인 시각의 원리에 초점을 맞추어, 한설야의 좌파적 세계관과 당대현실의 관계를 통해 한설야의 문학을 파악하고 있다.[33] 조수웅은 한설야의 모든 작품을 현실주의 문학이론을 원

---

27) 김외곤, 「1930년대 적색 농조운동과 낙관주의적 비극」, 『한국 근대 리얼리즘 문학 비판』, 태학사, 1995, 256~289면.

28) '해방 이후의 한설야(1945~50)', '한국전쟁기와 전후의 한설야(1950~55)', '한설야의 황금시대(1956~61)', '한설야의 숙청과 복권(1962~69)'으로 나누어 살펴보고 있다.

29) Brian Myers, *Han Sŏrya and North Korean Literature*, Cornell University, 1994.

30) 서경석, 「한국경향소설과 '귀향'의 의미」, 『한국학보』, 1987년 여름; 서경석, 「생활문학과 신념의 세계」, 『한국문학의 리얼리즘과 모더니즘』, 민음사, 1989.

31) 서경석, 「한설야 문학 연구」, 서울대 박사논문, 1992.

32) 김윤식, 「한설야론」, 『한국 현대 현실주의 소설 연구』, 문학과지성사, 1990.

33) 문영희, 『한설야 문학연구』, 시와시학사, 1996.

용하여 통시적으로 고찰하고 있는데, 주체성과 토착성을 한설야의 특징으로 지적하고 있다.[34)]

작가론의 기본이라 할 수 있는 전기적 생애를 꼼꼼하게 복원한 연구로는 서경석과 송호숙의 논의를 들 수 있다.[35)] 이 글은 한설야의 자전적 글들에 대한 검토를 통해 분단 이후 알려지지 않았던 한설야의 전기적 사실을 복원해내고 있다. 서경석은 당대 공산주의운동사 속에서 한설야의 입장을 입체적으로 조명하고 있는데 한설야가 '조선사회단체중앙협의회'와 '전진회' 계열의 영향을 받았을 가능성을 제시한 것이라든가 장안파 공산당과 연관시켜 논의하는 것 등을 대표적인 성과로 들 수 있다.[36)] 이후에도 서경석은 지속적으로 한설야의 생애를 복원해내고 있는데, 그 결과 한설야의 카프 가입 연도를 1925년도가 아닌 1927년으로 정정하거나, 「열풍」을 바탕으로 한설야가 중국으로부터 얼마나 많은 영향을 받았는지를 밝혀내거나,[37)] 과거 이제마로부터 비롯되는 유학의 전통이 한설야 문학에 얼마나 큰 영향을 주었는지를 규명해 내고 있다.[38)] 문영희 역시 꼼꼼한 실증을 통해 한설야의 문학을 당대의 이념 운동적 지형 속에서 자리매김하고 있다. 그녀는 한재덕과 한설야와의 관계에 주목하며, 서울과 평양이라 는 대립항을 설정하고 이를 통해 해방공간에 나타난 문예운동의 분화과정을 설명하고 있다.[39)] 호테이 토시히로는 등단 이전 한설야의 모습을 새롭게 조명하고 있어 주목된다. 한설야가 기독교 계열의 잡지인 『청년』지에 글을 발표했다는 점, 한설야가 일본대학 사회학과에서 수학했다는 증거가 없다는 점 등을 밝혀내고 있다.[40)] 이러한 견해는 서

---

34) 조수웅, 『한설야 소설의 변모양상』, 국학자료원, 1999.
35) 송호숙, 「한설야 연구」, 연세대 석사논문, 1989, 4~17면.
36) 서경석, 「한설야 문학 연구」, 서울대 박사논문, 1992.
37) 서경석, 「한설야의 『열풍』과 북경 체험의 의미」, 『국어국문학』 131, 2002.
38) 서경석, 「한설야 문학의 유교적 배경 연구」, 『우리말글』 36, 2006.4.
39) 문영희, 『한설야 문학 연구』, 시와시학사, 1996.
40) 호테이 토시히로, 「등단 이전의 한병도」, 『한설야 문학의 재인식』(문학과사상연구회 편), 소명출판, 2000, 37~53면.

경석의 반론에 부딪치기도 했다.

북한에서 이루어진 한설야에 대한 작가론으로는 김명수, 한중모, 안함광, 윤세평의 논의를 들 수 있다.[41] 김명수는 상세한 전기적 사실에 비추어 한설야의 작가적 개성과 그의 문학적 특질을 밝히고 있다. 이를 통해 "한 설야는 조 명희, 최 서해, 리 기영 등과 함께 현대 조선 문학의 개척자의 한 사람이며 조선에서 사회주의적 사실주의 문학을 수립하고 발전시킨 전위 부대의 핵심적인 성원"[42]이라는 평가를 내리고 있다. 한중모는 1956년에 창작된 『설봉산』까지를 대상으로 하여 총 15장 420페이지에 이르는 본격적인 작가론을 쓰고 있다. 이 글에서는 사회주의적 사실주의의 형성 발전 문제, 인도주의적 특성, 언어 묘사적 특징 등이 종합적으로 고찰되고 있다. 위의 논의들은 한설야가 북한 문단의 실력자[43]로 있던 당시에 쓰인 글이니만큼 한설야에 대한 찬양의 태도로 가득하다. 한설야의 창작 활동은 "우리 나라 현대 문학 발전의 전 과정을 포괄하고 있으며", 특히 "그의 창작 발전 과정이 그대로 우리 나라 사회주의적 사실주의 문학의 발전 과정을 특징 지우고 있다"[44]는 것이다.

북한에서 이루어진 작품론으로는 김명수와 엄호석의 논의가 있다. 김명수는 『력사』를 "빛나는 성과"라고 고평하면서, 그 근거로 김일성 형상화의 우수성과 언어에 나타난 인민성을 들고 있다. 단점으로는 배경이 한 시기의 본질적 측면을 담아내기에는 지나치게 협소한 점, 에피소드의

41) 김명수, 『새 인간의 탐구—해방전의 한 설야와 그의 창작』, 조선작가동맹출판사, 1957; 한중모, 『한설야의 창작 연구』, 조선작가동맹출판사, 1959; 안함광, 「한설야의 작가적 행정과 창조적 개성」, 『조선문학』, 1960.12; 윤세평, 「한설야와 그의 문학」, 『현대작가론』 2, 조선작가동맹출판사, 1960.

42) 김명수, 앞의 책, 9면.

43) 한설야는 1962년 10월 문학예술가총동맹중앙위원장에서 해임될 때까지 북조선문학예술가총동맹중앙위원장, 북로당중앙위원회문화부장, 최고인민회의제1기대의원, 문학예술가총동맹중앙위원장, 노동당중앙위원, 교육상, 교육문화상, 최고인민회의제2기대의원, 최고인민회의상임위원회부위원장, 조선작가동맹중앙위원장, 노동당중앙위원 등의 직책을 맡았다.

44) 윤세평, 앞의 책, 8면.

평면적 나열로 되어 있는 점, 인물 형상화가 추상화적인 점 등을 지적하고 있다.[45] 엄호석은 『황혼』의 미학적 특징들, 그 중에서도 작품의 구조적 측면에 초점을 맞추어 논의를 진행하고 있다.[46] 이외에도 북한에서 1957년에 간행된 단편집 『귀향』에 대한 김재하의 서평[47]과 장편 『성장』에 대한 안함광의 단평[48]이 있다.

숙청 이전 북한에서 한설야의 문학사적 지위는 확고했던 것으로 보인다. 1959년 사회과학원 문학연구소에서 만든 『조선문학통사』는 현대문학을 여섯 시기로 나누고 있다. 이때 1910년에서 1919년까지의 문학을 다룬 1장을 제외한 나머지 장에서 한설야는 핵심적인 인물로 언급되고 있다.[49] 그러나 1960년대 중반 이후에는 한설야에 대한 연구를 찾아보기 힘들다. 이것은 한설야의 숙청이 가장 큰 이유이기도 하지만, 주체사상의 대두와 그에 따른 항일혁명문예의 유일정통론 등으로 인해 카프에 대한 연구가 억압된 결과이다.

이상의 연구사 정리를 통해 확인할 수 있는 사실은 한설야 문학에 대한 연구가 단편성을 면치 못하고 있다는 점이다. 그것은 첫 번째로 연구대상의 시기적 단편성에서 확인할 수 있다. 경향소설이나 노동소설 혹은 전향소설이나 북한소설이라는 특정한 시기와 테마의 작품들만을 묶어서 논의하고, 그것으로 한설야 소설의 전체를 의미 부여해왔던 것이다. 한설야의 문학은 크게 세 시기로 나누어 볼 수 있다. 첫째는 등단하여 카프가 해산될 때까지 경향소설을 창작한 시기이고, 다음은 카프의 해산과 출옥 이후 전향소설을 쓴 시기이며, 마지막은 해방 이후 숙청당할 때까지 북

45) 김명수, 「장편소설 『력사』에 대하여」, 『조선문학』, 1954.4.
46) 엄호석, 「한설야의 문학과 『황혼』」, 『조선문학』, 1955.11.
47) 김재하, 「한설야 작품 선집 『귀향』에 대하여」, 『조선문학』, 1958.1.
48) 안함광, 「장편 『성장』의 몇가지 형상적 특성」, 『문학신문』, 1962.5.15.
49) 나머지 시기는 '2장 1919~1930년의 문학', '3장 1930~1945년의 문학', '4장 해방 후 문학－평화적 민주건설 시기의 문학', '5장 조국해방전쟁시기의 문학', '6장 전후시기의 문학'이다(북한사회과학원 문학연구소 편, 『조선문학통사 현대편』, 1959).

에서 활동한 시기이다. 이러한 구분은 더욱더 세분화되기도 하는데, 첫째 시기를 카프 가입 이전과 카프 가입 이후로 나누어 살펴보거나, 카프 해산 이후의 시기를 두 시기로 나누어 살펴보는 것이 그 예이다. 또한 북에서의 창작도 여러 시기로 나누어 살펴지기도 하였다. 기존의 논의들은, 그러한 시기 중의 하나에만 초점을 맞추든가, 작가론의 경우 각 시기를 분리해서 개별적으로 연구하는 모습을 보여주었다. 이러한 시각은 각 시기 한설야 소설이 놓인 당대적 맥락과 의미를 선명하게 드러낼 수 있다는 장점이 있으나, 그의 문학에 일관성을 부여하는 기본적인 특질에 대한 고려는 어렵다는 단점이 있다.

한설야 문학의 전시기를 다루는 경우라 할지라도 대개는 식민지시기에 초점을 맞추고, 해방 이후에는 대표작 몇 편을 다루거나, 하나의 미학 개념을 중심으로 한설야 소설의 변모양상을 나열해 놓는 경우가 대부분이었다. 한설야 연구에서 가장 시급한 과제는 그러한 단절성을 극복하는 것이다. 최근에 이루어지고 있는 한설야 문학에 대한 논의는, 다행스럽게도 관심의 대상이 되는 한설야 소설의 범위가 점차 넓어지는 흐름을 보이고 있다. 해방 이후 북한에서의 소설[50]을 비롯해 등단 이전의 작품들,[51] 일본어로 창작된 작품들,[52] 개작된 작품들[53]까지 그동안의 연구에

50) Brian Myers, *Han Sŏrya and North Korean Literature*, Cornell University, 1994; 김재용, 「냉전시대 한설야 문학의 민족의식과 비타협성」, 『분단구조와 북한문학』, 소명출판, 2000, 95~130면.

51) 호테이 토시히로, 「등단 이전의 한병도」, 『한설야 문학의 재인식』(문학과사상연구회 편), 소명출판, 2000, 37~53면.

52) 김재용, 「새로 발견된 한설야의 소설 『대륙』과 만주 인식」, 『역사비평』, 2003, 249~264면; 서경석, 「카프 작가의 일본어 소설 연구」, 『우리말글』 29, 2003, 373~397면; 김성경, 「인종적 타자의식의 그늘」, 『민족문학사연구』, 2004, 254~282면; 김윤식, 「한설야의 일어 창작론」, 『한국학보』 115, 2004, 2~51면; 심진경, 「식민/탈식민의 상상력과 연애소설의 정치학」, 『민족문학사연구』 28, 2005; 윤대석, 「1940년대 '국민문학' 연구」, 서울대 박사논문. 2006.

53) 한수영, 「한설야 장편소설 『청춘기』의 개작과정에 대하여」, 『한설야 문학의 재인식』(문학과사상연구회 편), 소명출판, 2000, 99~122면; 김병길, 「한설야의 『황혼』 개작본 연구」, 『국어국문학』 132, 2002, 156~188면; 이경재, 「한설야 소설의 개작양상 연구」, 『민족

서는 벗어나 있던 작품들이 본격적인 연구의 대상이 되고 있는 것이다. 그럼에도 한설야 문학의 전모를 조감하는 연구는 아직 찾아보기 힘들다. 이제 한설야 문학은 그 주의주장이나 운동형태만으로, 혹은 그것이 성취된 고정된 상태만으로 이해되는 것이 아니라, '과정'의 총체로서 이해되어야 한다.

본고는 이러한 문제의식을 바탕으로 가능한 한설야의 모든 작품을 연구 대상으로 삼아, 한설야 소설의 전모를 밝혀보고자 한다. 특히 그동안 연구가 활발하지 못했던 북한에서 창작된 소설들을 식민지시기에 창작된 소설들과 똑같은 비중을 두고 연구하고자 한다. 북한이라는 체제는 우리가 사는 체제와는 다르기 때문에 북한문학의 연구에 어려움이 따를 수밖에 없지만, 이제는 그러한 불리한 조건을 감수하고서라도 적극적인 분석과 해석이 따라야 할 시기라고 판단된다. 북한문학의 형성과 발전에 핵심적인 역할을 한 한설야를 본격적으로 연구함에 있어서는 더욱더 그러하다. 다음으로 일제 말에 창작된 일본어 소설들을 고찰하고자 하는데, 이 시기 문학은 한설야 문학의 이채가 아니라 해방 이전 문학과 해방 이후 문학을 연결시켜줄 수 있는 고리라고 할 수 있다.

두 번째로 지금까지 이루어진 한설야 연구의 문제점으로 들 수 있는 것은 연구 시각의 편향성이다. 그동안의 연구들은 대개 목적론적인 입장에서 출발한 경우가 많으며, 작품의 형식보다는 내용에 초점을 맞춘 연구, 즉 세계관이나 이데올로기에 바탕한 연구가 많았다. 이것은 한설야의 인간적·문학적 특수성을 생각한다면, 당연하고도 정당한 결과라고 할 수 있다. 그는 평생에 걸쳐 프롤레타리아 리얼리즘, 유물변증법적 세계관, 사회주의적 사실주의 등을 강력하게 주장해왔기 때문이다. 그러나 문학은 하나의 의식으로 환원될 수 없는 불확실성과 복합성을 가지고 있으며, 문학을 예술이 되도록 하는 것은 이념이나 의식으로 환원될 수 없는

문학사연구』 32, 2006, 281~312면.

바로 그 불확실성과 복합성일 것이다. 설령 한설야의 이데올로기를 문제 삼는다고 하더라도 더욱 본질적인 것은 내용이나 이념이 아니라 의미론적 서술적 구조라고 할 수 있다. 이 구조 속에서 작가의 관심과 입장이 표현되기 때문이다.[54] 또한 지나치게 서구의 리얼리즘적 관점에 얽매여 한설야 소설을 바라볼 경우, 그것은 한설야 소설의 기본적인 특성과 의의를 보편성의 수준에서 해명해 줄 수 있다는 장점이 있으나, 작가가 놓인 고유한 현실적 맥락과 작품 형식의 고유한 특수성을 추적하는 데 제약이 될 수도 있다. 따라서 지금 한설야 연구에 있어 시급한 것은 연구의 시각을 다양화시키고 심화시키는 것이라고 할 수 있다.

특히 한설야 연구에 있어서는 그의 작품이 지닌 고유한 형식미학에 대한 연구가 가장 소홀했다고 볼 수 있다. 본고는 이러한 문제의식 아래서 한설야가 자신의 소설을 어떠한 방식으로 서사화했는지를 살펴보는데 주안점을 두고자 한다. 그러나 지금까지 한설야 소설의 내적 특징에 초점을 맞춘 연구가 전무했던 것은 아니다. 앞에서도 살펴보았듯이 경향문학 차원에서 이루어진 연구에서도 인물형상화에 바탕한 내적 형식의 문제가 다루어진바 있다. 홍혜원은 한설야의 1930년대 후반 소설에 나타나는 공간 의식을 통해 작가의식의 변화양상을 살펴보았으며,[55] 최병우는 등단작부터 1929년에 발표된 「과도기」까지에 나타난 서술 방식의 변화

54) P. Zima, 허창운 · 김태환 역, 『이데올로기와 이론』, 문학과지성사, 1996, 375면. 지마는 "문학 작품들의 이데올로기적(또는 이데올로기 비판적) 성향을 규정하려고 하는 마르크스주의 문예학자들 역시 문제되는 이데올로기의 언어적 구성(의미론적 · 통사론적 · 어휘론적 구성)을 도외시한다는 점에서 경험주의적 분석가들과 비슷한 약점을 보이고 있다"(P. Zima, 김태환 역, 「문학사회학을 넘어서」, 『비판적 문학 이론과 미학』, 문학과지성사, 2000, 98면)고 지적하고 있다. 이와 관련해 술화 구조 자체의 이데올로기적 성격에 주목하는 페터 지마의 텍스트사회학적 입장은 이 논문의 기본적인 관점과 유사하다. 그는 텍스트 사회학의 핵심적인 관심이 "변증법적 문학사회학의 몇몇 주요 개념들(예를 들면 교환가치, 사물화, 이데올로기)을 언어 구조로 파악할 수 있느냐 하는 문제"(P. Zima, 위의 책, 105면)라고 말하고 있는데, 이 논문도 한설야의 이데올로기 특성을 언어 구조로 설명해내고자 한다.

55) 홍혜원, 「한설야 소설의 공간 연구」, 이화여대 석사논문, 1992.

양상을 고찰해 보았다.[56] 박용권은 한설야 연작소설의 담론특성으로, 열린 결말의 양상과 서술 주체의 권위적 양상을 밝혀내고 있다.[57] 장석홍은 「과도기」를 중심으로 해서 한설야의 '세부묘사의 치밀성'에 대해 논증하고 있어 주목된다. 권보드래는 한설야의 전향소설을 혼성구문과 시점의 다각화라는 측면에서 고찰하고 있다.[58] 조남현은 전향소설에 나타난 표현적 특질에 주목하여, 이 시기 소설에 나타나는 "표현기교의 증대, 어휘의 확대, 고유어에의 집착, 정밀한 묘사 경향"[59] 등을 높게 고평하고 있다. 그는 서사적 특징에 주목함으로써 이전의 연구에서 부정적인 것으로 평가되었던 전향소설들을 한설야 소설에서 가장 미학적 성취가 뛰어난 것으로 재인식하고 있다. 조남현은 "1930년대 후반에서 1940년대 초까지 사이에 발표된 한설야의 소설들 중 다수가 문제작의 반열에 든다. 이때의 문제작들은 이데올로기의 무장정도와 작품의 성취도는 별 상관성이 없음을 입증해준다"[60]는 문학일반론에까지 이르고 있다.

그런데 서사적 연구에 있어 주의해야 할 것은 서구의 서사학 이론에 대한 비판적 자의식 없이, 그것에 맹목적으로 기대어 한설야 소설의 외적인 특질을 분석하는데 멈춰서는 안 된다는 점이다. 그것은 나름대로 한설야 연구에 기여하는 바가 있지만, 한국근대소설사의 대표적인 이데올로그라고 할 수 있는 한설야의 문학세계를 왜소화시키는 결과를 초래할 수도 있기 때문이다. 따라서 그의 문학을 온전하게 해명하기 위해서

56) 등단 초기에는 전지적인 시점에 의해 사건의 경개를 정리하는 듯한 단순한 방식을 사용하였으며, 카프에 가입한 이후에야 비로소 계급 문제를 소설화하는 다양한 실험을 시도하였다는 것이다. 그러한 모색 끝에 '과도기'에 이르러 한설야는 제한 전지라는 객관적 삼인칭 시점을 통해 체험을 소설화하는 방식을 찾아내었다고 보고 있다(최병우, 「한설야 소설의 서술방식에 관한 연구」, 『현대소설연구』 5, 1994, 361~383면).

57) 박용권, 「한설야 연작소설 연구」, 전남대 석사논문. 2001.

58) 권보드래, 「1930년대 후반의 프롤레타리아 작가 소설 연구」, 서울대 석사논문, 1993.

59) 조남현, 「한설야, 사상의 하강과 언어표현력의 상승」, 『한국현대문학사상탐구』, 문학동네, 2001, 318면.

60) 조남현, 「한설야의 일관성과 굴절성」, 『한국현대문학사상탐구』, 문학동네, 2001, 131면.

는 서사적 기법을 분석하는 데서 그치지 않고, 그러한 기법을 가능케 한 인식론적 특질과 그것이 지니는 가치론적 측면에까지 연구의 시각이 이르러야 할 것이다. 결론적으로 한설야 문학 연구는 이제 그의 모든 창작물을 대상으로 하여 작품의 언어, 서술기법, 서사구성, 주제적 측면에 이르기까지, 작품의 전반적인 특징이 모두 포괄되는 종합적인 방향을 지향해야 할 때에 이르렀음을 알 수 있다.

2. 연구의 시각

본고는 한설야 소설이 지닌 전반적인 특성과 그것의 상호연관성을 밝히기 위해 서사시학적인 관점에서 연구를 진행하고자 한다. 서사시학은 단순히 작품의 표면에 드러난 특성들을 기술하는 것이 아니라, 서사를 형성해내는 심층의 규칙성에 대해 탐구하는 것이다. 시학은 개별적인 텍스트가 추상적 구조의 발현이라고 보는 문학적 태도에서 비롯된다. 문학 연구에서 시학은 입증된 의미나 효과와 더불어 시작하면서 궁극적으로 그것들이 어떻게 획득되었느냐를 묻는 작업이다.[61] 특히 소설에 적용되는 서사시학은 서사의 구성 요소를 이해하고, 특정한 서사가 그 나름의 효과를 어떻게 얻어내는지를 분석하고자 한다.[62] 작품 이면의 내적 논리가 무엇인가 하는 점을, 서술적 측면, 구성적 측면, 의미론적 측면으로 나누어 살펴보고자 하는 것이다.[63]

61) J. Culler, 이은경 · 임옥희 역, 『문학이론』, 동문선, 1999, 101면.

62) 위의 책, 135~136면.

63) 토도로프는 문학 텍스트에서 관찰되는 여러 요소들의 복합적인 관계를 의미론적 국면, 통사적 국면, 언표적 국면의 세 가지 층위로 나누어 고찰한바 있다. 통사적 국면은 문학 텍스트의 시니피앙들 사이의 관계, 곧 텍스트의 각 부분들 간의 외형적 · 구성적 관계를

이러한 시학적 관점은 일반적인 기호론적 시도와 기본적인 속성을 함께 한다.[64] 특히 이데올로기적 속성이 강한 한설야 소설을 이해함에 있어서는, 여러 가지 기호학 중에서도 사회학과 기호학의 종합을 통해 텍스트가 생산되는 사회·역사적 조건과 텍스트의 내적인 특징, 그리고 양자 간의 관련 양상을 살피는 페터 지마의 텍스트사회학이 유용하다. 지마는 텍스트사회학이 주요한 탐구대상으로 삼는 술화가 의소들(분류소들과 약호화된 동위체들) 간의 대립에 의해 형성되는 의미론적 심층 구조와, 행위자 모델로 포착할 수 있는 통사적 구조(줄거리)를 가진 문장 초월적 단위라고 정의 내린다.[65] 행위자 모델은 토도로프의 관점에서는 텍스트의 통사적 측면에 해당하는 것이지만, 지마에게 있어 이 모델은 피발화층위와 발화층위를 모두 포함한다. 이때 발화층위는 토도로프가 서술적 측면의 핵심적인 요소로 언급한 시점과 서술자의 문제를 핵심으로 하고 있다. 따라서 텍스트기호학에서도 서술적, 통사적, 의미론적 국면은 텍스트의 핵심적인 측면이다.

본고에서는 한설야 소설의 서사구성적 측면이 형식적 측면과 주제적 측면을 매개해주는 성격을 지닌다는 면에서, 통사적 국면에 대한 연구로 논의를 시작하고자 한다. 토도로프는 문학 텍스트를 논리적, 시간적 순서로 조직된 유형과 공간적 순서에 따라 조직된 유형으로 나누고, 이 중 논리적, 시간적 순서로 이루어진 텍스트의 유형을 신화적 이야기와 이념적 이야기로 다시 나눈다. 기본적으로 이데올로기 혹은 메시지를 전달하려는, 즉 세상을 보는 특정 방식이 옳다고 독자를 설득하는 주제소설(roman à thèse)[66]로서의 특성이 강한 한설야의 소설들은 대부분 이념적 이야기 유

지칭한다. 언표적 국면은 인물과 사건 등 환기되는 사실들이 텍스트 안에 어떤 방식으로 드러나고 있는가를 관심으로 한다. 의미론적 국면은 문학 텍스트의 시니피앙과 시니피에 사이의 관계로서, 의미나 상징의 문제와 관련된다(T. Todorov, 곽광수 역, 『구조시학』, 문학과지성사, 1977, 31~114면).

64) 위의 책, 28면.

65) P. Zima, 『이데올로기와 이론』, 문학과지성사, 1996, 399면.

형에 속한다. 이념적 이야기는 어떤 일반적인 개념의 중개를 통해서만 텍스트의 부분들이 논리적으로 연결되며, 추상적으로는 모두 동일한 사상이나 이념을 구현함으로써 하나로 통합되는 이야기들이다.[67]

한설야 소설이 보이는 서사구성의 핵심적 특징은 성장의 서사라는 점이다.[68] 모든 이데올로기는 기본적으로 그 신봉자들이 그 속에서 자신들의 진실과 정체성을 찾을 수 있다고 생각하게 만든다는 점에서 공통점을 갖는다. 이데올로기는 그것을 믿는 사람들에게 그 이데올로기가 모든 것에 대한 답을 지니고 있다는 환상, "개개인들에게 '성장'한다는 환상을 심어주는 것을 통해 사람들로 하여금 스스로 생각하는 무거운 짐으로부터 벗어날 수 있게 해주는 것"[69]이다. 한설야 소설의 구성 양식에서 성장이 핵심적인 키워드로 등장하는 것은 이런 이유에서이다. 긍정적 면모를 지닌 인물이 이상적인 인간으로 성장하는 과정을 그리는 일은 한설야 문학의 중요한 과제 중 하나이다. 성장의 서사는 각 시기마다 약간의 변화를 보이며, 그러한 성장이 궁극적으로 지향하는 바는 각 시기마다 다른 지점들을 보여주고 있다.

이러한 성장의 구성방식을 선명하게 보이기 위해서 그레마스의 행위자 모델(actantial model)을 분석 도구로 이용하고자 한다.[70] 행위자 모델은

---

66) "주제소설은 사실주의 양식(개연성과 재현의 미학에 근거하여)으로 씌어진 소설이다. 이러한 소설은 독자에게 근본적으로 교훈을 주려는 의도를 가지고 있으며, 특정 정치, 철학, 종교 이념이 유효한 것임을 보여주려 한다"(Susan R. Suleiman, *Authoritarian Fiction — The Ideological Novel as a Literary genre*, Columbia UP., 1983, p.7). 주제가 보수적이건 혁신적이건 간에, 현실을 옹호하건 그 개혁을 주장하건 간에, 주제소설은 근본적으로 권위적인 장르이다. 이는 인간심리의 주요 요소인 확실성, 안전성, 통일성에 호소하고, 절대 진리와 절대 가치를 강조한다. 이 과정에서 이 장르가 독자를 예속화·유아화 시키는 면이 있으나, 대신 작가는 부모와 같은 권위를 가지고 독자에게 확신을 심어 준다. 한설야의 소설 중에서 카프시기 소설과 해방 이후 소설이 이러한 주제소설에 해당한다고 말할 수 있다. 그 중에서도 해방 이후 소설이 주제소설로서의 더욱 강한 특징을 보여준다.

67) 위의 책, 83~113면.

68) 주제소설의 구조적 모형 또는 담론 양식으로 가장 많이 쓰이는 것이 바로 도제 구조(Structure of Apprenticeship)와 대결의 구조(Structure of Confrontation)이다.

69) O. Reboul, 홍재성·권오룡 역, 『언어와 이데올로기』, 역사비평사, 1994, 5면.

서술구조 내 존재하는 모든 행위자들을 포함하지 못하지만 텍스트 내 의미 구성과 관련된 이야기의 전개 도식을 발견하게 한다는 장점을 지니고 있다.[71] 행위자 모델이란 심층구조를 의인화하고 극화시켜 표현한 것으로, 통사론적 진행의 토대가 된다.[72] 특히 행위자 모델은 서술 구조에서 이야기의 중심축을 주체가 되는 인물이 추구하는 목적을 달성하기 위한 여정으로 설정한다는 점에서, 주인공의 의식적 각성을 목적으로 하는 도제 구조의 구성적 특질을 밝히는데 적합하다.

3장에서는 한설야 소설의 서술적 국면에 대하여 살펴볼 것이다. 2장과 4장의 기본적인 방법론이라 할 수 있는 그레마스의 이론은 연구의 범위가 방대하여, 담론의 형식을 갖춘 모든 것이 그 대상이다. 폴 리쾨르는 그레마스 기호학의 이러한 특성을 "하나의 텍스트의 모습을 띠는 모든 개인적 혹은 사회적 행동, 정념, 그리고 의미를 갖는다고 주장하는 모든 것이 그레마스 기호학의 고려 대상이다"[73]라고 언급하였다. 따라서 3장

70) 주체(subject)는 어떤 가치 있는 대상 또는 욕망의 대상을 찾아 나서는 주인공이다. 주체는 송신자(sender)로부터 부여되는 대상을 조력자(helper)와 적대자(opponent)의 관여하에 획득하려고 한다. 여기서 송신자는 대상(object)을 포괄하면서 그 연원이 되는 것을 뜻하며, 수신자(receiver)는 흔히 주체와 동일하거나 발송자의 하위 개념으로 발현된다. 조력자와 적대자는 주체가 대상을 획득하는 과정에서 도움을 주거나 시련을 주는 역할을 한다. 행위자 모델을 도식화하면 다음과 같다(A. J. Greimas, trans. Daniele McDowell · Ronald Schleifer · Alan Velie, *Structural Semantics — An Attempt at a method*, Lincoln : University of Nebraska Press, 1983, pp.197~213).

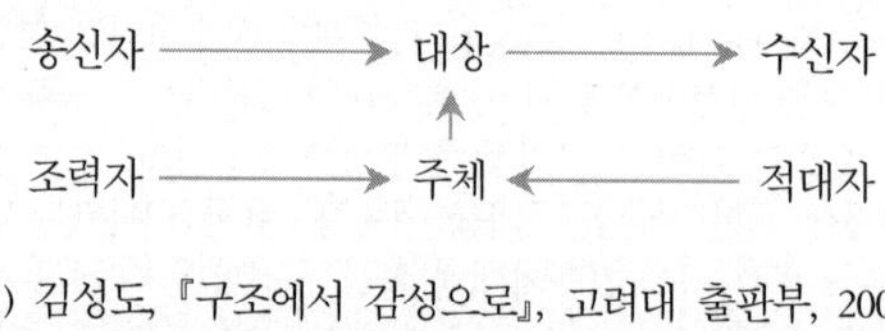

71) 김성도, 『구조에서 감성으로』, 고려대 출판부, 2002, 29면.

72) P. Zima, 허창운 · 김태환 역, 『텍스트사회학이란 무엇인가』, 아르케, 2000, 112면. 지마에게 있어 술화 비판에 있어 술화란 의소들 간의 대립에 의해 형성되는 의미론적 심층구조와, 행역자 모델을 통해 기술될 수 있는 통사론적 진행을 갖는 문장초월적이며 통사론적이 단위를 말한다(위의 책, 221~256면).

73) P. Ricoeur, "Partout où il y a signe……", *Nouveaux actes sémiotiques* 25, 1993, p.45; 김성도, 「그레마스 기호학의 인식론적 토대」, 『현대 기호학 강의』, 민음사, 1998, 218면 재인용.

에서는 여타의 담론과는 다른 소설만의 독특한 서술적 특징과 기법을 살펴보고자 한다.

2장이 피발화 층위이자 진술 대상으로서의 구조 차원에 해당한다면, 3장은 발화층위로서 진술 행위에 해당한다. 서술적 국면에 대한 연구는 스토리가 어떻게 유기체적 구조인 텍스트로 질서화 되는가, 즉 인물과 사건 등 환기되는 사실이 텍스트 안에 어떠한 방식으로 담론화 되는가를 살펴보는 것이다. 토도로프는 언표적 국면을 화법, 시제, 비전(시점), 태(서술자)로 나누어 살펴보고 있다.[74] 리몬 케넌은 서사물을 스토리 / 텍스트 / 서술의 세 층위로 나누어 고찰하는데, 서술적 측면에 해당하는 텍스트 층위에서의 시간, 인물이 재현되는 방식, 초점화를 중요한 서사적 매개장치로서 고찰하고 있다.[75] 이들의 논의에서 핵심은 곧 시점에서 드러나는 지각의 문제라고 할 수 있다. 시점은 작가의 세계 이해와 해석 방식에 연루된 문제이며 관념적, 정서적, 심리적 태도를 구현하고 전달하는 문제임과 동시에, 텍스트의 미학적 효과와 주제적 의미를 입증하는 형식화된 주제적 요소이다. 그것은 또한 서술하는 욕망의 형식화 원리이기도 하다.[76] 텍스트사회학에서도 서술주체가 자기가 이야기하고 있는 행위자들을 규정지을 뿐만 아니라, 그들에게 각각의 역할에 상응하는 양태를 부여한다는 점에서, 핵심적인 고려사항이라고 규정짓고 있다.[77] 한설야 소설의 서술적 측면을 고찰함에 있어서는, 특히 토도로프가 비전의 두 번째 범주라고 말한 비전의 넓이와 깊이에 유념할 필요가 있다.[78] 이 범주

74) T. Todorov, 앞의 책, 59~83면.

75) S. Rimmon-Kennan, 최상규 역, 『소설의 시학』, 문학과지성사, 1985, 69~128면.

76) 우찬제, 「서술 상황과 작가의 욕망」, 『현대소설 시점의 시학』, 새문사, 1996, 197~198면.

77) P. Zima, 『이데올로기와 이론』, 문학과지성사, 1996, 399면. 모든 텍스트에서 술화 전략, 유관성 기준, 분류법, 공시의 전체를 관장하는 것은 말하는 주체이다(위의 책, 450면).

78) 비전의 구조적 특성과 관련된 첫 번째 범주는 환기되는 사실들에 대해 독자가 얻게 되는 정보의 주관성 / 객관성이다. 세 번째로는 비전의 단일성 / 복수성, 그리고 일관성 / 가변성을 고려할 수 있다. 이 밖에도 진실성 / 허위성, 현전성 / 부재성 등을 생각할 수 있다(T. Todorov, 앞의 책, 69~83면).

안에서 비전은 크게 내부적 비전과 외부적 비전으로 나뉘어진다.[79] 이러한 구분은 한설야 소설의 전반을 이해하는 하나의 기준점이 될 수 있다.

비전이 작품 내에서 드러나는 양식을 세밀하게 살피기 위한 방법론으로 초점화 개념을 적극 활용할 것이다. 초점화(focalization)는 즈네뜨가 기존의 시점 이론이 '누가 말하는가'와 '누가 보는가'를 혼동했다고 비판하면서, '누가 보는가'에 해당하는 개념으로 제안한 것이다.[80] 리몬 케넌 역시 즈네뜨의 연장선상에서 스토리는 프리즘, 관점(perspective), 또는 시각(angle of vision)의 중재를 통하여 텍스트 속에서 제시되는데, 이때의 중재를 초점화라고 불렀다.[81] 툴란은 초점화를 "사실들이 보여지는 각도"[82]라고 정의내리고 있다. 리몬 케넌은 쥬네트의 초점화 구분이 상이한 분류 기준에 근거하고 있음을 지적한다. 무초점화와 내적 초점화는 초점자의 위치에 따른 구분인 반면, 외적 초점화는 초점화의 대상이 지각되는 방식과 관련된 구분이라는 것이다. 이러한 난점을 해소하기 위해 리몬 케넌은 초점화의 유형을 초점자의 위치가 스토리에 대해 내적이냐 외적이냐에 따라 내적 초점화와 외적 초점화로 나누고, 초점화 대상이 내부에서 지각되는가 혹은 외부에서 지각되는가(within / without)에 따라 내적 초점화와 외적 초점화를 각각 두 가지로 나누고 있다.[83] 이 글은 리몬 케넌의

79) 내부적 비전은 안에서 보는(du dedans) 비전, 외부적 비전은 밖에서 보는(du dehors) 비전으로 지칭되어 왔다. 그러나 순수히 외부적 비전, 즉 어떤 주관적인 해석도 없이, 인물의 생각 속으로 조금도 들어감이 없이 지각되는 행위들을 묘사하는 것으로 그치는 비전은 절대적인 상태로는 존재하지 않는 법이다(위의 책, 73면).

80) 즈네뜨는 서술자가 등장인물보다 많이 알고 더 이야기하는 '무초점화'(zero focalization), 서술자가 등장인물이 아는 것만을 말하는 '내적 초점화'(internal focalization), 서술자가 등장인물이 알고 있는 것보다 적게 말하는 '외적 초점화'(external focalization)로 유형을 구분하였다. 그는 내적 초점화를 다시 고정적(fixed) 초점화, 가변적(variable) 초점화, 복수(multiple) 초점화로 나누고 있다(G. Genette, trans. Jane. E. Lewin, *Narrative Discourse*, New York : Cornell Univ. press, 1980, pp.189~194).

81) S. Rimmon-Kenan, 앞의 책, 109면.

82) Michael J. Toolan, 김병욱 · 오연희 역, 『서사론—비평언어학적 서설』, 형설, 1993, 106면.

83) 내적 초점화는 초점자의 위치가 재현되는 사건의 내부에 있는 경우로서 주로 '인물—초점자'의 형태를 지닌다. 외적 초점화에서 초점자는 이야기 세계 외부에 위치하는 서

4가지 초점화 유형을 바탕으로 한설야의 소설을 분석해보고자 한다. 이러한 초점화 방식과 함께 고려해야 하는 것이 시간의 문제이다. 한설야 소설의 서술적 측면에서 눈여겨보아야 할 것은 서술 속도이다. 그것은 스토리 시간과 서술 시간과의 관계를 통해 드러난다. 한설야 소설은 각 시기별로 독특한 서술 속도를 지니고 있다. 서술 속도의 조절을 통해 한설야는 자기의 주제의식을 효과적으로 전달하고 있다.

이를 통해 한설야가 각 시기 인물과 사건을 어떻게 담론화 했는지를 살펴보고자 한다. 한설야는 각 시기마다 상이한 인물유형과 사건을 소설화하고 있는데, 그에 따라 다양한 초점화 양상을 내보이고 있다. 여기에는 한설야 고유의 인식론적 특징이 놓여 있는 것으로 판단해 볼 수 있다. 텍스트가 어떤 이데올로기를 표현할 때는, 일정한 선별의 기제가 작동하게 된다.[84] 텍스트가 어떠한 선별 장치에 따라 구성되느냐에 따라 현실과 인물의 묘사는 달라지며, 이러한 특징 속에 작가의 이데올로기는 드러난다. 3장에서는 각 시기 평론들을 적극적으로 고찰의 대상으로 삼아 서술적 특징의 변모가 지닌 배경과 이유에 대하여 살펴보고자 한다. 이와 더불어 한설야 소설이 보여주는 문체적 변화의 양상 역시 함께 고려해 볼 것이다. 이러한 변모 양상 속에서 발견되는 한설야 소설의 규칙성

술자에 가깝게 느껴지므로 '서술자-초점자'라고 부른다. 나아가 우스펜스키와 채트먼 등의 이론을 종합하여 초점화의 여러 국면, 즉 지각적 국면, 심리적 국면, 관념적 국면들에 관해서도 논의하고 있다(S. Rimmon-Kenan, 위의 책, 113~124면). 미케 발은 초점자를 주인공 초점자(character-bound focalizer)와 외부 초점자(external focalizer)로 구분한다. 그녀는 행위자이기도 한 주인공 초점자의 초점화를 내부초점화(internal focalization)라 부르며, 파블라 밖에서의 기능적인 초점화는 외부초점화(external focalization)라 명명한다(Mieke Bal, 한용환 · 강덕화 역, 『서사란 무엇인가』, 문예출판사, 1999). 그러나 발의 초점화, 초점자, 서술자 초점자, 주인공 초점자 등은 즈네뜨 등의 개념을 그녀의 시각으로 재정리한 것에 지나지 않는다(M. Fludernik, *The Fictions of Language and the Languages of Fiction*, Routledge, 1993, p.326).

84) 텍스트는 특정한 사실을 강조하면서, 그 밖의 사실은 언급조차 하지 않고 지나쳐버릴 수도 있다(P. Zima, 김태환 역, 「문학사회학을 넘어서」, 『비판적 문학 이론과 미학』, 문학과지성사, 2000, 132면).

과 일관성에 주목하고자 한다.

마지막으로 의미론적 국면이란 개별 작품들의 의미가 아니라 의미가 생성되는 일반 조건에 대한 탐구이다. 이것은 한설야라는 문학적 주체가 보인 표면상의 여러 굴절과 변이에도 불구하고, 그 이면에 놓여 있는 세계관의 핵 혹은 사고의 구조를 추출해내는 것이다. 이것은 한설야의 각각의 작품들을 가능케 하는 일반 조건이자, 한설야 소설이 전달하는 의미가 생성되는 공통의 지반을 탐색하는 작업이다. 의미론적 층위는 사회와 이데올로기가 언어로 이행하는 경계선이자 언어학의 이데올로기적 전제가 전면에 부각되는 지점이다.[85] 기호학적으로 말하자면 한설야 소설을 심층에서 조율하는 의미동위소(isotopy)[86]들의 관계를 발견하는 작업이라 볼 수 있다. 그레마스는 초기에는 의미동위소를 문맥 속에서 결정된 의소라는 의미로 사용하였으나, 후기에는 담론의 생성을 일관되게 규제하는 심층적인 차원의 대상을 지칭하는 의미로 확장시켜 사용하고 있다.[87] 의미동위소가 성립하기 위해서는 적어도 두 개의 단어(의미소)가 동일한 의소[88]를 공유하고 있어야 한다. 예컨대 자연/문화, 생산/수용, 사

85) P. Zima, 허창운·김태환 역, 『텍스트사회학이란 무엇인가』, 아르케, 2000, 87면.

86) 의미동위소는 이야기를 통일적인 것으로 읽을 수 있게 해주는 의미론적 범주로 규정할 수 있으며, 텍스트 전체에 펼쳐져 있는 의미소들을 관계와 위계 속에서 일관되게 설정해 줌으로써 그 의미의 구체화를 가능케 하는 기능적 단위이자 의미 단위이다(A. J. Greimas, trans. Daniele McDowell · Ronald Schleifer · Alan Velie, *Structural Semantics — An Attempt at a method*, Lincoln : University of Nebraska Press, 1983). 동위소라는 개념은 "이야기의 일관된 독서를 가능케 하는 의미론적 범주들의 반복적인 집합"으로서 이해된다. 그런 의미에서 동위성이란 개념 덕분에 텍스트 전체가 어떻게 동질적인 의미론적 수준들에 위치하는 가를 알 수 있으며, 아울러 유의미적인 집합의 전체적 기의가 선험적으로 상정되는 대신, 어떻게 언어적 발현의 구조적 현실로서 해석될 수 있는가를 일러준다(김성도, 『구조에서 감성으로—그레마스의 기호학 및 일반 의미론의 연구』, 고려대 출판부, 2002, 109면).

87) T. E. Sebeok ed., *Encyclopedia Dictionary of Semiotics*, mouton de gruyter, 1986, p.400.

88) 의소란 트루베츠코이와 야콥슨으로 대표되는 프라하 구조주의 언어학이 언어의 음운체계를 기술하기 위해 개발한 음소의 개념을 의미론적 차원에 적용한 것으로, 하나의 단어를 다른 단어와 뜻에 있어서 구별지어 주는 최소한의 의미 요소를 가리킨다. 의소는 하나의 단어를 다른 단어와 구별지어주는 동시에 그것을 다른 단어들과 묶어주기도 한다(김태환, 『문학의 질서—현대 문학이론의 문제들』, 문학과지성사, 2007, 144면).

회주의/자본주의 등등의 개념적 대립이 핵심적인 경우에는, 이러한 상위개념 각각이 하나의 의미소적 동위체를 이룬다고 볼 수 있다.[89)]

한설야 소설의 의미론적 국면의 기본구조를 해명하기 위해서는 기호학적 사각형을 이용하고자 한다.[90)] 그레마스에게 모든 의미작용은 구성요소들 사이의 관계에 따라 실현되는 것으로 간주된다. 의미의 심층적 차원은 의소(seme)들의 절합을 통한 상관체계로 이루어진다. 그레마스의 기호학에서 특징적인 것은 그가 다루고자 하는 의미가 주어진 데이터로서의 정태적인 것이 아니라 의미의 역동적인 발현 과정, 즉 의미 작용이라는 점이다.[91)] 그레마스는 이러한 역동적인 의미들의 상관체계를 기호학적 사각형을 통해 가시적으로 드러내고 있다. 의미론적 범주의 논리적 분절을 정태적이지 않은 차원에서 시각적으로 표현해 주는 것이 바로 그레마스의 기호학적 사각형(square semiotic)의 장점이다.[92)] 또한 의미의 기본

89) P. Zima, 허창운 · 김태환 역, 『텍스트사회학이란 무엇인가』, 아르케, 2000, 110면.

90) 기호학적 사각형은 범주화 도식이다. 즉 그것은 어떤 의미 범주를 조직하고 정의하는 관계들—상반, 모순, 함축—을 명백하게 한다(J. Fontanille, 김치수 · 장인봉 역, 『기호학과 문학』, 이화여대 출판부, 2003, 17면).

91) 김성도, 「그레마스 기호학의 인식론적 토대」, 『현대 기호학 강의』, 민음사, 1998, 218면.

92) A. J. Greimas · J. Courtés, 천기석 · 김두한 역, 『기호학 용어사전』, 민성사, 1988, 345면.

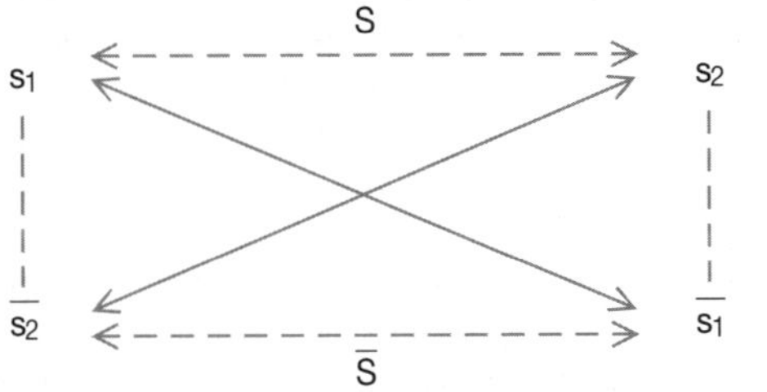

대문자 S는 기표의 총체성의 세계를, 그리고 $\overline{S}$ 는 그것의 부재를 의미한다. 사각형 자체는 결여적 대립들(s_1과 $\overline{s_1}$ 그리고 s_2와 $\overline{s_2}$)과 범주적 대립들(s_1과 s_2)이라는 두 개의 대립 유형들 사이의 교차로부터 나온 산물이다. 이 교차는 의미론적 범주의 전반적 안정성을 확보하기 위해 함의 또는 상보성이라는 세 번째 관계유형에 의해서 완결된다. ⟷으로 표기된 화살표는 모순관계를 지칭하며, ⇠⇢은 상반성 또는 반대의 관계를 표시한다. 그리고 위와 아래를 연결하는 ········은 상보성 또는 함의의 관계를 나타낸다. 이 모델의 형식적 특성은 첫째 서열적 관계를 이루고 있다는 점이다. s_1, s_2와 대문자 S 사이에는 하위 지배적 관계가 설정된다. 둘째, 상반 관계, 모순 관계, 함의 관계 등의 범주적 관계를

적 분절 수준에 해당하는 심층 구조들[93])은 2장과 3장에서 살펴본 담론의 서사적 진행과의 관련성 속에서 살펴보고자 한다. 담론의 서사적 구성은 기본 구조들로부터 출발하여 생성될 수 있기 때문이다.[94])

본고에서는 이상에서 살펴본 방법론들을 통해 한설야 소설의 서사시학을 밝혀보고자 한다. 이것은 한설야 문학의 이데올로기적 특징을 언어구조로 파악하는 것이기도 하다. 2장에서는 한설야 소설에 나타난 성장의 구성방식을, '도제 관계만 단독으로 나타난 구조', '도제 관계와 연애 관계가 중첩되어 나타난 구조', '가족 관계를 통해 드러난 성장의 서사'로 나누어 살펴볼 것이다. 3장에서는 초점화의 문제를 바탕으로 현실 재현의 변모양상과 의미를 살펴볼 것이다. 4장에서는 한설야 소설을 관통

이루고 있다. 셋째 모두 6개의 차원으로 이루어져 있다. 두 개의 축 S와 $\overline{S}$ 에서, 대문자 S는 s_1과 s_2를 포섭하는 복합축이며, $\overline{S}$ 는 $\overline{s_1}$과 $\overline{s_2}$의 모순항들의 축이며, s_1과 s_2에 대해서는 중립축이다. 또 두 개의 도식 $s_1+\overline{s_1}$, $s_2+\overline{s_2}$, 두 개의 지시 세계(하나는 함의 관계 s_1, $\overline{s_2}$, 다른 하나는 s_2와 $\overline{s_1}$)가 설정된다(A. J. Greimas, 위의 책, 179~188면). 기호학적 사각형에서 순수하게 논리적인 관계는 s_1과 $\overline{s_1}$ 혹은 s_2와 $\overline{s_2}$, 즉 모순관계 밖에 없다. 기호학적 사각형에서 s_1과 s_2, 즉 반대관계는 논리적으로 서로를 배제하는 것이 아니다. 이처럼 기호학적 사각형은 논리적인 것과 비논리적인 것(경험적이고 주관적인 것)이 섞인 잡종 모델이다. 이러한 특성은 오히려 이원론적 대립을 의미 생성의 출발점으로 삼는 많은 담화들의 자의적인 성격을 드러내는 동시에, 그러한 이원론적 대립의 불안정한 이면을 밝히는 데 유용하게 사용될 수 있다. 많은 이데올로기적 담화들은 비논리적인 대립, 즉 s_1과 s_2의 대립에만 주목하도록 유도한다. 그러나 기호학적 사각형은 그 속에서 간과되기 쉬운 논리적 대립, 즉 s_1과 $\overline{s_1}$, s_2와 $\overline{s_2}$ 사이의 대립을 상기시키고 이로써 s_1이 반드시 $\overline{s_2}$와 일치하는 것도, 혹은 s_2가 반드시 $\overline{s_1}$과 일치하는 것도 아님을 보여준다. 이를 통해 기호학적 사각형은 우리로 하여금 담화의 조작이 가리려 하는 의미론적 영역을 볼 수 있게 해준다. 또한 s_1과 s_2의 대립 관계 자체가 비논리적이고 가변적인 것이라면, 하나의 담화가 양자의 관계를 어떻게 설정하는지 관찰함으로써 그 담화의 이데올로기적 입장을 가늠해 보는 것도 가능하다(김태환, 『문학의 질서-현대 문학이론의 문제들』, 문학과지성사, 2007, 177~178면).

93) 그레마스의 이론에서 담론의 층위는 세 가지로 나눠진다. ① 기본적 분절 수준-심층구조들(예 : 기호학적 사각형), ② 서술적 분절 수준-표층 구조들(예 : 서술 프로그램들), 그리고 ③ 담론적 분절 수준-발현구조들(예 : 공간·시간·행동자-인물들)(A. J. Greimas, 김성도 역, 『의미에 관하여』, 인간사랑, 1997, 16·180면).

94) 심층 구조, 즉 의미론적 토대가 바로 술화의 배역을 설정하고 각 역할이 극적인 줄거리 속에서 어떤 기능을 담당하게 될지를 결정한다(P. Zima, 『이데올로기와 이론』, 문학과지성사, 1996, 393면).

하는 의미동위소의 관계를 바탕으로 각각의 소설들을 생산하고 변형시키는 세계관의 공통구조를 해명하고자 한다.

제2장

성장을 통한 서사구성 방식

1. 이념의 전달 방법으로서의 긍정적 도제 구조

1) 긍정적 도제구조의 초기적 형태

2장은 한설야가 자신의 입장이나 사상을 어떠한 방식으로 서사화했는지를 작품의 구성이라는 측면에서 살펴보았다. "한설야는 자신의 정치적 신념을 형상화하기 위하여 어떻게 스토리를 구조화하는가?" 혹은 "그러한 방법이 원천적으로 불가능할 때, 어떠한 우회로를 개척하는가?"를 살펴보고자 하는 것이다. 한설야의 소설은 기본적으로 이데올로기 혹은 메시지를 전달하려는, 즉 세상을 보는 특정 방식이 옳다고 독자를 설득하는 주제소설(roman à thèse)이다. 한설야는 등단한 지 1년이 된 시점에 이미 자신의 문학적 입장이 직접적으로 드러나는 평론의 형식을 통해, 자신의 문학이 정치적 측면에 큰 관심을 가지고 있음을 분명히 하고 있다.

> 나는 文藝가社會와人生에게주는 偉大한 힘을밋는同時에 上述한바와갓흔文學의害毒을 切實히늣긴다. 文藝는 表現이나描寫,形式에잇서서는社會學이나 다른科學과는判然히다른것이지만 그本然의使命은 正義와眞理를主唱하아社會와人生을 指導啓發하는것이라고밋는다. (…중략…) 自己解體의 一路를남긴極頂에까지 發展한브르階級과자연히 對立하야움지기는프로階級의使命과 性質과方向에對하아敏感한 藝術家는이미새眞理와正義를唱導하야 마지안는다. 藝術家는 이미프로階級解放의眞理를信奉하는 社會群의一員이아니면 아니될것이다.[1)]

위의 글에서 한설야가 문학의 사명을 "社會와人生을 指導啓發"하는 데 두고 있으며, "프로階級解放"이라는 당파성을 견지하고 있음을 확인할 수 있다.

주제소설의 구조적 모형 또는 담론 양식으로 가장 많이 쓰이는 것이 도제 구조(Structure of Apprenticeship)이다.[2)] 이러한 도제 구조는 각 시기와 작

---

1) 「계급문학에 관하야」, 『동아일보』, 1926.10.25.

2) 도제 구조는 통합체적인(Syntagmatically) 측면과 계열체적인(Paradigmatically, 그레마스의 행위자 모델) 측면에서 고유한 특성을 갖는다. 통합체적인 측면에서 도제 구조는 주인공을 교의에 의해 제기된 가치들로 이끄는 긍정적 도제 구조(Positive Exemplary Apprenticeship)와 주인공을 교의와는 반대되는 가치로 이끄는 부정적 도제 구조(Negative Exemplary Apprenticeship)로 나뉘진다. 각각은 다음과 같이 도식화된다(Susan R. Suleiman, op.cit., p.77 · 86).

긍정적 도제 구조
시도
진실의 무지 → 진실의 앎 → 진실에 바탕한 새로운 삶
극복된 수동성 → 앎에 바탕한 행동

부정적 도제 구조
시도
진실의 무지 → 진실을 알지 못함 → 진실에 바탕한 새로운 삶의 부재
극복되지 않은 수동성 → 앎에 바탕한 행동의 부재

가적 이념의 증감에 따라 다양한 양상을 보인다. 한설야 소설의 구성이 지닌 성장 서사로서의 특성은 윤세평에 의하여 다음과 같이 지적된 바 있다.

> 작품의 구성과 구성적 요소들은 일반적으로 작품의 사상−주제적 과제에 의하여 규정되는 것이지만 한 설야의 장편 소설들에서 구성상 특징은 매우 복잡하다.
>
> 우선 『황혼』과 같이 슈제트 전개가 정연한 작품들도 있지만 『탑』, 「열풍」 등을 비롯하여 해방 후에 쓴 『력사』, 『대동강』, 『설봉산』 등에서 보는 것과 같이 슈제트 발전에 따르는 정연한 구성을 찾아 내기가 매우 힘들다는 것을 느끼게 된다.
>
> 그러나 이러한 작품들의 경우에 있어서도 작중 인물의 성격 발전의 측면에서 볼 때는 하나의 통일적인 구성을 이루고 있는 것이 사실인바 작가의 구상은 작중 인물의 성격 발전에 따라 적지 않게 변경되고 있다는 것을 엿보게 된다.
>
> (…중략…)
>
> 한설야의 이러한 작품 구성은 인물들의 성격 발전과 긴밀히 결부됨으로 하여 결코 그 어떤 도식적인 틀에 빠질 수 없으며 작가가 보여 주려고 하며 말하고저 하는 것을 힘 있게 보여 주는 장점도 있다는 것을 말하게 된다.
>
> 그리하여 한 설야는 주인공들의 정신 세계의 천명과 성격 발전에 따르는 여러 가지 사건들과 에피소드들을 다양하게 배합하고 자유롭게 구사함으로써 독창적인 구성적 특징을 드러내고 있다.[3]

위의 인용문에서 윤세평은 한설야 소설의 구성이 매우 복잡한 양상을 띠고 있지만, 통일적인 측면은 "작중 인물의 성격 발전의 측면"에서 찾아

계열체적인 측면에서 도제 구조는 주체(subject)와 대상(object)과 대상의 결과(receiver of the project)는 소설의 영웅인 한 명의 행위자로 통합된다. 긍정적인 도제 구조에서 주체는 기증자(donor)나 조력자(helper)의 도움을 받으며, 또한 많은 적대자(opponent)를 만난다(Ibid., pp.65~66).

3) 윤세평, 앞의 글, 81~82면.

볼 수 있음을 말하고 있다. 또한 이러한 구성 방식이 "그 어떤 도식적인 틀에 빠질 수 없으며 작가가 보여 주려고 하며 말하고저 하는 것을 힘 있게 보여 주는 장점"을 지니며, 그것이 한설야의 "독창적인 구성적 특징"을 드러내준다는 것이다.

일반적으로 성장소설 속 주인공은, 선험적 이상과 내면 양자를 함께 견지하면서 행동을 통해 자신을 현실에 적응시킴으로써 공동체의 이상을 실현해나간다.[4] 카프시기 한설야의 노동소설은 개인의 성장을 넘어서 세계의 변혁을 지향한다는 점에서 일반적인 성장소설과 차이점을 지닌다. 뚜렷한 목적의식으로 인해 한설야 소설이 보여주는 성장의 구성 방식은 도제 구조의 양상을 띠게 된다. 연애관계가 제거된 도제 구조는 카프시기와 해방 이후 북한 소설의 구성방식으로 자주 등장한다. 이 시기 소설에서 주인공들이 성장하게 되는 기본적인 토대를 만들어주는 것은 모순에 찬 시대를 살아야 하는 조선인의 삶 그 자체이다. 이들은 그 안에서 계급적, 민족적으로 억압과 착취를 당하고 있으며, 그로 인해 그들은 새로운 깨달음에 이르게 된다.

「인조폭포」의 수돌이는 무자각한 노동자에서 각성된 노동자로 성장한다. 노동자의 조직에서 일탈해 사랑하던 연인 은순과 도피를 했다가 다시 돌아온 수돌이는, 나중 노동운동의 지도자인 홍장궤와 손을 잡고 당당히 함께 나갈 것을 맹세하기에 이르는 것이다. 콩트인 「한길」에도 성장의 구조는 나타난다. 천여 명 노동자는 단 석 줄도 못되는 요구를 근 달포나 두고 승강이를 하던 끝에 각각 농촌으로 분산한다. 주인공 C도 홍경현 자기 집으로 돌아가는데, 그 길에서 자신의 아내가 쌀을 얻어오다 아이와 함께 얼어 죽은 것을 발견한다. 이것을 보고 C는 "어데든지 리치는 매일반이다. …… 잇고업는사람의 ××는"[5]이라는 진리를 깨닫고, 현실을 변혁하겠다는 의지를 다지게 된다.

---

4) G. Lukacs, 반성완 역, 『소설의 이론』, 심설당, 1985, 175~178면.

5) 『문예공론』, 1929.6, 17면.

「과도기」와 「씨름」 연작은 주인공을 중심으로 보자면, 성장의 과정이 생략되어 있다. 별다른 계급적 자각이 없는 창선이가, 완전한 사상과 실천력을 겸비한 완결된 인물 명호로 변화되는 과정이 드러나 있지 않기 때문이다. 이 점은 임화 등에 의하여 언급된 이후, 계속해서 지적되는 사항이다. 「씨름」에서는 완결된 인물 명호가 요시다(화춘)를 각성된 노동자로 이끄는 성장의 과정이 나온다. 성장의 주체가 아니라 성장의 조력자로서 주인공이 자리매김되는 특이한 경우이다.

「공장지대」의 '나'는 공장에서 쫓겨나고 세든 집에서도 쫓겨난다. 이러한 일을 겪으며 노동조합의 필요성을 절감하게 되고, 결국에는 노동조합 건설에 성공한다. 「사방공사」는 조력자가 부재한다는 점에서 독특한 도제구조를 보여준다. 이것은 조직화된 노동자들이 형성되지 않은, 치수공사장이라는 노동환경에서 비롯된 것이다. 단지 이들은 온갖 차별과 억압을 받는, 무엇보다 항상 산재의 위험 속에 놓여 있는 "그들의육신으로서이러한것을배우고잇"[6]을 뿐이다.

카프시기 도제구조는 몇 가지 공통점을 보인다. 우선 발신자의 자리에 '계급의식'이 놓인다는 점을 들 수 있다. 그것은 2장 2절에서 살펴볼 연애관계와 중첩된 도제 구조를 보이는 「평범」, 「그 전후」, 『황혼』에서도 공통적으로 보이는 특징이다. 하나의 예외가 있는데, 그것은 「그릇된 동경」이다. 일본인 남편과의 결혼생활을 주요한 서사적 계기로 삼고 있는 이 작품의 발신자로는 민족의식이 설정되어 있다. 이 시기 작품들에서 적대자는 자본가, 지주, 일본인, 중국인이다. 「인조폭포」에서는 자본가와 중국인이, 「한길」에서는 지주와 중국인이, 「공장지대」에서는 집주인과 자본가가, 「사방공사」에서는 일본인과 지주가, 「그릇된 동경」에서는 일본인 남편이, 「황혼」에서는 자본가인 안사장이 적대자로 등장한다. 이러한 적대자의 존재는 식민지시기 우리 민족이 처한 기본적인 모순관계를

6) 『신계단』, 1932.11, 104면.

보여준다. 특이하게도 「평범」은 적대자로 부모가 정해준 남편과 M이라는 유부남이 등장한다. 이러한 설정은 이 작품의 주제가 봉건적인 의식의 비판에 맞춰져 있음을 증명하는 것이다. 이 시기 도제구조는 여러 가지 미숙한 점을 보여주는데, 그것은 「사방공사」에서 조력자가 부재한 점, 「그 전후」에서 적대자가 부재한 점 등에서 확인할 수 있다. 이것은 작품 전체의 서사적 긴장을 훼손시키는 요소가 되고 있다.

전향소설에서 보이지 않던 도제 구조는 해방 이후 소설에서 다시 나타난다. 「탄갱촌」, 「남매」, 「자라는 마을」, 『력사』, 「레닌의 초상」, 『형제』 등이 그것이다. 「탄갱촌」의 재수, 「남매」의 원주와 순이 남매, 「자라는 마을」의 마을 사람들, 「레닌의 초상」의 허영, 『형제』의 금옥 등이 성장의 주체이다. 이들은 탄광학교 선생님들과 탄광 노동자들(「탄갱촌」), 소련인과 동료 노동자(「남매」), 각성된 마을 사람들(「자라는 마을」), 선배 혁명가들(「레닌의 초상」), 순이 부부와 죽은 부모(『형제』) 등을 매개로 하여 이념적으로 성장한다.

「남매」의 주인공은 원주와 순이 남매이다. 이 중에서 핵심인물은 원주라고 할 수 있다. 서술자가 개입하는 일부 대목을 제외하고, 서사는 대부분 원주에게 초점화 되어 진행된다. 이 소설은 해방을 기점으로 전후가 선명하게 대비되어 있다. 원주는 소작인이던 부모가 일찍 죽은 후 야장간의 심부름꾼으로 있다가 해방 전 해에 "왜놈들의 징병에 걸려 훈련소로 끌려 갔다"[7]가 심장병이 걸려 해방을 맞고, 순이는 "어린 나이로 어느 지주의 집에서 종살이를 하"다가 해방을 맞는다. "순이는 행복한 원주 자신을 보는 거울과도 같았다"는 말에서 알 수 있듯이, 원주와 순이는 서로의 거울상(specular image)이라고 부를 수 있다.

---

7) 『한설야 선집－단편집』, 조선작가동맹출판사, 1960, 162면. 「혈로」, 「모자」, 「탄갱촌」, 「개선」, 「얼굴」, 「남매」, 「자라는 마을」, 「초소에서」, 「기적」, 「전별」, 「승냥이」, 「황초령」, 「땅크 二一四호」, 「레닌의 초상」의 인용은 위의 책에서 했다. 앞으로의 작품 인용은 본문 중에 면수만 기록하기로 한다. 이외의 작품들을 인용할 경우에도 처음에만 출처를 밝히고, 이후에는 면수만 기록하기로 한다.

해방은 원주 남매의 삶을 완전히 변화시킨다. "정 반대의 두 개의 세계가 분명히 보이고 검은 세계에서 밝은 세계로 넘어 온 자기", "암담하던 지난 시절의 가지가지 자취가 눈부신 광명 속에 휘몰려 쫓겨 가는 것" 등의 표현에서 달라진 상황에 놓인 원주 남매의 모습을 확인할 수 있다. 이러한 변화는 비단 원주 남매에게만 한정되는 것이 아니며 모든 기층 민중에게 해당된다. "중병에 들어도 변변한 약 한 첩 써 보지 못 하고 이름 없이 한 줌 흙이 되고 말던 맨 밑바닥 어둠 속에 살던 사람의 자식"이었던 빈농의 아들, 병록도 병원에서 치료를 받고 건강해진다. 건강해진 병록의 모습은 곧 "변해진 북조선의 모습"으로 의미부여 된다.[8)] 아이들까지 저절로 변하며, 해방 전에는 원주를 귀찮게 여기며 낮잠이나 즐기던 종형의 부인마저도 깨끗하고 알뜰하게 살림 잘하는 "깜찍"한 존재로 변한다. 원주가 덕순 어머니에게 "당신도 새 나라 세우는 병사입니다. 훌륭한 병사입니다"라고 말하는 것처럼, 모든 사람은 새 나라에서 새로운 존재로 재탄생한다. 작품의 초반에 나오는 "낮은 낮 대로 불꽃 튀는 승리 속에서 나날이 자라나고 밤은 또 밤대로 평화로운 푸른 꿈이 맺혀지는 이 거리"라는 표현에서처럼 나라 전체가 '나날이 자라나고' 있는 것이다.

계열체적인 측면에서 볼 때, 이 소설에서는 과잉 성격화된 조력자의 존재가 눈에 띈다. 앞에서 살펴보았듯이, 해방이라는 상황은 모든 것을 근본적으로 변화시키는 근원적인 동기이다. 원주가 노동자로서의 자신을 재발견하는 과정에서 조력자 역할을 하는 것은 남칠이나 필수와 같은 동료노동자와 쏘련 적십자 병원의 소련인들이다. 특히 병원의 쏘련인들은 한껏 이상화된 모습이다. 크리블랴크 선생은 옷도 신발도 벗지 않고 "자

8) 한설야 소설의 배경으로 등장하는 병원은 해방을 기점으로 그 의미와 역할이 판이하게 다르다. 「사방공사」『청춘기』, 「술집」, 「태양은 병들다」, 「승냥이」 등에서 병원과 의사는 부정적으로 형상화되었다. 그에 반해 해방 이후를 배경으로 한 「남매」, 『성장』 등에서 병원과 의사는 긍정적인 것으로 형상화된다. 이것은 질병을 치료하는 병원이 사회적・역사적 악을 교정하고 제거하는 국가를 상징하는 것과 밀접하게 관련되어 있다(이경재, 「6・25전쟁의 기억과 사회주의적 개발의 서사」, 『현대소설연구』 41, 2009.8, 226~228면).

기 사무실 한 편 가에 놓인 나무 침대에 침구도 안 덮고 반듯이 드러누워 자"는 헌신적인 모습으로 그려진다. 그리해서 원주는 석 달 반 만에 퇴원하며 흥남 공장으로 가기로 결심했을 때, "가서 선생님 말 대로 훌륭한 로동자가 되겠습니다"라고 외치게 된다. 열 개의 장 중에서 여덟 개의 장이 적십자 병원에서의 생활을 그리고 있는데, 여기서 묘사되는 소련인의 모습은 비현실적으로 미화되어 있다.

적대자는 일제와 미국으로 설정되어 있는데, 그 존재감이 그다지 크지 않다. 산후발로 병원에 온 여인의 신음소리와 "왜놈을 미워하기 때문에 또는 왜놈이 남겨 논 모든 불행을 물리치기 위하여 나는 무엇보다 건강해야겠다"는 원주의 다짐 속에 일제는 현재에도 계속되는 상상의 적대자로 존재한다. 그러나 일제는 이미 과거의 존재일 뿐이며, "남녘 땅에 사람 잡는 싸움을 꾸미는 놈들" 역시 남쪽에 존재하기에 원주 남매의 변화에 실질적인 장애 요소로 작용하지 못한다. 그리하여 "우리에게 이 발전과 장성이 있는 한 미국놈들의 원자탄도 그 아무 것도 두려워할 필요는 없다"고 자신 있게 말할 수 있는 것이다.

「자라는 마을」은 「남매」에 이어지는 작품으로서, 「남매」에서 순이와 아주머니 사이에서 이루어진 도제 관계가 작품의 중심적인 서사가 된다. 이 소설의 서사는 간단하게 말해 영민과 금복 등의 마을 젊은이들이 앞장서서 황무지 개간을 하고, 금복어머니나 륙국통사와 같은 나이든 축들을 상대로 문맹퇴치 사업을 벌여 나가는 것이다. 따라서 이 작품에서 성장의 주체는 제목에서 나타난 바와 같이 마을 전체가 되며, 성장으로 이끄는 존재 역시 한 개인이 아닌 마을의 각성된 존재들 전부가 된다. 마을이 각성되는 과정에서 마을의 청년들뿐만 아니라 영민의 아버지인 락운도 주도적인 역할을 한다.

이 소설의 모두에 금복 어머니나 륙국통사는 문맹의 상태이며, 마을에는 아직 황무지가 남아 있다. 마지막에는 전원이 국가 시험에 합격하는 것에서 알 수 있듯이, 모두가 한글도 깨우치고 농사도 이전보다 잘 된다.

이 작품의 클라이막스라고 할 수 있는 한글 학교 졸업식에서의 금복어머니 말처럼 "오늘은 우리 머리가 개간지가 된 셈이우다. 개간지에 곡식이 선 듯이 우리 머리 속에 글 곡식이 들어"서게 된 것이다. 또한 한글을 배울 때 "가 자부터 시작한 기 앙이고, 김 일성 장군님 김 자부터 시작했소다"라는 금복어머니 말에서 알 수 있듯이, 그것은 북한 체제가 요구하는 이데올로기에 동화되는 과정과도 맞물려 있다.

계열체적인 측면에서 볼 때, 한설야의 북한 소설에서는 최초로 적대적 행위자의 자리에 구체적인 인물, 최기수가 등장한다는 점이 특이하다. 농업 학교도 다니고, 면 기수로 다녀서 농사 이치에 밝은 최기수는 자기 이익만 철저하게 챙기는 지극히 이기적인 인물이다. 그것은 서사속에서 구체적인 행위나 대화로서 드러나는 것이 아니고, 서술자의 개입이나 마을 사람들의 비판을 통해 직접적으로 드러난다. 그러나 최기수가 마을 사람들의 사업을 방해할 만큼 강력한 힘을 발휘하지는 못한다. 락운과 최기수의 논쟁에서 보여지듯이, 최기수는 철저하게 고립된 존재이기 때문이다. 이러한 최기수는 성장의 대열에 끝내 동참하지 못한다. 미국이나 이승만에 대한 적대감은 한결 강화된다. "리 승만이들 도적개 무리", "리 승만의 어붓애비 미국놈들", "금복 어머니는 미국놈이라면 천질색이였다"와 같은 과격한 표현이 등장하는 것이다.

북한에서 창작된 도제 구조의 소설들에는 긍정적 도제 구조만이 나타난다. 이들 소설에서는 해방 이전 소설에 비해 조력자가 강력한 힘을 지니며, 상대적으로 적대자의 힘이 약화되는 특징이 나타난다.

2) 인물들의 위계화와 도제구조의 다층화

한설야가 창작한 북한 소설들은 구성방식에 있어 인물들의 위계화와 도제구조의 다층화라는 특징을 보인다. 이러한 특징이 가장 먼저 나타나는 작품은 「남매」이다. 원주와 순이의 관계에서 처음에는 원주가 순이를 올바른 길로 이끈다. 해방 직후 원주가 순이를 야학에 넣은 사실이라든가, "순이를 광명의 길로 이끌어 주는 것도 왜놈에게 짓밟혔던 삶을 도로 찾는 투쟁의 하나"라고 생각하는 부분에서 둘의 관계를 확인할 수 있다. 그러나 순이가 학교를 통해 각성되자 둘은 대등한 관계로 변한다. 원주는 순이를 향해 "지금은 내가 너를 도와 주는 것이 아니고 네가 나를 도와 주고 있지 않니"라고 말한다. 원주와 동생인 순이는 성장의 서사에서 주체와 조력자의 위치를 번갈아 맡는다.

또한 순이는 각성된 존재가 되는데 그치는 것이 아니라, 자신이 조력자가 되어 종형의 부인을 새로운 존재로 이끈다. 달라진 아주머니를 보고 당황해하는 원주에게 아주머니는 "그게 모두 뉘 덕인 줄 알우. 죄다 순이가 한 거라우"라거나 "그저 순이 하는 대로 맡겨 두면 틀림 없어요"라고 말한다. 순이는 도제 구조의 행위자 모델에서 처음에는 주체이기도 하지만, 아주머니가 주체가 되는 행위자 모델에서는 조력자의 지위를 맡는다.

한설야의 소설 중에서 도제 구조가 가장 선명하게 보이는 것은 김일성이 주인공으로 등장하는 『력사』이다. 『력사』는 해방 이후 한설야가 창작한 첫번째 장편역사소설이다. 이 작품은 1935년 봄부터 여름까지를 스토리 시간으로 하고 있다. 작품은 1935년 봄에 무송에서 '인민혁명군' 제6사 사장에 취임한 김일성이, 제6사 군구 안에 있는 유격대들을 지도 검열하기 위해서 안도를 향해 떠나는 것으로 시작된다. 그 길에 마안산 줄기에 자리 잡은 아동 혁명단에 들러 여러 가지 가르침을 전한다. 아동혁명단은 혁명가와 유격대원들의 유자녀들을 혁명투사로 교양하고, 군사 훈련을 시키는 유년 군인 학교이다. 1장부터 2장 초반까지는 '장군'의 개인사에 대한 간략한 언급이 나오고, 2장부터 15장까지는 아동혁명단에서 이루어진 '장군'의 담화가 중심내용을 이룬다. 16장부터 30장까지는 시난차와 황니허즈에서 위만군과 일본군을 크게 무찌르는 내용이다. '장군'을 중심으로 해서 작품이 이루어져 있으며, 그가 서사에서 보이지 않는 것은 전체 30개의 장 중에서 23, 24, 25장에 불과하다.

'장군'은 아동혁명단의 교사들인 박선생이나 송동무를 포함한 모든 사람들에게 절대적인 존재이다. 아이들은 이러한 감정으로 인해 '장군'이 가는 곳마다 도열한 채 "만세!"를 외친다. '장군'이 절대적인 스승으로서 지니는 성격은 다음과 같은 인용문에 잘 드러난다.

> 동무들! 만약시, 우리가 모두다 한 사람 같이 김 장군을 배운다면, 김 장군 같은 애국자가 된다면, 민족의 영웅이 된다면 우리는 절대적으로 원쑤를 이길 수 있습니다. 동무들! 내 말을 알만하오?[9]

아동혁명단의 선생들에게 있어서도 김일성의 절대성은 예외가 아니다. 이 소설에서 사제관계는 '장군'과 아이들 사이에서만 성립하는 것이 아니라, '장군'과 관계 맺는 모든 인물들(원장, 송동무, 박선생, 유격대원들)과의 사이에서도 성립한다. 아이와 선생의 관계는 북한에서 대부분 사람들이 김일성과 맺는 관계의 기본적인 모습이다.

아이들이 궁극적으로 원하는 것은 하루빨리 김일성 부대의 유격대원이 되는 것이다. 두 시간이나 내리 계속된 '장군'의 말을 들으며, "아동들은 무엇보다 어서 총을 메고 원쑤를 치러 나가려는 충동을 받"는다. 유격대원은 아이들에게 절대적인 가치이자 목표이다. 그것은 비단 아이들에게만 해당하는 것은 아닌데, 선생인 송동무 역시도 하루빨리 유격대에 복귀하기를 손꼽아 기다린다. '장군' 역시도 "유격대는 모든 조선 사람 중에서 가장 아름다운 사람들입니다"라고 하여, 유격대에 절대적인 가치를 부여하고 있다.

아동혁명단의 아동들을 대표하는 존재는 금철로서, '장군' 다음으로

---

9) 『력사』, 조선작가동맹출판사, 1954, 149면.

중요하게 다루어지며 내부로부터 초점화가 된다. 이러한 금철에게 '장군'은 "모든 어버이들과 자식들을 지켜주는 말할 수 없이 크고 거룩한 형상"으로 인식된다. 그런데 그의 내면을 채우는 것은 부모를 처참하게 죽인 일본에 대한 적개심이다.[10)] 금철과 같은 아동들에게 조국의 독립은 절대적인 가치로 인식된다. 옥순이의 어머니가 유격대 활동을 하다가 죽으면서 남긴 유서에는 "그저 '조선 독립 만세!'라고만" 쓰여 있을 뿐이다.

인물관계의 위계화는 『대동강』에서도 선명하게 나타난다. 『대동강』에서는 그러한 위계 관계가 주인공인 점순을 중심으로 해서 이중으로 겹쳐져 있다. 하나는 점순이가 상락이에게 가르침을 주는 단계이고, 다른 하나는 점순이가 덕준 아저씨로부터 가르침을 받는 단계이다. 점순이가 상락에게 도움을 주는 관계가 이 소설에서 보다 중심적인 관계라고 할 수 있다. 점순이는 처음부터 이미 사상적으로나 이념적으로 나무랄 데 없는 투사로서 등장한다. 상락이는 실제 서사의 진행에 있어서 점순이를 통해 변화한다. 나중에 상락은 동지들과 조국과 인민을 위하여 죽음을 각오한 모습까지 보인다. 2부의 9장부터 13장까지는 상락을 중심으로 해서 이야기가 전개된다. 상락은 남한에서 온 정만과 함께 총살 직전에 이른다. 나중 북한 공작원으로 밝혀지는 딱총은 상락에게 "여기서 대한 민국과 리승만 대통령의 만세를 불러봐라"[11)]라고 요구한다. 그러나 상락은 끝내 거절하고 총살에 처해지지만, 딱총은 정만만 죽이고 상락을 구해준다. 이것은 상락의 재생을 알리는 상징적 의례이다. 그러한 과정을 거치며 상락은 점순으로부터 "정말 좋은 모범 일꾼이 되리라"는 믿음을 얻는다.

두번째 관계에 대하여 살펴보면, 이 소설의 주인공이라고 할 수 있는

---

10) 『력사』에서 그러한 적개심이 드러난 대목을 하나만 들자면, 다음과 같다. "그것은 '시난차'에 있는 왜놈들이였다. 그런데 그 놈들이 언제까지 그대로 거기 있을지? 혹시 일본으로 가버리지 않을지? 손기 빠른 어느 유격대 아저씨가 저보다 먼저 죽여버리지 않을지? …… 이런 생각이 금철의 머릿속에 가로 세로 얽혔다. 꼭 제 손으로 그 놈들을 잡아서 천 백 토막을 내야 할 것이였다."

11) 『대동강』, 조선작가동맹출판사, 1955, 206면.

점순이는 아버지의 친구인 덕준 아저씨의 지시에 의해 움직인다. 그의 말에 따라 무연탄 운반부가 되고, 그의 지시에 따라 인쇄소에 들어가서 일하며 투쟁할 것을 결심한다. 덕준 아저씨의 뒤에는 함부로 표상될 수 없는 절대적인 존재가 있는 것으로 암시된다. "그가 시키는 일은 실상 그의 뒤에 있는 그보다 훨씬 큰 무엇이 시키는 일이라고 생각하였고, 따라서 점순이는 반드시 그것을 리행하였"던 것이다. 또한 "점순은 자기가 그동안 덕준이 밑에서, 그리고 덕준의 뒤에 있는 덕준이보다 훨씬 더 큰 힘의 영향밑에서 좀 더 다져지고 강해진 것을 느"낀다. 나중 덕준의 뒤에 있는 더 큰 힘의 정체가 당이였음이, 다음의 인용에서 분명하게 드러난다.

> 어느날 사동에서 마지막 지하당 회의를 열었다. 회의는 빨찌산을 조직할데 대한 결정을 채택하였다. 그리고 나서 덕준은 빨찌산을 산 속에 두는 것과 동시에 사동에 그대로 지하당을 둘 것과 또 자기가 그 책임을 질데 대하여 제의하였다.[12)]

결국 모든 것은 지하당의 지시에 따른 것으로서, 작품 속에 등장한 저항의 모든 행위, 즉 길에서 미군을 폭행한 일, 미군 장교 환영회장을 폭파한 일, 수용소를 파괴한 일 등이 "지하 조직선의 지시에 따라" 이루어졌던 것이다. 점순이들이 경찰과 헌병으로부터 탈출해서 도피를 계획할 때도, 점순은 "거기 가서 곧 덕준 아저씨에게 련락해서 지시를 받아야겠는데…… 그렇지 않아? 문일이 형서껀 련락하재도 그렇고……"라고 말한다. 이러한 사실은 계속해서 반복된다. 행여 독자가 주인공으로서 눈부신 활약을 하는 점순이를 영웅적인 개인으로 오판하기라도 할까 걱정하는 듯이, 수시로 덕준이의 존재를 암시한다. 다음의 인용이 대표적이다.

> 점순은 해방 五년 동안에 더우기 적의 강점하에서의 요얼마 동안의 투쟁에서

12) 220면.

자기가 사뭇 변해졌으며 또 무척 자란 것을 이때처럼 똑똑히 보고 또 자랑스럽게 생각한 적은 일찌기 없었다.

그리면서 점순은 새삼스레 덕준에 대한 감사를 느꼈다. 점순을 오늘 같이 키워준 사람도 그였고 다시 그 공장으로 들어가게 한 것도 그였다. 그것은 자기에게 대한 진정한 도움이였다.

물론 덕준은 보다 크고 중요한 줄을 많이 쥐고 있을 것이였다. 그러나 그러면서도 있는지 없는지도 알아줄 사람이 없는 조그만 자기를 그처럼 가르쳐 주고 인도해 주었던 것이다.[13]

덕준은 빨치산에 들어가서 활동하고 있는 동수를 인쇄소에 보내, 점순이와 함께 공작하게 한다. 그런데 점순이의 생각을 통해서 덕준의 존재가 암시만 될 뿐, 서사의 표면에 단 한번도 몸을 나타내지 않는다. 관계의 사실만이 명백하게 드러날 뿐, 점순과 덕준의 도제 관계는 서사화되지 않는 것이다. 『대동강』에는 '당－덕준－점순－상락'으로 이어지는 다층화 된 도제 관계가 성립한다.

『설봉산』에서도 도제구조는 중첩되어 있다. 순덕은 학철이를 통해 이념적으로 각성된다. 뒤이어 순덕은 길남이, 양복이, 혜덕이 등의 아이들을 가르친다. 물론 경덕이나 학철이도 가르치는 일에 동참한다. 길남이는 "학철이와 경덕이와 그리고 순덕이들은 각각 생긴 모양도, 말하는 모습도 다르나 그리면서도 서로 꼭 상통하는 데가 있는 것 같"[14]다고 느낄 정도이다. 그렇지만 길남이 등의 아동들을 가르치는데 주도적인 역할을 하는 것은 순덕이다. "순덕은 길남에게 돈보다 쌀보다 더 귀중한 것, 길남의 어린 정신을 기를 자양을 넣어" 준다. 이처럼 이 작품에서는 '학철－순덕－아이들'의 도제 관계가 성립한다.

이 작품에서 가장 중요한 도제 구조는 바로 농조라는 단체가 주민들

13) 31면.
14) 『설봉산』, 조선작가동맹출판사, 1956, 61면.

전체를 대상으로 한 것이다. 이 작품에서 농조는 절대적인 정의의 표상으로서 그려지며, 농조를 통해 사람들은 선량한 존재가 된다. 왈패형 인간인 최폐단이나 백장군도 농조를 통해 그 힘을 올바르게 사용하며, 자식을 학대하던 병춘이와 그의 아내도 농조에 와서 사람의 마음을 회복한다. 일제의 끄나풀 정산령의 아들 상갑도 농조에서 조직한 야학 일을 보고, 또 채금이와 결혼한 이후로는 사람이 달라진다. 달라진 마을 사람들과 농조가 함께 펼치는 활동은 소작투쟁, 소작권이동 반대투쟁, 채권 반대투쟁, 뽕나무・아마・귀밀의 재배 반대 투쟁으로 요약된다. 이처럼 이들의 활동은 계급투쟁에 초점이 맞추어져 있다.

그러나 결말부에 이르러 서사의 중심은 '김장군'의 활동에 놓여진다. 『설봉산』에서 최고의 권위를 갖고 있는 인물인 학철은 경덕에게 아래의 인용과 같이 말하며, 항일유격대가 되기 위해 떠난다.

> 우리는 이제부터 김 일성 장군의 항일 투쟁 대렬의 한 병사로서 일해야겠소. 소시민적인 바장임은 필요 없다고 생각하오, 우리의 목적은 우리 나라에서 일제를 몰아내고 조선 민족을 해방하며 우리 나라를 독립 국가로 만드는데 있소. 그런데 우리 매개가 병사로 되지 않고는 이 일을 달성할 수 없소.[15)]

결국 농조의 활동 역시도 김일성 부대로 표상되는 항일 투쟁 대열로 수렴되는 것이다. 학수가 이러한 깨달음을 얻기까지는 중국 동북에 사는 사촌형 학수로부터 '김장군'에 대한 정보를 들어온 결과이다.

이 소설에서 특이한 것은 악인들도 일종의 위계화 된 관계 속에서 존재한다는 점이다. 순덕의 어머니가 밀고를 하게 만든 안경쟁이는 일본인 형사 미와를 모범으로 여긴다. "안경쟁이에게는 미와가 하는 일이면 어느것이고 모범할만한 교훈"인 것이다. 또한 전도 부인은 김상초의 명령

15) 424면.

에 따라 움직이고, 김상초의 뒤에는 일본인인 고등계 주임과 서장이 있다. '안경쟁이—미와', '전도 부인—김상초—일본인 고등계 주임과 서장'의 관계가 성립하는 것이다.

『형제』에서 금옥이를 중심으로 한 전쟁 고아 5남매는 순이 부부와 당의 보살핌을 통해 성장한다.[16] 2장 3절에서 본격적으로 살펴보겠지만, 흥미로운 것은 금옥이가 외삼촌 부부의 구박 속에서 할아버지, 아버지, 어머니의 삶을 통해 올바른 삶의 길을 걸어가게 된다는 점이다. 정신적인 차원에서, 순이 부부와 더불어 금옥의 부모도 금옥이가 각성되는 과정에 도움을 준다. 금옥이의 성장 후 모습은 『성장』(『조선문학』, 1961.8.)이라는 『형제』의 속편을 통해 그 전모가 온전하게 드러난다. 금옥은 병원에서 일하며 자신과 같은 전쟁고아를 돌보는 일을 한다. 『형제』에서 성장의 주체였던 금옥이가, 『성장』에서는 전쟁고아인 경덕과 동생인 영준이의 성장을 돕는 조력자가 되고 있다.[17]

영준이도 금옥이에 비해 적은 분량(25~31장)이기는 하지만, 성장하는 모습을 보여준다. 영준은 동네 아이들로부터 "쫀놈"(얻어 온 아이라는 말)이라는 별명을 듣기도 하고, 동네 아이들이 던진 사금파리에 맞아서 이마가 터지기도 한다. 이에 순이는 영준에게 "훌륭한 아버지, 어머니의 아들이야"[18]라고 말하며, 당당하게 대응할 것을 주문한다. 그 후 영준은 자신을 놀리는 맹손과 창길과 문환을 힘으로 제압하고서는, "나는 쫀놈이 아니다. 우리 아버지는 미국놈과 싸우다가 죽었다"고 힘있게 외친다. 그런데 문제는 이후 상황이 역전되어 영준이가 맹손이나 창길이를 괴롭히는

16) 한설야는 작가의 말에서 "나는 전시에 있어서 어디서나 볼 수 있었던 예술인의 한 가정과 원쑤들에게 학살된 애국자의 유아들을 이 작품에 등장시켜 공산주의적 인간 전형에로의 성장을 보이려 한다"(「작자의 말」, 『문학신문』, 1959.4.5)고 『형제』의 창작의도를 밝히고 있다.

17) 『성장』은 두 가지의 성장 서사를 중심으로 해서 작품이 구성되어 있다. 1장부터 13장까지는 금옥이가 자신과 같은 전쟁고아인 경덕이를 치료하여 성장시키는 내용이고, 14장부터 18장까지는 금옥이가 동생인 영준이를 성장시키는 내용이다.

18) 『형제』, 아동도서출판사, 1960, 50면.

것이다. 이 상황에서 금옥이는 조력자가 되어 영준의 성장을 돕는다. 금옥은 영준이에게 맞은 아이들의 집에 가서 잘못을 빌겠다고 말하기도 하고, 김일성이 어린 시절 한 아이를 때리고 나서는 그날 밤에 맞은 아이를 찾아가 잘못을 빌고 다시는 동무를 때리지 않기로 맹세했다는 이야기를 영준이에게 들려주기도 한다. 이러한 과정을 거치며 영준은 부당한 힘에 굴복하지도 않으면서, 자신 역시도 부당한 힘을 쓰지 않는 긍정적인 인물로 성장한다.

한설야가 북에서 개작한 『황혼』, 『청춘기』, 『초향』, 『탑』은 도제 구조로서의 성격이 한층 강화된다.[19] 개작본들은 대체로 인물들의 관계가 계몽적 사제관계로 이루어져 있다는 특징이 있다.[20] 『황혼』의 경우 초판본에서도 이러한 성격이 없었던 것은 아니지만, 개작본에서는 한층 강화된다. 특히 여순과 준식의 관계는 분명한 변화를 보여준다. 초판본에서 여순과 준식은 일종의 연인 사이로서, 대등한 힘을 가진 사이였다. 준식이 여순을 노동자로 이끌겠다는 목적의식은 선명하지 않으며, 여순이 노동자의 길을 선택하는 것도 어디까지나 자발적인 뜻에 따른 것이었다. 경재−여순−준식의 삼각관계에서 여순이 준식을 택하는 것도, 여순의 자발적인 고민과 선택에 따른 행위였다. 그러나 개작본에서는 여순의 변화가 준식의 가르침에 따른 것으로 변화되며, 준식이 여순을 대하는 태도 역시 고압적이고 권위적인 것으로 변한다.

---

19) 개작본들의 서지사항은 다음과 같다. 『황혼』(조선작가동맹출판사, 1955), 『탑』(조선작가동맹출판사, 1956), 『청춘기』(조선작가동맹출판사, 1957), 『초향』(조선작가동맹출판사, 1958).

20) 『황혼』 개작본이 보이는 인물구도의 위계화에 대해서는 이미 언급된 바 있다(김병길, 「한설야의 『황혼』 개작본 연구」, 『국어국문학』, 2002, 264~273면). 『청춘기』의 개작에서도 그러한 인물의 위계화 구도는 더욱 선명해진다. 초판본에서와 달리 개작본에서는 은희가 태호의 감옥행 이후, 하숙집 주인여자와의 대화에서 "그이가 하는 일이 그른 일이라고는 생각할 수 없어요. 우리도 따라 배워야지요"와 같은 말을 한다. 배운다는 말에서 알 수 있듯이, 선명한 사제관계의 구조가 명시적으로 드러나고 있다. 『탑』에서도 이러한 인불간의 위계화는 우길을 가르치는 계섬이나 박 진사에게 영향을 주는 택균의 모습을 통해 드러난다.

준식이는 이전과는 비교도 할 수 없을 정도로 분명한 주의자형 인물로 변화된다. 그는 노동자들의 지도자이며, 그들을 의식화시키고 새로운 정치 투쟁으로 이끄는 선구적인 인물이다. 그런데 준식의 뒤에는 초판본에는 등장하지 않던 박상훈의 존재가 있다. 준식이 그처럼 명확한 의식을 가질 수 있었던 것은 박상훈의 지도가 있었기 때문이다. "준식은 박상훈의 지도를 받게 되면서부터 자기자신과 자기들의 하는 일에 대하여 더욱 긍지를 가지게 되였고 따라서 남들을 자기들의 길로 이끌어 갈데 대한 신념을 가지게 되"었던 것이다. 박상훈이 그들에게 지도하는 핵심은 "상훈은 일본인 자본가들을 추종하는 조선인 자본가들에 의하여 조선에 도입된 산업 합리화의 본질을 해명 폭로하는 일과 여기 반대하여 싸울 방법들을 준식을 통하여 일반 로동자들에게 침투시키는" 것이다. 이처럼 개작본 『황혼』은 '박상훈–준식–여순'의 인물 위계화 구도를 지니고 있음을 확인할 수 있다. 준식의 뒤에 박상훈이 있다면, 동필의 뒤에는 형철이 있다. 조합주의적 특성을 가지고 있어 준식이와 대립하다 끝내는 준식과 뜻과 행동을 함께 하는 동필의 변화를 추동하는 힘은 "동필은 요사이 형철이와 자주 만나는데서 심저에 적지 않은 변화가 생겼다"에서 알 수 있듯이, 바로 형철이다.

1950년대 북한소설의 도제 구조 중에서 예외적인 작품은 「레닌의 초상」이다. 이 작품은 1956년에 창작되었음에도 중첩된 도제 구조를 지니지 않으며, 무엇보다도 발신자의 자리에 민족 해방이 아닌 레닌주의가 놓여 있다. 이 작품의 기본 서사는 독서회 사건으로 경찰에 검거되어 감옥에 수감된 주의자 허영이, 레닌을 절대적으로 신봉하는 동혁을 통해 감화를 받는다는 것이다. 동혁과 허영은 감방 4호에 함께 있는데, 그곳에서 허영은 동혁으로부터 레닌에 대한 이야기를 듣는다. 동혁이와 함께 있으면서 매일 같이 그의 이야기를 듣는 사이에 허영은 점차 자신이 생기고, 정신의 힘으로 몸의 병도 이길 수 있다고 여기게 된다.

이처럼 레닌은 허영에게도 절대적인 존재가 된다. 허영은 병으로 감옥을 나온 후에도 동혁을 탈출시키려고 시도할 때, 제 四 감방 마루바닥에 그려진 레닌의 초상을 떠올린다. 그 순간 "나는 지금 레닌과 같은 위대한 스승을 위해서, 그의 제자들을 구출하기 위해서 일한다. 죽음 따위가 무어냐, 이것만 성공하면 죽어도 좋다"라고 까지 생각한다. 그러한 구출 계획이 실패로 돌아가 독방에 갇혔을 때 비로소 허영은 그 많은 레닌 제자들 중에서 자기 자신을 발견하면서 용솟음치는 감정을 느낀다. 기나긴 수감 생활에서도 허영은 그 어느 때보다도 이때에 더 레닌을 믿는다. 작품은 감옥에서 태평양 전쟁 소식을 들으며, "레닌과 레닌의 제자들의 사상은 승리한다. 광명은 서쪽에서도 비쳐 온다. 레닌! 우리는 당신의 길을 지켜 싸우리다"라고 다짐하는 것으로 끝난다.

6·25가 발발한 1950년 이후 북한소설의 도제구조가 보이는 계열체적 측면에서의 공통점은 발신자의 자리에 '민족해방'이 놓인다는 것이다. 또한 주인공들은 성장의 목표로 전사 되기를 추구하고 있다. 이것은 카프 시기 도제구조의 발신자에 '계급의식'이 놓였던 것과 대조되는 현상이다. 앞 절에서 살펴본 「남매」와 「자라는 마을」의 발신자의 위치에는 '건국'이 놓여 있었다. 발신자는 이야기 속에 등장하는 가치 체계의 관리자라는 점을 생각할 때, 한설야의 북한 소설에서 내셔널리즘이 가장 중요한 이념의 자리에 놓여 있음을 알 수 있다. 『설봉산』의 마지막에서도 학철은 김장군 부대로 향함으로써, 끝내는 민족해방을 작품의 근본적인 가치 체계로서 기능하게 만들고 있다. 이것은 서사의 전체적인 자연스러움을 깨뜨리는 작위성으로서, 당시 사회에서 김일성으로 표상되는 민족해방의 가치가 얼마나 중요하게 작용하고 있었던가를 증명한다. 「레닌의 초상」만이 예외적으로 발신자의 자리에 민족해방 대신 레닌주의가 놓여 있다.

해방 이후 소설은 대부분 연애관계가 소거된 도제 구조만을 보여준다. 이것은 그의 소설에서 대중성과 일상성이 소거되어 버리고, 이념만이 독주하게 됨을 증명하는 것이다. 위에서 살펴본 소설들을 지배하는 것은 선명한 이분법이다. 성장을 중심에 두고, 버려야 할 것과 이루어야 할 것이 분명하게 나뉘어 있는 것이다. 인간의 복잡성을 구성하는 잡다한 요소는 선명한 구획과 배제를 통해 사라지고, 오직 버려야 할 것과 이루어야 할 것의 두 가지 자질만이 오롯하게 남는다. 성장은 집단과 대의에 자신과 소의를 버리는 과정이라고 말할 수도 있다. 이러한 특성은 후기로 갈수록 더욱더 강화된다.

2. 연애관계와 중첩된 지식인의 성장 구조

1) 연애를 매개로 한 이념적 각성과 타락

해방 이전 소설 중에서 연애를 매개로 한 긍정적 도제 구조가 나타난 작품으로는 「平凡」(『동아일보』, 1926.2.16~17), 「그릇된 憧憬」(『동아일보』, 1927.2.1~10), 「그 前後」(『조선지광』, 1927.5), 『黃昏』(『조선일보』, 1936.2.5~10.28)을 들 수 있다.

「평범」은 도제 구조가 쓰인 최초의 작품으로서, 모두 12장으로 되어 있다. 1~2장과 12장은 나이 서른에 이른 Y의 현재이고, 나머지 장은 Y가 ××녀자고보에 다니던 시절부터 현재에 이르기까지의 과거이다. Y는 부모가 정해준 남자, 같은 학교에서 근무하던 M이라는 유부남을 거쳐, 현재는 해외로 망명하여 자신과 이념이 같은 D와 함께 살고 있다. "긔적의 꽃이라든 Y의 미모"[21]는 이제 없어졌지만, 그녀는 지금 행복하다.[22] 그녀는 과거의 삶과는 다른 진실에 근거한 새로운 삶을 살고 있기 때문이

21) 『동아일보』, 1926.2.27.

22) 주인공의 행복은 그가 새롭게 얻은 가치나 교의의 증거이자 보증이다(Susan R. Suleiman, op.cit., p.73).

다. 그녀가 얻은 깨달음의 내용은 다음과 같은 내적 독백을 통해 직접적으로 드러나 있다.

> 나의살아온생활을부인한다. 나의몸부처온사회도 부인한다. 일절녯겁집을버서나서 참된 새경지를 개척해가지고 새주의주장과 사상감정을 살혀보리라. 이인간과 사회는 권력과황금에 얼키여 새캄안굴속에서 번뒤치고 번뒤치여왓다. 인간은질식하리만치 모순과압제와 불자유 가운데 헤매고잇다. 사람이지여논 사람의 편리에바치랴는 조고만 물질에게까지 사람이나 사회가 번롱을밧고잇다. 이리하야 인간성은 모욕을밧게되엿다. 물질은 오늘날사람이상의권능을가지고 사람의우에군림(君臨)하엿다. 물질에주리는대다수의대중은물질을독덤한 극소수의 인간의독편(毒鞭)에장차엇지될지를모른다. 날로 정신과피의 착취와략탈까지밧는현상이다. 그러나 쪼들리고 쪼들녀험태기버서지고 핏빨이서리운새ㅅ밝안인간성에는새움이트랴한다. 새 날이밝으랴고동이트랴한다. 밝기전에 — 나는조급한맘으로떠난것이엿다.[23]

그녀는 처음에 사회적으로 무자각한 상태에 있었지만, 마지막에는 위의 인용문과 같이 사회적 불평등에 대하여 깨닫게 된 것이다. 또한 처음에는 자신의 의사와는 상관없이 부모의 뜻에 따라 결혼생활을 하지만 마지막에는 자신의 뜻에 따라 D와 결혼을 한다. 이처럼, 「평범」은 통합체적으로 볼 때 도제 구조가 선명하게 나타나 있다.

계열체적인 측면에서 볼 때 이 소설에는 과잉(overdetermined) 성격의 기증자나 조력자가 부재한다. Y로 하여금 기존의 관습이나 생각에서 벗어나 새로운 삶을 살게 하는 욕망을 갖게 하는 존재가 없는 것이다. 이런 상황은 Y의 "나는나밧게 밋을사람이업다. 지금은위선이것뿐이다"[24]라는 말속에 잘 드러나 있다. 나중에 사상과 주의의 공명을 하는 D는 "옳은 교의

23) 『동아일보』, 1926.2.17.
24) 『동아일보』, 1926.2.25.

를 향해 주인공이 나아가는 것을 쉽게 하는 행위자"[25]라는 측면에서 조력자라고 말할 수 있다. 그러나 일반적인 주제소설에서의 조력자가 지니는 신념이 굳고 과잉된 성격으로 형상화되는 모습과는 거리가 멀다.

「그릇된 동경」에도 긍정적 도제 구조가 잘 나타나 있다. 이 작품은 여러 가지 면에서 「평범」과 비슷하다. 1장과 마지막 장(9장)은 만주에서 교사 생활을 하는 현재의 이야기이고, 중간은 과거 4년 동안의 이야기이다. 「평범」과 마찬가지로 현재는 각성된 상태이고, 과거는 미성숙한 상태로 그려진다. '나'는 고등관 중의 가장 젊은 사람이며 대학을 나온 일본인 청년과 결혼한다. 그녀는 "곤나이나까늬와아다시노무꼬늬나루요나히도와이나이와(이런 시골에는 내 남편될 만한 사람이 업서)"[26]라며 조선인을 깔보고, 일본인 Y를 흠모한다. 심지어는 모든 면에서 일본식을 흉내내어서, "꼭일본식이야. 허릴업는일본녀자야"[27]라는 사람들의 말을 듣고 흐뭇해할 정도이다. 그러나 '나'는 자신과 자신의 가족들, 나아가 조선민족 전체를 멸시하는 Y와의 결혼생활을 통해 민족적 각성에 이른다. 이러한 각성을 통해 '나'는 Y야말로 "야만"이라고 여긴다. 그 결과 일본인 남편을 떠나 만주에서 조선의 어린이들을 교육하게 되는 것이다. 그녀의 깨달음은 자신의 직접적인 체험(일본인과의 결혼생활)을 통해 얻은 것이기에, 「평범」보다 훨씬 구체적이다. 그녀의 깨달음의 과정은 다음의 인용에 잘 압축되어 있다.

> 그러나내가그러한경험을 지나왓기에아즉까지도 조선의온사람은 한글로큰부자유에 눌려잇슴을 나는 잇지못하엿나이다. 힘과맘을가추고맘과리상을함께하야 이러나야만할것을알엇나이다.또그런시긔에맛다달닌것을깨달앗나이다.나는비로소사람이된것갓햇나이다.[28]

---

25) Susan R. Suleiman, op.cit., p.83.
26) 『동아일보』, 1927.2.5.
27) 『동아일보』, 1927.2.4.
28) 『동아일보』, 1927.2.10.

서간체 소설인 이 작품에서 편지의 수신인은 오빠로 설정되어 있다. 오빠는 주체에게 참된 삶에 대한 욕망을 불러일으키는 역할을 한다. 정치범으로 상해에서 붙잡혀 와 감옥에 있는 오빠는 나에게 여러 가지 가르침을 전해준다. "사람다운 일을 하여라", "무슨 일에든 성실하여라", "더 큰 근심을 잊지 마라. 내 하굡혀 하는 일이면 죽어도 괜찬타. 네 일을 잊지 마라"와 같은 말들이 그것이다. "지사로서의 옵바"라는 '나'의 말에서 알 수 있듯이, 이 작품의 오빠는 일상적인 인물이라기보다는 주제소설의 긍정적인 도제 구조에 많이 나오는 신념이 지나치게 굳은, 과잉 성격화된 조력자의 모습이다. 이 작품의 행위자 모델에서 특별한 것은 적대자로서 잔악한 역할을 하는 일본인 남편이, 역설적으로 그러한 잔악함으로 인해 '나'가 민족적 진실을 깨닫게 도와주는 역할을 한다는 점이다. "이스카롯트의 반역이 기독을 죽이고 기독교의세계덕발전을 일우웟다더니 그런사실(史實)을비처생각함애Y가 내게 준바 공도적지안은듯합니다"29)라는 말은 이 작품에서 일본인 남편이 차지하는 독특한 역할을 잘 보여준다.

「그 전후」는 주의자인 남편을 이해하지 못하던 부잣집 며느리이자 신녀성인 B가 집안의 파산과 시아버지의 죽음을 통해 남편을 이해하게 된다는 이야기이다. B는 남편으로 표상되는 이념에 무지하던 상태에서 그것을 이해하고 그에 바탕한 삶을 사는 상태로 변모한다. 남편의 뜻을 이해하지 못하는 B를 향해, 남편은 "너는 나의안해가아니다. 사랑은무슨응뎅이부러질사랑이냐. 생각을가치하는데서만 우리의사랑을차즐수잇는것이다. 나는과거의사랑, 부부, 생활전부를개밥에던젓다"30)고 말한 후 가출하여 소식이 없다. 이 와중에 시아버지는 파산하고, 안해는 남편을 새롭게 인식한다. 그 과정은 다음과 같이 나타나 있다.

「몰락」의가진풍상은 그에게만은힘과암시를주엇다. "…… 우리를살녀줄리가업

29) 『동아일보』, 1927.2.8.
30) 『조선지광』, 1927.5, 120면.

다. ……날은 업다"

악마와가치짓고나간남편의암시가 맘에환연히비처왓다.

"××× ××× ××××××××××"

그는 막다른골목에서픽돌아섯다. 그까지 ×××××××××××× ××된 사람이얼마나되는지를 생각할때 ××××××××××××××××. ××× ×××× ××××××××다. 그것이곳사는길이다.

"돌과수목이잇서서 ×××××××"

그는쏙댁이에서뭉일뭉일 ××××× ××××××××××××앗다.[31]

그는 방직노동자로 살아가며 더욱더 남편의 말에 공감하게 된다. 남편이 전에 기독교를 비판했던 말도 "지금와서는더욱이즐수업고 깁히깨다라지는것"[32]이며, 남편이 여성문제에 대하여 말했던 것도 이전에는 "아조 생소한 외국어와 갓햇"던 것이나 이제는 "공장에서 사회를내다볼 때 남편의말은곳자긔×××××××××"[33]로 변한다. 이런 과정을 거쳐 작품은 남편이 다시 나타나 부부가 손을 잡고 눈물을 흘리는 것으로 끝난다. 처음 남편의 이념과 이접(disjunction)되어 있던 아내는 남편의 이념과 연접(conjunction)되는 상태에 도달한다.

「그 전후」는 짧은 분량이기는 하지만 최초로 공장 노동자의 삶이 다루어지고 있다는 점에서 의의를 찾을 수 있다. 이 작품은 전체적으로 엉성하다. B가 사회적 각성을 이루게 되는 과정이 너무나 갑작스럽다. 이것은 조력자나 적대자가 부재한 채, 대상을 향해 나아가는 주체의 모습만이 오롯하게 남아 있는 것과 관련되어 있다. 과잉 성격의 조력자라고 할 수 있는 남편 역시도 추상적인 목소리로서만 존재한다.

『황혼』에서 긍정적 도제 구조는 여순을 중심으로 한 '경재—여순—준

31) 위의 책, 119~120면.
32) 위의 책, 120면.
33) 위의 책, 120면.

식'의 삼각관계 서사에서 선명하게 드러난다. 『황혼』은 경재를 중심에 둔 '현옥—경재—여순'의 삼각관계와 여순을 중심에 둔 '경재—여순—준식'의 삼각관계 두가지로 이루어져 있다. 이 중에서 더욱 본질적인 것은 경재—여순—준식의 삼각관계이다. 여순은 여타의 인물들과는 달리 틀에 박힌 인물이 아닌 변화되어 나가는 동적인 인물로서, 지식인의 고민이 주로 다루어지는 전반부와 노동자들의 세계를 그리고 있는 후반부를 연결시켜 주는 중심인물이다.[34] 여순이 변화하는 동안의 내적인 갈등과 번민이 소설의 상당 부분을 차지하고 있는데, 그러한 과정은 여순이 계급적으로 각성되는 과정에 대응한다. 경재와 준식이 사이에서 여순이 느끼는 갈등은 곧 계급갈등의 상징적 반영이다. 엄호석도 "준식이와 경재는 서로 결합될 수 없는 적대적인 두 계급을 의미한다. 따라서 려순의 내부 갈등이야말로 로동 계급과 착취 계급간의 융화될 수 없는 사회적 갈등의 상징적 반영으로 된다"[35]고 지적하고 있다. 같은 글에서 엄호석은 다음과 같이 애정 문제의 이념적 성격을 강조하고 있다.

> 『황혼』에 있어서의 애정 문제는 그것을 통하여 경재의 소시민적 세계를 밝혀내며 그가 나아갈 운명의 길, 황혼의 길을 보여주는 데 복무하고 있으며 또 다른 한편으로 려순의 아름다운 정신적 미를 밝혀내며 그가 나아갈 새벽의 길을 열어 보이는 데 복무하고 있다.[36]

결국 여순은 물질적인 풍요와 안락을 보장받을 수 있는 경재와의 사랑을 포기하고 준식을 선택한다. 이러한 사랑의 선택은 이념적 선택과 결

34) 한설야는 「『황혼』의 여순—내 작품의 여주인공」(『조광』, 1939.4)이라는 글에서 여순에 대하여 "육친애에 가까운 실감"을 느낀다고 말한다. 조남현은 "한설야는 지식인일 뿐인 경재에게서보다도 또 노동자일 뿐인 준식에게서보다도 이 두 가지를 겸비한 형철과 또 그를 모델로 삼고 있는 여순에게서 바람직하면서도 새로운 인간형을 찾고 있다"(조남현, 「지식인소설과 노동자소설의 이중음」, 『황혼』, 동아출판사, 1995, 541~542면)고 보고 있다.
35) 엄호석, 앞의 글, 156~157면.
36) 위의 글, 160면.

부되어 있다. 한설야 자신도 "그는 자기의 갈길을 결심한 날 경재를 버리고 준식에게로 갔다. 사랑은 곧 생활이라고 생각하였다. 그에게 있어서 사랑은 청춘의 한 행락일 수 없었다"[37]라고 하여, 여순의 선택에 담겨 있는 이념적 성격을 밝히고 있다. 유동하는 지식인이었던 여순은 경재와 연애를 하고 안중서의 유혹을 이겨내며, 마지막 장면에서는 노동자를 대표하여 사장실을 찾아가는 선진적인 노동자로 새롭게 태어난다. 이러한 탄생에는 준식이의 도움도 결정적인 역할을 한다. 준식의 역할은 개작본 『황혼』에서 한층 강화된다.

이 작품은 장편에 걸맞게 모든 행위항이 풍부하게 형상화되어 있다. 여순이 경재와의 관계를 정리하고 노동자가 된 것은 "물론 안락한 생활에대한 동경도 있었지만 준식의말도 있고 또 준식의 소개로 알게된 형철의 의견도들은배있어서 좋으나 궂으나 어쨌던 그들의 권고대로 해보기로"[38] 한 것에서 알 수 있듯이, 준식과 형철의 뜻에 따른 결과이다. 준식과 형철은 긍정적인 도제 구조에 등장하는 조력자에 해당하는 존재들이다. 또한 안중서와 경재 등은 적대자에 해당한다.

통합체적으로 볼 때 위의 「평범」, 「그릇된 동경」, 「그 전후」, 『황혼』은 긍정적 도제 구조로서의 기본적인 사항들, 즉 무지에서 앎으로의 변화와 수동성으로부터 능동성으로의 변화라는 요건들을 두루 갖추고 있다. 그러나 계열체적으로 볼 때, 긍정적 도제 구조의 작품 중에서 「그릇된 동경」과 『황혼』만이 모든 행위자를 온전하게 갖추었다. 이에 반해 「평범」과 「그 전후」에는 조력자와 적대자가 제대로 서사 속에 형상화되어 있지 못하다. 이러한 특성은 곧바로 작품 형상화의 단조로움으로 이어진다.

『청춘기』는 연애관계가 작품의 핵심에 놓여 있다. 이 작품은 '태호-은희-명학'의 삼각관계와 '은희-태호-명순'의 삼각관계로 이루어진 것 같지만, 선택해야 하는 두 대상과 두 개의 선택 대상 앞에서 갈등하는

37) 한설야, 「『황혼』의 여순-내 작품의 여주인공」, 『조광』, 1939.4.
38) 『황혼』, 영창서관, 1940, 458면.

주체의 심리가 드러나 있지 않다는 점에서 삼각관계라고 보기는 힘들다.[39] 은희와 태호에게 있어서 명학이나 명순은 처음부터 고려대상이 아니다. 은희나 태호는 서로에게 절대적인 존재여서 다른 대상에 대한 고민이 틈입할 여지가 없다. 따라서 이들의 관계는 은희와 태호의 양자관계로 봄이 타당하다. 다음의 인용문은 『청춘기』에서의 양자관계를 선명하게 보여주는 것이다.

> 태호는 문득 조그만 악마를, 자기들의 발앞에 가로선 장애물을 상상하엿다. 그것은 용차를 노리는 당낭이같이 조고마케도 보이나 때로는 가장 힘잇게 자기와 은희의 앞을 가로막는 거인으로도 보이는것이엇다. 그것은 이경우에잇어서 박용일수도 잇엇다. 또 명순일수도 잇엇다.
>
> 그러나 그보다 문제는 은희의 맘하나다. 그의 심경에만 변화가 없다면 그담것은 아무것도 문제될것이 없는것이다.[40]

이러한 양자관계에서, 둘의 사랑을 방해하는 존재가 명학과 명순, 그리고 박은희의 이복오빠인 박용이다. 그런데 명학이나 명순은 방해자이기는 하지만 기본적인 성격이 호인에 가깝기 때문에, 은희와 태호 사이에서 결정적인 역할을 수행하지는 못한다. 수차례에 걸쳐서 명학의 "조곰도 꾸부러짐이 없이 밝게 바르게 키여진 한개의 인간성"[41]에 대한 언급이 나온다. 명학은 계급상으로는 부르주아라 할 수 있지만, 그의 사랑은 한설야 소설의 일반적인 부르주아들이 보여주는 것과는 달리 순수하다. 다음의 인용문은 명학의 연애관을 잘 보여준다.

> 돈 때문에 나는 은희와 결혼할수잇고 은희는 나와 결혼하지 안호면 안되는것

---

39) 서영채, 『사랑의 문법』, 민음사, 2004, 191~193면.
40) 『동아일보』, 1937.10.17.
41) 『동아일보』, 1937.11.28.

같이 생각되는 그것이더욱 불쾌하다. 설사 돈때문이아니라 하더라도 내게 돈잇다는 것이 이결혼의 가치를 사뭇 떨구고 흐리게하지 안을지 그리고 장차 내가 학위를 얻게되엇다는것도우리들의 진실한 사랑에는 빛을주지못하는 것이다…… 구리라도 조타 납덩이라도 조타 다만 멧키만은 실타 돈도 은혜도 학위도사랑을 덮는 금멧키가 아니냐 나는 지금 참말그를 사랑하기이해서무한히 고민하고잇는 것이다.[42]

북한에서의 개작본에서는 이러한 명학의 성격에 부정적인 색채가 가미되는데, 명학은 우유부단하고 민족의식이 박약한 이기주의자로서 그려진다. 그리고 태호와 은희를 갈라놓기 위해 노력하는 모습도 보여준다.

태호와 은희가 서로 사랑하게 되는 과정이 분명하지 않은 것처럼, 도제 과정 역시 생략되어 있다. 태호가 은희를 사랑하는 이유는, 은희가 동경하면서 그리워하는 유일한 벗 철수를 너무나 닮았기 때문이다. 태호에게 철주(철수의 여동생)와 은희는 동일시된다. 태호는 의식불명의 위급한 상태에서도 철주를 애타게 찾을 정도로, 절대적인 사랑을 보여준다. 태호의 경우에는 이념이 먼저 오고, 그 후에 사랑이 온 경우이다. 태호가 은희를 절대적인 존재로 생각하는 것은 은희의 뒤에, 태호가 극광(極光)으로 생각하는 철수의 존재가 있기 때문이다.

상대방에 대한 사랑의 맹목성에 있어서는 은희도 태호에 모자라지 않는다. 은희는 자신에게 큰 은혜를 베풀었고, 주위에서도 결혼하기를 원하는 신사풍의 호인 명학을 거절하고 태호를 사랑한다. 태호에 대한 은희의 사랑은 점점 더 커가서 서울에서의 의사 생활도 뿌리치고 태호의 고향인 원산의 조그만 병원에 취직한다. 은희에게 있어 태호와의 사랑은 태호가 가진 이념에의 동조로 이어진다. 태호가 철수와 함께 수감되자 은희는 언제까지든지 태호를 기다리겠다고 다짐하며, "일즉 본일이 없는

42) 『동아일보』, 1937.10.27.

극광이 아득한 하늘 저편에서 빛어오는것같음을 깨"[43]닫는다. 은희가 태호에 대한 연정을 품을 구체적인 계기도, 또한 은희가 자신의 현실적인 삶을 보장하고도 남을 명학을 거부해야 할 구체적인 계기도 뚜렷하게 주어지지 않는다.[44] 이 점은 당시 한설야 자신도 의식하고 있던 바이다.[45]

이념에서 출발해 사랑으로 발전한 것(태호의 경우)이든, 사랑에서 출발해 이념으로 발전한 것(은희의 경우)이든 둘의 사랑은 결국 철수라는 하나의 표상에서 만난다. 다음의 인용은 은희에게 깊이 새겨진 철수의 의미를 선명하게 표현하고 있다.

> 은희에게는 인제 태호도 철수도 영원히 잊을 수 없는 사람이다. 철수는 아직 한번도 본일이없으나 첨보는사람보다도 머리에깊이 백여진 것이다. 더욱이 그 얼굴은 자기와 비슷하지않은가 …… 그러니 마치 그사진은 어린자기를 발견하듯이 그리운것이아닐수 없엇다.[46]

---

43) 『동아일보』, 1937.11.29.

44) 『청춘기』의 개작본이 가장 크게 변화된 것은 성격 묘사에서 인물심리의 변화과정이 연재본이나 단행본에 비해 풍요롭게 묘사되었다는 것이다. 개작은 주요 인물들의 사고와 행동의 필연성을 부여하기 위해 이루어졌다고 보아도 과언이 아닐 정도이다(한수영, 「한설야 장편소설 『청춘기』의 개작과정에 대하여」, 『한설야문학의 재인식』, 소명출판, 2000).

45) 한설야는 「三角關係의 境遇－戀愛는 싸움이다」(『사해공론』, 1938.8)에서 『청춘기』에 대하여 부정적으로 평가하고 있는데, 그것은 인물형상화와 관련해서 이루어지고 있다. 요점은 태호의 인물 형상화가 제대로 이루어지지 않았다는 것이다. 그 대목을 소개하면 다음과 같다. "나는 일즉三角戰에서 사상이 名譽와*여一切를 이긴 이야기를 비저본일이 있다. 또 지금까지 그것이 그릇된이야기라고도 생각지 안는다. 그러나 이른바 이小說에서 勝利者의唯一한 武器인사상을 이作의主人公을 어떠케 驅使했는가 卽 그사상이 그사람의가슴에 溶解되고 消化되고 血肉化해서 日常生活上 어떠케 言語動作에顯現하야 對象을 共感시키고 誘導하고 感化시키고 向上시켜서 그로써 마땅히 勝利者가 되게하는複雜多端한길－그러나 絶對로 必要한 이길을 나같은 三文作家는 能히 해낼수없엇는 것이다." 이때의 이야기는 『청춘기』임이 분명하다. 1938년의 시점에서 한설야가 공공연히 삼각관계에 바탕한 이야기를 쓴 적이 있다고 말할 수 있는 작품은 『청춘기』 외에는 달리 없기 때문이다.

46) 『동아일보』, 1937.11.25.

그런데 철수라는 인물 역시 지극히 막연하게 묘사되어 있다. 철수는 작품의 마지막에 해외에서 돌아와 태호를 만나고, 일경에 체포되었다는 풍문으로만 존재한다. 태호와 중학교 삼년급 겨울에 헤어져서 만나지 못한 지가 9년이 되는 철수는, 태호에 의해 백만 군중의 앞에 나타난면 그들의 마음을 모조리 움직이게 할 것 같은 인물로 "우리의 상상이 밋지못하는 무슨 놀라운일을 꾸준히 하고잇을"[47] 것으로 설명된다. 구체적인 현실의 인물이라기보다는 한껏 이상화된 존재가 바로 철수이다. 철수의 존재가 가진 막연한 성격이 강조될수록 은희와 태호의 사랑이 지닌 맹목성도 한설야의 이념과 더불어 극광처럼 빛나게 된다. 『청춘기』에는 당시 한설야가 생각하던 이성애와 동지애의 일치라는 사회주의적 사랑이 경직된 모습으로 드러나 있다.

『청춘기』의 연애관계가 지닌 이념적 성격은 「作者의 말」에서부터 드러나 있다. 한설야는 이 글의 첫문장을 "이 작품에서 인간의 애욕문제를 취급해 보려고 한다"로 시작하여, 마지막 문장은 "생각만은 세속에 흔히 보이는 저속한 애욕으로부터 훨신 초탈한 새로운 경지를 이 작품우에 창설해 보려는 것이다"[48]로 끝내고 있다. 이 문장은 『청춘기』가 남녀관계를 통해 그 이상의 의미를 그려보이고자 한 작품임을 직접적으로 드러낸 것이다.

한설야의 소설에는 연애관계를 통해 주인공이 이념적으로 타락하는 구성방식의 소설들도 존재한다. 해방 이전 소설 중에서 이와 같은 부정적 도제 구조가 드러나는 작품은 「뒤ㅅ걸음질」과 「交叉線」이다. 「뒤ㅅ걸음질」은 주의자로 활동하던 C의 타락을 그리고 있다. 작품의 첫 문장인 "애써목덕의고개로고개로올나가든단발랑C는 어느새답보(踏步)를시작하게되엿다"[49]는 이 작품에서 C가 처한 상황을 단적으로 보여준다. 동경에 있을

47) 『동아일보』, 1937.8.20.
48) 『동아일보』, 1937.7.13.
49) 『조선지광』, 1927.8, 41면.

당시 주의자인 S의 감화를 받아서 주의자가 되었던 C는 곧 타락의 길을 걷는다. 그녀를 주의자로 이끌었던 S가 감옥에 수감되자, C는 길동무들의 모임에도 나가지 않고, 자본가이자 협의원인 K와 교제를 시작한다.

이러한 C의 변화는 머리카락이라는 기호를 통해 선명하게 드러난다. "C가단발한것도그리든 동경시대의일"[50]에서 알 수 있듯이 단발은 주의자로서의 삶을 나타내고, 전향한 현재는 장발이며 머리 손질에 많은 공을 들이는 것에서 알 수 있듯이 머리를 기르는 것은 타락으로 의미화 된다. 주의자인 동무는 C가 머리 기르는 것에 대해 항의한다. "꼭단발해야된다는것은아니지만 그래도녀자로보면 오래오래잇서오든형식을끈어 버리는것이 묵은관념을쉽게고치는표가 아니냐"[51]는 질책을 하는 것이다. 또한 동무들 사이에서 그녀가 머리를 기른다는 소문은 많은 시비를 불러일으킨다. 그러나 자본가이자 협의원인 K는 단발을 부정적으로, 장발을 긍정적으로 인식한다. "웬걸 아주됏서…… 녀자에게는머리가격인데 단발이라니그게될말임니까" 혹은 "잘깃넛슴니다. 썩더 미인이되엿는데 방안이다—환—합니다"[52]라고 말하는 것이다.

부정적인 도제 구조에서 은혜로운 조력자는 부재하거나 무용한 존재인데,[53] 이 작품에서도 C를 진실한 삶으로 이끄는 조력자 S는 존재하지 않는다. 「그릇된 동경」이나 「그 전후」에서 조력자는 수감이나 가출로 부재하지만 목소리로 존재했는데 반해, 이 작품에서는 그러한 목소리로도 존재하지 않는다. 작품의 전반부까지는 옛날의 동무들 역시 강한 영향력을 지닌 존재로 그려지지 않는다. 동무들을 대표하여 E가 방문하지만, "C는E로하야자긔를반성할긔회를어덧고 또량심상가책도바닷스나 그것도오라지는못하엿다"[54]에서 알 수 있듯이 진정한 가치에로 C를 이끌지 못한다.

50) 위의 책, 44면.
51) 위의 책, 43면.
52) 위의 책, 47면.
53) Susan R. Suleiman, op.cit., p.86.
54) 『조선지광』, 1927.8, 46면.

이에 반해 적대자에 해당하는 K의 존재는 한껏 부풀려져 있다.[55] 그는 잘 나가는 자본가인 동시에 나이 삼십이 되기 전에 협의원이 된 첫번째 사람일 정도로 막강한 힘을 지니고 있다. 그에 대한 묘사[56]는 동무들에 대한 묘사보다 한결 상세하다. 주의자들에 대한 입장 역시 지극히 적대적인데, 그것은 "자식들사회주의랍시고 굴뚝쑤시개가치 삽살이대강이를 해가지고…… 게다가지게ㅅ군바침대갓흔몽둥이는웨들고단여. 개청결을 할텐가. 녀자들도괜니그놈들안테속아가지고그모양이지"[57]와 같은 표현에서 확인할 수 있다. 이 작품에는 부정적인 도제 구조의 행위자 구성에 필요한, 은혜로운 기증자의 부재, 과잉성격화된 적대자, 타락한 목적 등이 모두 존재하고 있다.[58]

그런데 마지막 부분에 하나의 단락을 덧붙여서, 뒷걸음질을 치던 C가 갑자기 방향을 바꾸는 것으로 작품은 종결된다. C는 자기의 잘못을 인정하고, 지난 시간을 청산하려는 것이다. 그렇다면 이러한 변화는 어떻게 설명할 수 있을까? 첫번째 이유는 C를 잘못된 목적으로 이끄는 존재, 즉 과잉결정된 적대자인 K가 C에게서 멀어지는 것을 들 수 있다. K가 "용ㅅ돈(기실그에게는퍽약소한명도)을좀느려서 맛다른고기(××주의의퇴물님)를낫군후로는 C와K사이에는다시넘을수업는담이생겻"[59]던 것이다. 또한 조력자인 동무들의 영향을 들 수 있다. 전부 3장으로 되어 있는 이 작품에서 마지막 장은 K에 대한 이야기로 채워져 있고, 2장은 동무 E와의 문답으로 되어 있다. 또한 C는 동무의 얘기를 따르지는 않지만, K와 산보를 가려고 하면서 "C는나가기는십흐면서도 그래도맘노이지 안는것이잇섯다. 량

---

55) 부정적 도제 구조에서 과잉 성격화된 적대자는 긍정적인 도제 구조에서 과잉 성격화된 조력자의 상대역이라고 할 수 있다(Susan R. Suleiman, op.cit., p.95).

56) "기럭이주둥치가치뾰죽납작한구두코를 마루턱에걸고발뒷굼치를짜닥그리며 K는취긔를띈말솜시를건다. 차림차림이쏙빠진데다가 얼골짜지부자집바둑씨가치번지르하다. 날마다 누리는호강의자취가머리씃에서짜지흘너내리는 것갓다"(『조선지광』, 1927.8, 46면).

57) 『조선지광』, 1927.8, 47면.

58) Susan R. Suleiman, op.cit., p.97.

59) 『조선지광』, 1927.8, 49면.

심이잇섯다. 남의눈—옛날길동무들의눈이무서웟다"[60]고 할 정도로 동료들을 의식하고 있다. 그러나 이러한 변화가 다시 긍정적 도제 구조로의 갑작스런 전환으로 귀착되지는 않는다. 마지막 문장은 "C는다시어느길을 가랴느냐?"[61]인데, C의 선택은 아직 진행형인 것으로 나타나기 때문이다. C의 내리막길을 막는, 사족(蛇足)과 같은 마지막 단락은 작가의 포기할 수 없는 신념에서 비롯된다.

「뒤ㅅ걸음질」의 C는 「교차선」에서 은순의 모습으로 다시 나타난다. 몽타주 식으로 공장 노동자들의 여러 모습을 제시하고 있는 이 작품에서 은순은 재선을 배신하고 털부헝이 감독과 어울린다. "은순은 한때는조흔생각을가진 똑똑한사람이라고 직공들의칭찬을밧든녀자"[62]이다. 「뒤ㅅ걸음질」에서 S에 해당하는 존재가 「교차선」에서는 재선이다. "자기로하야밝은길을걸어나가는그사람의생각이 진정하면진정할수록 재선은그에게 끌리여 갓"고, 그 결과 "두사람은 사랑하는사이"[63]까지 되었다. S가 감옥에 가듯이 재선은 폐병으로 인해 작품에서 사라진다. 또한 K에 해당하는 것은 일본인(九州産)인 털부헝이 감독이다. 이 작품에서는 강력한 또 한 명의 조력자라고 할 수 있는 은순의 동생, 철순이 감옥에 가 있다. 은순의 타락을 막는 존재로 「뒤ㅅ걸음질」의 E에 해당하는 것은 노동자들이다. 그들은 공으로 은순의 등을 갈기기도 한다. 이 작품에서 은순은 철저하게 표상되는 존재에 머문다. 처음에는 노동자들에 의해 엿보기를 당하는 대상이었다면, 이후에는 여러 가지 비난과 뒷공론의 대상이 된다. 마지막 부분에서 은순은 동료 노동자들의 비난과 물리적 폭행을 당하지만, 그녀가 어떠한 판단을 내렸는지는 알 수 없는 상태로 작품은 끝난다.

두 작품 모두 온전한 부정적 도제 구조를 보인다고 말할 수 없다. 「뒤ㅅ걸음질」은 마지막 부분에서 C가 갑작스러운 변화를 보이기 때문이다.

---

60) 위의 책, 48면.
61) 위의 책, 49면.
62) 『조선일보』, 1933.4.28.
63) 『조선일보』, 1933.4.28.

「교차선」의 가장 큰 문제는 은순이가 중심인물이 되어 서사를 이끌어나간다기 보다는 하나의 표상에 머문다는데 있다. 그녀의 목소리나 시각은 작품 속에 드러나지 않으며 그녀는 단지 어떠한 담화나 행동의 대상에 머물고 만다. 이것 역시 부정적 도제 구조에는 부합되지 않는 특성이다. 기본적인 성격이 부정적 도제 구조를 따르고 있으면서도 작품의 끝까지 그러한 특성을 유지하지 못하는 것은, 작가가 지니고 있는 이념에 대한 절대적인 믿음 때문이다.

도제구조는 경향 소설의 일반적인 특징이다. 카프 문학이 기본적으로 계몽을 목적으로 하는 것이라면, 거기에는 계몽의 주체와 계몽의 대상, 그리고 그들 사이의 관계가 존재할 수밖에 없기 때문이다. 계몽의 주체로서의 여러 인물들을 이미 우리는 보아온 바이다.[64] 그러나 식민지시기 한설야 소설에서 특징적인 것은 그러한 도제 구조가 남녀간의 연애관계와 결합되어 있다는 점이다. 「평범」, 「그릇된 동경」, 「그 전후」, 「뒤ㅅ걸음질」, 「교차선」, 『황혼』, 『청춘기』, 『초향』 등이 이러한 구성방식을 보여준다. 한설야 소설의 이러한 구성적 특징은 식민지시기 유행했던 '붉은 연애', 즉 사회주의적 연애라는 담론과 긴밀한 관련성을 갖는다. 엘렌 케이의 논의에 바탕한 자유연애론이 풍미했던 1920년대의 연애담론이 시대적 소명을 다하고 비판의 대상이 되었을 때, 그 빈자리를 채운 것이 바로 사회주의적 '붉은 연애'이다.

이 시대에 사회주의자들이 연애를 바라보는 입장은 두 가지로 나뉘어진다. 연애를 배제하는 입장과 연애를 계급적인 관점에서 정립할 것을 주장하는 입장이 그것이다. 전자의 입장에 선 사람으로는 김옥엽과 민병휘가 있다. "과거현재의 여러 가지연애론을 재비판하여 청산하려는 것이 이글에 맷겨진 과제이다"로 시작하고 있는 글에서, 김옥엽은 "이상적으로 말하면연애는 우리들인간성을놉히며 우리들의새로운사회를위하야싸

---

64) 「농부 정도룡」의 정도룡, 「민촌」의 창순, 「낙동강」의 박성운, 「조희 뜨는 사람들」의 황운, 「홍수」의 박건성 등을 대표적인 예로 들 수 있다.

우는 능률을 증가하는것이아니면 아니된다. 그러나 이러한 참다운 연애는 우리들사회에서는 드문것이"기 때문에 "우리들의 임무를 방해하는 (개인적욕망으로써) 연애를 경계하는 것이 일층필요한것이"[65]라고 주장하고 있다. 연애 자체를 부정하고 있지는 않지만, 당대 사회에서는 이상적인 연애가 존재하기 힘들다는 것이다. 민병휘는 "戀愛란 經驗한바에잇서 우리들의鬪爭力을 抹殺시키고 陣營을攪亂시키는일이 만흔것만큼 階級運動에는 絶對의禁物이라고 생각하엿다"[66]고 말하고 있다. 나아가 그는 같은 글에서 "빵은 생을연장시키는본능적조건이요 애욕은그부차적산물"에 불과하다며, "우리는 ×××××할때까지는鬪爭을위하야階級을위하야戀愛問題에超越하여야한다"[67]고 주장하고 있다.

후자의 입장에서 붉은연애론을 가장 적극적으로 펼친 이는 진상주이다. 그는 「푸로레타리아 연애의 古調」(『삼천리』, 1931.7), 「붉은 戀愛의 주인공들」(『삼천리』, 1931.7), 「맑쓰主義戀愛觀－戀愛의階級性問題－」(『조선일보』, 1931.7.28~30)[68]를 발표한다. 「맑쓰主義戀愛觀－戀愛의階級性問題－」에서 그는 "결코 연애 그 물건도 현대자본주의사회하에서는 계급을초월하야 존재할수가업다"고 말한다. 그는 세상에 소위 무산계급적연애로 널리 알려진 콜론타이가 쓴 「三代의 戀愛」를 바탕으로 콜론타이즘[69]에 대하여서도 비판한다. 콜론타이가 주장하는 사랑은 "戀愛의神秘性을말한것이며

---

65) 김옥엽, 「청산할 연애론」, 『신여성』, 1931.11, 10면.
66) 민병휘, 「계급운동과 애욕문제」, 『비판』, 1932.2, 77면.
67) 위의 글, 79면.
68) 첫 번째 글과 세 번째 글은 제목만 다를뿐 동일한 글이다.
69) 유진오가 "연애문제를 취급한 푸로문학이라하면 누구나 몬저 코론타이여사의 소위 '붉은사랑'을 연상할 것이다"(「푸로문학과 연애」, 『동광』, 1931.12, 189면)라고 말할 정도로 사회주의 연애에 관한 논쟁은 콜론타이를 중심으로 진행되었다. 콜론타이는 성해방을 사회주의 혁명과 같은 차원에서 논의하고자 하였고 이러한 그의 급진적인 관점은 혁명의 진행과정에서 레닌과 마찰을 빚기도 하였다. 콜론타이즘은 낭만적이고 퇴폐적인 연애소설로 대중들에게 받아들여졌다(이태숙, 「붉은 연애와 새로운 여성」, 『현대소설연구』, 2006.3, 166~168면). 이로 인해 대부분의 사회주의자들에게 콜론타이즘은 이상적인 연애의 양상이라기보다는 극복해야 할 대상으로 인식되는 경우가 대부분이었다.

戀愛는階級을 超越하야사는 것을 선전하는以外에는 아모것도 아니"라는 것이다. 진상주는 "무산계급은자초부터금욕주의자가아니며연애를부정하는건 것 아니"라고 말해 연애 자체를 부정하지는 않는다. 다만 무산계급에게는 계급적 규율이 있으며, 그것은 "계급전체의이익을위하야는 무조건적으로희생적노력을다하"며, "개인적엇던이익,행복,향락도이계급적전체이익압헤서는전부희생시킬것을요구한다"는 것이다. 결국 연애를 부정하지는 않지만, "연애는절대로계급적규율하에복종시키지안흐면안된다"는 명제를 제기하고 있는 것이다. 안휘도 사회주의적 연애의 존재가능성을 인정하면서, 프롤레타리아의 연애와 성문제를 지금까지와 같이 개인적 문제로 취급해서는 안되고 계급적 제문제와 유기적인 연관속에서 파악해야 한다고 주장하고 있다.[70]

김옥엽, 민병휘, 진상주, 안휘의 논의가 연애와 계급운동을 총론 차원에서 다루고 있다면, 유진오나 양탄실은 연애를 계급문학의 차원으로 한정지어 논의하고 있다. 유진오는 "연애문제만을 당면의 문제로 삼는 것은 즉 정치××으로부터의 회피"를 말한다며, 연애문제가 "순전한 개인문제에 끝이지아니하고 나아가 운동의 전면에 어떠한 영향을 갖는다면 그한에 잇어서 ××전기의 문학에서도 연애문제를 취급할 것이다"[71]라고 말하고 있다. 그러니까 연애문제를 취급할 수 있으나 그것은 전체적인 운동과의 영향관계 속에서 다루어져야 한다는 것이다. 양탄실은 나프작가들은 애정소설을 통해 "복잡다기한 현실의모순속에서 정당한연애관의해명과 뿌르조아와 소뿌르조아지의 부패한연애관, 결혼관의폭로에 비상한정력을 경주"[72]하고 있다면서, 한국의 진보적인 작가들도 이러한 경향이 중요하므로 받아들여야 한다고 주장하고 있다.

당시 연애를 긍정적으로 받아들이는 사람들의 입장은 연애는 계급적

---

70) 안휘, 「계급적 성도덕」, 『전선』, 1933.1, 81~82면.
71) 유진오, 앞의 글, 188면.
72) 양탄실, 「연애와 문학」, 『비판』, 1937.1, 101면.

규율 속에서 다루어져야 하며, 그것을 작품 속에서 다룰 경우 계급적 문제와 유기적인 연관 속에서 그려야 한다는 것으로 정리할 수 있다. 계급적인 관점에서 연애를 부정할 것인가, 인정할 것인가의 두 가지 입장 중 한설야는 후자의 입장에 서있었던 것으로 보인다. 이미 한설야는 「사실주의 비판—작품제작에 관한 논강」에서 연애를 계급문제와 관련하여 그릴 것을 다음과 같이 주장한 바 있다.

> 戀愛를 對象으로 하는때면 어떻게해서 그 戀愛를 階級을 위하여서의 것이 되게할까, 利益을 주는 것이 되게할까하는 媒介的 洞察을 必要로 하는것이다. 이것이 없으면 戀愛는 戀愛하기위하여서의 戀愛가 되고말것이다. 階級과 關係가 있는 必要한 一個의生活形態로서 그리어지지 못할것이다.[73]

한설야는 북한에서 1958년『청춘기』개작본을 내면서 7페이지 분량의 긴 후기를 쓰고 있다. 여기서도 그는 다음과 같은 발언을 하고 있다.

> 나는 당시의 우리 프롤레타리아문학에 있어서 련애를 취급할 필요성을 느낀 데서 이 작품을 썼다는 그것이다.
>
> 그당시 속학자들뿐 아니라 일부 프롤레타리아작가들까지도 프롤레타리아 작품에는 련애가 금제품으로 되어 있는 것같이 생각하는 경향이 있었다. 그러나 결코 그럴 리가 없다.
>
> 프롤레타리아는 인간 중에서 가장 아름다운 심리의 소유자다. 그러한 사람에게 남녀의 사랑이 없다는 것은 거짓말이다. 프롤레타리아는 가장 자기의 가족과 배우자를 사랑하며 나아가서는 모든 선량한 사람들을 사랑하며 서로 붙들고 함께 잘살 것을 바라는 아름다운 사람들이다.[74]

---

73)『동아일보』, 1931.7.4.

74) 502면.

이것은 그가 사회주의적 연애의 존재가능성과 그것의 의의를 적극적으로 인정하고 있었음을 증명한다. 그리고 이러한 발언은 『황혼』, 『청춘기』, 『초향』에 그려진 연애의 양상이 1930년대 사회주의 진영에서 이루어지던 연애에 대한 논의를 의식한 채 쓰인 것임을 보여주는 것이다.

이처럼 도제관계와 연애관계가 중첩된 구성방식은 식민지시기, 특히 카프 이전과 이후 시기에 집중되어 나타난다. 북한 소설 중에서도 『대동강』과 『설봉산』은 성장의 서사와 연애 서사가 중첩되어 있는 것처럼 보인다. 그러나 이 두 가지의 관계는 어디까지나 병치되어 있을 뿐이다. 이 때의 연애관계는 이념적 위계에 의하여 선규정된 원인에 따른 결과일 뿐이기 때문이다. 『대동강』은 점순을 중심으로 태민과 상락이가 연결된 연애관계가 서사의 중심에 놓여 있다. 그러나 처음부터 점순의 마음이 태민에게 향해 있고, 상락에게는 아무런 이성으로서의 감정을 느끼지 않는다는 점에서 양자관계라고 할 수 있다. 태민과 점순은 이미 사상적으로 이상적인 상태에 도달한 상태로서 누가 누군가를 이끌어주는 식의 도제관계는 성립하지 않는다.

이에 반해 점순과 상락과의 관계는 상락의 일방적인 짝사랑에서 출발한다. 상락은 처음 인쇄공장에서 일하며, 남의 약점과 아픈 데를 찾아내는데 매우 눈치 빠르고 각박한 부정적인 인물로 그려진다. 더군다나 점순이 태민에게 마음이 있는 것을 알고는, 태민과 점순이를 이유없이 비판하고 괴롭히기까지 한다. 이념적으로 타락한 상락은 점순을 통해 성장하기는 하지만, 그것은 연애관계와 결합되지는 못한다. 점순은 상락과 적절한 거리를 유지한 채 그를 올바른 방향으로 인도할 뿐이다. 상락이 이상적인 전사로서 성장하는 과정에서도, 상락은 수시로 점순에 대한 이성으로서의 감정을 느낀다. 그때마다 점순은 "이것을 말로써가 아니라 일과 행동으로써 고치게" 해준다. 연애관계와 성장관계가 중첩되어 있던 해방 이전의 소설에서 사제관계를 통한 의식의 성장이 대부분 둘의 결합으로 이어진다면, 『대동강』에서 상락의 성장은 둘의 결합으로 이어지지 않는 것이다. 이것은 해방 이후 소설에서 보이는 인물간의 철저한 위계 관계에서 비롯된다.

『설봉산』에서도 순덕과 학철의 관계를 통해 도제 구조와 연애관계가 함께 나타난다. 학철을 자기들의 진정한 지도자로 인식하고 있는 순덕은, 학철의 지도를 받으며 농조와 여성 운동에 있어 새로운 지도 간부로 키워진다. 이러한 성장 과정에서 "순덕은 학철을 사랑"하게 된다. 학철 역시 순덕에 대하여 사랑의 감정을 가지고 있는 것으로 그려진다. "학철이도 표시는 한 일이 없었으나 깊이 순덕을 사랑하고 있었던 것", 혹은 "학철은 순덕을 사랑하고 있었다. 자기에 대한 순덕의 마음도 잘 알고 있었다"라는 언급이 바로 그것이다. 그러나 순덕과 학철의 관계는 연애관계가 본질로 삼는 개인들의 내밀한 심리를 통한 변화 발전의 서사가 아니라, 이념적 위계에 따라 일방향적으로 규정되는 평면적인 차원에 머물 뿐이다. 학철은 이념적으로 순덕보다 너무나 높은 위치에 있어, 순덕이 학철에 대하여 지니는 감정은 연애감정이라기 보다는 숭배의 감정에 가깝다.

한설야의 북한 소설에서 연애는 어디까지나 숭고한 이념과 그것에 복무하는 동지애에 머물러야 할 것이지, 어디서나 손쉽게 발화될 수 있는 성격의 것이 아니다. 이러한 연애의 성격은 「설봉산」과 「황초령」에 잘 나타난다. 「설봉산」에서 순덕이가 학철의 마음을 처음 알았을 때 보이는 다음의 반응은 북한 사회에서 연애가 차지하는 위상을 잘 보여준다.

> 순덕은 또 자기에게 대한 학철의 심정을 오늘 비로소 알았다. 그러나 순덕은 맹세코 학철에 대한 자기의 심정을 누르고 눌러서 없는 것으로 하리라 다짐하였다.
>
> 그것이 진정 학철을 사랑하는 것으로 되겠기 때문이었다. 그러나 이 비장한 결심이 바로 자기의 가슴의 더 깊은 밑창에서 솟아오르는 보다 강렬한 그 무엇의 표현인 것을 순덕은 스스로 의식하지 못하였다. 그러므로 순덕은 한편으로 새 결심을 다지면서도 다른 한편으로서는 자기가 빚어내고 있는 비장한 로맨찌

까에 스스로 사로잡히고 있었다.

'사랑하지 못하는 괴롬, 사랑하기 때문에 사랑하지 않는 괴롬—그것은 슬프나 아름다운 것이리라. 난 아름다운 것에 살리라.'

순덕은 "학철에 대한 자기의 심정을 누르고 눌러서 없는 것으로 하리라 다짐"하는데, 이것은 더 큰 대의를 위해서이다. 「황초령」에서도 이러한 의식은 나타난다. 주인공 복실과 안민은 「자라는 마을」에 등장했던 금복과 영민의 전시 모습이라고 볼 수 있다.[75] 전선에서 간호원과 부상병으로 만난 복실과 안민은 이별을 맞이하게 되는데, 그것은 다음과 같이 서정적으로 그려지고 있다.

복실은 별안간 울음이 쏟아질 것 같았다. 무엇 때문인지 알 수 없었다. 실상 섧은 것은 아니였다. 다시들 못 만나리라고 생각한 것도 아니였다.

"복실 동무! 돌아 갑시다."

하고 혜숙이가 세 번이나 부른 때에야 복실은 동무들의 뒤를 따라 걸어 오면

75) 준식을 후송하기 위해 기다리다 안민을 만났을 때, 서술자는 "한동리에서 二0여 년을 같이 살아 온 다정한 사이다. 더욱 해방 후에는 함께 농토를 분여 받았고 농사 제리인 그와 밭일 논일을 함께 했을 뿐 아니라 문맹 퇴치 때에는 겨우 촌소학교를 나왔을 뿐인 복실이가 안민의 도움을 받아 가며 같은 한글 학교 교원으로 일하였다"고 말한다. 더군다나 「자라는 마을」에서 금복을 사이에 두고 영민과 잠시 동안이지만 삼각관계를 형성했던 부정적 인간 최기수는 이름까지 그대로 등장한다. 또한 "최 기수란 동네에 단 한 사람 뿐인 왜정 때의 간이 농업 학교 출신이다. 그가 재작년에 상처한 뒤 두고 두고 복실이한테 청혼한 것은 사실이나 나이 삼십이 넘었을 뿐 아니라 사람이 되기를 혼자만 잘 살기 위주하는 고집불통이라 복실 아버지도 본시부터 질색이었다"는 설명 역시 「자라는 마을」에서 제시되었던 최기수의 핵심적인 성격과 일치한다. 9장과 10장은 고향에 잠시 들른 적이 있는 안민을 통해, 고향의 상황이 소개되고 있다. 복실의 아버지와 안민의 아버지를 비롯한 마을 사람들은 미국에 맞서 싸우고 있다. 재미있는 것은 「자라는 마을」에서 유일하게 부정적 인물이였던 최기수마저 "오 참 최 기수가 기특하게도 안 가구 산으로 들어 갔대요"라고 하여, 반미대열에 동참한다는 것이다. 오직 예외가 하나 있으니 그것은 장로네 집이다. 본래부터 "자기들과 한 번도 섞인 일이 없"이 "외톨로 삐여져 살던 사람들"이였던 그들은, 피난가지 않고 미군을 환영하다가 미군에게 온갖 봉욕을 당하고 사라진다.

서 혼자 손 끝을 입에 물고 생각하였다.

무엇인지 미진한 것이 있는듯이 그는 자꾸 그 자리에 머뭇거려졌다. 꼭 해야 할 말을 하지 못 한 것 같기도 하였다.

"그러나 이제 긴 세월을 두고 두고 갚음해 주지."[76]

준식을 태운 안민의 차가 떠나는 모습을 보며 복실은 "별안간 울음이 쏟아질 것 같"음을 느낀다. 동료가 세번이나 불러야 할 정도로 그녀는 자신의 감정에 깊이 빠져 있다. 나아가 그녀는 "꼭 해야 할 말을 하지 못 한 것 같기도 하였다"고 느낀다. '꼭 해야 할 말'임에도 발화되지 않은 말은 북한 사회 혹은 북한의 문학장이 허락하지 않은 복실이가 개인으로서 느끼는 안민에 대한 감정이었을 것이다. 그녀의 이 감정은 곧 "그러나 이제 긴 세월을 두고 두고 갚음해 주지"라는 다짐으로 서둘러 봉합된다. 대의를 위해 현재의 감정은 유예해 두고 공사에 매진해야만 하는 것이다.

개작본 『청춘기』는 연애소설로서의 골격을 유지하면서, 한설야가 이상적으로 생각하는 연애에 대한 생각이 집중적으로 드러난 작품이다. 그것은 새롭게 첨가된 '태양의 기절'이라는 장에 집중적으로 나타난다. 이 장은 신간서적을 구경하러 시내로 나온 태호와 영화 관람을 다녀오는 명순의 대화(간혹 은희가 개입한다)로 이루어져 있다.

대화에 등장하는 사랑 이야기는 두 가지이다. 하나는 명순과 은희가 본 서양 영화 속 이야기이다. 그것은 음악가와 그 애인의 이야기인데, 음악가의 친구는 침략자들에 맞서는 애국운동의 지도자이다. 음악가는 지도자의 활동을 보장해 주기 위해 비밀 아지트를 얻어준다. 점령군은 이 정보를 얻고 지도자를 잡기 위해 음악가를 데려다가 모진 고문을 하지만 끝끝내 음악가는 입을 열지 않는다. 음악가의 애인은 음악가를 살리기 위해 거짓 정보를 흘렸다가 결국 음악가도 죽고 자신도 죽는다. 명순은

76) 548~549면.

이 영화를 두고, "그들 남녀의 사랑이 얼마나 순결하고 리상적인가 하는 것을 뵈어주려고 한 것"이라거나 "죽음을 초월한 두 사람의 사랑을 그리려" 한 것이라며 감격한다.

그러나 대화의 권위를 지닌, 일종의 교사역인 태호는 그러한 영화가 제시하는 사랑을 다음과 같이 부정한다.

> 요새는 불란서고 미국이고 이태리고 영국이고 방향은 모다 대동소이하니까요. 아메리카도 갱그 영화만이 아니고 대체로 련애지상주의가 그들의 공통한 방향 같아요. 말하자면 지상적인 련애, 푸라토닉적 련애라는 것으로 모든 사람의 정신을 마비시키고 잠자게 하자는 것이지요. 잠자는 것은 글쎄 좋다고 할세 그 사이에 모든 것이 다 망하고 없어지면 탈이거든요. 나라도, 민족도, 문화도 말이에요.[77]

태호는 그 영화의 사랑에 대한 대안으로 자신의 몇 대 할아버지 부부가 보여준 사랑을 제시한다.[78] 그것은 "녀주인공은 죽지 않으면 죽지 않을 수도 있는 자기의 애인을 죽음으로 갈 것을 요구했고 남자는 거기서 오히려 녀자를 존경했고 따라서 그의 말대로 결행"한 이야기이다. 임진란 때 할아버지 부부는 적에게 체포된다. 적은 할아버지를 의병대장 문대장으로 오인하고, 할아버지는 조직의 미래를 위해 자신이 문대장 행세를 하기로 결심한다. 그런데 아내마저 문대장을 살리기 위해 자신의 남편이 문대장이라고 거짓 확인을 해준다. 그 결과 진짜 문대장이 의병을 이끌고 재반격을 시도해 왜병을 격파한다.

두 이야기의 차이는 전자의 이야기에서 여자가 애인을 구출하기 위해 지도자를 팔았다면, 후자의 이야기에서는 지도자를 구하기 위해서 아내

---

77) 124면.

78) 서양과 조선적인 것에 대한 대비는 한설야 소설에 자주 등장한다. 해방 이후의 소설에서는 이러한 이분법이 더욱 확고해진다. 이때 전자는 항상 부정적이고 타기되어야 할 대상인데 반해, 후자는 항상 긍정적이며 본받아야 할 대상이다.

가 남편을 사지로 몬다는 것이다. "조선 이야기의 주인공은 그 남편을 죽게 함으로써 많은 조선의 남편과 아내와 부모와 자식들을 구했"던 것이다. 이때 '그 남편'은 '조선의 남편과 아내와 부모와 자식들'을 위해 희생될 수 있는 존재에 불과하다. 사람들은, 결과적으로 자신의 남편을 죽게 한 "그 아내를 남편 죽인 녀자라고, 즉 나라에는 충성했을지 몰라도 남편에게는 죄인이라고 말하지 않"으며, "나라에도 충실했고 남편에게도 렬녀"라고 말한다. 조선 이야기의 사랑에서 개인은 '조선 민족'이라는 일반자 안에 속하는 것이고, '조선 민족'의 한정 또는 특수화로서 존재하기 때문이다. 특히 두 이야기의 주체는 여성이 되고 있는데, 이때 여성에게 개인의 존엄이나 욕망은 남아 있지 않다. 오직 공동체를 위해 희생했느냐의 여부만이 여성을 판단하는 척도로 그려지고 있다. 아이를 잉태한 상태에서 노예로 끌려간 아내는 오직 "남편의 뒤를 이어 세상에 나올 한 생명을 위해서 살아남"는다.

이 이야기는 개작본 『탑』의 전반부에서 우길의 아버지 박진사가 아내에게 해주는 이야기 속에서 이미 등장했다.[79] 이러한 반복은 이 서사가 전해주는 연애의 양상이 당대 북한 사회에서 얼마나 중요한 것이었는지를 말해준다.

한설야에게 있어 도제 구성이 이념성을 담당하는 것이라면, 연애관계란 대중성과 일상성을 담보하는 조건이다. 삼각관계의 통속성은 당의와 같은 역할을 해서, 작가가 전하고자 하는 진보적인 입장이 친근감 있는 일상의 풍경을 통해 전달되는 효과를 발휘한다. 그 두 가지가 결합되었을 때 한설야의 소설은 최고의 성취를 내게 된다.

---

79) 『탑』에 나오는 이야기의 줄거리는 다음과 같다. 임진왜란 당시 부관 지방에 의병들이 있었고, 그 우두머리가 문대장이었다. 그런데 왜군의 앞잡이인 최가놈에 의해 문대장이 죽을 위기에 처한다. 이 상황에서 문대장 동생의 부인인 주씨 부인이 자기 남편을 대신 죽게 하고 의병장을 살린 것이다. 후에 그 부인은 나라를 위해서 한 일이지만 자기 남편을 죽게 한 것은 자기라고 생각하며 자결해 죽는다. 세부에 있어 약간의 차이만 있을 뿐, 작품의 기본 골격은 동일하다.

한설야의 소설 중에서는 연애관계로만 이루어진 작품들이 있다. 이러한 구성의 작품은 등단 초기와 일제 말기에 집중적으로 창작된다. 이것은 작가적 전망의 약화와 밀접한 관련을 갖는다. 등단작인 「그날 밤」과 「사랑은 잇으나」(『매일신보』, 1927.4.24~5.8), 「산연」(1927.6.12~19) 등이 그것이다. 「그날 밤」은 'S−R−H'의 간단한 삼각관계로 되어 있다. 「그날 밤」의 기본 뼈대는 훗날 「유전」(『문장』, 1941.4)이라는 작품에서 다시 한 번 나타난다. 그러나 「그날 밤」의 연애관계가 R−H, R−S에만 한정되어 있는데 반해, 「유전」은 「그날 밤」의 R−H, R−S에 해당하는 혜선−정식, 혜선−명준의 관계 이외에도 혜선−강, 혜선−태우의 관계가 결합되어 있다. 그럼으로써 주제 역시도 「그날 밤」이 자유연애관과 봉건적 연애관의 갈등이었던데 비해, 「유전」은 삶의 부단한 우여곡절 끝에서도 끊임없이 살아나가는 인간의 삶에 대한 긍정으로 바뀐다.

「대륙」(『국민신보』, 1939.6.4~9.24)[80]의 후반부는 '유키코−오야마−마리'의 삼각관계를 기본으로 한 연애서사이다. 이 관계는 『황혼』의 '현옥−경재−여순'의 관계와 흡사하다. 인물들의 기본적인 설정은 물론, 『황혼』의 안사장이나 경재의 아버지 같은 보조적인 인물과 비슷한 성격의 인물 역시 「대륙」에 그대로 나타난다. 현옥과 여순을 나누는 기준이 경제적 차이였다면, 「대륙」에서 유키코와 마리를 나누는 기준은 민족적 차이가 된다. 「대륙」에서는 『황혼』과 달리 오야마와 마리가 연인으로 맺어지며 유키코 역시 긍정적인 인물로 변한다. 이 작품에서 오야마와 마리의 사랑은 민족협화를 통한 이상적인 대륙의 건설로 의미 부여된다. 이 작품은 연애관계에 있어 『황혼』에 나타난 '준식'의 자리가 생략되어 있으며, 이것은 준식이 거느리는 이념을 더 이상 형상화할 수 없는 당대의 현실과 관련된다. 이로 인해 '여순−준식' 사이에 이루어지던 도제 구조가 「대륙」에는 성립되지 않는다. 도제 구조가 사라진 자리에는 연애관계

---

80) 「대륙」은 하야시를 중심으로 한 개발의 서사와 오야마를 중심으로 한 연애의 서사로 이루어져 있다. 개발의 서사는 전반부에, 연애의 서사는 후반부에 집중되어 있다.

만이 남는다.

그 후 창작된 일본어 소설 「혈」[81]과 「영」도 이민족(조선인 남자와 일본인 여자) 간의 사랑을 다룬 연애이야기이다. 이 무렵에 쓰인 한글소설 「향비애사」(『야담』, 1942.11)와 「젖」(『야담』, 1943.2)도 남녀 간의 연애 이야기이다. 연애 관계만이 나타나는 작품들은, 한설야의 소설에서 도제관계를 성립시키는 이념성이 성립되기 이전이나, 견지할 수 없는 시기에 창작됨을 알 수 있다.

2) 남성의 매개를 통한 여성의 성장 구조

해방 이전 작품 중에서 「뒤ㅅ걸음질」과 「교차선」만 부정적 도제 구조를 보이고, 나머지는 긍정적 도제 구조를 보인다. 이 작품들에서 성장의 주체는 모두 여성이다. 「평범」의 'y', 「그릇된 동경」의 '나', 「그 전후」의 'b', 『황혼』의 '여순', 『청춘기』의 '은희', 『초향』의 '초향', 「뒤ㅅ걸음질」의 'C', 「교차선」의 '은순' 등이 모두 여자인 것이다. 이처럼 여성을 중심인물로 설정하여 이데올로기적인 서사를 만들어나간다는 것은 당대의 일반적인 경향에 비추어 볼 때, 젠더적 측면에서 상당히 진보적인 것이라 할 수 있다. 실제로 카프 해산 이후에 창작된 한설야의 「딸」(『조광』, 1936.4.), 「귀향」(『야담』, 1939.2~7), 『탑』(『매일신보』, 1940.8.1~1941.2.14) 등에는 강렬한 남녀평등의식이 드러나고 있다. 「딸」에서는 아내의 변절이, 아내가 남녀평등을 주장하던 것에서 남존여비를 주장하는 것으로 표현된다. 「귀향」이나 『탑』에서 주인공이 아버지와 결별하게 되는 직접적인 이유는, 아버지가 딸을 당사자의 뜻과는 상관없이 정략적으로 결혼시키려고

---

81) 이 작품에서는 '나'가 스이후 선생 문하에 들어가 그림을 배우는 것과 마사코가 '나'에게 그림을 배우는 두 가지 사제관계가 등장한다. 그러나 이때 가르침의 내용은 도제 구조에서 말하는 이념이나 사상이 아닌 기술의 차원에 그친다.

하기 때문이다

여성이 성장의 주체가 된다는 점에서 한설야의 도제 구조를 바탕으로 한 작품들을 넓은 의미의 여성성장소설이라 부를 수도 있다. 그러나 이 글에서 살펴본 작품들을 여성성장소설이라 부를 수는 없다. 여성성장소설은 기본적으로 가부장적 사회에서 성적인 억압을 받는 여성의 성적 정체성 획득 양상이 드러나야 하는데, 한설야 소설에는 그러한 모습이 결여되어 있기 때문이다. 강경애의 「어머니와 딸」, 「인간문제」에 등장하는 옥이와 선비가 여성의 정체성 획득과 계급의식의 획득이라는 성장목표를 동시에 획득하는데 반해,[82] 한설야 소설의 여성 인물들은 계급의식 혹은 민족의식의 획득이라는 목표만을 이루고 있다.

이러한 구성에서 성장을 이끄는 주체는 남성이다. 여성 인물들의 의식화 과정은 긍정적이든 부정적이든 남성인물과의 관계를 매개로 통해서 이루어진다. 긍정적 도제 구조에서의 조력자나 부정적 도제 구조에서의 적대자가 모두 남성인 것이다. 「평범」의 'D', 「그릇된 동경」의 '오빠', 「그 전후」의 '남편', 『황혼』의 '준식 · 형철', 『청춘기』의 '태호', 『초향』의 '권', 「뒤ㅅ걸음질」의 'S', 교차선의 '재선', 「뒤ㅅ걸음질」의 'K', 교차선의 '털부헝이 감독'이 모두 남자이다. 특히 긍정적인 도제 구조의 작품에서, 「평범」의 'y'와 'D'의 관계, 『청춘기』의 은희와 태호, 『초향』의 초향과 권의 관계를 제외하고는[83] 여자 주인공과 교화자로서의 남자 인물과의 관계는 일종의 사제관계라고 할 정도로 위계화되어 있다. 대표적으로 『황혼』을 예로 들 수 있다. 『황혼』에서 여성인물과 남성인물의 사제관계를

82) 심진경, 「강경애 장편소설 연구」, 서강대 석사논문, 1992.

83) 『청춘기』에서 은희가 태호를 사랑하게 되는 과정은 명확하게 형상화되지 않으며, 도제 과정은 보이지 않는다. 태호를 사랑하고, 태호의 이념에 동조하는 은희가 작품의 말미에 제시되고 있을 뿐이다. 북한에서의 개작본은 은희의 사고와 행동의 변화과정에 필연성을 부과하기 위해 많은 노력을 기울였다. 『초향』에서 초향과 권의 도제 과정은 완전히 생략되어 있다. 『초향』에서 권은, 초향의 오빠인 상기의 소식을 전하는 메신저에 불과하기 때문이다. 이러한 도제 구조의 약화는, 육체적인 사랑이 형상화될 정도로 연애관계가 강화되는 모습을 보인다.

보여주는 소재는 바로 '책'이다.

> 그는 언젠가 준식이가 주던 책을 끝까지 읽지도않고 책상밑에 팡개처둔 기억이 나서 속으로 부끄러운 맘이 들었다.
>
> 사실 읽어보아도 그는 그책내용을 잘이해할수없었다. 그러나 중학도 마치지못한 준식은 자기보다 훨씬 이상의 학력을 가지고 있는 것 같았다.[84)]

> 그리하야 그는 온종일 제방에 꼭 틀어백여서 경재가 사다준 책을 드려다 보고 있다.[85)]

> "오늘 어디 다녀오던길에 이게 좋을 것 같애서……"
>
> 하며 경재는 책한권을 또 내놓았다.
>
> "아이 이것두 다 못봤는데요."
>
> "그러니까 이건 빨리 보시란 독촉장으로 받으십시오."
>
> "아니에요. 이걸 다시 한번 더 읽겠어요."
>
> "네 물론 그러는것도 좋겠지요만……"
>
> "두번 읽어가지고도 알것같지 못해요. 어떻게 모를데가 많은지…… 한댓번 거푸 읽으면 어떨는지요."[86)]

첫 번째의 인용은 여순이 준식이네 집에서 나오는 길에 책상 위에 놓여 있는 책을 보고 하는 생각이다. 두 번째의 인용은 김사장네 가정교사를 더 이상 하기 어렵게 된 여순이가 시간을 보내는 모습이고, 세 번째의 인용은 경재가 여순에게 독서를 강권하는 모습이다. 이처럼 『황혼』에서 남녀관계의 구체적인 풍경으로 등장하는 것은 여성들이 남자로부터 받

---

84) 48면.
85) 52면.
86) 53면.

은 책을 읽는 모습이다. 여순은 경재가 준 책을 읽거나 준식이가 준 책을 읽을 뿐이다. 경재와 여순, 준식과 여순 관계뿐만 아니라 분이와 준식이 사이에서도 그 매개가 되는 것은 책이다. 이때의 책은 여성인물들에게 이해되지 않는 경우가 대부분이다. 가르치고 배우는 자, 이것이 여순과 다른 남성인물 사이의 기본관계이다. 또한 이처럼 책을 매개로 한 연애란 철저히 정신적인 성격의 것이다.

한설야의 소설에는 도제 구조에서 벗어난 여성인물도 존재한다. 『황혼』에 등장하는 정님이 대표적이다. 공장주임, 안사장 등을 거치며 동료 노동자들을 "되두 않은 공장년놈들" 혹은 "그년놈들"이라고 부르는 정님은 부정적 도제 구조의 소설에 나왔던 부정적 여성노동자의 연장선상에 있는 존재이다. 그러나 그녀는 조력자의 부재나 과잉 성격화된 적대자의 존재로 인해 타락의 길을 걷는 것이 아니라는 점에서 부정적 여성노동자와는 기본적인 성격이 다르다. 그녀의 곁에는 강력한 충고를 해주는 조력자인 연인 학수가 존재한다. 또한 적대자인 주임이나 사장 역시도 그녀에게는 하나의 이용대상에 불과하기 때문에, 이때의 주임이나 사장을 과잉된 성격의 적대자로 볼 수는 없다. 그들이 정님을 도와 타락의 길로 이끈다기보다는 정님이 적극적으로 그들을 이용하기 때문이다. 그렇기 때문에 정님은 나중에 주임을 멀리하고 사장을 택하기도 한다. 자율적인 존재로서의 정님이 지니는 성격은 자신을 향해 '더럽다'는 욕설에 가까운 충고를 하는 학수를 향해 던지는 정님의 다음과 같은 말 속에 단적으로 드러나 있다.

> 흐홍 아무렇게나 말하구싶은대로 말해보구려…… 하지만 내게는 학수씨같은 깨끗한 사람이라도 척척 쓰레기통에 내던지는 자유가 있다오. 농속에든 자유없는새로 생각한다면 그야말로 인식부족이지요. 온세계가 통째로 조롱이라면 모르거니와 그렇지 않다면나는 자유를 가지고 있으니까…… 아니 온세계가 비록 조롱이라 하더라도 그래도 맘대로 날를 자유가 있으니까 어떠한 사람에게 매달

리는 그런 따위 인간과는 철저히 다르지요![87]

정님은 자신의 고유한 자율성과 욕망을 무엇보다 중요하게 생각한다. 그녀는 나중에 회사의 중요 문서를 외부에 유출시켜 안사장을 곤경에 빠뜨리는 결정적인 역할을 한다. 이것은 그녀가 의식적으로 각성되었기 때문이 아니라 자신이 안사장에게 농락당했다는 것을 알고서는 "그 비기찬 배허복을 악물어 오리가리 찢어주고싶은" 엄청남 분노를 느꼈기 때문이다. 그녀는 긍정적인 도제 구조나 부정적인 도제 구조에서 벗어난 자율적인 의지와 욕망을 지닌 존재이다.

이러한 정님을 『황혼』의 초점인물 중 하나인 준식은 "고학생퇸가 여성운동인가에도 점 삐쳐 본 일이 있"는 "상당히 말썽 많은 괴물"로 규정하고 있다. 여순은 도덕적으로 건전하며 긍정적인 인물로 자리매김되는데 반해 정님은 타락했으며 극복해야 할 인물로 그려지고 있는 것이다. 이것은 「뒤ㅅ걸음질」에서 C가 여성으로서의 머리를 기르는 것이 지극히 부정적인 것으로 의미화된 것과 같은 맥락이다. 한설야에게 있어 시급한 문제는 계급 모순과 민족 모순을 날카롭게 인식하고, 그로부터의 해방을 위해 노력하는 것이다. 그러한 제일의적 과제 앞에서 여성의 성적 정체성 찾기와 같은 문제는 부차적인 것일 수밖에 없다. 이것은 일반적으로 노동계급의 정체성이 남성적인 것으로 구성되어 있는 것과도 관련된다.[88]

한설야의 소설 중에서 이념적 각성과 관련된 연애서사로서 가장 이채로운 작품은 「열풍」(조선작가동맹출판사, 1958)[89]이다. 이 작품에 등장하는

87) 376면.

88) P. Morris, 강희원 역, 『문학과 페미니즘』, 문예출판사, 1997, 310면.

89) 한설야의 1920년 무렵 북경체험을 담고 있는 이 작품은, 일제 말인 1944년에 쓰여 발표되지 않다가, 평양에서 1958년에 발표되었다. 종합적으로 살펴본 결과 「열풍」은 1944년의 한설야를 통해 1920년 북경의 한설야가 그려진다기보다는 1958년의 한설야를 통해 1920년 북경의 한설야가 그려진다고 볼 수 있다(이경재, 「단재를 중심으로 본 한설야의 「열풍」」, 『현대문학의 연구』 38, 2009.6, 112면).

연애관계도 붉은 연애 즉 사회주의적 연애로서의 특징을 지닌다. 그러한 특징은 머리말에서부터 상세하게 드러난다.[90] 그러나 「열풍」의 연애서사는 이전의 장편소설들과 달리 성장의 과정과 긴밀하게 맞물려 있지 못하다. 그것은 손빈이라는 압도적인 사상가의 등장에서 비롯된다.[91] 그로부터 직접적인 가르침을 받기 때문에, 연애관계를 통한 이념의 각성은 상대적으로 그 비중이 줄어든다.

「열풍」에는 상도－연추, 상도－송심, 남향－상도－요한나, 최일－남향－상도, 상도－요한나－영식 등의 연애관계가 등장한다. 이러한 연애 관계 중에서 가장 중요한 것은 '남향－상도－요한나'의 삼각관계이다. 사회주의적 연애의 성격에 걸맞게 상도가 요한나를 멀리 하고 남향과 맺어지는 이유는 이념적인 매개에 따른 것이다. 동지적 결합의 강렬함 앞에 에로스적인 측면은 소거되어 있다. 상도에게 남향의 얼굴은 "아름다우려는 꾸밈도 기쁘다는 들뜸도 무엇을 가지려는 욕기도 무엇을 즐기려는 성수도 아무것도 없는 잠시 공허한 얼굴"이다. 그것은 "잎 없는 꽃, 바다 없는 항구, 물 없는 호수… 순수한 아름다움…"에 비유된다. 작가는 굳이 상도가 발목이 다친 남향을 부축하는 순간에도, "결코 남향에게서 이성을 느끼지 못"하는 장면을 삽입한다.

식민지시기 한설야 소설의 연애관계가, 기본적으로 남성 주인공이 여성을 이념적으로 각성시키는 구조였다면, 「열풍」에서 상도와 남향은 대등한 층위에 놓인 이념분자로 그려진다. 남성이 여성을 이끈다기 보다는

90) 대표적인 대목을 옮겨보면 다음과 같다. "애정이란 두말할 것 없이 인간 생활에 있어서 없지 못할 인간의 고귀한 정신의 일면이다. 그러나 만일 이것이 사회적 제 관계와 무연한 다만 개인 생활의 범위에 국한된 것이라면 그것의 의의는 아주 저하되지 않을 수 없는 것이다. (…중략…) 이와 달리 청년 남녀의 사랑이 보다 고귀하고 나와 남과 그리고 더 나아가서 나라와 인민을 위하는 길 우에서 꽃피게 된다면 그것은 진정 인간의 신성하고 고상한 정신으로 될 것이다."

91) 이 작품의 손빈은 신채호를 모델로 하여 창조된 인물이다. 한설야와 신채호의 관련성은 이경재, 「단재를 중심으로 본 한설야의 「열풍」」(『현대문학의 연구』 38, 2009.6)에서 살펴보았다.

둘이 모두 이 작품의 사상적 중심이라 할 수 있는 손빈의 제자로서 관계를 유지해간다. 이들의 연애관계가 궁극적으로 지향하는 것은 서로의 내면에 잠재되어 있는 손빈의 이념을 확인하는 과정일 뿐이다. 상도와 남향의 연애서사가 지향하는 것은 공통의 이념을 향해 다가가는 것이 아니라, 이미 지니고 있는 서로의 공통된 이념을 확인하는 것이다. "매를 들고 당신들은 그걸 나에게 가르쳐 주거든요. 나의 거울이 되어 주거든요. 나를 비쳐 주는 거울로…"라는 상도의 말처럼, 남향은 상도를 비추어주는 거울이다. 둘의 연애서사는 상도가 남향에게서 자신이 지닌 '민족적 사회주의'를 확인하는 과정이다.

남향은 압록강을 넘나들며 독립운동을 하는 조선인 아버지를 두었지만 중국에서 나고 자라 모습, 동작, 입성, 성격 등이 중국인과 흡사하다. 남향이의 마음 속에서 "무엇과도 바꿀 수 없는 조선"을 확인했을 때, 상도는 몹시 흥분되어서 부지중 남향의 손을 잡는다. 상도와 남향의 사랑은 상도가 쓴 「꿈」이라는 소설이 불러일으킨 갈등이 해소되면서 절정으로 치닫는다. 「꿈」에서 남향에 해당하는 춘희는 진정한 조선인이 되고자 하지만 상도에 해당하는 화가 S의 꿈에 중국인 애인 왕첸과 함께 중국옷을 입고 나타난다. 이 소설을 훔쳐 읽은 남향은 "상도씨는 나를 집씨로 알아요, 나라 없는 류랑민으로 알아요"라고 화를 낸다. 남향은 "나에게는 나라가 있습니다. 부모는 없지만 겨레가 있습니다"라고 당당하게 외치며, 상도의 소설을 찢어 버린다. 그 순간 상도는 남향을 껴안는다. 이후 남향은 "두 개의 심장은 여전히 각각 그 육체에 따로 머물러 있으나 그것은 둘이 아니고 하나이며 그 속을 흐르는 피도 하나의 문을 통해 도는 것 같"음을 느낀다. 마지막에 남향이 상도와 함께 조선으로 향하는 것은, 남향과 상도가 이념적으로 하나가 되었음을 보여주는 행위이다.

이 작품에는 다양한 삼각관계와 상도가 머무는 집의 주인인 민우식의 피살 외에 별다른 사건이 등장하지 않는다. 작품의 육체를 채우는 것은 상도를 중심으로 해서 이루어지는 길고 지루한 대화들이다. 특히 상도와 남향이 나누는 대화가 많이 등장하는데, 그것은 상도(혹은 남향)의 독백에 불과하다. 그들은 서로의 말에 추임새를 넣고, 동의를 표하는 고수의 역할에 한정되어 있기 때문이다. 대표적인 사례 하나만 인용하면 다음과 같다.

> "난 량 선생과 견해가 다른 점이 있어요. 난 무엇보다 첫째 정신이 강해야 한다고 생각합니다. 머리 속이 새 대가리만치 줄어 들고 육체나 강하면 뭘 합니까. 옛날 어떤 철학자는 맘 속에서 뜨겁다는 생각을 빼 버리면 몸이 뜨거운 것을 모른다고 하고 불가리에 앉아서 태연히 타 죽었답디다만 전연 거짓말은 아닐거예요. 성 삼문 같은 이가 다리에 화침을 받으면서 좀 더 따겁게 하라고 호통했다는데 그것은 몸이 강한 것을 말하는 것이 아니라 정신이 강한 것을 말하는 것일겁니다. 정신이 강하면 그럴 수가 있어요. 나도 이 찰나의 기분 같으면 뜨거운 불을 견디여 낼 수 있을 것 같은데요 하하하…"
>
> 하고 상도가 웃으니까 요한나도
>
> "어디 불을 대볼가요."
>
> 하고 웃고 남향이는 상도의 말에 매우 공명된 듯
>
> "그럼요. 정신은 육체의 한 속성이라지만 정신이 육체에 주는 반작용이란 그렇게 무섭고 강한 것인가 봐요. (…중략…) "하고 말하였다.
>
> "그렇지요. 물론 량 선생도 전연 정신을 부인하는 것은 아니지요. 글 때문에 사람이 도리여 나약해지고 보짱이 없어지는걸 경계하는 것일테지요."[92]

이 작품에서 둘의 관계는 손빈의 지도를 받는 두 명의 동지이다. 민족적 사회주의를 가르쳐주는 사람이 손빈이고, "그 아래서 손잡고 나갈 길동무가 남향"인 것이다. '남향－상도－요한나'의 삼각관계에서 부정적인 측을 담당하고 있는 요한나는 좌파 민족주의라는 작품의 주제에 걸맞게

92) 208~209면.

서구(미국)지향이 가장 본질적인 성격으로 형상화된다. 서구(미국)에 대한 무조건적인 동경을 지닌 요한나는 다음과 같은 모습을 보인다.

> 미국인의 감화 밑에서 자라난 요한나는 사람을 외양과 빛깔과 키와 입성으로 구별하는 버릇이 박혀 있다. 그러기 때문에 그는 도시 사람은 의당히 농촌 사람보다 한 등 동뜨다고 생각하고 동양인은 서양 사람보다 의례 렬등하다고 생각는 것이다.
>
> (…중략…)
>
> 이웃 사람을 변방 외인같이 가벼이 보는 대신, 바다 건너 양코배기들을 이웃 사촌처럼 탐탐히 그리는 것이다.
>
> (…중략…)
>
> 그의 안중에는 조선의 문화라는 것도 없다. 음악이나 무용이나 말하자면 미개한 토인의 그것이나 다를 것이 없고 문학이니 무엇이니 하지만 그게 어디 서양 것의 발길에나 갈 것이냐 하고 생각하며 결국 조선 사람은 기껏 문명한다면 서양 사람과 같게 될 것이니 아야 조선 것은 배울 거 없이 서양것을 배우는 것이 현명하다고 생각한다.[93]

민우식이 낯선 청년들에 의하여 피살된 17장 이후부터 상도가 민씨의 집을 떠나는 26장까지는 '상도－요한나－영식'의 삼각관계가 서사를 이끌어나가는 동력이 된다. '상도－요한나－영식'의 삼각관계는 남향의 의지는 배제되어 있지만 주위 여건에 의해 성립된 '최일－남향－상도', '남향－최일－요한나', '요한나－상도－남향'의 삼각관계와 복잡하게 얽혀 있다. 요한나를 짝사랑하는 영식은 요한나를 얻기 위해 갖은 흉계를 꾸미고, 그 방편의 하나로 상도와 손빈을 민씨의 살인범으로 몬다. 이것은 상도와 남향이 조선행을 감행하는 계기를 마련해 준다. 위 삼각관계는

93) 187면.

이념성보다는 흥미성에 초점이 맞추어져 있지만, 영식의 흉계는 그 자체만으로 당시 조선인들 사에서 파쟁이 얼마나 심각한 것인지를 환기시키는 역할을 한다. 한설야가 생각하는 모든 부정적인 특징을 지닌 영식은 "파당 쌈의 교형리로 되기에 꼭 알맞게 되어 먹은 자"라는 남향의 말처럼, 파당 싸움의 문제점을 드러내준다.

이처럼 북한에서 창작된 도제 구조의 소설에서는 성별 분화 현상은 나타나지 않는다. 이것은 도제 구조가 남녀관계와 분리되어 다루어지는 데서 이유를 찾을 수 있다. 또한 북한 소설들에서 주체는 한 개인이라기보다는 하나의 집단 내지는 그러한 집단의 대표자에 불과하다는 것에서도 그 이유를 찾을 수 있다.

『대동강』에서 점순과 상락이 보이는 관계는 남녀관계에 있어 독특한 위상을 지닌다. 한설야 소설에서 사제관계의 사(師)가 남성이고, 제(弟)가 여성이었던데 반해 둘의 관계에서는 성별이 바뀌어 있다. 이러한 성별의 차이와 관련해, 이 작품에서 인상적인 것은 점순이가 남장을 하는 모습이다. 작품의 시작 부분에서 점순이가 "처음으로 머리 깎고 다 떨어진 남자 로동복에 얼굴을 검데기로 윤내고 무연탄 달구지를" 끄는 모습으로 등장한다. "점순이는 아직도 자칫하면 어머니에게만은 타고난 녀자 그소리대로 나가지는 제 목소리를 깨달으며, 힘써 남성처럼 목소리를 웅글게 하며 말"하기까지 한다. 점순이는 남장의 상태로 신문사에 찾아간다. 여성성을 감추는 모습은 점순이가 토굴에 숨어서 문일의 어머니를 따라 식당에 다닐 때 다시 나타난다. "단발한 머리도 검대기 묻은 손으로 수세미처럼 헝클이고 몽그리고 하였다. 자기를 추레한 부엌데기로 보이려는 것"이다. 이처럼 점순은 공적인 활동을 함에 있어서 자신의 여성성을 억압한다.

그러나 남장을 했을지언정 여성인 점순이가 주인공으로 등장하고, 그가 도제 구조에 있어 조력자의 위치에 놓인다는 것은 점순이의 활동이 어디까지나 전방에서의 전투가 아닌 후방에서의 사업에 한정되어 있기 때문이다. 제3부에서는 다시 평양을 되찾은 후의 후방 생활이 이어진다. 이때 점순은 남장같은 것은 하지 않으며, 태민과의 애뜻한 마지막 장면 등에서 보여지듯이 여성으로서의 정체성을 완벽하게 되찾는다. 전방에서 보조적인 위치에 머물던 것과 달리 후방에서 여성이 주도적인 위치를 차지하는 것은 북한의 실제 상황에 부합된다. 『대동강』에서, 성에서 나온 지도원이 "금년 농사 준비에 대한 것을 이야기하고 농사도 전쟁과 같다는 말을 하고 앞으로 농촌은 녀성 로력이 중심이 되여야하고 보잡이, 논밭갈이 모두 녀자들이 하지 않을 수 없다고 말하"듯이, 당시 북한에서 후방의 사업을 담당하는 것은 여인의 몫이었다. 그러하기에 점순이 굳이 남장을 하며 공적인 영역에 등장할 이유는 없는 것이다. 이러한 특성은 이후 전쟁기를 배경으로 후방의 생활을 다룬 『형제』에서도 나타난다.

『형제』는 1952년부터 1953년 휴전까지의 시기와 평양 근교의 후방을 배경으로 하고 있다. 초점자로는 순이와 금옥이가 가장 많이 등장한다. 전쟁기 후방에서의 활동을 그린 『대동강』[94]과 유사하게 여성을 초점인물로 내세우고 있으며, 여성은 서사에 있어 주도적인 역할을 담당한다. 해방 이후 한설야의 소설에서 전시의 후방을 배경으로 하는 경우에는 여성이 초점자로 등장하는 규칙이 있음을 확인할 수 있다. 순이는 전쟁 고아들을 기르는 것이 "후방에 있는 우리들이 나라를 받드는 일이고 사람 사는 도리"라고 생각하며, 남편인 남진 역시도 이를 인정한다. 이러한 일에 있어 순이가 주도적인 위치에 있음은 남편인 남진에 의해 거듭 강조된다. 남진은 "난 현지 위문 공연으로 자주 나가기로 했지만 짬 나는 대로 조수 노릇이야 못 하겠소. 말하자면 님자가 대편수니까"라고 말한다.

---

94) 『대동강』은 총 3부로 되어 있는데, 1부와 2부에서 초점자로 등장하는 것은 점순이이다. 3부 '룡악산'에서는 지배인인 인철이가 초점자로 등장하기도 하며, 외적 초점화의 특색이 더욱 강해진다. 3부에서도 점순의 비중은 줄지 않는데, 3부에서 점순은 전시의 북조선을 표상하는 인물로 등장한다. 점순은 대폭격이 있었던 설날 담담 날 이후 사라지는데, 그너는 폭격으로 무너진 집에 갇혀 있었던 것이다. 며칠 간 갇혀 있는 동안에도 점순은 삶에의 의욕을 버리지 않아 구조를 요청하는 신음 소리를 계속 내었던 것이다.

순이를 찾아온 영옥의 담임선생이 영옥이가 전교 모범 학생으로 뽑혔다며 8 · 15 경축 대회 때 순이를 주석단으로 모실 것이라고 말하는 것에서 알 수 있듯이, 아이를 기르고 가르치는 것은 어디까지나 여자인 순이의 몫으로 자리매김되고 있다. 여성이 주도적인 역할을 하고 남성은 보조적인 역할에 머물러 있음을 확인할 수 있다.

이러한 특징은 『성장』에서도 발견할 수 있다. 『형제』에서 순이의 돌봄을 받던 금옥은 의사로 성장하여, 전쟁고아를 돌본다. 이 소설은 액자소설의 형식으로 되어 있다. 외화에서는 금옥이 초점자로, 내화에서는 혜덕이 초점자로 등장한다. 외화는 병원에 있는 말 안하는 아이 경덕의 가족을 찾으려는 금옥이 초점자로 등장하여, 경덕의 주변사람을 찾는 이야기이다. 내화는 천로인으로부터 듣는 경덕 가족 이야기로서, 내화의 초점자는 경덕의 누이인 혜덕이다. 전선이 아닌 후방에서의 일을 다룰 경우에는 이처럼 여성이 초점자로 등장하는 특성이 있다.

3. 가족 관계를 통한 성장의 구조

1) '아버지'와 자식의 대립적 구조

한설야 소설에서 가족이 서사의 중심에 놓이는 시기는 카프가 해체된 30년대 후반부터이다. 이 시기 소설들은 장편이나 단편을 가리지 않고 가족을 중심으로 해서 서사가 구성되어 있다. 이전의 한설야 소설이 구체적인 생산현장을 배경으로 하여 생산관계의 모순을 문제 삼았다는 점을 고려한다면, 이러한 배경과 구성방식의 변화는 그 자체만으로도 매우 중요한 것이다. 이전의 지배적인 시각은 리얼리즘 소설의 독법을 바탕으로 작가의식의 후퇴를 읽어내는 것이었다. 이것은 현실과의 관계에서 볼 때 일종의 퇴행이라 말할 수도 있지만, 인간의 상상력이나 관계의 원형을 문제 삼는다는 점에서 좀 더 근본적인 차원의 문제제기라고 말할 수도 있다.

한설야는 자신의 삶을 돌아보는 글에서 "세상에 나서 처음으로 나를 반성한 것"으로 부모에 대한 반항을 들고 있다. 같은 글에서 그는 그러한 반항이 곧 사회와 일본인에 대한 반항으로 이어졌다고 다음과 같이 말하고 있다.

> 나는 그 때 벌서 자기 자식과 양녀를 너무 동떨어지게 차별하며 또는 딸과 아들을 차별하는 부모의 눈치에 대해서 지각했고 옳지 않다고 고개를 저은 기억이 있다. 그리고 이 지각은 점차 가정으로부터 사회에로 돌려졌다. 그리하여 나는 그 때 조선에 침략의 손을 뻗치고 있던 일본 사람들이 하는 일에 어느덧 눈이 돌려지게 되였다.[95)]

한설야에게 가정 내의 모순을 다루는 것은 그 자체로서도 충분한 사회적 의미를 지니는 핵심적인 문제이다. 이것은 한설야 소설의 가족이 근

95) 「나의 인간 수업, 작가 수업」, 『한설야 선집-수필』, 조선작가동맹출판사, 1960, 85면. 어린 시절 한설야가 체험한 위와 같은 일들은 이전에도 반복해서 회상된다. "내가 세상에 나서 인간의 선악에 대해 처음으로 생각한 것은 아마 4~5세 때 일이라고 기억한다. 그 때 나의 집에는 나보다 열 살 우인 양녀가 있었다. 그러나 이름이 양녀지 사실은 노비에 불과하였다. 부모나 조모는 이름은 양녀라고 부르면서 자기의 자식들이나 손자 손녀들과는 엄청나게 차별하였고 내 보기에는 학대까지 하는 것 같았다. 나는 이것을 못마땅하게 생각하였고 이런 심리는 나로 하여금 나의 동기들에게보다 이 양녀와 더 가깝게 하였다. (…중략…) 나는 여기서 불쌍한 사람과 약한 사람들을 도와주려는 나의 사상의 첫 싹이 트지 않았는가 생각한다. 다음 두 번째로 나의 어린 생활이 나에게 가르쳐준 것은 나의 부모가 같은 자식이면서도 아들과 딸을 차별하는 데에 대한 불만이었다. (…중략…) 나는 이것이 남녀를 차별하고 양반과 상민을 차별하고, 부자와 가난한 사람을 차별하는 낡은 사회의 인간 차별 사상을 반대하는 나의 양심의 첫싹이라고 생각하며, 또 이것이 그 뒤의 나의 사상형성에 크게 작용하였다고 생각한다"(한설야, 「나의 이력서-고난기」, 『조광』, 1938.10, 75면).

대 자본주의 사회의 핵심이라 할 수 있는 오이디푸스적 구조와 관련되어 있기 때문이다. 이러한 가족을 배경으로 해서 펼쳐지는 한설야의 작품들은, 의식적 차원에서 자본주의적 식민지 사회에 대한 저항을 보여주었던 이전 작품들과 달리 무의식적 차원이지만 보다 본질적인 차원에서의 저항을 보여주게 된다.[96)]

가족 관계가 지닌 무의식의 사회적 측면에 가장 먼저 관심을 보인 것은 프로이트이다. 그는 「가족로맨스」라는 짧은 글에서 아버지와 자식 사이에서 벌어지는 무의식적인 갈등의 드라마를 밝혀내었다. 프로이드의 논의는 신경증 환자의 분석과 치료라는 지극히 사적인 영역에서의 탐색에서 출발했지만, 거기에 머무르지 않는다. 정체성의 혼란을 겪는 개인은 가족 로망스라는 상상적 이야기(romance)를 통해 그 혼란과 분열을 극복할 수 있으며, 자아의 탐색담으로서의 가족 로망스는 사회 정치적 관계망 속에서 자아의 위치를 상상하고 재구성하게 해주는 정치적 드라마로서 기능하기 때문이다. 이러한 프로이드의 논의는 들뢰즈와 린 헌트를 통해 보다 구체화되고 확장된다.

들뢰즈는 욕망은 가족적이기 이전에 그 자체로 사회적이라고 말했다. 무의식의 문제란 이해할 수 없는 특별한 증상이나 비현실적인 공상 내지 환상을 해석하여 이해하는 문제가 아니라, 우리의 삶을 구성하는 현실을 생산하고 변혁하는 문제이고, 또한 그러한 현실 속에서 우리의 삶을 생산하고 변환하는 문제라는 것이다.[97)] 그는 자본주의 사회에서의 가족관계를 오이디푸스구조라는 거시적인 틀로서 설명한다. 이때 오이디푸스 가족은 자본에 예속된 아버지에 의해 지배되며, 자본주의 사회는 오이디푸스 가족의 아버지 같은 자본에 의해 질서화된다.[98)] 자본주의에서 오이디

---

96) 무의식이란 것이 알 수 없는 내부의 심연에 그치는 것이 아니라 개인의 내면 속에서 외부세계와 관계하는 역동적인 공간이라는 점을 생각한다면, 무의식에서 현실을 읽어내는 것이 무리한 일은 결코 아니다. 무의식은 사회와 개인의 욕망을 가장 내밀한 방식으로 연결시키는 내적 통로라고 이름할 수 있기 때문이다.

97) 이진경, 『노마디즘』 2, 휴머니스트, 2002.

푸스적 가족구조는 사회적 규정이 반향하는 장소가 되며, 반대로 사회는 가족구조가 공명하는 공간이 된다. 따라서 오이디푸스 구조의 사적 차원은 가족이지만, 그 공적 차원은 자본주의 사회의 구조 자체라고 할 수 있다. 이러한 자본주의적 오이디푸스 구조(혹은 탈구조)에서는, 가족이나 가족 해체에 연관된 무의식이 사회질서나 변혁을 위한 근거로 작용한다.

린 헌트는 프로이드의 가족 로망스 개념을 더욱 발전시켜 프랑스 혁명의 무의식을 가족 로망스의 개념으로 풀어낸다. 그녀는 "정치는 상상력에, 따라서 어느 정도는 환상에 의존하며, 가족 경험은 이러한 환상의 많은 부분의 원천을 이루고 있다"[99]고 말한다. 이처럼 가족은 권력 관계의 상상적인 구조이며,[100] 프랑스 혁명의 밑바탕에 놓여 있는 정치적 무의식 역시 가족 로망스에 바탕해 있다는 것이다. 가족은 결코 가족 구성원들의 사사화된 관계로만 한정될 수 없다.[101] 부자간의 대결과 갈등의 관계로 전개되는 가족플롯 구성[102]의 가족서사는 가족의 문제를 넘어서서 당 시대의 사회 현실과 연결된다. 가족은 상상적 구조로서 존재한다고 볼 수 있으며, "전체 사회의 사회 경제적, 정치적, 이데올로기적 체계"의

---

98) "가족은 모든 사회적 규정이 메아리치고 반향하는 장소가 된다. 어디를 둘러보아도 어디서나 이제는 아버지-어머니밖에 볼 수 없게 하기 위하여, 모든 사회적 심상들을 제한된 가족의 환영들에 일치시키는 것이 자본주의의 사회 터전의 반동적 공급에 속한다"(G. Deleuze · F. Guattari, 김재인 역, 『천 개의 고원』, 새물결, 2001, 399면).

99) L. Hunt, 조한욱 역, 『프랑스 혁명의 가족 로망스』, 새물결, 2000, 11~12면.

100) 위의 책, 270면.

101) 이 글의 기본적인 관점은 들뢰즈의 분열분석과 동일한 것이다. "가족에 포개는 일 밑에 무의식의 사회적 공급들의 본성을 발견하는 것. 개인적 환상 밑에 집단의 환상들의 본성을 발견하는 것. 혹은, 결국은 같은 것이지만, 환영이 심상의 심상이기를 그치는 점까지 환영을 밀어붙여, 환영이 숨기면서 包藏하고 있는 추상적인 현상들, 즉 분열들-흐름들을 찾아내는 것. 한갓 인물의 심상들의 두 차원에 지나지 않는 언표행위의 주체와 언표내용의 주체로 갈라진 거세된 사적 주체를 그들 나름으로 기계를 움직이는 동인이 되는 집단의 동인들로 바꾸어놓는 것. 표상의 극장을 욕망하는 생산의 질서 속에 다시 옮겨놓는 것 : 이런 것들이 모두 정신분열자-분석의 과제이다"(G. Deleuze · F. Guattari, 앞의 책, 401면).

102) Robert L. Caserio, *Plot, Story, and the Novel*, Princeton University Press, 1979; 최시한, 『가정소설 연구-소설 형식과 가족의 운명』, 민음사, 1993, 26면 재인용.

구성요소 속에 위치하는 것이다.103) 이상의 논의를 종합해 볼 때, 가족관계를 어떠한 방식으로 위치 지우느냐, 좀 더 구체적으로 말해 아버지와의 관계를 어떻게 설정하느냐는 새로운 사회를 사유하고 상상하는 정치적 비전과 선명하게 연동되어 있다.

간단히 말해 가족로망스란 오이디푸스화에 적응하지 못한 소년-청년들이 자신을 사생아나 업둥이라고 상상하며 아버지(상징계)에 반항하는 서사이다. 자본주의적 오이디푸스 구조에서의 권력의 위치는 사적으로는 아버지이며 공적으로는 상징계(법)이다. 이러한 기준에서 『초향』과 『탑』은 일종의 가족로망스라 부를 수 있다. 당연히도 이때 반항 내지 부정의 대상이 되는 아버지는 제국과 자본의 식민주의적 오이디푸스 구조에 편입된 아버지이다. 한국근대소설사에서 이 같은 아버지에 대한 저항을 서사의 핵심으로 하는 가족로망스가 집중적으로 창작된 시기는 3・1운동 직후인 1920년대 초반이다.104)

한설야에게 있어 1930년대 중반 이전까지는 가족로망스라 불릴 수 있는 작품은 창작되지 않는다. 그의 소설은 대부분 공장이나 농토와 같은 구체적인 생산현장을 배경으로 했던 것이다. 그에게는 실제적인 차원과는 무관하게 저항해야 할 심리적인 차원의 아버지, 즉 제국과 자본의 식민주의적 오이디푸스 구조에 편입된 아버지가 부재했거나 존재했더라도 충분히 극복 가능한 존재였다. 1930년대 후반에 이르러서야 한설야에게는 식민지적 오이디푸스 구조 안에 존재하는 아버지가 강렬하게 내면에 작용해 온 것이다. 1930년대 후반의 소위 가족사 소설이 김남천(「대하」), 이기영(「봄」), 김사량(「낙조」)과 같은 카프 문인들에 의해 주로 창작된 것도

---

103) D. Gittins, 안호용 외역, 『가족은 없다-가족 이데올로기의 해부』, 일신사, 1997, 13면.
104) "1920년대 초반 연애주제의 소설들은 그 같은 오이디푸스화와 연관된 식민지의 가족로망스를 보여주고 있다. 오이디푸스화란 국가(제국)와 자본에 의해 사적, 공적 영역이 식민화되는 구조를 말한다. 즉, 그것은 아버지(상징계)로 상징되는 제국과 자본의 권력이 가족과 사회구성원을 예속화시키는 구조이다"(나병철, 「1920년대 초반의 연애소설과 성장소설」, 『현대문학이론연구』, 2006, 100면).

필자의 생각을 뒷받침해준다.

이러한 특성을 구체적으로 보여주는 사례는 「그 전후」와 「과도기」이다. 「그 전후」에서는 한설야 소설에서 처음으로 제국과 자본의 오이디푸스 구조에 포섭된 아버지 상이 등장한다. 작품 속의 아버지는 과수원과 개간사업 등의 사업을 벌이며 "일생돈! 돈!하"[105]다가, 파산하며 곧이어 죽는다. 사회주의적 사상으로 무장한 아들은 이러한 아버지와 갈등을 벌이다가 끝내 집을 나가는 결단을 내린다. 다음의 인용처럼 자본가인 아버지 역시 사회주의적 사상으로 무장한 아들을 못마땅하게 생각한다.

> 망종 패덕자, 징역군하고욕하던아버지! 사상이엇지구 주의가엇지구하며 남버러논걸갈나먹자는못난자식하고 쏘차가며미워하든그아버지가 그아들을마지막차즐때 안해의맘은 씻기는듯하엿다. 자긔도그남편의뜻을리해하지못하엿다. 남편은분노로 집을차고나갓다.[106]

마지막 순간 아버지는 아들을 애타게 찾기까지 한다. 그러나 「그 전후」의 본격적인 서사는 아버지의 죽음 이후에서부터 시작된다. 그 결과 아버지와 아들의 대립구조는 작품에서 부수적인 사항으로 다루어질 뿐이다. 이 시기 한설야 소설로는 드물게 형과 어머니 등 가족관계를 중요한 서사적 배경으로 끌어들이고 있는 「과도기」에서 아버지는 부재하는 것은 물론이고, 부재한다는 언급조차 되지 않는다. 그러나 똑같이 귀향을 핵심적인 모티프로 하고 있지만 일제 말에 쓰인 「귀향」(『야담』, 1939.2~7)에서는 아버지가 서사의 중핵으로 자리 잡고 있다. 카프 해산 이전 한설야는 실제적인 고아여부와는 무관하게 실재적인 고아였으며, 1930년대 후반에 접어들어서야 제국과 자본의 식민주의적 오이디푸스 구조에 편입된 아버지를 새롭게 받아들여 강렬하게 의식했다고 말할 수 있다.

105) 『조선지광』, 1927.5, 119면.
106) 『조선지광』, 1927.5, 118면.

한설야의 소설에서 아버지라 부를만한 아버지가 본격적으로 등장하는 것은 『황혼』으로서, 안중서와 김재당이 그들이다. 안중서의 딸인 현옥과 김재당의 아들인 경재는 처음 그러한 아버지로부터 벗어나 다른 길을 추구한다. 그러나 그들은 곧 철저하게 아버지들이 준비해 놓은 자신들의 삶에 순응한다. 이에 반해 여순과 준식은 고아적 위치를 고수한다. 특히 여순은 김재당의 자식(며느리)이 될 수 있는 가능성을 완전히 포기하고 준식, 형철과 연대의 새로운 공간을 만들어나가고자 한다. 이 작품의 마지막에서 그려지듯이, 그들이 만들어내는 연대의 공간은 자본주의적 식민지 오이디푸스 구조에 편입된 아버지에 대항하는 위치로까지 고양된다. 『황혼』에서 보이는 청년들의 연대는 오이디푸스 외부에서의 식민화-오이디푸스화에 대한 저항이다.

그러나 본격적으로 가족로망스라 부를 수 있을 만큼 가족관계가 서사의 중심에 놓인 작품의 창작은 『초향』부터 본격화된다. 이 작품은 이전까지 1930년대 후반의 퇴행적 시대정신을 대변하는 세태소설 정도로 의미부여 되었다. 그런데 이 작품에서 초향이 만나는 다양한 인간군상의 병렬적 제시와 권과의 연애서사를 제외할 때, 남는 서사의 기본 줄기는 '아버지 찾기'와 '아버지 부정'이라고 말할 수 있다. 결말부에서 초향이 조선을 떠나기 전에 어머니에게 하는 말은, 이 작품의 서사에서 아비 찾기가 지니는 비중을 잘 보여준다.

> 어머니 저는 아버지를 찾아갔습니다. 아버지야 저를 어떻게 생각하시든지 또 지가 아버지를 어떻게 생각하든지 그건 별문젭니다. 다만 아버지라는 사실만은 확실히 알았습니다. 그러면 그만입니다. 어머니가 다만 어머니인것같이 아버지가 아버지인것만 알면 그만입니다. 그래서 저는 한없이 아버지를 만나고 싶었습니다. 또 만났습니다. 어머니 인제 원한을 푸십시오, 그리고 그 어머니 그 아버지의 자식인 선영이를 다시한번 불러 주십시오, 선영이는 무척 그것이 듣고 싶습니다.[107)]

107) 『초향』, 박문서관, 1941, 636면.

작품의 모두에서 초향은 "가족도 없다. 어머니가 미아리 공동묘지에 묻힌지도 벌써 15년이 넘고 그보다 일곱쌀우인 오빠가 이땅에서 종적을 감춘지도 조이 10년이 넘는다"라고 소개되는 것에서 알 수 있듯이, 가족관계로부터 벗어난 모습으로 그려진다. 권의 말처럼 "초향씨는 마치 무슨 절해고도같"은 존재인 것이다. 이 작품에서 초향의 가장 큰 욕망은 가족관계 속에서 자신의 정체성을 찾는 것이다. 당연히도 "어린 선영이는 예나 이제나 무척 아버지가 보고 싶"어 한다.

아버지 찾기와 부정이 병존하는 이러한 서사구성은 오이디푸스 구조와 관련해서 매우 중요한 시사점을 준다. 오이디푸스 서사에서 아버지는 언제나 이중적이다. 법을 만들고 아들에게 법을 지키도록 요구한 사람도 아버지이고, 자신의 법을 어긴 사람도 아버지이다. 이럴 때만이 아들은 부성적 권위를 지닌, 즉 법을 만든 아버지의 자리에 설 수 있으며, 이 자리는 아버지에 대한 저항과 부정을 가능하게 하기 때문이다. 이 자리는 초향이 아버지의 실체를 알기 전에 하는 독백, "만일 내가 아버지라면 나는 이 이쁜 선영이를 담박 꼭 껴안어주리라. 껴안고 울어주리라. 아니 어찌 제우는것만으로 족하랴. 선영이까지 싫건 울려주리라" 속에서 구체화된다. 결국 아버지는 "상징적 법의 작인으로서의 아버지"와 "경험적인 아버지"라는 두 기능이 하나로 통합되어 있는 인물이다.[108]

이렇게 볼 때, 작품의 전반부에서 초향이 그토록 찾기를 원하는 아버지는 자신이 겪는 정체성의 혼란을 극복해 줄 수 있는 '상징적 법의 작인으로서의 아버지'라고 할 수 있으며, 후반부에서 그토록 강렬하게 부정하고자 하는 아버지는 '경험적인 아버지'라고 말할 수 있다. 이 작품은 아버지인 이후작을 찾는 지난한 과정을 보여주지만, 그가 지닌 여러 가지 부정적인 성격으로 인하여, 궁극적으로는 다음의 인용에서처럼 아버

108) 두 기능이 통합된 아버지는 "이상적 동일화의 지점인 안도감을 주는 자아 이상과 무자비한 금지의 행위자인 흉포한 초자아" 혹은 "도댐의 상징적 기능과 타부의 공포"라는 상반된 얼굴을 갖는다(S. Žižek, 이성민 역, 『까다로운 주체』, 도서출판b, 2005, 502면).

지에 대한 강렬한 적개심을 드러내게 된다.

"내가 이 후작의 딸이 아니오 이후작이 나의 아버지가 아니라는 것을 명백히 하기 위해서지오."

(…중략…)

초향이는 일순간 더 할 수 없는 흥분을 느꼈다. 자기를 잊었다.

" (…중략…) 차라리 나는 죄없는 백성의 자식이 되고 싶습니다."[109)]

초향은 "인제 난 아버지가 없어도 조금도 상관없다"고 말하는 단계에 이른다. 이것은 「심청전」이나 「무정」에서 오이디푸스 콤플렉스가 심청이나 영채와 같은 딸의 경우, 일찍 생모를 여의고 아버지를 극진히 봉양하는 효로 변형되어 나타나는 것과는 대조적이다. 이외에도 『초향』은 가부장제와 관련한 가족 제도의 문제점을 여러 측면에서 밝히고 있다. 남녀차별, 후처 제도 등에 대한 문제제기가 그것이다. 초향의 어머니가 겪어낸 삶이란 곧 이와 같은 문제점들의 총화에 다름 아니었던 것이다. 이러한 사회모순에 대한 문제제기는 강박적이라고 할 수 있는데, 길바닥에서 우연히 만났을 뿐인 인력거꾼과의 논쟁[110)]이나 권에게 하는 "첩이니 첩자식이니 하는사실에 무슨 취미나 흥분이 가겠습니까. 그러나 이 관념이 머리에 꼭 백혀서 빠지지 않는 사람에게 대해서는 초향이 지극히 증오심이 납니다" 등이 대표적이다.

한설야 소설에 나타난 오이디푸스의 문제를 성장과 관련시켜 살펴볼 때, 자전소설임을 밝히고 있는 『탑』은 중요한 시사점을 준다.[111)] 『탑』은

109) 321면.

110) 인력거꾼은 "계집앤 공부시켜 뭘 합니까"라고 하여 초향을 도발한다. 이어지는 문답은 다음과 같다. "나도 사내자식만은 어떻게 하든지 잘 길러볼 생각입니다. 내뼈가 휘여지는 한이 있더라도……", "웨 계집 자식은 자식 아니우. 길러놓면 모다 그만한 보람이 돌아오는 법이지오."

111) 오이디푸스 콤플렉스라는 무의식적 욕구를 살펴보는 데 있어서 작가가 자신의 모습을 그대로 투영한 작품을 살펴보는 일은 문학작품에 대한 정신분석적 비평에서 반드시

1930년대 후반에 창작된 일련의 가족사 소설 중에서 성장소설에 가장 가깝다. 여타의 가족사 소설들이 주인공의 내적 성장을 주요한 이야기로 다루지 않는데 반해, 『탑』만이 주인공 상도의 내적 성장을 중요하게 다루고 있기 때문이다.[112] 상도의 성장은 두 가지 계기를 통해 이루어진다. 하나는 계섬의 죽음이고, 다른 하나는 동생과의 동반가출이다. 계섬의 존재는 『탑』의 누빔점(guilting point)이라고 볼 수 있다. 계섬은 허울 좋은 양녀로서 사실상의 노비에 다름 아니다. 그녀는 끝내 결혼도 못한 임신한 몸으로 귀화(鬼火)가 되어 죽어간다. 이러한 계섬의 존재와 죽음을 통해 어린 상도는 봉건적 사회와 그것을 유지하는 가부장적 질서에 대한 극심한 회의에 빠진다. 상도는 아버지와의 대결을 통해 성장하고 있는 것이다. 나중 여동생 이순과 상도가 함께 동반가출하는 것 역시 이러한 각성의 결과라고 보아야지, 돌발적인 행동으로 이해해서는 안 된다. 상도는 이순과 도주하면서 "일찍이 게섬이와 그의 주검을 가장 불쌍히 생각하는 생각과 권세 없는 백성들을 혹민해서 세도하는 아버지에 대한 반감"[113]을 떠올렸던 것이다. 아버지 박진사는 누이동생 이순을 자신의 경제적 이득을 위해 정략결혼시키려고 한다. 이때의 아버지는 확실하게 식민지 자본주의 오이디푸스 구조의 한 꼭지점인 가부장으로서의 모습을 선명하게 드러낸다.

우길(상도)의 가문은 대대로 벼슬을 한 뼈대 있는 가문으로서 우길의 할아버지인 박급제부터 아버지 박 진사에 이르기까지 탐관오리들과 죽이 맞아 토색질을 일삼은 집안으로 그려진다. 우길의 아버지인 박진사는 후보초시(候補初試)라는 것까지 만들어 백성들의 원한을 산 결과 민요를 맞이해 큰 피해를 입는다. 초판본에서 박 진사는 선무작업에서 탈출한 후에 다시 일본군에 자수하여 몇 개월의 형을 산 후 일본양복쟁이들과

필요한 작업이라 할 수 있다(류인균, 『한국 근대소설에 나타난 오이디푸스 콤플렉스의 이해』, 서울대 출판부, 2007, 22면).

112) 김진수, 「1940년 전후 가족연대기의 혁명적 무의식 연구」, 연세대 석사논문, 2006, 8면.

113) 『매일신보』, 1941.2.11.

좋은 관계를 유지한다. 나중에는 선무작업 공로표창까지 받고, 삼수군수에 임명된다. 박 진사는 부임을 기다리는 사이에 홍범도 부하들의 방문을 받고 언제 비명횡사할지 모른다는 두려움에 고향을 떠나 서울로 간다. 고향을 떠난 이후의 삶에 있어서도 그 변화는 크다. 초판본에서 박 진사는 서울에서 특별히 하는 일 없이, 기존의 재산으로 광산을 운영하거나 개간사업을 벌인다. 제국에 협력하는 모습이자 자신의 이익에 충실한 자본가의 모습인 것이다. 상도는 이러한 아버지에 맞서 여동생 이순과 함께 가출을 한 것이고, 가출 이후 다시 만난 아버지를 향해 다음과 같은 의절의 당당한 뜻을 표하고 있다.

> "이건 영감네들이 계시니 말이오만 이놈은 오늘부터 내 자식이 아닙니다. 이건 굳게 영감네들께 맹세두는 말입니다. 조금도 일시의 분한 소리가 아닙니다. 영감네도 꼭 그렇게 알아주십시오. 내 자식이 아닙니다." 하고 툭 잘라 말하였다. 그러자 그제사 비로소 결연히 고개를 들었다. 결사적 표정이었다. "저도 바라는 밥니다. 저는 당신의 자식이 아닙니다." 상도의 말은 그것 뿐이었다.[114)]

이외에도 상도는 아버지에 대한 부정을 통해 자신을 정립해 나간다. 단발 사건이 그 한 예이다. 그는 아이들과 함께 아버지를 대표로 하는 어른들이 문명이니 개화니 하는 일에 대해서 냉담한 것에 실망하고, "아버지는 어째 집 뒤에 있는 자기 집 넓은 공토에다가 어서 커다란 학교를 지어주지 않는가"[115)]라며 분통을 터뜨린다. 소패들은 정작 망할 것은 세상이 아니라 그들 딱쇠와 고집불통의 늙은이들이라고 생각하며, 그들에 대한 반발로 "처음으로 궁리해낸것이 위선 자기들의 머리부터 까가덦이리라는 것"이었던 것이다.

식민주의에 순응하며 그 구조에 편입된 부유층의 가족은 오이디푸스적

---

114) 『매일신보』, 1941.2.13.

115) 『탑』, 영창서관, 1940, 233면.

아버지에 저항하는 아들의 가출에 의해 해체의 위기에 처한다. 『탑』의 상도는 가출과 아버지와의 의절을 통해, 즉 스스로 고아 되기를 선택하는 반항적인 모습을 통해 식민주의와 자본주의의 오이디푸스 구조에 저항하는 변혁의 욕망을 드러낸 것이다.

한설야의 소설 곳곳에는 아버지를 비롯한 기성세대에 대한 부정의식이 보인다. 「부역」에서 기술은 아버지와 그의 동년배들을 '노토리'라 비하하며, 작품의 상당 부분에 걸쳐 적개심을 드러내고 있다. 그러한 적개심의 직접적인 이유는 홍수로 인해 무너진 동을 쌓는 일에 노인들이 앞장서서 나섰기 때문이다. 기술의 아버지는 기술에 의해 "개중에도 자기아버지처럼 헛겁은 사람은 또 없을것이다. 모든일을 하늘에 돌리고 사람은 다만 거게 순종하여야 하는것이라고 생각한다. 그리하야 육십평생을 곱다케 인종(忍從)의 미덕(美德)을 졸업하여온 사람"[116]으로 규정된다. 기술은 아버지를 비롯한 노인들이 모여 있는 곳에 흙을 담은 지게를 쏟아제킬 정도로 적개심을 드러낸다. '방아허리를 넘어가면 어버이가죽는다'는 속담을 생각하며 마치 어린 아이처럼 금시 방앗간으로 뛰어 들어가는 자기의 모양을 그리기도 하는 것이다. 아버지는 "미신꾸러기"이며, 기술이 일하고 양잠소에서 받은 돈을 모조리 훑어갈 정도로 파렴치한이다. 「산촌」에서도 아버지는 "모든것을 하늘에 돌리랴"[117]는 모습으로 그려진다.

가족 로망스는 결코 갈등과 부정만으로 끝나는 것은 아니다. 이것으로만 끝난다면, 개인의 환상(로망스)을 출발시킨 계기가 된 정체성의 혼란은 결코 해소될 수 없기 때문이다. 가족 로망스의 궁극적인 목표는 단순히 아이가 현재의 아버지를 부정하는 데에 있는 것이 아니라 새로운 아버지를 받아들이거나 혹은 스스로가 새로운 아버지가 되는 데 있다.[118] 이광

116) 『조선문학』, 1937.6, 4면.

117) 『조광』, 1938.11, 188면.

118) 이수형(「아버지와 아들」, 『문학과 사회』, 문학과지성사, 2008년 봄)은 로베르와 주판치치의 논의를 끌어들여 아들이 부정하는 것은 아버지의 모든 것이 아니라 아버지의 어떤

수가 간 길이 전자의 길이었다면, 한설야가 간 길은 후자의 길이다. 이때 새로운 아버지는 '오빠'의 형상으로 나타난다. 이광수가 대표적으로 보여주듯이, 근대적 주체로 성장하는 과정에서 구습의 아버지 대신 성장의 새로운 통로로 만들어진 것은 오빠—누이의 구조이다.119) 그러나 이광수의 실제 소설에서 오빠는 구습의 아버지로부터 완전히 벗어나기 어렵거나(「소년의 비애」), 신문명을 수용하여 새로운 가부장적 권위를 행사하는 모습(「개척자」)을 보인다.120)

한설야의 소설에서 기존의 아버지로부터 벗어났을 때 새로운 시대의 방향성을 제시하는 존재는 오빠로서 구현된다.121) 이러한 오빠의 모습이 처음 나타난 것은 「그릇된 동경」이다. 정치범으로 감옥에 있는 오빠는 여러 가지 충고를 통하여 주인공이 자신의 삶을 성찰할 수 있는 계기를 마련해주기 때문이다. 그러나 오빠는 구체적인 서사 속에 개입하지 못한다. 아버지와 대립되는 새로운 방향성을 표상하는 존재로서의 오빠가 본격적으로 형상화되는 것은 『초향』, 『탑』, 『청춘기』 등의 작품에 이르러서이다. 『탑』에서도 상도의 성장은 아버지를 부정하고, 이순이의 오빠가 됨으로서 완성된다. 식민지시기 사랑하는 남녀는 오빠 누이의 호칭을 빌렸는데, 이것은 남녀 간의 사랑을 가족의 용어로 번역한 것이 아니다. 오히려 근친애의 형식에 남녀 간의 사랑을 부여한 것이다. 이러한 특징은

것임을 밝히고 있다. "오이디푸스 콤플렉스의 요점은 단순히 아들이 어머니와 (안심하고) 자기 위해서 아버지를 죽이기를 원한다는 것이 아니다. 아들이 아버지에게서 죽이기를 원하는 것은 바로 부성적 기능에 부응하지 못하는 아버지의 무능력이다. 아들의 공격은 (어머니에 대한 접근을 금지하는) 상징적 법의 작인으로서의 아버지를 향하고 있는 것이 아니라 '자신의 책무에 적합하지' 못한 '경험적인 아버지', 오이디푸스에게 죽임을 당하는 바로 그 '무례한 여행자'이다"(A. Zupancic, 이성민 역, 『실재의 윤리』, 도서출판b, 2004, 299면).

119) 이경훈, 「오빠의 탄생」, 『오빠의 탄생』, 문학과지성사, 2003, 42~75면.

120) 나병철, 「이광수의 성장소설과 가족로망스」, 『비평문학』 21, 2005.11.15, 217~250면.

121) 한설야 소설에서 모든 오빠가 이러한 역할과 위상을 부여받는 것은 아니다. 아버지의 연속선상에 있는 오빠들도 있는데 『청춘기』의 박용이나 『탑』의 상무를 그 예로 들 수 있다. 『탑』에서 우길의 형, 수길은 "누나 귀순이나 누이동생 이순이를 동기로 생각지 않고 심하면 사람같지 않게 여기는" 것으로 묘사된다.

한설야의 소설에도 해당하는 것이며, 그러한 관계는 궁극적으로 오이디푸스적 법에서 탈출하려는 무의식을 표현한다.

이와 관련하여 『초향』에서 초향의 오빠가 지닌 근원적인 존재성격에 주목할 필요가 있다. 초향의 어머니는 젊은 시절 처녀첩으로 초향의 의붓오빠 상기를 낳았고, 상기의 아버지가 죽자 이후작과의 사이에서 선영(초향)을 낳았던 것이다. 즉 그들은 "오빠 상기의 성이 자기와 같기만 하였어도 그는 고부장에게 직토했을 것이다"라고 초향이 말하는 것처럼, 민가와 이가로 성(姓)이 다른 존재들이다. 이광수처럼 아버지의 뒤를 잇는 오빠가 될려야 될 수 없는 존재가 바로 초향의 오빠 상기인 것이다. 『초향』에서 '상징적 법의 작인으로서의 아버지'가 사라진 시점에, 오빠 상기는 초향에게 절대적인 존재가 된다. 초향이가 권에게 사랑을 느끼는 것도 그는 곧 오빠인 상기의 분신이기 때문이다. "초향이에게는 열 아버지보다 한 어머니가 오히려 더 소중하다. 그러니 열 아버지보다 나은 그 어머니의 아들이고보매 오빠 상기는 아버지 다섯보다 오히려 낫다고 초향이는 생각하는 것"이다. 초향의 "맘을 끄는데가 있다면 그것은 어머니의 무덤이오 어덴지도 알 수 없는 오빠 상기있는 그곳일 것"이다. 초향은 "오빠가 있는데라면 사막이라도 좋다"고 생각할 정도인 것이다. 그렇다면 초향에게 '마음의 향촌'[122]이란 바로 오빠라고까지 말할 수 있다. 마음의 향촌은 술집을 드나드는 타락한 인간군상으로 가득한 현실의 향촌과 대비되는 곳이기도 하지만, 동시에 이후작으로 대표되는 오이디푸스적 가부장이 득실대는 가족관계로부터 벗어난 곳이기도 하다.

이 오빠는 한없이 정결하고 숭고한 존재로 자리매김된다. 바로 여기에 1930년대 후반에 보이는 여타의 오빠들과 큰 차이점을 지닌 한설야의 오빠가 놓인다. 이 시기에 다른 작가들이 그려낸 오빠들은 근대문학 초기에 지녔던 순결한 존재와는 거리가 먼 제비의 일종으로 타락해 있었

122) 『초향』이 『동아일보』에 연재될 당시 제목은 「마음의 향촌」이다.

다.[123] 그러나 초향에게 오빠는 "어느만한 시기만 지나면 나도 기생이 아닐 수 있다. 그러니 미리 오빠의소재를 알어두었다가 기생을 그만두는날, 만나러가던지, 오빠를 오라고 하던지할걸"이라고 말하는 데에서 알 수 있듯이, 기생을 그만두어야만 만날 수 있는 순결한 존재이다. 초향은 자신이 기생이 된 사실을 오빠에게만은 알리고 싶지 않은 것이다. 초향이 오빠를 만나기 위해 중국으로 떠나면서 "오늘은 선영이가 다시 살아나는 날이다 선영이 부활젯날이다"라고 말하는 것에서처럼, 다시 태어남으로써만 만날 수 있는 존재가 바로 오빠인 것이다.

이토록 지극히도 숭고한 오빠와 관련해 흥미로운 것은 『청춘기』이다. 이 작품은 식민지 경성의 일상을 소설의 배경으로 하고 있지만, 인간관계는 지극히 환상적이다. 이 작품의 주인공 태호가 은희를 사랑하는 이유는 은희가, 자신이 절대적인 가치를 담지한 존재로 생각하는 철수의 여동생 철주라고 생각하기 때문이다. "그는 대뜸 그여자를 철수의 누이라고 단정해버리기를 조금도주저하지안헛"[124]으며, "그여자는 분명 철수의 누이동생이 옳다고 철수는 생각"[125]하는 것이다. 흥미로운 것은 은희의 오빠가 타락한 지식인이 박용으로 드러난 후에도, 태호는 박용과 은희를 남매라고 생각하지 않는다는 사실이다. 태호는 속으로 "암만해도 철수의 누이라고 하는게올다 …… 성격으로 보든지 모습으로 보든지……"[126]라고 중얼거린다. 태호에게 철수는 상징적 동일시를 통해 자신을 주체로 탄생시킨 '아버지의 이름'이라고 말할 수 있다. 둘의 사랑은 은희가 철수의 동생 철주가 됨으로써 이루어진다. 은희는 태호의 집을 찾아가서는 "자기도 오래도록 전연 생각지안튼 이름"인 "철주"[127]를 쓴다. 나아가 은희는 "철수는 아직한번도 본일이없으나 첨보는사람보다도 머리에깊이 백여진 것"[128]

123) 이경훈, 앞의 글, 50면.
124) 『동아일보』, 1937.7.27.
125) 『동아일보』, 1937.8.1.
126) 『동아일보』, 1937.8.15.
127) 『동아일보』, 1937.11.22.

이라고 하여 철수에 대한 깊은 애정을 표현한다.[129]

이러한 인물들의 관계 속에서 태호는 은히를 여동생으로 여기는 순간만 그녀와 사랑할 수 있다. 태호는 오빠가 되지 않고서는 여자를 사랑할 수도 없으며, 은히 역시 오빠가 아니고서는 남자를 사랑할 수도 없다. 이때 '오빠—누이'의 관계는 지극히 숭고한 것으로 성화(聖化)되며, 이 관계 속에서 남녀 간 육체적 파토스는 생략된다. 제국과 자본의 식민주의적 오이디푸스 구조에 편입된 아버지와 반대되는 위치에 서 있는 오빠의 존재를 통해 한설야는 자신의 변치 않는 신념을 일관되게 드러낸 것이다. 그러나 오빠—누이 관계에서 발견되는 과도한 열정과 강박은 불안한 것이기도 하다.

『황혼』, 『청춘기』, 『초향』, 『탑』의 기본 서사는 그레마스의 행위자 모델에 따라 다음과 같이 나타낼 수 있다.

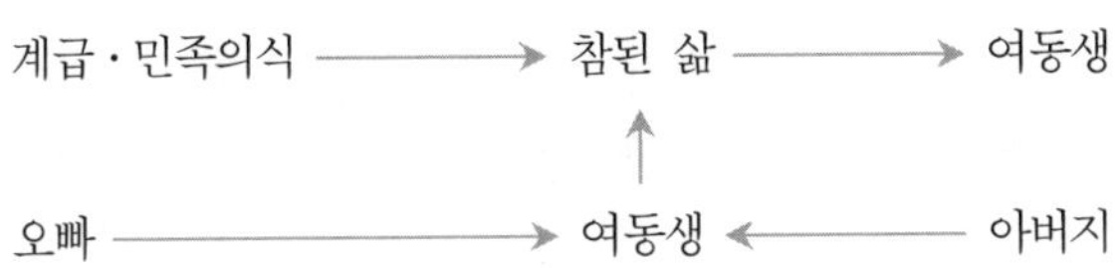

프로이드가 말한 가족로망스는 신경증 환자의 분석에서부터 비롯된다. 그에 의하면 신경증의 가장 큰 발병 원인은 오이디푸스화에의 부적응이다.[130] 위에서 살펴본 것처럼, 일제 말기 한설야 소설에는 아들이나 딸의 위치에서 오이디푸스 구조에 저항하는 정치적 상상력을 보이는 작품들이 여러 편이다. 한편 아버지의 위치에서 오이디푸스 구조에 대한 저항의 상상력을 보이는 작품들도 있다. 전자의 작품들이 제국과 자본의 관계망을 외파(外破)하는 것이라면, 이들 작품들은 제국과 자본의 관계망을

128) 『동아일보』, 1937.11.25.

129) 4장에서 본격적으로 살펴보겠지만, 이것은 1930년대 후반부터 한설야 소설에서 본격적으로 발견되는 상상적 동일시를 통한 주체 구성의 특성이라고 말할 수 있다.

130) G. Freud, 김정일 역, 「가족로맨스」, 『늑대인간』, 열린책들, 2000, 55~61면.

내파(內破)하는 것이라고 할 수 있다. 지금까지 전향소설이라는 틀로서 접근해온 작품들이 여기에 해당한다.

카프 해산 이후 창작된 소설에서 주인공은 전향한 지식인 아버지들이다. 식민지 조선에서 아버지가 지닌 상징적 의미를 생각했을 때, 한설야의 소설 속 아버지들이 가부장이 될 수 없음은 너무나도 당연하다. 그들은 아버지가 되기를 열망하고, 그러한 열망에 비례하여 아버지가 될 수 없음에 절망한다. 「이녕」의 민우는 한 가정의 책임 있는 가장이 되기를 원하는 아내의 요청대로, "회심이 들어서 취직운동을 하는중"[131]이다. "그 취직운동은 예전과 달라서 재판소판사니 검사니하는사람들이 배후에있어힘써"[132] 주는 것이라는 말에서 알 수 있듯이, 민우의 아버지 되기는 당시 식민지적 권력과의 타협 없이는 불가능하다. 작품 속에서 민우의 취직 운동은 성공하지 못하며, 족제비 잡는 일로 대체된다. 「모색」의 남식은 자식들에게 "세상에서 아버지가 제일 훌륭한 사람이다"[133]라며 호기를 부려보지만, 자식들은 아버지가 순사보다도 선생보다도 못하다고 무시한다. 아이들은 "아비를 짜장 허잘것없는 낡은 사람으로 치려고"[134] 들 뿐이다.

한편 이 시기 아버지는 스스로가 자신의 권위와 상징적 위상을 거부하는 모습을 보여주기도 한다. 이 시기의 아버지는, 식민지 자본주의 현실—상징계(법의 아버지)에 대한 동일화와 반항, 안정된 가족에 대한 소망과 가족의 해체, 그리고 문서상의 자유와 실제적인 부자유라는 이중 구속의 상황 속에 빠진 분열증적 주체들이다. 남성 주인공들은 국가를 잃은 정신적 고아 상태에서, 아버지가 될 수밖에 없는 상황에 직면한다. 그러나 아버지 되기는 이전과는 비교할 수도 없이 강고해진 식민지의 자본주의적 오이디푸스 구조에 편입되는 것을 의미하기에, 쉽게 받아들일 수 있

131) 『문장』, 1939.5, 6면.
132) 위의 책, 6면.
133) 『인문평론』, 1940.3, 121면.
134) 위의 책, 121면.

는 일이 아니다. 「임금」의 아버지 경수는 아내와 다음과 같은 문답을 나눈다.

> "아이가 다 죽어가요."
> "가만 내버려두면 살아나는수 있어."
> "내버려 둬요? 죽어버려도……"
> "죽으면 천만복망(千萬伏望)지 괘(卦)지."
> 남편은 이렇게 말하였다. 그렇게 영악한 안해이지만 이 호랭이 새끼보다도 더 인정머리없는 남편을 어찌하랴!"[135)]

아이가 죽어가는 데도 불구하고 태연하게 '죽으면 다행이라'는 식으로 대응하는 아버지는 스스로 아버지 되기를 포기한 모습이다.

「귀향」의 기덕은 『탑』의 상도처럼 아버지가 정략적으로 결혼시키려던 누이를 빼돌려서 혼담을 깨뜨린다. 그러한 기덕이 아버지가 되어서 귀향한다. 그러나 이때의 귀향은 "내가 집으로돌아오는것은 과거의 생활과 생각을 버리는것을 의미하는것일가? 아버지가 바라는것 같은조상과 부모와 형제를 위하야 또는 여렴이 이카르는 이른바 착한 사람이 되기 위해서일가? 정양과 시기와가정에 구실을 부처가지고 그럭 저럭 지나가기 위하야서일가? ……"라는 질문에 곧바로 "그는 속으로 머리를 저었다. 마음밑에 물어보아 예나 이제나 그생각에는 변함이 없다"[136)]라고 말하는 것처럼, 또 하나의 가부장이 되기 위해서는 결코 아니다.

「술집」의 한민은 아들이 의사도 없는 한밤에 진통제를 맞고 누워 있는 병원을 나와 거리로 나온다. 한민은 술집에서 술을 먹으며 떠드는 사람들을 보며, "건강이 남아서 건강을 죽이랴는 이술집"[137)]을 고마워하며,

135) 『한설야단편선』, 박문서관, 1941, 71면.
136) 『야담』, 1939.4, 33면.
137) 『문장』, 1939.7, 67면.

연신 술을 먹어댄다. 이것은 가장으로서의 아버지 되기를 포기한 모습에 다름 아니다. 그런데 이러한 자기방기의 모습은 이 작품의 전체적인 내용을 고려할 때, 반자본주의적인 의미를 지닌다. 이 작품은 돈에 따라 의료의 수준이 결정되는 자본주의적 의료체제에 대한 한민의 비판으로 가득하다. 결말에서 한민이 보이는 아버지 되기의 거부는 뚜렷한 사회적 의미를 지닌다.

「아들」의 학선도 스스로 아버지 되기를 거부한다. 재봉일을 하며 살아가는 학선은 기수가 중학교에 입학하여 자신보다 나은 삶을 살기 바라지만, 기수는 두 번이나 입학시험에 떨어진다. 기수는 전기상회에 취직하여 첫 월급을 타온다. 학선은 그 월급봉투를 들고 나가서는, 그 돈으로 술을 먹고 만취해서 돌아온다. 학선은 술에 취한 채, 아내에게 "네발로 기여도 내가 좋으니까 좋지. 두발로 건자니까 어떻게 힘든지 네발로 걷는게 제일야"[138)]라고 말한다. 사회적인 위치를 포기한 채, 동물의 상태로까지 퇴화된 모습을 보여주는 것이다. 아들의 첫월급을 술값에 다 날리는 학선의 모습은 오이디푸스적 삼각구도에서 스스로 탈주하는 모습이다.

전향소설들이라 불리는 작품들에는 남성 초점자가 아내나 자식들을 바라보는 특이한 시각이 드러나기도 한다. 「딸」에서는 아내가 자신을 찾아오지도 않고, 반항적인 모습을 보이자 더욱 긍정적으로 생각하는 대목이 나온다. 자신이 중심에 선 오이디푸스 구조의 부권중심적 권력을 부정하는 모습이라 할 수 있다.

> 허나 그렇게 값싼 인정이 많은 안해가 노여움이 생기고 그리하야 편지까지 주지안는다는것은 결코감정을 이르켜주는일이 아니었다. 차라리 일종의 호젔한감상을 일으켜주는것이었다.
>
> 사람은 분노와불만과불평을 갖일줄알어야하며 그리고 더 나아가서는 자기를 누르고 없인녁이는 그것에대하야 반항할줄을 알어야한다는 그의 '철학'이 이윽

138) 『삼천리』, 1941.1, 505면.

고 움지겨놨든 것이다.

그는 이때까지 발견하지못한 좋은 한모퉁이를 그안해에게서 찾아낸것같앴다. 남편의 맹목적인 사랑을 바라든 안해가 아니냐. 남편은 안해가 지은밥이라야 배불리먹는다 라고 생각하든 안해가 아니냐 남이야 어찌되었든 자기의남편만이 지금의곤경을 모면했으면 그만이다하고 자기에게 거듭 그뜻을 편지하든 안해가 아니냐?[139]

이러한 한설야 소설의 모습은 비슷한 시기 김남천과 채만식의 소설과 비교해보았을 때 그 정치적 의미가 보다 온전하게 드러난다. 이들 작품들의 청년들은 새로운 삶을 찾아 집을 나선 것까지는 한설야의 작품과 동일하다. 『탑』에서 우길이의 가출이 그러하듯이, 「대하」(1939)에서 형걸이의 가출 역시도 전근대적 질서와의 결별과 식민지 자본주의제에 대한 저항이라는 의미를 담고 있다. 그러나 「등불」(1942)이 보여주듯이, "가출한 젊은이가 끝내 발견한 것은 '생활의 세계'였으며, 도달한 궁극은 '가족의 품'이었"다.[140] 채만식의 경우에도 사정은 비슷하다. 「탁류」와 「태평천하」가 가부장제에 대한 비판의식을 보였다면, 「근일」, 「집」, 「삽화」에서는 가족적 가치에 대한 긍정과 귀의의 모습을 보이고 있는 것이다. 이것은 채만식이 "자립적이고 독립적인 개인으로서의 생이라는 긴장된 논리를 방기"하고 "가족적 생활이라는 관성에 한 발 한 발 깊숙하게 빠져들고 있다는 점"[141]을 의미한다. 이것은 끝까지 아버지의 자리를 거부했던 한설야의 소설과는 매우 다른 양상이다.

---

139) 『조광』, 1936.4, 122면.

140) 김정훈, 「한국근대문학에 나타난 가족과 개인」, 동국대 석사논문, 2005, 41면. 김정훈은 "부자간의 정을 확인하는 「경영」의 오시형과 부자간의 전격적인 화해가 이루어지는 「등불」을 통해 『대하』에서 와해될 뻔한 남성들의 연대(오이디푸스 구조)가 복구되는 과정도 볼 수 있었다. 가장으로의 복귀와 아버지의 복권에서 대동아 가족의 수장 천황을 상상하는 것은 지나친 비약일까?"라고까지 해석의 폭을 넓히고 있다.

141) 방민호, 『채만식과 조선적 근대문학의 구상』, 소명출판, 2001, 107면.

2) 이상적 아버지의 내면화

가족로망스에서 아버지는 '상징적인 법의 작인으로서의 아버지'와 '경험적인 아버지'라는 두 기능이 하나로 통합되어 있다. 1930년대 후반 한설야 소설의 자식들은 부성적인 권위를 지닌 '진짜 아버지'의 자리를 통해, 경험적인 아버지를 부정한다. 북한소설에서의 가족서사는 크게 변화된다. 이것은 한설야가 해방 이후의 북한 사회를 모든 것이 완성된 일종의 신화적 시공으로 파악했기 때문이다. 북한 소설의 자식들은 이상적인 '진짜 아버지'를 상상해내고, 그러한 아버지와의 동일시를 통해 자신의 정체성을 구성해 나간다.

이러한 변화는 북한에서 창작된 개작본을 통해 우선적으로 확인할 수 있다. 개작본 『탑』에서는 우길이를 둘러싼 가족 서사의 변화가, 주로 우길의 아버지와 어머니에게 집중된다. 초판본에서 우길의 가문은 대대로 탐관오리들과 죽이 맞아 토색질을 일삼은 집안이며, 우길의 아버지 박진사도 예외는 아니다. 또한 박진사는 친일적인 성격을 지니고 있으며, 자신의 금전적 이익을 최우선의 가치로 두는 자본가로 그려졌다. 일제와 자본에 완전히 포섭된 인물이 바로 우길의 아버지였던 것이다. 그러나 개작본에서 이러한 아버지와 조상의 면모는 크게 변화한다.

개작본에서 우길의 집안은 "벼슬 길에 들어 선다 하더라도 학민한 일이 없"는 것으로, 할아버지인 박급제는 관찰사를 몰아낸 민란의 배후조종자이며 나중에는 관찰사의 청을 받은 암행어사를 피해 자결한 의인으로 변모한다. 또한 선무작업에서 탈출한 박 진사는 일본군을 피해 자신의 친구가 독립군 활동을 펼치고 있는 해삼위로 탈출한다. 박진사는 아내에게 임진왜란 당시 '자기 남편을 대신 죽게 하고 의병장을 살린 주씨부인' 애기를 해주는 민족의식이 투철한 지사이다. 고향을 떠난 이후에도 박 진사는 해삼위로 탈출하려는 과정에서 마음이 바뀌어 평안도로 간다. 이후에는 한약방을 운영하는데, 한약방을 경영하는 것은 "리 동무 선생의 가르침을 지키는 것"으로서 "돈을 위해서가 아니고 사람의 질병을 구하고 그것으로 선생의 의학을 후세에 전하려는 노력"에서 비롯된 행위이다.[142)]

그리고 초판본에서는 개간 사업이 박 진사가 자신의 사주팔자를 믿고, "단독으로 또 하나 큰사업을 이루어 보리라"는 생각에 벌인 것이다. "조부시절에 개간하다가 주민의 반대가 심해서 그대로 오늘까지 묵여오는 땅"을 개간하기로 한 것으로서 현재도 주민들이 반대하는 일로 그려진다. 그러나 개작본에서는 사촌 동생의 부탁을 받고 "토지가 아주 적고 또 벌건 박토인데 만일 이 개간지만 일군다면 부근 주민들이 크게 혜택을 입을 것이라고 하여 새벌 사람들도 환영하는" 일로서 변모한다. 또한 금광사업도 초판본에서는 "일찍부터 함경도 이원에 철광을 경영"하는 것으로 되어 있지만, 개작본에서는 "박 광주의 권고로 극 비밀리에 벌써 재작년 말에" 리원에 철광을 산 것으로 설정되어 있다. 개작본에 새롭게 등장하는 박광주나 백둥이[143)]도 아버지의 의인화를 위해 존재한다. 그들은 순진한 박 진사를 충동질하고 속여 먹는 존재들로서, 박 진사의 타락한 행동에 대한 책임의 상당 부분을 완화시켜 주는 역할을 하고 있다.

어머니의 성격도 크게 변화된다. 초판본에서 어머니는 부유한 집안의 성실하고 조용한 며느리로 서사의 전면에 드러나는 일이 거의 없었다. 그러나 개작본에서는 노동의 신성함을 몸에 익힌 인물로서, 계섬을 자기의 딸같이 여기는 등 여러 가지 긍정적인 자질을 체득한 인물로 그려진다.[144)] 이러한 어머니의 모습은 1960년대 이후 북한문학의 정통으로 인

---

142) 여기서 '리 동무 선생'은 초판본에서의 '이 제마 선생'을 말한다.

143) 개작본에서는 박 광주나 백둥이가 새롭게 등장하는데, 박광주나 백둥이는 그 자체로 당시 사회의 어두운 일면을 나타내주는 인물들이다. 박광주는 몰주체적으로 일본의 앞잡이가 되어 자신의 이익만을 챙기는데 혈안이 된 인물군상을, 백둥이는 사이비 술사(術士)로서 그의 호의호식은 아직까지 전근대의 무명에서 깨어나지 못한 조선의 암울한 현실을 나타내는 것이다.

144) 한설야는 어머니에 대한 글(「無言實行의 人」, 『조광』, 1940.6.)을 남기고 있는데, 거기 나타난 어머니의 모습은 초판본에 그려진 어머니상에 가까운 것이라고 할 수 있다. 위

정받고 있는 항일혁명문예의 어머니상에 이어진다고 볼 수 있다.[145]

상도는 미래를 개척하는 근로 인민의 형상으로까지 어머니를 인식한다. 고향집이 서울집과는 달리 날마다 새로운 것이 있다고 느끼는데, 그 원인을 "어머니의 근로"에서 찾고 있다. 서모가 사는 서울집에서는 밤낮 돈으로 자기들의 운명을 개척하려하는 것과는 반대로 어머니는 자기의 손으로 자기의 근로로 앞길을 헤치고 있는 것이다. 또한 어머니는 "고난과 암흑과 비극 속에 한숨짓고 늘어지려 하지 않고 손톱 발톱이 젖혀지면서도 살아 나가려고 피나는 쌈을 하"기 때문에 아름답다. 근로하는 시골의 신선한 공기와 어머니가 그에게 던져준 건전한 정신은 상도로 하여금 서울집에 있는 어멈에게서 계섬의 모습을 발견하게끔 하고, "나는 너의 동무다. 너의 편이다"는 다짐을 하도록 만든다. 개작본에서 상도가 보이는 한층 성숙된 사회의식의 밑바탕에는, 초판본에서는 볼 수 없었던 새로운 모습의 아버지와 어머니가 놓여 있다.

개작본 『청춘기』에서는 박용과 은희, 명순의 조상에 대한 이야기가 새롭게 삽입된다. 박용과 은희는 이복 남매간임에도 성격이 판이하다. 은희가 양심적인 지식 청년임에 반해, 박용은 자신의 이익을 위해서 물불을 가리지 않는 부정적인 인물이다. 그런데 개작본에서는 초판본에 없는 설명을 통해 그러한 성격적 차이의 원인을 설명하는 부분이 첨가된다. 그러한 차이는 은희가 아버지를 많이 닮았고, 박용이 어머니를 많이 닮은 데에서 비롯된다.

은희의 아버지는 극빈한 가정에서 태어났으나 임진란 때 평양성을 지

글에 표현된 어머니는 "어머니는 本是農村胎生으로 勤勉한사람이다. 옛날의 큰집을 팔고 지금은 겨우 무릎이나 容納할 좁은집에 살면서도 여름이면 손바닥만한 들악에 조고만 채매전을 만들고 겨울이면 아직도 針線을 놓치 않는다", "어머니는 노상 말이 적다", "어머니의 性格은 어름과 같이 차다", "어머니는 투철한 自由主義者다", "어머니로서 子息에게 對한 責任感이 强한 사람이다"와 같이 표현되어 있다.

145) 항일혁명문예에 등장하는 어머니는 "고상하고 순결하며 대담하고 강직한" 성격으로, "고결한 혁명의 지조와 절개"를 지닌 인물로 형상화된다. 신형기 · 오성호, 『북한문학사』, 평민사, 2000, 58면.

켜 군사와 함께 싸우다가 전사한 애국자며 문한가(文翰家)인 박민천의 후예이다. 글재주가 비상해서 남의 일컬음을 받았고 그 덕으로 부잣집에 장가를 들었다. 그러나 그 아내는 자기 집의 재산을 무기 삼아 남편을 업신여기며 구박한다. 그 아내가 죽자 은희의 아버지는 빈농가에 후취장가를 간다. 그런데 빈농가의 딸은 아주 근면하고 독립성이 강하며 말이 적고 유순하다. 그녀는 내조도 훌륭하게 해 오히려 그전보다 사는 일이 나았고, 남편은 마음이 피어서 좋아하는 글쓰기, 글짓기도 할 수 있었다. 나아가 그는 그 마을에서 가장 식견 있고 바른 사람으로서 동네 일을 지도하게 된다. 그 부잣집 아내의 자식이 박용이고, 빈농가 아내의 자식이 바로 은희인 것이다. 그 아들 박용이 은희와 달리 올바르지 못한 것은 "부자집 딸인 그 어머니의 피를 더 많이 받"았기 때문으로 설명된다.

이 작품의 주요 인물인 태호 역시도 문대장을 살리기 위해 자신의 목숨과 명예를 바친 임진란 당시 의병의 후손으로 그려지고 있다. 태호는 그러한 조상의 후손임을 강하게 의식한다. 그는 "내가 말하는 조선의 아내가 죽지 않고 그리고 거기서 난 생명이 끊어지지 않고 이어내려와서 오늘에 이르렀습니다. 그러니까 말하자면 나는 노예의 자식입니다"라며 자신 있게 말하고 있는 것이다. 『청춘기』에서는 조금은 부정적인 인물이라 할 수 있는 명순이의 아버지 역시 "명순의 아버지가 평양에서 이름난 부자지만 또한 이름난 목사로서 3·1운동 때 감옥에까지 갔었다니까 미상불 그 영향을 받았을 것"으로 그려진다. 이렇게 볼 때 『청춘기』의 주요 인물인 태호, 은희, 명순, 명학은 모두 항일을 한 조상을 두고 있다는 공통점을 지니고 있다.

개작본 『초향』에서도 초향의 아버지 명칭은 '이후작'에서 '이판서'로 수정된다. 원작에서는 이후작의 '후작'이라는 명칭에 대한 아무런 언급이 나오지 않는다. 이에 반해 개작본에서는 "그러나 한 마디 더 리 판서에 대해서 발을 달아야겠습니다. 리 판서는 본시 명문 대작으로 한일 합방 때 일본 정부가 그에게 작위를 주었으나 그는 굳이 거절하고 깊이 은퇴했습니다"라는 부분이 첨가되어 있다. 이후작이건 이판서건 초향의 어머니와 초향을 버리고는 자신의 안위만 생각하는 인물이라는 기본 성격은 변하지 않는다. 그럼에도 '이후작'이라는 명칭은, 일본 정부가 수여한 작위를 거절한 '이판서'로 바뀌고 있다. 이것은 아무리 이판서가 부정적인 인물이라 할지라도 이 작품의 긍정적인 주인공인 초향의 아버지인 이상, 일제의 흔적이 남아 있는 후작이라는 명칭만은 붙일 수 없었음을 보여준다.

이처럼 한설야의 개작소설에서 긍정적 인물의 조상은 모두 긍정적인 인물로 변화하거나, 최소한 친일의 혐의에서 벗어난 존재로 그려진다. 아버지를 비롯한 조상과 현재의 주인공들의 성격은 거의 일치하고 있다. 이들은 한설야가 일제 시절 그토록 찾아 헤매던 '진짜 아버지'에 해당한다. 해방 이후 한설야 소설들의 자식들은 모두 그러한 '진짜 아버지'와의 동일시를 통해 자신의 정체성을 확인하고 있다. 이러한 특성은 한설야의 다른 북한소설에서도 보여지는 현상이다.

해방 이후 소설에서 아버지는 이상화된 기층민중으로 설정되는 경우가 흔하다. 「탄갱촌」에서 재수의 집은 대대로 이름 없는 소작인이다. 재수의 아버지는 일본 순사에게 이유 없이 구타당한 적도 있으며, 재수 대신 보국대로 끌려가서 고생을 한다. 끌려간 비행장에서 너무나 심한 노역에 시달리다 재수의 아버지는 "눈병이 나서 거의 폐안이 되다싶이" 한 것이다. 『대동강』에서 점순의 아버지도 왜놈의 징용에 걸려 비행장 닦이에 나갔던 것으로 그려진다. 점순의 아버지는 징용자들의 권익을 주장하다가 매와 굶주림으로 인해 죽는다. 「남매」의 원주와 순이 남매의 부모도 "남의 소작인"이었다.

해방 이전의 작품에서도 '탁류 3부작'이 대표적으로 보여주듯이 부모가 소작인인 경우는 있다. 그러나 해방 이후 소설에서 소작인이었던 부모는 해방 이전과는 달리 이상적인 존재로 인식된다. 이로 인해 해방 이전 자식들이 부모에 반발심리를 갖는 것과 달리 해방 이후 자식들은 그러한 부모를 이어받고자 한다. 「자라는 마을」에서 영민의 아버지 락운은 주동적인 인물로서, 아들과 함께 마을을 발전시키는데 헌신한다. 『력사』에서 최금철이라는 소년의 부모 역시 헌신적인 반일 활동 끝에 죽는다. 최금철의 가장 큰 목표는 부모의 뜻을 이어받아 유격대 활동에 적극 나서는 것이다.

『형제』에는 그러한 특징이 더욱 뚜렷해진다. 외삼촌댁은 금옥이에게 남은 얼마간의 세간을 빼앗고, 갖은 구박을 한다. 금옥의 동생 영준이가 다리를 다쳤을 때는 "병신돼서 살아서는 뭘하노. 죽는게 낫지"라고 말할 정도이다. 금옥은 외삼촌댁의 강요로 어머니가 생전에 금지했던 "제 리속을 위해서 남을 속이고 그 습성이 자라면 남을 긁갱이질하고 부모 형제도 속이게 된다"는 장사에 나서기도 한다. 외삼촌댁의 강요와 더불어, 금옥은 "동생들을 제 힘으로 키우고 학교 보낼 수 있다"는 생각에 쌀장사에 나선 것이다.

이토록 고통스런 삶 속에서 금옥이를 견디게 하는 힘은 할아버지와 아버지, 어머니에게서 온다. 할아버지는 의병으로 산 속에서 힘들게 투쟁했고, 아버지도 할아버지의 뜻을 받아 일제와 지주의 갖은 학정 아래에서 싸우면서 살았던 것이다. 그리고 아버지는 전쟁기에도 "마을 사람들의 뒤수쇄를 해 주다가 때를 놓쳐 놈들에게 잡혀서 희생"된다. 금옥이는 "어찌 하든지 살아 남아서 조부와 부모가 남긴 뜻을 이으리라 마음에 다짐"한다. 금옥이 쌀장사와 개장사를 하는 것에 계속해서 머뭇거리는 것도 "어머니가 하던 말"이 생각났기 때문이다. 외삼촌 내외의 추한 모습을 보며, 부모를 더욱 이해하게 되고, 결국 금옥이는 다음과 같은 결심을 한다.

> "아버지, 어머니 이제부터는 꼭 당신들을 따르오리다."
>
> 금옥이는 눈물이 날번하였다. 부모의 가르침을 거역한 저의 죄행에 스스로 몸을 떨었다. 이제는 어떤 일이 있더라도 다시는 장사를 하지 않으리라고 금옥이는 거듭 거듭 맘에 다짐하였다.[146]

146) 205면.

금옥 집안의 내력은 무려 3장(7~9장)에 걸쳐 소개된다. 그녀의 조상은 대대로 빈농으로서, 함경도 사람인 할아버지는 소작인의 아들로 태어났다. 할아버지 태봉은 젊은 의병의 한 사람이었으며, 그 후 일제를 피해 평양 근처에까지 피해 와 지주 천가네 머슴이 되었다. 거기서 출가했으나 남편과 사별하고 혼자 된 "소작 지어 남편 있을 때보다 못하지 않게 살아가는 걸쌍스러운 녀인"인 금순과 결혼한다. 태봉은 1919년에는 주재소 순사의 허리를 꺾어 버렸다가 감옥에 갇히기도 한다. 태봉의 아들인 경국은 소학을 마치자마자 농사일에 나선다. 경국은 지주네 양잠소에서 일하는 보배라는 처녀를 사랑한다. 경국이도 "왜놈한테 숫해 고생했"으며, 괴롭히는 "지주 억만이를 메따때리"기도 한다. 그러다가 전쟁기에 월남하여 국군이 된 지주 아들이 미군과 함께 동네에 들어와서 죽인다. 후에 금옥의 어머니는 미군의 폭격에 죽는다. 금옥 남매의 조상은 모두가 반외세, 반자본의 성격을 지니는 기층 민중으로 설정되어 있는 것이다.

『형제』에서는 영준이가 병에서 회복된 것도 남조선 빨치산 출신인 창도의 입을 통해서 다음처럼 조상의 내력 탓으로 돌려진다.

> 영준이한테 대강이라도 들은 이야기가 있어서 그런지는 몰라도 나는 금옥 동무네 할아버지랑 아버지, 어머니를 지금도 내 눈으로 직접 보는 것 같아요. 그리고 정녕 그이들의 피줄이 영준이를 살린 것 같아요.[147]

작품의 후반부에서는 금옥의 남동생 영준이 주요한 인물로서 다루어진다. 재미있는 것은 이 작품에서 영준이를 '쫀놈'이라고 부르며 괴롭히는 맹손이나 창길이나 문환의 부모는 부정적인 배경을 가진 것으로 그려진다는 점이다. 창길의 아버지는 옛날 지주네 마름이였고, 문환의 아버지는 일제 시기 면 기수였으나 해방 후에는 농산 기술자로 도 위원회에 다

147) 218면.

닌다. 특히 영준을 괴롭히는데 앞장섰던 맹손이 부모는 순이 부부의 대화를 통해 좀 더 자세하게 내력이 나온다. 맹손의 아버지는 "해방 전에 무슨 혁명 운동에도 조금 관계해서 감옥에도 갔다 왔다는데 해방 뒤에 둥그런 의자에 앉자 권총 차고 일본 헌병들이 신던 누런 장화를 신고 우쭐거리다가 차차 내리먹여서 지금은 어느 지방에 가 있"다. 맹손의 어머니는 "이 전시에도 어디서 어떻게 주어 들이는지 없는 게 없"는 부정적인 인물이다. 이 소설의 핵심적인 인물인 순이는 "그러니까 맹손이 같은 자식을 낳지요"라고 말한다.

순이는 금옥이가 동생인 영준이를 올바르게 이끄는 것을 보며, 금옥 남매의 부모와 그 자식들을 동일시하는 단계에까지 이른다.

> 순이는 묵묵히 앉아 있었으나 생래 처음으로 무슨 학교 도판 앞에 앉은 것 같았다. 그런데 그 도판 우에는 금옥이와 영준이의 모습을 훨씬 크게 확대한 두 사람의 형상-그 애들의 아버지, 어머니의 형상이 방불히 떠오는 것 같았다. 그래서 순이는 정녕 그들과 대면하는 것 같았으며 그들의 목소리를 듣는 것 같았다.
> (…중략…)
> 그 강하고 곧은 의지가 자식들에게 전해지고 오늘은 자식들을 통해서 그것이 분명히 보여졌다.
> 순이는 금옥이와 영준의 성격에서 그의 부모가 했을 일들을 미루어 상상할 수 있었다. 금옥의 부모는 죽었어도 살아 있는 것이라고 순이는 생각하였다. 그 자식들이 바로 살아 남은 그 부모의 의지요 넋인 것이다.148)

결국 금옥이 남매가 그 아비규환의 전쟁기 동안 생존하여 성장할 수 있었던 근본 동기는 일제, 지주, 그리고 미국에 맞서 싸웠던 조상의 혈통에서 비롯된다. 이러한 혈통에 대한 강조는 조금만 범위를 넓힌다면 민

---

148) 312면.

족 차원으로 확대될 수 있다. 인춘은 남진과의 대화에서 다음의 인용처럼 말하는데, 미국에 대한 저항은 임진왜란 때까지로 거슬러 올라가는 독립 투쟁의 일환인 것이다.

> 평양 사람 김 응서는 임진 왜란 때 난다긴다 하는 왜장 소서비의 목을 잘랐소. 대동강에 기여든 샤만호를 때려 잡은 것도 평양 사람이였소. 그리고 참 쏘 미 공동 위원회 때 말이요. 미국놈 수원 하나가 평양 유측 거리에 나가서 쵸콜레트를 뿌려 주며 어린애들을 사진 찍으려는 걸 지나가던 어떤 평양 청년이 지끈 받아 넘겼습니다. 그리고 이번 전쟁에 미국놈들이 평양 들어 왔을 때 한 청년은 아편 사러 다니는 미국 장교놈을 대동강가에 데리고 가서 골로 받아 넘기고 발로 짓 모아서 대문환은 대동강에 처넣었습니다.[149]

『황혼』, 『청춘기』, 『초향』, 『탑』의 개작본과 「탄갱촌」, 『대동강』, 『력사』, 『형제』 등의 북한 소설에 나타난 가족 관계 서사는 그레마스의 행위자 모델에 따라 다음과 같이 나타낼 수 있다. 일제 말 적대자의 자리에 놓여 있던 아버지는 해방 이후에 조력자의 자리로 옮겨진다.

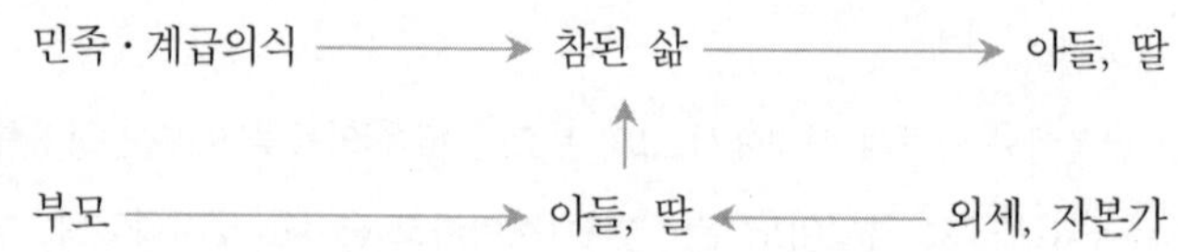

한설야가 숙청당하기 6개월 전에 발표한 「아버지와 아들」(『조선문학』, 1962.4)은 그의 마지막 작품으로서, '아버지와 아들의 관계'가 서사의 중심에 놓여 있다. 이 작품은 가족 서사를 다룬 여타의 한설야 소설과는 달리 초점자이자 주인공으로 아들이 아닌 육십이 넘은 아버지가 등장한다. 한설야 소설이 젊은이들을 주인공으로 내세우고 있음은 앞에서 살펴본 바

149) 248~249면.

와 같다. 특히 해방 이후의 소설에서 주인공으로는 아동이 설정되는 경우도 적지 않았다. 「귀향」이라는 소설에서 아버지인 유단천이 자주 초점자로 등장하기는 했지만, 그것은 대부분 아들과의 관계에 있어 자신의 패배와 잘못을 인정하고, 아들의 생각과 행동을 긍정하기 위함이었다. 「아버지와 아들」에서 아내와 홍걸의 내면은 조금 드러날 뿐이다. 그러한 초점화 방식을 통해 이전 소설들과는 달리, 아버지가 아들을 호되게 비판하는 모습을 보인다. 홍걸 아버지는 마치 한설야의 실수인 것처럼, 해방 이후 등장하는 유일한 '가짜 아버지'이다.

「아버지와 아들」은 다음과 같은 작가의 말로 시작된다. 이러한 진술을 통해 「아버지와 아들」이 『력사』에 등장했던 홍걸이네의 후일담임을 알 수 있다.

> 장편 소설 『력사』가운데 홍걸이네 이야기가 있다. 나는 그 뒤 계속해서 혁명전통을 연구하는 과정에서 당시의 빨찌산 당원이였던 한 동무에게서 그 뒤의 홍걸이네 이야기를 들었다. 듣고 보니 역시 버려 볼 수 없어 여기 들은 대로 엮어 본다.[150]

『력사』에서 김일성 다음 가는 주요 인물인 금철이 민정을 살피기 위해 사람들 속으로 떠나서 만난 것이 바로 홍걸의 가족이었다. 이때 홍걸은 조국광복회 회원으로서 긍정적인 인물로 형상화되었다. 그는 왜군이니 위만군이니 하는 것을 몹시 미워하는 반면에 '김일성 장군' 이름을 높게 받들고 있는 사람이었다. 그러나 홍걸의 아버지는 봉건적 노인으로서 머리에는 상투가 있는 사람으로, "신체발부는 수지부모야"를 말하던 사람이었다. 또한 한문을 "진짜 글"이라고 생각하는 노인에 불과했다. 당연하게도 이러한 노인에 대하여 홍걸과 홍길 형제는 물론이고 금철이도 부정

150) 7면.

적으로 여겼다. 이러한 노인의 형상은 평범한 조선의 기층민중을 표상하는 것인 동시에, 극복해야 할 봉건의 습속을 상징하는 것이기도 했다. 그런데 이 작품은 바로 그 '가짜 아버지'를 중심인물로 내세워 아들을 비판하고 있는 것이다.

「아버지와 아들」에서 중요한 것은 홍걸 아버지가 아들을 중심으로 한 세상에 대하여 느끼는 서운함과 소외감이다. 이러한 파토스는 해방 이후 한설야 소설에 나타난 낙천성과는 성격이 다른 것이다.[151] 홍걸의 아버지는 상투를 간직한 채 역서를 들고 앉아 들쳐 보며 길일이기 때문에 김일성이 올 것이라고 말하는 봉건적인 인물이다. 그러나 그는 젊었을 때부터 일본에 저항했으며, "일평생을 지주 놈과 왜놈 때문에 잔등에서 피 나고 별 볼 날이 없이 살"[152]아온 인물이다. 홍걸과 홍길은 아버지의 봉건적인 성격만을 보며, 공공연히 적의를 드러낸다. 홍걸은 김일성을 만나기 열망하는 아버지를 향해 "우리 청년들이 가기로 했으니 아버지는 제발 나뜨지 마오다"[153]라고 말할 정도이다. 이러한 아들로 인해 아버지는 엄청난 소외감과 서러움을 느낀다.

> 홍걸 아버지는 덤덤히 창을 바라보고 있었지만 속에서는 모진 비바람이 불어치고 있었다. 어둠이 저를 휩싸고 드는 것 같았다. 한 번은 제 속도 밝아 오는 것 같았는데 홍걸이 하는 양을 보니 제 일은 인제 다 쉰 것 같았다. 홍걸이가 말은 다 하지 않았지만 그 말 속의 말인 즉 아버지 따위는 인제 빛을 따를 자격도 없다는 것이요, 또 생각하면 그 말도 아주 긇다고 할 수는 없었다. 저는 인제 끈 떨어진 망석중이나 다름 없었다.

---

151) 김윤식은 "『설봉산』의 주인공은 온갖 악조건을 모조리 극복하며, 빛나는 미래를 향해 나아가게 되어 있으며 『대동강』의 청소년들은 그들이 할 수 있는 한도에서 근로현장을 통해 투쟁하는데, 그 투쟁과정이 시종일관 낙관주의로 일관되어 있다. 이 낙관주의가 자주 유머스러운 장면을 연출하는데, 이 점에 한설야의 작가적 특징이 있다"(김윤식, 「우리근대문학사의 연속성에 대하여」, 『한국현대문학연구』 1, 1991, 27면)고 말한바 있다.
152) 『조선문학』, 1962.4, 30면.
153) 위의 책, 14면.

(…중략…)

다시 생각해 보아도 저는 인제 아무 데도 쓸모 없는 떨꺼둥이에 지나지 않았다. 따는 아직 해를 그리고 해를 바라보건만 남들은—자식들까지도 저를 다시 해볕도 보지 못 할 깊은 음달에 돌려 놓자는 것이다.

홍걸의 말을 들어 보면 김 장군도 제가 사는 음달을 버리고 또 돌볼 사이도 없이 한양 밝기만 한 한 길을 질풍 같이 몰아 가는 것 같았다. 따라 가려고 발버둥을 친대도 저 따위는 마치 해를 쫓아가다가 쓰러졌다는 과부라는 한 옛날 사람이나 다를 것이 없을 것 같았다.[154]

홍걸 아버지는 자신의 존재를 시대와는 뒤떨어지고, 그리하여 김장군도 따를 수 없는 쓸모 없는 인간으로 인식한다. 자신을 "이미 다 닳아 떨어져 반반히 되여서 쓰지 못 하게"[155] 된 돌멩이 정도로 생각하는 것이다.

젊은 세대의 입장에서 이전 세대를 비판하고 극복하고자 하는 것은 미래에 대한 확고한 전망과도 통하는 것이다. 미래를 상징하는 젊은이들과 그들의 힘찬 발걸음을 통해 미래는 희망적으로 그려졌던 것이다. 그런데 「아버지와 아들」(『조선문학』, 1962.4)에서는 나이든 세대가 젊은 세대를 비판하고 있다. 이것은 한설야가 북한 사회에서 미래를 향한 전망을 더 이상 지닐 수 없게 된 상황과 연결된 것이다.[156] 그리고 홍걸 아버지의 나이는 한설야의 실제 나이와 거의 같은 것으로 설정되어 있다. 이러한 갈등 구조의 변모와 홍걸 아버지가 느끼는 파토스는 숙청 당시 한설야의 내면 풍경을 살펴보는데 적지 않은 시사점을 준다.

이러한 홍걸 아버지와 홍걸이의 갈등은 김일성의 말을 통해 해결된다.

154) 위의 책, 16면.

155) 위의 책, 17면.

156) 북한에서 1960년은 1956년 종파투쟁이후 김일성 전일체제가 완성되어 가던 시기였다. 이러한 노선에 한설야는 맹목적으로 추종하지 않았으며, 항일혁명문예를 조선문학사의 유일전통으로 세우려는 당에 맞서 카프 정통론을 내세운 인물이었다(김재용, 「냉전적 분단구조하 한설야 문학의 민족의식과 비타협성」, 『분단구조와 북한문학』, 소명출판, 2000, 119~126면).

이러한 갈등 해결 방식은 '김일성의 전유를 통한 김일성 유일화에 대한 저항'이라는 역설적인 방식이다. 김일성은 무작정 유격대가 되고 싶다는 홍걸 형제에게 "농사 짓고 학교 다니고 공부 잘 하는 것도 모두 일"157)이라며, "집에 돌아 가서 부모 공대 잘 하고 농사 일에 힘쓰고 닭과 돼지와 양도"158) 칠 것을 주문한다. 김일성은 아버지를 무시하고, 일상을 가벼이 여기는 홍걸이를 야단치는 것이다. 이러한 김일성의 발언으로 인해 홍걸 아버지는 한껏 고무된다. 김일성은 홍걸이에게 유격대 활동 이전에 부모에게 효도하고 동생을 잘 돌보며, 집안일을 잘 할 것을 당부하고 있기 때문이다. 이 작품에서 홍걸은 부모 세대에게 함부로 대하며, 상투와 같은 겉모습에만 집착하고, 구체적인 생활에 무능한 점, 혁명의 대열에서 많은 사람들을 배제하려 한 점 등으로 인해 비판받고 있다. 이제 홍걸 아버지는 아들에게 다음과 같이 힘차게 훈계의 말을 한다.

> 이 놈아, 길 못 가는 소가 멍에를 나무라는 법이다. 김 장군님을 보아라—어중이 떠중이, 떨꺼둥이, 구들 직장, 보리 동지, 최 서방, 박 첨지, 이 상투바우까지 다 데리고 가시자는 거 아니냐. 우리는 따라 가겠다. 우리를 알아 주는 김 장군을 따라 가지 않고 누구를 따라 가겠니. 김 장군의 말씀은 온 천하 누구도 다 알아 듣겠더구나. 네 말은 애비 귀에도 잘 들어 오지 않아.159)

이 작품이 쓰여지던 시기는 김일성 유일화가 점점 더 심화되던 시점이었다. 사회 전 분야에서 김일성과 항일 유격대를 유일정통으로 삼으려는 움직임이 본격화되고 있었던 것이다. 이 작품은 그러한 상황에서 김일성을 통해, 김일성을 비판하는 교묘한 방식을 취하고 있다. 홍걸의 아버지는 "파리도 천리마 궁둥이에 붙으면 천리를 가는 법이다. 김 장군 그늘에

157) 『조선문학』, 1962.4, 24면.
158) 위의 책, 25면.
159) 위의 책, 30면.

들어서면 천 리만 가겠늬, 만리도 갈 수 있다"[160]고 말할 정도로 김일성에 의지하고 있으며, 이 작품의 모든 갈등이 해결될 수 있는 권위와 힘도 김일성으로부터 비롯된다. 그런데 여기서 관심을 가져야 하는 것은 그러한 김일성이 의미하는 바이다. 그것은 "어중이 떠중이, 떨꺼둥이, 구들 직장, 보리 동지, 최 서방, 박 첨지, 이 상투바우까지 다 데리고 가시자는 거 아니냐"로 설명되고 있다. 이것은 어떤 하나의 정치적 주체가 다른 주체를 배제하는 것에 대한 거부의 자세를 보여주는 것이다. 이때 김일성의 말은 홍걸 아버지를 자신과 입장이 다르다는 이유로 결코 배제해서는 안 된다는 것을 핵심으로 하고 있다. 그러나 당대의 상황은 김일성 유일사상으로 무장한 사람들이 사회 일반의 전권을 행사하려고 했었다. 「아버지와 아들」에서 한설야는 김일성의 말을 통해, 김일성만을 유일정통으로 삼고, 사회 전분야에서 다른 세력과 정신들은 배제하려고 했던 당시 상황을 비판했다고 볼 수 있다.

이때 가짜 아버지인 홍걸 아버지가 홍걸이를 비판할 수 있는 근거는 북한 사회 전체의 '진짜 아버지'라고 할 수 있는 김일성의 권위와 담론을 빌려와서이다. 북한 소설에서 자식들은 진정한 아버지를 상상하고, 그들과의 동일시를 통해서 현재의 정체성을 형성함은 물론이고 미래도 기획해 나갈 수 있었다. 그러나 이 소설에서는 가짜 아버지(홍걸 아버지)를 등장시켜, 진짜 아버지와 아들 사이에 크나큰 문제가 생겼음을, 그리하여 기존의 당대 사회에 문제가 생겼음을 암시하고 있다.

160) 위의 책, 30면.

제3장
현실 재현의 세 가지 서술 양상

1. 외부적 비전을 통한 현실의 재현 양상

1) 장면화를 통한 현실효과의 창조와 의미의 강조

한설야가 카프에 가입한 1927년 이후 그의 작품은 하나의 흐름을 형성한다. 그것은 외부로부터의 외적 초점화라는 서술 방법을 사용하는 것이다. 여기에 해당하는 작품으로는 「홍수」(『동아일보』, 1928.1.2~6), 「합숙소의 밤」(『조선지광』, 1928.1), 「인조폭포」(『조선지광』, 1928.2), 「한길」(『문예공론』, 1929.6), 「씨름」(『조선지광』, 1929.8), 「공장지대」(『조선지광』, 1931.5), 「교차선」(『조선일보』, 1933.4.27~29) 등을 들 수 있다. 이것은 외적 시점을 통해서 현실의 조망에 중심을 둔 초점화 방식이다.

「홍수」는 외부로부터의 외적 초점화가 처음 사용된 작품으로서, 한설야 소설에서 외적 초점화 양식이 기능하는 방식을 잘 보여준다. 최초로 구체적인 생산현장을 배경으로 삼고 있으며 무산자가 등장한다. 1장은 서로 다른 장소에서 일어나고 있는 일의 동시적 초점화라고 할 수 있는 파노라마식 개관으로 시작된다. 1장은 '× × ×'표를 중심으로 두 부분으로 나뉘어진다. 그 앞부분에서는 서술자가 개입하여 사건의 개요를 설명한다. 특히 마지막 부분에서는 "가튼사람으로 다만가젓다는 그것에의하야 업는사람을야속한운명에빠지게 하는 얄미운야바우는 알지도못햇다"[1]고 하여, 작품의 전체적인 방향을 제시하고 있다. 외부로부터의 외적 초점화 방식으로 '× × ×'표 다음은 방축 역부 하는 장면이 구체적으로 제시된다. 기층민중의 전형이라고 할 수 있는 박서방도 주로 외부로부터 보여질 뿐이다. 2장에서 잠시 박서방이 초점자로 등장하기도 하지만, 이때 박서방은 작가가 보여주고자 하는 집단의식의 대표자로서의 성격을 지닌다. 박서방의 의식은, 이 시기 서술자가 일관되게 드러내고자 하는 계급의식과 관련되어 있다. 외적 초점화의 방법을 통해서 박서방이 처한 어려운 현실이 잘 드러나며, 부분적으로 사용된 내적 초점화의 방법도 현실의 재현이라는 목적에서 크게 벗어나지 않는다. 그의 시선에 의해 가족들이 처한 궁핍한 모습이 실감 있게 전달된다.

3장과 4장에서는 서술자-초점자가 등장하여 작인들의 모습을 외부로부터 보여주고 있다. 3장은 아랫 둑과 위 둑의 관계에 대한 개관을 해주는 것으로 시작된다. 중간에도 "그들은 다른것보다 소와안해가 무엇보다 절대 필요한것을 잘아는터이엇다"[2]라는 식의 내부로부터의 외적초점화가 이루어지지만, 서사의 대부분은 작인들이 나누는 대화로 되어 있다. 이를 통해 그들이 겪는 어려움이 실감나게 전달된다. 4장은 "박서방은 괭이들고 아래로 아래로 달려갓다황서방 리서방 최서방 김서방 ……"[3]에

1) 『동아일보』, 1928.1.2.
2) 『동아일보』, 1928.1.4.
3) 『동아일보』, 1928.1.5.

서 알 수 있듯이 외부로부터의 외적 초점화 방식이 사용되고 있다. 방축의 높이가 점점 높아지고, 이때문에 박서방을 중심으로 한 작인들이 아랫둑을 무너뜨리게 되는 상황을 보여주고 있을 뿐이다. 5장에서도 외부로부터의 외적 초점화 방식이 사용되고 있다. 이러한 초점화 방식을 통해 "해변가의 해면과가티 척느러진안해와 쫑그리고누은 두자식과 꿈속에서도 손구락을빨고잇는 어린아이"[4]의 모습이 묘사된다. 이처럼 카프시기 한설야의 소설에서 생산현장 및 무산자의 재현과 외부로부터의 외적 초점화는 서로 긴밀하게 연관되어 있다.

이후 한설야 소설은 외부로부터의 외적 초점화가 더욱 강화되는 특징을 보인다. 그 결과 「뒤ㅅ걸음질」, 「사방공사」, 「삼백육십오일」(『문학건설』, 1932.12.5), 「추수 후」(『신계단』, 1933.6) 등은 거의 외부로부터의 외적 초점화로만 작품이 이루어져 있다. 이것은 현실효과의 창출과 관련된 것이다. 최근의 철학은 사실 혹은 현실의 선재성을 부인한다. 이미 완성된 형태로 사실이나 현실이 존재하고 그것을 언어 속에 표현하거나 반영하는 것이 아니라, 언어가 그러한 사실이나 현실을 생산한다는 것이다.[5] 따라서 우리가 어떠한 소설을 읽고 현실감을 느낀다면, 그것은 그 작품이 탁월한 현실효과를 생산했다고 말할 수도 있다. 카프시기 한설야는 식민지 조선의 고단한 현실을 재현하는 데에 있어, 대화로만 이루어져 있는 장면제시[6]를 빈번하게 사용한다.

---

4) 『동아일보』, 1928.1.6.

5) 기표가 고정된 기의를 가질 수 없으며 기의는 오직 시니피앙의 무한한 미끄러짐을 통해 구축된다고 말하는 라캉의 언어관이나 인간에게 인식되는 현실이란 어떠한 경우에도 이데올로기로부터 벗어날 수 없으며 현실은 경험하는 그 순간에조차 변형, 왜곡되어 있음을 주장하는 알뛰세르 등의 후기구조주의자들의 논의는 'representation'이란 용어에 대한 기존의 반영론적 입장을 흔드는 것이다(C. Belsey, *Critical Practice*, Routledge, 1980, pp.37~55).

6) '장면(scene)'에 있어 스토리 시간과 서술 시간은 일치하는 특성을 보인다. 즈네트는 서술속도에 있어 스토리 시간과 서술 시간의 관계를 바탕으로 네 가지 유형(pause, scene, summary, ellipsis)을 제시했다. 이중 스토리 시간과 서술 시간이 일치하는 것은 '장면', 스토리 시간은 정지되어 있는데 서술 시간은 흘러가는 것은 '멈춤', 스토리 시간은 흘러가

「사방공사」도 서술자의 개입은 최소화되어 있으며, 사방공사 현장의 비인간성을 외부로부터 드러내는데 치중하고 있다. 서술자는 대개 배경 묘사나 작중 인물을 소개하는 범위 안에서만 작품 속에 개입한다. 이 작품에는 인부들이 나누는 대화와 사고를 당하는 현장의 묘사가 많이 나온다. 「삼백육십오일」은 대화소설이라고 할 정도로 작품의 대부분이 노동자와 노동자, 노동자와 감독의 대화로 이루어져 있다. 서술자는 간혹 개입하여, 인물에 대한 배경 설명을 하거나 사건의 개요나 인물의 의식을 간단하게 언급하는 정도이다. 결말에 개입하여 소설의 내용을 규정짓는 부분도 없다. 그럼에도 산업 합리화라는 미명하에 노동자들의 해고가 이루어지고, 노동 강도가 세지는 현실을 생생하게 드러내고 있다. 그 와중에 노동자는 산업재해를 입기까지 한다. 이를 극복하기 위해 노동자들이 365일 투쟁할 필요성이 제시되고 있다. 그것은 서술자의 개입이 아닌 "그게 산업합리화란게다. 둘이하든걸하내하고 힘은터럭구멍하나만치도안남기고…… 쏘 잇다. 삭전 ……"[7]이나 "합리화란지옥일정목까지다. 힘의최후한방울까지!"[8]와 같은 노동자의 대화를 통해 드러난다.

「교차선」은 은순이의 타락을 그리고 있는 작품이다. 이 작품의 4장과 5장은 외적 초점화가 되어 노동자들이 테니스를 치고 씨름 하는 모습을 외부로부터 보여주고 있다. 이 부분은 장면제시로만 이루어져 있다. 건강한 노동자와 대비되어 은순이의 타락이 더욱 도드라져 보이는 효과를 발휘하고 있다.

이처럼 카프시기에 창작된 소설에는 대화를 통한 장면제시가 빈번하게 사용된다. 이러한 대화의 인용은 독자에게 순수한 모방의 환상[9]을 만

는데 서술 시간은 멈춰 있는 것은 '생략', 서술 시간이 스토리 시간보다 적은 것은 '요약'에 해당한다(G. Genette, op.cit., pp.95~112). 위의 소설들은 공통적으로 사건시가 짧다는 특징이 있다. 하루에서 며칠 이내로 사건시가 한정되어 있다.

7) 『문학건설』, 1932.12, 164면.

8) 위의 책, 165면.

9) S. Rimmom-Kennan, 앞의 책, 162면.

들어 내게 마련이다. 즈네트는 '정보(information)+정보제공자(informer)=C'라는 공식을 제안한다.[10] 이 공식이 의미하는 것은 정보의 양과 정보제공자는 반비례 관계에 놓인다는 것이다. 보여주기는 최대의 정보량에 최소의 정보제공자 출현으로 정의되고, 말하기는 이 관계의 역이라고 할 수 있다. 이러한 맥락에서 앞에서 열거한 작품들에 나타난 장면묘사는 생산현장의 모습을 생생하게 드러내는 효과를 창출한다. 전달의 중개성이 약해짐에 따라 대화 특유의 '현장성과 생동감'이 형성되고, 이것은 현장을 직접 보고 있는 듯한 환상을 자아내는 것이다. 이러한 기법은 농촌이나 공장과 같은 생산 현장을 배경으로 하는 소설에서 주로 사용된다.

위에서 살펴본 소설들은 극과 서사장르의 중간적 형태를 보인다고까지 말할 수 있다. 이와 관련해 가장 많은 대화가 등장하는 「삼백육십오일」이 실린 같은 지면에 한설야가 창작한 희곡 「절둑발이」(『문학건설』, 1932.12)가 실려 있다는 것은 특기할 만하다. 이 작품은 건강진단을 계기로 산업합리화를 실시하려는 회사 측에 대항하려는 노동자들의 모습을 그리고 있다는 점에서 「삼백육십오일」의 내용과 동일하다. 이외에도 한설야는 식민지시기에 「총공회」(『조선지광』, 1930.3), 「전기」(『조선지광』, 1932.2), 「저수지」(『신계단』, 1933.7) 등 세 편의 희곡을 더 썼는데, 모두가 당시 단편에서 다루던 사건들과 비슷한 문제의식을 담고 있다. 특히 「전기」에는 '「공장시대」의 전편'이라는 부제가 붙어 있다. 이처럼 한설야 소설에 보이는 장면화는 희곡으로의 변환이 가능할 정도로 전면적인 것이다.

「총공회」는 노동조직을 지키기 위해 목숨까지 버리는 임상겸을 통해, 노동자 조직에 대한 인물의 헌신이라는 주제를 다루고 있다. 「저수지」는 숙희를 주인공으로 해서 '영삼—숙희—춘근'이라는 삼각관계를 통해 이야기가 전개된다. 작품은 숙희가 노조의 타락간부인 춘근을 내쫓는 것으로 끝난다. 이 작품은 또한 노동운동을 경제투쟁에만 국한시키려는 춘근

10) 사건의 모방의 환상은 최대한의 정보를 제공하면서 제보자의 존재는 최소한으로 줄임으로써 성취된다(G. Genette, op.cit., p.187).

에 맞서 정치투쟁의 단계를 주장하는 것으로 읽을 수도 있다. 이러한 삼각관계나 정치투쟁으로의 변화는 이 시기 한설야 소설의 주제의식과 통하는 것이다. 이들 희곡의 창작 시기는 소설 창작에 있어 장면화가 주요한 기법으로 사용되던 시기와 일치한다.

한설야는 학창시절부터 연극이나 영화와 같은 영상매체에 큰 관심을 기울여왔으며, 많은 영향을 받았다고 스스로 밝힌바 있다. 경기고등보통학교에 다니던 시절 학교생활에 적응하지 못해 "영화, 연극, 창극 등 예술의 세계"[11]에 깊은 관심을 보여 친구들에게 "활동 사진 박사"[12]라는 호칭까지 들었다는 것이다. 이 당시 한설야는 "영화를 그 대로 나의 말과 문장으로 재현해 보려고 마치 룡차를 향하는 당랑이 같은 용기로써 붓을"[13] 들기까지 했다. 특히 카프시기에는 연극에 대한 본격적인 관심을 기울였다. 조명희를 추모하는 글에서, 그 구체적인 경과를 다음과 같이 밝히고 있다.

> 조명희 동무의 권고 또 말로 하여 다른 예술 부문 사업에서도 되도록 많은 것을 배우려 하였다. 예컨대 카프 연극부분에서 무슨 연극공연을 준비하게 되는 때 작가들도 이에 동원하여 그 일을 도와 주었고 또 그것을 흥미있고 유익한 일로 의무적인 일로 생각하였다.[14]

이러한 전기적 사실은 장면화의 전면적인 사용에 큰 영향을 주었을 것이다. 이와 관련해 주목할 것은 한설야가 의식적으로 희곡에 가까운 장면화의 기법, 즉 외부로부터의 외적 초점화의 방법을 사용하고 있다는 점이다. 이것은 카프시기 그가 발표한 여러 편의 평론에서 확인할 수 있다.

---

11) 「나의 인간 수업, 작가 수업」, 『한설야 선집–수필』, 조선작가동맹출판사, 1960, 103면.
12) 위의 책, 106면.
13) 위의 책, 103면.
14) 「정열의 시인 조명희」, 『한설야 선집–수필』, 조선작가동맹출판사, 1960, 177면.

우리는 特히氏에게戱曲에의留意를勸하구십흔理由를여긔서도發見한다. 本來氏의作品은 그러치만 이戱曲에의意圖가從來文學의唯一한本質的要素인듯생각되든 心理描寫—特히 우리의文學에잇서서 理智的오로「템포」를弱하게하든그心理描寫그것을止揚하랴는 一發現으로써 우리에게생각되기때문이다. 우리들의大槪는 理論을가슴속에그리면서도 그것을行動化, 生活化하지못하니만치 作品에잇서서도 흔히心理描寫의範疇에끈치는傾向이 보이엇는데 戱曲은이것을救出하는데에必要한 한形態일줄안다. 卽心理그自身을描寫하지 안코 外形, 運動, 言行에依하야 心理를낫하내는데에잇서서 戱曲을한個의알마즌形式일 줄안다. 이것은우리가구태여 「심보리즘」이나 「이메지즘」으로復歸하자는것이아니고 말하자면우리의文學에잇서서 「액숀니즘」을把握하자는말이다. 우리가前代에서 繼承한「리아리즘」그것외에 우리스스로가建設하지안으면안될것은 이「액숀니즘」일줄안다. 小說에 잇서서 어느만한爛熟이뵈이든氏가서투른戱曲을쓰게된 實際의苦心이 이「액숀니즘」의 必要에서나온것인가하야 우리는그의새意圖를즐겨하는바이다.[15]

描寫는 心理的임을避하고行動的이라야 할것이다. 이것은筆者도이미누차提唱한바이지만 現代의 一 特徵은 확실히 心理的임으로부터 行動的 能動的임으로推進하고있다. 부르조아 作家는 점점 空想의廢墟로隱退하며 용만한 心理描寫를양출하지만 唯物論의 新大陸의 登場한 프롤레타리아는 心理的으로 무엇을 추구하느니보다 街頭로 街頭로 行動의步武를옮기고있다. 저들 부르조아작가는 한가지의 怪奇나 幻想을 찾으면 그것을 기다랗게 늘어뽑지만 우리는 進展하는 사상을 그대로力線을따라表現하는 것이다.[16]

우리는 뿌르作家가즐겨하는따위心理描寫를避하고푸로레타리아의感情에충실하는액손니즘을把持해야할것이다. 心理描寫는主觀的 靜的 受動的이되기쉬우며

15) 「신춘창작평」, 『조선지광』, 1929.2, 111면.
16) 「사실주의 비판」, 『동아일보』, 1931.7.23.

作品의密度를稀薄하게하기쉽다. (…중략…) 心理描寫를하는代身거게代替할수잇는事象과物體를引入하는것이 퍽能動的 律動的力學的 機械的 活動的이다.

映畵에잇서서 몬타쥬가 必要한 것가티 創作에잇서서 액손니즘은 今後作家의 만은關心을 惹起할것이다. 假令우리가 失業勞動者를 그리는때에 그의 困窮을 心理的으로 描寫하는 代身 그가다시勞動市場을 涉獵하며 갓가즌資本家와 그들의 압잽이들과 接觸하는 事象을그림으로서 失業者를 「크로-스업」하는것이 모다效果的이요 能動的일것이다. 이것은 一例로든것이지만 作家는늘이러한關心을가지고 지리한心理描寫로부터 해방되어야할것이다.[17]

한설야는 위 글에서 '액손니즘'을 주장하고 있는데, 그것은 심리묘사와는 정반대에 놓여 있다. 심리묘사는 부르조아 작가가 즐겨하는 것으로 "우리의 문학에 있어서 이지적으로 템포를 약하게 하던" 것으로 지양해야 할 것이다. 이에 반해 '액손니즘'은 "프롤레타리아의 감정에 충실"한 것이며, "외형, 운동, 언행에 의하여 심리를 나타내는" 것으로, "진전하는 사상을 그대로 역선을 따라 표현하는 것"이다. 한설야는 이기영이 희곡을 창작한 것도 심리묘사에서 벗어나 '액손니즘'을 실천하기 위한 구체적인 방법으로 여기며, 그것을 긍정적으로 평가한다. 한설야는 작가적 생애를 통해 30년에서 33년에 이르는 기간 동안에만 희곡(총 4편)을 창작하고 있다. 이것은 위의 인용에서 밝힌 자신의 문학적 입장을 실천한 결과이다.

한설야는 '액손니즘'이 적용된 구체적인 창작방법으로 "가령 우리가 실업노동자를 그리는 때에 그의 곤궁을 심리적으로 묘사하는 대신 그가 다시 노동시장을 섭렵하며 가진 자본가와 그들의 앞잽이들과 접촉하는 사상(事象)을 그림으로써 실업자를 클로즈업하는 것"이라고 설명한다. 이러한 설명은 이 시기 한설야 소설의 창작방법론에 해당하는 것으로 보아

17) 「변증법적 사실주의의 길로」, 『조선중앙일보』, 1932.1.19.

도 모자람이 없다. 이처럼 뚜렷한 작가적 자의식 아래 한설야는 생산현장을 재현함에 있어 장면화의 기법을 주로 사용했던 것이다.

생산현장의 재현과 관련해 한설야의 소설은 어휘적인 측면에서도 변화가 보인다. 아래의 인용에서처럼 「홍수」와 「사방공사」 등의 작품에 농민들이 사용하는 함경도 방언이 본격적으로 사용되는 것이다. 이러한 방언의 사용이 현장감을 부각시키는 효과가 있음은 분명하다.

> 덧에든쥡멍이 뭘 (…중략…) 그래서 아래동을은 여러사람들이 그리여러번 청원하고 또온면에서 애걸복걸해도 안들던것을딴놈에게 허가해서 이란리가앙임메. 아래에 태산가튼동을싸아서 우리동물길을막지안앗슴 (…중략…) 테도상관업슴멍이.[18]

> 그건 그래도아시긴녁임메. 밧임재 (지주) 빗바지ㅅ군이 산제(山祭)밥에청못되기 쀠여들듯 날부일들낙날낙하니 (…중략…) 아매 전녁밥을두번해먹는수밧게엄슴메(도망간다는듯).[19]

카프 가입 이전에 창작된 「평범」이 함경도를 배경으로 하면서도, 등장인물들이 모두 표준어를 구사한다는 점을 생각한다면, 이러한 방언의 사용은 현실효과의 산출과 큰 관련이 있는 것이다. 이러한 방언의 사용은 있을 수 있는 '사실임직함'의 구현에 큰 기여를 한다. 방언의 사용은 1930년대 후반에 농촌을 배경으로 한 「탁류」 3부작에서 다시 나타난다.[20] 소설 속 단어들은 결코 중립적인 문법 단위가 아니라 구체적인 사

---

18) 「홍수」, 『동아일보』, 1928.1.3.

19) 「사방공사」, 『신계단』, 1932.11.5.

20) 좌담에서 한설야는 방언의 사용과 관련해 "저는 이 地方語를 작품에 그대로 사용해 본 적도 있습니다만, 일반이 알기 어렵기 때문에 문학에 있어서는 여러 가지 난색이 있습니다. 그러기 때문에 저는 關北語를 그대로 문학에 移植하려고는 하지 않습니다. 그럼 그 대신 關北語가 가지고 있는 그 독특한 鄕土味와 純實性과 强靭力과 정열을 취해서 문학에 집어넣랴고 합니다"(「關北, 滿洲 出身 作家의 『鄕土文化』를 말하는 座談會」,

회적 이해 관계의 표현이다.[21] 이러한 변화는 소설에 사용된 어휘가 사회의 다양한 집단어들의 구별을 가능케 해주는 '징후'가 될 수 있다는 점에서 매우 중요하다.[22]

장면화는 사실 효과를 창출함과 더불어 묘사하는 사건을 강조하는 효과를 발휘한다. 이들 소설에는 장면화가 전면화 될수록 현재시제가 많이 사용된다. 현재시제를 사용할 경우, 서술자는 독자와 대등한 위치에서 그 장면을 바라보는 상황에 처하게 된다. 오직 묘사되는 장면만이 뚜렷하게 드러나는 것이다. 카프시기 생산현장을 배경으로 한 소설들은 이러한 장면이 독립적으로 나열되는 경우가 많다. 이것은 사건의 계기적 연결에 의해 일정한 의미를 창출하는 것이 아니라 유사한 상황의 반복을 통해 동일한 의미를 강화시키려는 의도를 함축하고 있다.

「사방공사」는 밭을 논으로 만드는 노동 현장인 치수공사장에서 일어난 이야기를 다룬 것이다. 이 작품의 단위사건을 서술의 순서에 따라 정리하면 다음과 같다.

1. 일거리를 잡기 위해 농군들은 밤새 노숙을 한다.
2. 열에 세네 사람은 일자리를 구하지 못한다.
3. 십장은 일거리를 잡기 위해 밀려드는 농군들에게 모래를 뿌리고, 떼밀어 떨군다.
4. 십장이 던져준 부삽을 서로 잡으려다가 사람들은 손가락을 베인다.

『삼천리』, 1940.9, 96면)라고 말하고 있다. 「이녕」이나 「종두」와 같은 작품이 함흥을 배경으로 하면서도 서울말을 주로 쓰는 것을 고려할 때, "저는 이 지방어를 그대로 사용해 본 적도 있습니다"라는 말에 해당하는 작품들은 생산현장을 주요한 배경으로 한 카프시기의 것들임을 알 수 있다.

21) "단어는 언제나 이데올로기나 삶에서 유래한 내용과 의미로 채워져 있는 것"이다(V. N. Vološinov, *Marximus und Sprachphilosophie*, Frankfurt-Berlin-Wien : Ullstein, 1975, p.126).

22) "예컨대 "수정주의적", "반동적", "국제주의적"과 같은 형용사들은 자유주의나 보수주의, 또는 무정부주의의 언어와 구별되는 마르크스－레닌주의 집단어의 표지가 되는 것이다"(P. Zima, 허창운 · 김태환 역, 『이데올로기와 이론』, 문학과지성사, 1996, 384면).

5. 농민들은 농민구제란 명목으로 치수공사비를 내는 것에 대해 불만을 토로한다.
6. 이야기를 주고 받던 요동군수와 육국통사는 십장의 회초리를 맞는다.
7. 육국통사는 기관차와 모래차를 연결하다가 부상을 입는다.
8. 이 일터에서 부상당한 사람들이 소개된다.
9. 무언극과 번쾌는 사주를 믿다 패가망신한 사람의 이야기를 한다.
10. 번쾌는 얼마 안 되는 임금마저 이런 저런 명목으로 떼이는 것에 분노한다.

각각의 단위 사건들은 거의 독립되어 있다고 말할 수 있을 정도로 필연적인 인과성을 보여주지 못한다. 이것은 모두 치수공사장의 열악한 노동조건과 그 속에서 겪는 사람들의 고통을 드러내는 의미만을 지니고 있다. 사고와 같은 예기치 않은 우연적 사건이 첨가되는 식으로 작품은 구성되어 있다. 특히 8, 9번은 채트먼이 말한 위성 사건[23)]에 해당된다. 위성 사건은 서사를 풍부하게 하지만, 생략되었다고 해서 플롯의 기본적인 전개가 무너지지는 않는 사건을 말한다. 위성 사건은 채워 넣기, 정교하게 하기 등의 기능으로 중핵 사건을 보충한다.

「사방공사」가 함경도 K평야 제4지구 치수공사장이라는 토목공사판을 배경으로 하고 있다면, 「삼백육십오일」은 질소비료공장이라는 전형적인 근대적 생산현장을 배경으로 하고 있다. 이 작품이 주로 문제 삼는 것은 산업합리화라는 명목 하에 벌어지는 노동자 탄압에 대해서이다. 이 작품의 단위사건을 「사방공사」에서와 마찬가지로 정리해 보면 다음과 같다.

1. 회사에서는 전체 노동자의 절반을 감원한다.
2. 감독은 쎈틀을 멈추지 말고 운전할 것을 강요한다.
3. 쎈틀을 세우지 않고 일하다가 부상을 입는다.
4. 부상에도 별다른 치료를 받지 못한다.

---

23) S. B. Chatman, 김경수 역, 『영화와 소설의 서사구조』, 민음사, 1990, 62~63면.

5. 노동자들은 인원감축의 이유에 대하여 이야기한다.
6. 감독은 여전히 쎈틀을 세우지 말고 노동할 것을 강요한다.
7. 노동자들은 거사를 준비하다 그 날이 오기도 전에 준비는 허사가 되고 몇몇은 감옥에 간다.

"합리화란 지옥 일 정목까지다. 힘의 최후 한방울까지!"라는 말에 집약되어 있듯이, 이 작품도 자본에 의해 고통 받는 노동자의 문제를 다루고 있다. 이러한 서술은 동일한 의미를 지닌 사건들의 누적을 통해 의미를 강조하는 역할을 한다. 유사한 사건들, 즉 억압적이고 폭력적인 상황의 반복이라는 점에서 이 작품은 환유적으로 조직되었다고 말할 수 있다. 단일한 사건의 반복은 그 사건을 강조하는 것으로 볼 수 있는데,[24] 한설야는 이들 소설을 통해 생산현장의 비인간성을 고발하는데 주력하고 있다.

이 시기의 작품들은 서두 부분과 결말 부분이 거의 동일한 상황에 놓여 있다. 그것은 변화와 발전과는 거리가 먼 구성방식이다. 주제소설은 단의적인 해석을 유발하기 위해서 의미의 불확실성을 제거하고자 하며, 이러한 시도는 반복(redundancy)을 낳는다. 일정한 내용을 동일한 방식으로 되풀이하는 반복은 서사의 단순화, 상투화를 초래하기도 한다.[25] 이러한 주제소설의 서술적 특징은 이 시기 한설야 소설에도 해당된다. 이러한 특징은 한설야가 당대 현실을 바라보는 관점이 얼마나 확고했는지를 증명해 주는 것이기도 하다.

---

24) S. Cohan · L. M. Shires, 임병권 · 이호 역, 『이야기하기의 이론』, 한나래, 1997, 82면.
25) 이런 반복은 오해를 방지하려는 적극적인 노력의 결과인데, 이것은 지적 극단주의나 단원론과 관련된 것이다(Susan Rubin Suleiman, op.cit., pp.171~172).

2) 변증법적 사실주의와 결말처리의 공식성

카프시기 중요한 서술적 양상으로 외부로부터의 외적 초점화 양식과 그와 연관된 장면화를 살펴보았다. 장면화는 '액손니즘'이라는 말로 한설야에 의하여 의식적으로 사용된다. 이 시기 한설야 소설의 서술적 특징은, 그가 주장한 '변증법적 사실주의'[26] 논의와 밀접한 관련성을 지닌다. 한설야는 변증법적 사실주의와 관련해, 논자들 중 유일하게 구체적인 "작품제작 문제",[27] 즉 유물변증법적 창작방법의 실천방안에 대하여 논의를 펼치고 있다.

그는 우선 실천방안을 '취재와 작품 제작에 관한 테제'와 '표현 양식에 관한 테제'로 구분하고 있다. 전자와 관련해 변증법적 사실주의는 현실세계를 유물변증법적 모순의 세계로 본다는 점을 강조하며, 구체적으로 대상을 매개성에 있어서 관찰하여 '전위의 눈'을 가질 것, 대상을 생성 또는 운동에 있어서 계급적 입장에서 관찰할 것, 대상을 전체성에 있어서 또는 구체적 특수성에 있어서 관찰할 것, 대상의 모순의 지양으로서 관찰할 것을 주문하고 있다.[28] 후자와 관련해 제시된 구체적인 방법이 바로 부르조아 작가의 "용만한 심리묘사"에 대비되는 "사상(事象)을 그대로 역선(力線)을 따라 표현하는 것",[29] 즉 장면화의 방법이다. 이어지는 「변증법적 사실주의의 길로」라는 평론에서도 "부르작가가 즐겨하는 따위 심리묘사를 피하고 프롤레타리아의 감정에 충실하는 액소니즘을 파지해야 할 것"[30]이라고 주장하고 있다.

---

26) 한설야는 「사실주의 비판」에서는 "프롤레타리아 리얼리즘을 김기진씨는 일찍 변증법적 사실주의로서 불렀으나 필자는 그대로 프롤레타리아 리얼리즘으로 불러 두겠다"(『동아일보』, 1931.6.12)고 하여 '프롤레타리아 리얼리즘'이란 말을 주장하나, 이후의 평론에서는 '변증법적 사실주의'라는 표현을 쓰고 있다. 일반적인 사용법에 따라 변증법적 리얼리즘으로 통일해서 사용하고자 한다.

27) 「사실주의 비판」, 『동아일보』, 1931.5.17.

28) 『동아일보』, 1931.7.4 · 15 · 18.

29) 『동아일보』, 1931.7.23.

이러한 장면화와 더불어 변증법적 사실주의의 창작방법으로 제시하는 것이 결말처리의 방법이다. 한설야는 유지생의 「답싸리」(『문예공론』, 1929.6)와 자신의 작품 「한길」을 각각 '부르조아 리얼리즘'과 '변증적 사실주의'의 대표작으로 삼아 논의를 펼친다.[31] 「한길」은 "전자보다 한걸음 더 나아가서 있는 그대로의 현실 중에서 '현상의 동향과 진로'－변증적, 역사적 조류를 구현하였다고"고 주장하면서, 그 구체적인 사례로 두 작품의 결말을 비교하고 있다. 한설야는 "하등 행방이 보이지 않는 「답싸리」의 결구와 역사적 변증적 진로를 계시한 「한길」의 그것"을 예시하면서 글을 끝마친다. 각 작품의 결말은 다음과 같다.

> 안에서 땅임자의 기침소리가 들려왔다. 춘근이는 잠깐 발을 멈추고 우뚝 섰다가 다시 걸었다.(「답싸리」)

> －어데든지 리치는 매일반이다. …… 잇고업는사람의××는－
> 이리면서 그는 살앗다. 이때에 가장힘잇게 그의맘을 도아준것은 일쳔의벗－은로동자엿다. 그들을 생각할때에 그의주먹은 쥐여젓다. 힘이낫다. 거긔서밧게 살길을차즐수가업섯다. 오즉 길은하나이다. 한길뿐이다.
> "오냐 보아라, 이몇갑절더갑고야 만다……"(「한길」)

「한길」에는 서술자의 이념이 직접적으로 드러나고 있음을 확인할 수 있다. 이처럼 카프시기 한설야는 현상의 이면에 놓여 있는 "변혁의 길"을 제시하는 방법으로, 서술자의 직접적인 목소리가 드러난 결말처리 방법을 사용하였다.

카프시기 소설에 자주 등장하는 장면화는 서술자가 감추어진 것, 즉

30) 『조선중앙일보』, 1932.1.19.

31) 한설야는 "전작을 현상추수(혹은 나열)적 사실주의(종래에 일러오던 부르주아 리얼리즘)로써 부른다면, 후자는 변증적 사실주의－프롤레타리아 리얼리즘이라고 부를 것"(『동아일보』, 1931.7.29)이라고 말하고 있다.

중개성의 회피[32]로 판단할 수 있다. 그러나 상위의 서사층위에서 보면 그보다는 서술자의 의도에 따른 서술전략으로 해석된다. 이러한 장면화가 사용된 작품의 결말부에는 그러한 서술자−내포작가의 직접적인 관념이 응축되어 나타나는 경우가 많기 때문이다. 결말에 이르러 그때까지 전개되어 온 상세한 장면제시를 무색케 할 정도의 권위적인 담론이 등장한다. 이러한 서술자의 직접적인 개입은 소설 전체의 내용을 단일한 의미로 고정시켜버린다. 극적 서술에 가까운 장면 묘사가 서술자의 요약과 논평으로 대체되어 버리는 것이다. 이를 통해 작가가 전하고자 하는 메시지는 보다 선명하게 부각된다. 그러한 결말의 특징을 보이는 작품으로는 「뒤ㅅ걸음질」(『조선지광』, 1927.8), 「한길」, 「씨름」, 「공장지대」, 「사방공사」(『신계단』, 1931.11.5) 등을 꼽을 수 있다.

본래 결말은 작품의 최종적인 의미를 규정하는 중요한 역할을 한다. 페리는 첫 정보가 독자의 지각과정에 미치는 영향을 의미하는 본래 효과에 대응되는 개념으로 최근 효과를 논한다.[33] 최근 효과란 독자가 지금까지 파악한 모든 정보를 마지막 항목에 동화시키도록 영향 받는 것을 말한다. 독자는 독서 과정에서 앞을 예상하면서 읽기도 하지만 이미 읽은 것을 고쳐 읽어야 할 때가 많다. 최근 효과는 앞에서 제시되었던 정보들이 최종적으로 조정되거나 통합되는 것을 의미한다. 그러므로 텍스트의 선형 구조에서 마지막에 제공되는 정보는 텍스트의 최종적인 생성뿐만 아니라 독서 과정 자체에 근본적인 변화를 결정하게 된다.

이 시기 한설야 소설의 결말[34]은 확고하게 작가의 주제의식을 드러내

---

32) F. K. Stanzel, 앞의 책, 107면.

33) 본래 효과란 한 정보가 메시지의 시작부에 위치함으로써 일으키는 효과이다. 독자는 보다 일찍 제공된 정보나 태도에 영향 받아서 이후에 습득하는 다른 정보들을 항상 처음에 비추어서 해석하도록 유도된다는 것이다(M. Perry, "Literary dynamics−how the order of a text creative its meaning", *Poetics Today*, 1979 Fall, pp.35~64 · 311~361).

34) 한설야 소설의 결말이 지닌 특성에 대한 연구로는 박용권(「한설야 연작소설 연구」, 전남대 석사논문, 2001)의 논의를 들 수 있다. 그는 한설야의 「과도기」, 「씨름」 연작, 「사방공사」, 「추수후」 연작, 「임금」, 「철로교차점」 연작, 「홍수」, 「부역」, 「산촌」 연작을 대상

는 역할을 한다. 그러한 특성이 가장 먼저 나타나는 것은 「합숙소의 밤」이다. 이 작품은 다음과 같이 끝난다.

> "…… 그늙은이를보지안엇느냐. 그것은우리의산표본이다……"
>
> 나는'늙은 표본'이주고간가지가지의사실을 곳오늘밤의 교재로 하엿다.[35]

더군다나 이어지는 4행은 삭제된 것으로 되어 있다. 이것은 검열 당국에 의하여 문제가 될 만큼 강렬한 사회의식을 담고 있는 내용이었으리라는 추측을 가능케 한다. 삭제된 부분을 고려하지 않더라도 늙은이의 이야기는 '오늘밤의 교재'로 그 의미가 명확하게 한정된다. 만주의 탄광촌을 배경으로 하고 있는 이 작품은 탄광촌에서 벌어지는 여러 가지 사회적 모순에 대하여 이야기하고 있다. 노인은 병이 아닌 다른 이유, 즉 복자(伏字)처리가 될 이유로 자식을 여의고 떠도는 노동자가 되어 만주의 탄광촌까지 흘러온 사람이다. 노인은 항상 감독에게 구박을 받으며, 고향으로 도망가려다가 잡혀와 감독에게 모진 수모를 당한다. 결말을 통해 그 노인의 이야기는 서술자이기도 한 '나'가 전달하고자 하는 바를 상징하는 하나의 사례가 된다.

「씨름」은 서로 대립하던 명호와 화춘이 씨름을 계기로 뜻을 함께 하는 것으로 마무리 된다. 명호와 화춘의 대립을 서사의 기본으로 하고 있는 이 작품은 "이리하야 버티여서안될한개의이단뎍세력은 바른줄기를차자합류하게되엿다"[36]로 끝난다. 이러한 결말 처리에는 다른 작품처럼 직접적이지는 않지만, 여전히 분명한 작가의 가치판단이 포함되어 있다. 과거의 화춘은 '이단적 세력'으로 명호는 '바른 줄기'로 선명하게 나뉘어져

으로 하여 이들 소설들이 열린 결말의 양상을 보인다고 말하고 있다. 이때의 '열린 결말'이 의미하는 바는 "전편의 결말에서 후속 작품 서사진행의 실마리를 마련"하는 정도의 의미로 사용되고 있다.

35) 『조선지광』, 1928.1, 34면.

36) 『조선지광』, 1929.8, 160면.

의미부여가 되는 것이다.

「공장지대」는 총 4장 중 3장까지는 주로 대화와 장면묘사만으로 되어 있다. 그러나 원고지 3장 분량의 4장에서는 '나'의 이념적인 목소리가 직설적으로 노출된다. 그리해서 작품은 다음과 같은 문장으로 끝난다. 이 문장을 통해 이 글의 모든 내용은 결국에는 혁명의 참고가 되기 위한 목적으로 수렴된다.

> 그럼으로 우리는 우리가 우리의 손으로 짓고 잇는 긔록을 한 편의 글로나마 적어서 온 우리 무리에게 보고할 필요가 잇는 것이다. 압흐로 우리의 긔록은 계속될 것이다.[37)]

「사방공사」 역시도 「공장지대」와 비슷한 서술적 특성을 보인다. 이 작품에서 서술자는 더더욱 드러나지 않아, "그리한그들을 오늘아츰 이들에 쯔러내다 이연극을식히는자는 과연누일가?"[38)] 정도가 거의 유일한 개입의 예라고 할 수 있다. 그럼에도 작품의 마지막은 "그들은 그들의육신으로서이러한것을배우고잇다"[39)]로 끝난다. 이것은 결국 이들의 삶이 올바른 깨달음을 향한 도정 위에 놓여 있는 것이며, 서술자는 그러한 이념의 바탕 위에서 이들의 삶을 그려내고 있음을 보여주는 것이다.

이러한 결말 처리는 카프시기 한설야가 마르크스주의에 바탕한 확고한 전망이 있었기에 가능한 것이다. 이것은 작가적 신념이 더욱 선명해진 해방 이후 북한 소설에 나타난 결말의 개작 양상에서도 확인할 수 있다. 결말의 변화와 관련해 가장 큰 변화를 보이는 작품은 「사과」,[40)] 「파

---

37) 175면.

38) 『신계단』, 1932.11, 96면.

39) 『신계단』, 1932.11, 104면.

40) 「사과」의 변화된 결말은 다음과 같다. "경수는 제 눈이 여태 터무니없이 높은 곳을 바라보고 있는 것을 깨달았다. 물론 경수는 일본인들이 사는 곳을 바라본 것은 아니다. 또 부자들의 살림을 바라보는 것도 아니다. 차라리 그것들을 반대해왔다. 그런데 어찌하여 여태 그의 앞에 옳은 길이 보이지 않고 나서지 않았는가. 그는 여태 허공을 바라보고 있

도」, 「두견」이다. 특히 「파도」의 마지막에는 작가의 이념을 직접적으로 토로하는 시가 등장하기도 한다. 「두견」은 두견새의 소리를 안민의 지사적인 삶과 긴밀하게 연결시키고 있다. 이외에도 「태양」에는 원문에 없던 "탈환해야 할 것"이 새롭게 첨가되었는데, 이것은 현실 극복의 의지를 드러내는 것이다. 「사과」의 마지막은 새롭게 첨가된 "경수의 마음속에는 하나의 신념이 주춧돌처럼 들어 앉았다"로 끝난다. 「철로교차점」에서도 마지막 부분에 "아무리 해서라도 …… 목숨을 바쳐서라도 수직소를 내게 해야 한다. 사람들을 일어 서게 하자. 우리에게는 오직 그것만이 힘이다. 경수는 이렇게 부르짖었다"는 부분이 첨가되어 있다. 「부역」의 마지막 부분에도 "그리고 또 기술은 문득 아까 그가 환상하던 그 무서운 괴물이 끓는 기름에 데여 죽는 것을 련상하였다. 유쾌하였다. 기운이 났다"는 의지적인 말이 덧붙여져 있다. 「세로」의 주인공 형식은 신문사 내에서의 불의에 항거하다 끝내 해직 사령을 받고 낙향한다. 작품의 마지막에는 "지금 걸어가는 길이 거치나 참다운 자기의 길이라고 생각되였다"는 문장이 첨가되어 있다.

이러한 결말 처리의 특성은 외적 초점화라는 초점화 양상과 관련된다. 외적 초점화란 시점의 차원에서 볼 때 이야기 외부의 화자가 서술대상을 일정한 관점으로 바라보면서 서술하는 방법을 일컫는다. 화자는 이야기 바깥에 존재함으로써 서술 대상에 대해 객관적 거리를 유지할 수 있고, 이야기의 진행을 자신의 관점으로 통제할 수 있다. 이 경우의 화자는 서술을 통해 자신의 관점을 직접 드러내는 것이 가능하다. 외적 초점화는 작가가 실제현실에 대한 전망의 획득이 전제되었을 때 사용할 수 있다.41)

었던 것이다. 그것은 실상 높은 곳이 아니라 허황한 곳이었고 나락 같이 낮고 어두운 곳이였다. 거기에는 인간이 없다. 참답고, 바르고, 밝고 굳센 생활이 없다. "인간을 보라. 인간 속에서 살자!" 한데 생각해보니 그것은 실상 가까운 데 있었다. 결코 먼 데도 높은 데도 있지 않았다. 경수는 공사장에서 일하는 친구들의 뒤를 따라 그리로 갈 것을 마음에 다짐하였다. 그것은 자기에게 생활을 가져다 줄 것이며 제가 가지고 있는 너절부레한 찌꺼기들을 털어줄 것이라고 경수는 생각하였다."

41) 화자가 초점자로 등장하는 외적 초점화는 세계를 총체적으로 지각하는 것이 가능하다

이와 관련해 카프시기 한설야의 1인칭 소설들은 외적 초점화와 유사한 효과를 준다. 「합숙소의 밤」, 「인조폭포」, 「공장지대」는 모두 1인칭 소설로서, 이들 작품의 '나'는 스토리 속에 거의 개입하지 않으며 관찰하는 위치에 머물러 있다. 일인칭 소설에서 중요한 것은 서술 자아와 경험 자아간의 거리라고 할 수 있는데,[42] 이들 소설에서는 경험자아보다 서술자아의 성격이 강화된 특징을 보인다. 경험자아가 연관된 구체적인 사건의 전개보다는 서술자아의 보고 내지는 진술이 서사의 많은 부분을 차지하는 것이다.[43] 또한 "우리는 우리가 우리의 손으로 짓고 잇는 긔록을 한 편의 글로나마 적어서 온 우리 무리에게 보고할 필요가 잇는 것이다"와 같은 문장에서 알 수 있듯이, '나'라는 주어가 '우리'로 바뀌기도 한다. 이처럼 이 작품의 '나'는 서술자와 유사한 위치에 놓여 있다. 초점화의 대상 역시도 외부로부터 보여질 뿐이어서, 실질적으로는 외적 초점화와 비슷한 효과를 주고 있다.[44]

「합숙소의 밤」에 등장하는 '나'는 노인이 빰을 맞을 때와, 늙은이와 대화를 나누는 마지막 부분을 제외하고는 스토리 속에 직접 개입하지 않는다. 대부분 관찰하는 위치에 머물 뿐이다. 실질적으로는 외적 초점화라고 할 수 있으며, 사건과 인물들은 주로 외부로부터 관찰된다. 주로 초점화가 되는 것은 "외상밥을먹고쌩손을쳐든 촌늙은이"[45]이다. 그는 자신의 고장으로 돌아가려다가 정거장에서 감독에게 붙들려 온다. 풍옥상이 쳐들어온다는 이야기로 인해 탄광노동자는 폭증하고, 약하고 늙은 사람은 어디가

는 신념을 바탕으로 해서 이루어지는 것이라고 할 수 있다(E. Auerbach, 김우창 · 유종호 역, 『미메시스—서구문학에 나타난 현실묘사』, 민음사, 1991, 161~203면).

42) F. K. Stanzel, 김정신 역, 『소설의 이론』, 탑출판사, 1990, 306면.

43) 이와 같은 서술 특성은 송영의 「교대시간」에서도 확인할 수 있다. 「교대시간」 역시 초점자로 '나'가 등장하지만, '나'는 의식 내부로 시선을 돌리지 않는다, '나'에게 여전히 중요한 것은 어떻게 투쟁을 전개할 것이냐에 있다(이현식, 『일제 파시즘체제하의 한국 근대문학비평』, 소명출판, 2006, 112~113면).

44) 그러나 「인조폭포」의 3장에서는 내적 초점화를 통해 '나'의 각성과정이 드러나고 있다.

45) 『조선지광』, 1928.1, 27면.

나 찬밥 신세일 수밖에 없다. 늙은이는 일이 없어 외상밥만 먹는 날이 많으며, 감독에게 불려 나가 빰을 맞고는 한다. 이 늙은이의 모습에 대해 나는 "나도우리도이대로곱삭곱삭늙어가면 별수업시저꼴을당한다"[46]라고 의미부여한다.

「인조폭포」는 3장으로 구성되어 있는데, 각 장은 내용상 거의 독립적으로 존재한다. 1장은 조선 사람이 몰려들어 마을을 형성한 만주의 C촌에 대한 이야기이며, 2장은 철교 공사장 이야기이고, 3장은 은순이와의 이야기이다. 1장의 주어는 '우리'이다. 초점화의 양상으로 볼 때, 1장은 완벽한 외부로부터의 외적 초점화라고 할 수 있다. 시작 부분은 "흰옷입은사람은 뒤으로뒤으로물밀듯몰여들엇다"[47]라는 문장에서 알 수 있듯이, 외적 초점화의 전형적인 도입 양상인 파노라마적 조망의 방법이 쓰이고 있다. 2장은 추수가 끝나고 돈벌이를 떠난 철교공사장의 이야기이다. 철교 공사장에서 일하는 '나'가 스토리 속에 개입하는 경우는 거의 없다. '나'는 그 곳의 리더라고 할 수 있는 '홍장궤'를 중심으로 한 인부들의 언행을 관찰하는 역할을 맡고 있다. 2장에서는 '나'라는 주어가 단 한번 쓰인다. 3장에서 드디어 '나'가 스토리의 중심에 선다. 어릴 적의 고향 친구인 은순이를 유곽에서 만나는 것이다. 나는 은순이와 도망을 치다 잡혀오고, 홍장궤에게 심한 꾸지람과 감화를 받아 각성을 한다.

「합숙소의 밤」과 「인조폭포」[48]의 일인칭 화자는 주변적 일인칭 서술

46) 위의 책, 31면.

47) 『조선지광』, 1928.2, 116면.

48) 두 작품은 모두 만주를 배경으로 하고 있는데, 이 당시 만주에 사는 조선인이 처한 고통스러운 현실은 「인조폭포」, 「과도기」, 「한길」 등에 반복되어 등장하는 동사(凍死) 모티프를 통해 극적으로 드러난다. 특히 「한길」은 모티프가 작품의 기본 서사가 되고 있는 작품이다. 주인공 C는 "쌔만썹으면 단석줄도 못되는요구를 근 달포나두고 실걸질을하든" 천여 명 로동자 중 하나인데, 먹을 것을 만들기 위해 집으로 돌아온다. C는 집으로 돌아오며, 도시에서 겪은 여러 가지 힘든 생활과 농촌에서 펼쳐질지도 모르는 여러 가지 불우한 생활에 대하여 생각한다. 집에 도착하자 늙은 어머니만 있고, 아내가 보이지 않는다. 아내를 찾기 위해 눈보라 속을 헤매는데, 그 곳에서 아이를 싸업고 머리에 옥수수 주머니를 인 아내의 시신과 마주친다. 중국 지주의 수탈로 아내(복남어미)는 결

자라고 할 수 있다. 일인칭 화자의 가장 중요한 기능은 서술된 사건들을 중개하거나 주관화시키는 일이다.[49] 서사물의 의미가 중개의 역할을 맡은 서술자에 의해 어떻게 지각되는가에 있다는 점을 고려한다면, 이 1인칭 화자의 성격은 매우 중요하다. 「합숙소의 밤」에서 '나'는 계급의식으로 가득차 있으며, 「인조폭포」의 '나'는 그러한 계급의식을 획득해가는 입장에 있다. 그리고 이들 소설에서 구박당하는 노인이나 은순이와 같은 기층민중의 삶과 내면은 어디까지나 1인칭 화자의 눈에 걸러져서 이야기될 뿐이다.

「공장지대」 역시 1인칭 시점으로 되어 있다. 이때의 '나'는 칠천 명 노동자의 조합을 만들어나가는 의식분자이다.[50] 그러나 마지막 부분에서 '나'는 어느새 '우리'가 되어 버리고, 이 부분에서의 말은 '나'의 말인지 서술자의 말인지 혼란스럽다. '우리'라는 주어 속에 서술자와 '나'가 모두 포함되어 버리는 것이다. 이 마지막 부분을 통해 소설에서 다루었던 내용은 미래를 위한 '기록'으로 고착된다.

한설야의 1인칭 소설은 작가의 입장을 직접적으로 노출함으로써 사건의 객관적 인식을 방해하고 특정 사상을 강요하는 모습을 자주 취한다. 이것은 1인칭 화자와 독자의 거리를 멀게 하는 부정적 효과를 초래한다. 이처럼 한설야의 1인칭 소설은 서술자의 성격이 표면적으로는 고백적이나 이면적으로는 계몽적이고 설교적이다. 유일한 예외는 일제 말기에 창작된 일본어 소설 「혈(血)」과 「영(影)」이다. 이들 작품은 카프시기에 창작된 1인칭 소설과는 달리 경험자아의 역할이 커지며, 고백적인 성격을 강하게 지닌다. 그러나 해방 이후 창작된 1인칭 소설 「모자」는 다시 계몽적이고 설교적인 성격을 지니게 된다. 대개의 경우 한설야가 창작한 1인칭 소설은 작가적 서술상황과 비슷한 효과를 준다. 내면성을 지향하면서도

국 죽고 만 것이다.

49) F. K. Stanzel, 앞의 책, 297면.

50) 이 작품에는 전향 소설에 흔히 등장하는 아내, 즉 삶에 악착을 떠는 아내의 모습이 한설야 소설에서 처음으로 등장한다.

작가의 의도가 서술적 중개 없이 직접적으로 전달될 수 있는 방법으로 일인칭 시점이 선택되었기 때문에 나타난 현상이라고 정리할 수 있다.

3) 무산자 재현의 두 가지 양상

앞에서 살핀 바와 같이 이 시기의 기본적인 초점화 양상은 외부로부터의 외적 초점화이다. 이로 인해 이 시기 노동자나 농민들은 외부로부터 보여질 뿐, 그들의 내부로부터 보여지지 않는다. 그들의 내면이 서술자에 의하여 보여지더라도, 그것은 서술자가 지향하는 이념을 구현하고 있는 보편적 존재로서일 뿐이다. 그들의 내면이 서사의 중심에 놓이는 경우는 거의 없다. 인물들과 독자 사이에 서술자—초점자가 개입함으로써 노동자나 농민들은 서술자의 세계관과 의식에 걸러진 채 독자에게 전달되는 것이다. 그들의 행위가 그 행위의 주체인 그들 내부가 아닌 외부로부터만 조망되기 때문에, 독자와 인물들 간의 직접적인 교감 가능성은 최소화된다. 이로 인해 노동자와 농민들은 구체적이고 생동감 있는 인간적 존재로서 느껴지지 않는다.

「뒤ㅅ걸음질」 같은 작품은 C의 역(逆) 의식화 과정을 그리고 있음에도 불구하고, C의 의식이 전혀 그려지지 않음으로써, 그의 타락이 가지는 사회적 의미가 부각되지 않는다. 이 경우 앞에서 살펴본 바와 같이 독백적인 성격을 지닌 희곡적 특성을 지니게 된다. 「씨름」[51]에서도 영웅적 주인공 명호와 그의 지도 아래 조직된 노동자와 농민, 어용 노동자 요시다와 그의 수하들, 그리고 그들의 각성과 동맹으로 이어지는 과정 속에서 보통의 노동자와 농민은 목소리도 없고 자발적으로 행동하지도 못 하는

51) 「씨름」은 모두 5장으로 이루어져 있다. 1장과 2장, 3장은 외적 초점화로 되어 있고, 구체적인 씨름판의 현장이 나오는 4장과 5장은 명호가 초점자로 등장한다. 6장은 화춘(요시다)가 초점자로 설정되어 있다. 명호에게 내적 초점화 되어 있는 부분에서도, 서술자의 시각과 명호의 시각은 사실상 구분이 힘들어 외적 초점화의 효과를 주는 경우가 많다.

수동적인 모습으로 그려진다.

무산자에 대한 외면묘사는 그의 작가적 능력 부족에서 비롯된 것일 수도 있다. 이러한 서술방식상의 특성은 그가 단 한 번도 노동자인 적이 없는, 부유층 출신의 지식인이라는 전기적 사실과도 관련된 것으로 보인다. 그동안 만주를 배경으로 한 소설들은 한설야가 만주 무순 탄광 등지를 돌아다니며 쌓은 노동현장 경험이 드러난 것으로 이해되어 왔다. 이것은 안함광의 「한설야의 작가적 행정과 창조적 개성」(『조선문학』, 1960.12)의 인용을 빌어온 많은 글에서 정설로 인정되어 오고 있다.[52] 그러나 한설야가 실제 노동을 체험했다는 증거는 없다. 윤세평의 글에 의하면, 한설야의 무순체험은 다음과 같이 설명되고 있다.

> 그는 카프 창건을 전후하여 서울에서 보람차고도 분망한 나날을 보냈으나 그에게는 가족들에 대한 생계 문제가 큰 부담으로 나섰다. 왜냐 하면 그의 집안의 경제적 토대가 기울어진 지는 이미 오래이지만 1926년 봄에는 그의 부친이 가산을 탕진하여 완전히 파산 상태에 빠뜨려 놓고 세상을 떠났기 때문이다.
>
> 한 설야에게는 그 자신이 로동 계급의 작가로 되는 문제와 가족들의 생계를 강구하는 문제를 떼여서 생각할 수 없었으며 여기에 그는 중국 동북에 가서 탄광 로동을 할 생각으로 가족을 데리고 무순을 찾아 갔다. 그러나 무순에서도 일자리가 기다리고 있는 것은 아니였다. 로동을 통하여 자기를 개조하고 생활 체험을 쌓으려는 그의 의도는 실현될 수 없었다.
>
> 그러나 그는 무순에서 일자리가 없어 간고한 생활을 겪으면서도 도서관에 다니며 좌익 서적을 열독하고 맑스주의적 문학 리론으로 무장하는 일을 게을리하지 않았다.[53]

---

52) 그런데 안함광은 같은 글에서도 "놈들의 신분 조사 관문에 걸리어 노동 생활로는 들어가지 못하였으나 작가는 이 시기에 노동자들과 접촉하면서 새로운 생활 체험들을 쌓았으며 막스 레닌주의 서적 및 고전 문학 작품들을 널리 섭렵하였다"(안함광, 「한설야의 작가적 행정과 창조적 개성」, 『조선문학』, 1960.12, 111면)고 밝히고 있어, 한설야의 노동체험이 어디까지나 간접적인 것에 머물고 있음을 밝히고 있다.

한설야는 무순에서 “로동을 통하여 자기를 개조하고 생활 체험을 쌓”은 것이 아니라, “도서관에 다니며 좌익 서적을 열독하고 맑스주의적 문학 리론으로 무장”했던 것이다. 즉 무순 시절은 체험이 아닌 이론의 탐구에 바쳐졌음을 알 수 있다. 이러한 사실은 한설야 자신의 글을 통해서도 확인된다. 1959년에 쓴 「생활의 교훈—사회주의 로력 투쟁 속으로」에는 육체 노동 경험이 전무했던 자신의 삶과 그것이 실제 창작에 미친 영향에 대한 진솔한 고백이 생생하게 나타나 있다.

> 나의 과거 생활이 기술이라든가 육체 로동과 전연 인연이 없었던 탓도 있을 것이다.
>
> (…중략…)
>
> 그러나 일제 통치하에서는 공장이나 광산은 물론 무릇 어떤 로동 직장에도 좀체 들어 갈 수 없었다. 로동자들과 만나는 일조차 수월히 되지 않았다. 그래서 로동자를 주인공으로 하는 작품을 쓸 때마다 나는 적지 않게 고심하지 않으면 안 되었다.
>
> (…중략…)
>
> 나는 한때 로동자가 되려고 결심하고 중국 동북 무순 탄광에 간 일이 있었다. 그러나 거기서도 목적을 달성할 수 없었고 다만 로동자들의 합숙을 찾아 가 보고 「합숙소의 밤」이라는 단편을 썼을 뿐이다. 그러나 이렇게 설때린 작품이니만치 로동자들의 깊은 내면 세계가 그려졌을 리 없는 것이다.[54)]

위의 글에서 한설야는 직접적인 노동체험이 없었음은 물론, “로동자들과 만나는 일조차 수월히 되지 않”았음을 고백하고 있다. 이로 인해 자신은 노동자들을 주인공으로 내세운 작품을 쓰는데 어려움을 겪었으며, 나

---

53) 윤세평, 「한설야와 그의 문학」, 『현대작가론』 2, 조선문학가동맹출판사, 1960, 25면.
54) 『한설야 선집—수필』, 조선작가동맹출판사, 1960, 331~332면. 이 글에서 한설야는 우수한 작품의 창작을 위해서는 체험이 중요함을 거듭 강조하고 있다.

아가 "로동자들의 깊은 내면 세계"를 그리는 것이 불가능했다는 것이다. 스스로 노동자들을 표현함에 있어 외면묘사에 흐를 수밖에 없었던 이유를 뚜렷하게 제시하고 있다. 카프시기 소설은 「과도기」를 제외한다면 공식적이고 도식화된 창작방법을 보인다고 할 수 있다. 이것은 카프 해산 이후 작가에 의해서 다음과 같이 반성되고 있다.

> 더욱 進步的이라고 自處해온 우리들의 藝術作品이라는것은 實로 設計圖와가튼것이엿다. 家屋設計圖는 그것이 아모리 훌륭한것이라하더라도 生活의 伴侶인 住宅을 再現할수는업는것이다. 거기에는 建築을 위한 尺寸은 잇슬지언정 生活을意味하는 住宅의情調는잇슬수업다. 그러나 한때 우리들은 矩規準繩을가지고 設計圖를그리드시 生硬한理論을 移植하기에汲汲하엿고 明暗各樣의彩色을가지고 한個의生活을意味하는 住宅을그리는것가튼 그러한創造의精神을 任意로 或은 不知中에抛棄하고잇섯다. 그作品에는 色彩도업거든 하물며大氣나日光이나 血行이나 脈搏이야問題나되랴! 그作品에나오는人間은 한個의 스토리-를만들기爲한人造人間이엇고 스토리-에依하야操縱되는傀儡에不過하엿다.[55]

> 今日의 이른바 新興藝術이 新興階級의 意識的發祥地인 生産現場이나 그勞動實相으로 너도나도 눈과붓을 모아 結局은 類型化 固定化의 突堤로 疾走하는 傾向에 떠러젓든것것도 事實이요 또 技術的 未熟과 生硬의 어색함을 아직도 免지못하는것이事實이다.[56]

카프시기 무산자들에게는 세상을 바라볼 눈과, 세상을 향해 말할 입이 허용되지 않았다. 서술자는 무산자들을 계급적 모순에 고통 받은 결과 점차 각성되어 나가는 존재로서 일관되게 재현한다. 서술자의 노골적인 개입을 통해 그들의 삶은 "오늘밤의 교재"나 "우리의 긔록"으로 의미부

55) 한설야, 「머리속에 쓴 일기」, 『조선일보』, 1936.1.28.
56) 한설야, 「기교주의의 검토—문단의 동향과 관련시키어」, 『조선일보』, 1937.2.6.

여 될 뿐이다. 이 시기 작품에 무산자라는 동일자는 있어도 개체로서의 타자는 등장하지 않는다. 이러한 특징은 시간의 흐름과 함께 점차 약화된다. 초점자의 위치에 올라서지는 못 하지만, 무산자들은 계급 담론만으로는 포섭될 수 없는 새로운 모습을 보여주는 것이다.

「사방공사」에서는 서로 질투하고, 애욕에 빠져 있는 생생한 노동자의 모습이 그려지고, 「삼백육십오일」에서는 서술자의 개입이 거의 사라져 버린다. 「교차선」에서도 몽타주 식의 장면제시를 통해 노동자들의 활기찬 여가시간을 보여주며 끝을 맺고 있다. 이것은 계급담론만으로 설명해 낼 수 없는 노동자들의 리얼한 삶의 모습을 직접적으로 드러낸 것이다. 이러한 특징은 『황혼』에서 한층 심화된다. 『황혼』의 26장 '군상'에서는 노동자들의 여가 활동이 그려지고 있는데, 그것은 "제일경은 여공들의 새끼뛰기", "제이경은 남공들의 캐치볼", "제삼경은 장군멍군"과 같이 각각의 놀이 풍경이 병렬적으로 나열되어 있다. 이러한 나열은 노동자들이 지닌 건강성을 강조하는 효과를 지닌다.

『황혼』은 이전에 생산현장을 배경으로 한 한설야 소설의 종합판이다. 그것은 여러 가지 내용상의 차원에서도 그러하지만, 기법상의 차원에서도 그러하다. 기본적으로는 서술자-초점자에 의한 외적 초점화의 모습을 보인다. "경재와 현옥이가 이야기하고 있는 그 시간에 여순은 준식이와 이야기하고 있었다"와 같은 문장이 그 증거이다. 이외에도 작품의 많은 부분에 서술자의 요약 설명이 등장한다. 때로는 작가적 목소리가 그대로 개입해 들어와 서술양상을 혼란에 빠뜨린다. '그 네 사람' 장의 마지막에 등장하는 다음과 같은 변사투의 문장이 대표적이다.

> 때도 봄이요 인생도 봄이건만 오늘도 꽃과 사랑을 실은 동군의 수레는 그들을 찾지 아니하였다. 그리하여 여전히 그늘진 비탈길을 걷는 은혜받지 못한 그들은 한 저녁의 짧은 만남을 마치고 피차 가리지 않으면 안 되었다. 끝까지 그들은 제각각 딴 길을 걷고 말 것일까?

그렇지 않으면 한 길의 길동무로 어깨를 맞추어 나아갈 날이 오고말 것인가?

하나 그 어느 편이든지 빈천한 이들의 앞에는 그들이 뜻하지 못하는 무수한 풍파가 쌓이어 있는 것이다!

작가적 서술자의 드러남은 "준식은 그와 한고향 사람이다. 뿐 아니라 사립학교에서 같이 공부하다가 같이 서울로 고학을 떠나온 사람이다" 혹은 "동필이는 이 공장 설립 당시부터 있는 맨 오랜 직공일 뿐 아니라 과거에는 여러 사람의 리더로 인기를 일신에 집중하고 있던 사람이다"와 같은 인물의 직접 한정 방식[57]에서도 발견할 수 있다. 서술자의 존재는 논평에서도 확인된다.[58]

이외에도 『황혼』에는 서술자의 서술에 대한 자기 분석적 언급이 적지 않게 등장한다. 서술자가 적극적으로 개입하는 서술적 구조를 지니고 있지만, 서술자의 역할은 형식적인 서사 진행에 머물러 있다. 카프시기처럼 자신의 이념을 노골적으로 드러내는 모습은 찾아볼 수 없다. 기본적인 서술상황은 작가적 서술상황으로 되어 있지만, 인물시각적 서술상황으로의 전이도 자주 보인다. 이러한 전환은 극적인 장면의 제시나 인물의 내면의식을 제시하는 부분에서 찾아볼 수 있다. 또한 편지를 삽입하여 작품을 전개하는 특징도 보인다.

이러한 다양한 서술 방식 중에서 '외부로부터의 외적 초점화'가 사용되는 경우는 노동자를 묘사할 때이다. 『황혼』에서 노동자들이 등장하는

57) 리몬 케넌은 성격 지표의 두 유형으로 직접 한정과 간접 제시를 들고 있다. 직접 한정은 텍스트에서 가장 권위 있는 목소리를 통해 작중 인물의 특성을 지목하는 것이고, 간접 제시는 인물의 특성을 행동, 환경, 담화, 외양시 등을 통해 보여주거나 예시하는 것이다(S. Rimmon-Kennan, 앞의 책, 93~94면).

58) 논평은 해석, 판단, 일반화로 이루어져 있다. 해석은 인물의 말이나 생각, 행동에 대해 그 이면적 의미가 무엇인지를 서술자가 직접 설명하는 것이고, 판단에는 가치의 문제가 개입된 것으로 서술자의 도덕적 입장까지 드러내 준다. 일반화는 특수한 경우의 의미를 한 집단이나 사회, 혹은 인류 전체에까지 적용할 수 있도록 확대시킨 것이다(S. B. Chatman, 앞의 책, 293~300면).

장은 그들의 대화만으로 전개되는데, 이것은 생산현장을 배경으로 한 이전의 소설들과 비슷한 서술 상황이라고 할 수 있다. 이전의 소설에서 노동자들은 주로 외부로부터 지각되는데 반해, 지식인들은 내부로부터 지각되었다. 『황혼』에서도 이러한 특징은 그대로 이어진다. 한설야는 소설의 연재를 시작하면서 『황혼』의 중요한 한 축이 인텔리인 여순과 경재의 "고민"(의식)에 있음을 다음과 같이 밝히고 있는 것이다.

> 이 소설은 량심잇는 인테리청년의 고민을 그린것이다. 고민을 고민으로만 그리게되면 그색채와 의의가 엷어질가하야 그것을 가장 선명히할, 어떠한 대조아래에 마조비최어보려고 한다.[59]

작가의 주제의식은 여순을 중심으로 한 연애관계를 통해 효과적으로 드러난다. 이때 서사의 대부분을 차지하는 것은 지식인인 여순과 경재의 내면묘사이다. 여순이 내부로부터 지각되는 경우는 전체 31장 중에서, '가정교사', '취직', '오해', '기로', '사랑을 넘어서', '교섭'이고, 경재가 주로 내부로부터 지각되는 경우는 '혼담', '옮기는 마음', '피서', '암투', '간섭', '방황', '재회', '교차선'이다. 여순과 경재는 거의 동일한 비중으로 분석적 심리 서술 혹은 초점화 대상이 되기도 하고 전지적 논평의 대상이 되기도 한다. 작가는 인물과의 심리적 거리를 조정하기 마련이며, 보통 작가의 욕망에 부합하는 인물은 심리적 거리가 가깝고, 반대의 경우라면 멀어질 수밖에 없다. 그렇다면 한설야는 여순과 경재에 최대한 밀착된 욕망을 지닌다고 말할 수 있다. 작품의 전반부까지 작가는 그 두 인물 사이에서 비교적 공평한 거리를 유지한다. 그러나 경재의 소시민적 삶으로의 안주와 더불어 서술자의 경재를 향한 태도는 급격하게 변화한다. 이것은 여순의 삶에 대한 긍정으로 이어지는 것이기도 하다.

---

59) 한설야, 「본지에 빛날 신장편소설 『황혼』」, 『조선일보』, 1936.1.28.

작품의 후반부에서 서술자는 경재를 "마치 폐병으로 거의 죽어 가는 사람"에 비유하거나 "아무 하는 일 없는 타기만만한 경재의 생활은 그의 가슴에서 이만큼 옛날의 의지와 슬기를 죽이고 말았던 것이다"라고 직접적으로 말한다. 여순의 달라진 모습은 경재의 눈을 통해 드러나는데, 이것은 둘의 달라진 모습을 효과적으로 부각시킨다. 특히 마지막 장 '대조'에서 그러한 특징이 두드러진다. "그 사람들 중에서 경재는 맨 처음으로 여순을 보았다. 그리고 준식을…… 또 형철을……"에서 알 수 있듯이, 여순은 경재를 통해 보여진다. 이 순간 경재는 "어두워 가는 황혼에 선 자기 자신을 똑똑히 발견"하며 여순, 준식, 형철 등은 자신과 "너무도 분명한 대조"를 이룬다고 생각한다.

여순과 경재에 비한다면 나머지 인물들은 지극히 적은 부분에서만 내면이 드러나고 있다. 가장 선진적인 노동자인 준식조차도 온전하게 내부로부터 지각되는 경우는 드물다. 이러한 특징은 엄호석의 글에서도 확인할 수 있다. 그는 작가가 중요인물들의 성격발전에만 집중한 나머지, 부차적인 인물들은 불완전하게 혹은 거의 묘사하지 않고 있음을 지적하였다. 특히 그는 이 작품이 부정적인 인물인 안중서, 경재 등의 내면세계는 풍부하게 묘사하고 있으면서도 그 내면세계의 풍부함에 있어서나 심오함에 있어서 그들과 비교할 수 없게 중요한 준식을 비롯한 다른 노동자들의 내면세계에 대해서는 묘사가 빈약함을 그 한계로 지적하고 있다.[60]

이 작품에서도 준식과 같은 선진적인 의식에 이르지 못한 보통의 노동자는 별명으로 불리워진다. '녹샤꾼[六尺]', '길림당나귀', '백대', '알콜스키', '대마도', '유치원 급장' 등이 그것이다. 호칭은 한설야 소설에 있어 몇 개의 단층을 이루며, 작가의 이념을 표출시키는 중요한 장치로 기능한다. 등단 직후의 작품에서는 인명이 알파벳 이니셜로 표기되었으나, 생산 현장이 주요 배경인 「홍수」에서부터는 '박서방'이나 '복녜'와 같은 구

60) 엄호석, 「한설야의 문학과 『황혼』」, 『조선문학』, 1955.11, 161~162면.

체적인 인명이 등장한다.[61] 호칭은 대개 성명, 이름, 별명, 가명, 경칭, 인칭 대명사 등으로 구성된다. 이 일군의 지표는 작가가 그러한 호칭으로 지명되는 인물들을 어떻게 바라보고 있으며, 각각의 인물들이 어떠한 관계로 연결되어 있는지를 보여준다. 이 시기에는 별명을 통한 인물의 성격화가 여러 작품에서 발견된다.

이러한 별명은 주로 인부나 노동자를 지칭할 때 사용된다. 「사방공사」나 「삼백육십오일」이 대표적이다. 「사방공사」에서는 번쾌, 일노전역 당시의 아라사병의 '얼마우자', '무언극', '육국통사(六國通事)', '요동군수' 등의 별명이 등장한다. 「삼백육십오일」에서도 '알콜스키', '녹샤꾸', '아바다' 등의 별명이 나온다. 한설야의 거의 모든 노동소설에서 별명(키보, 백대, 알콜스키, 사팔이, 길림당나귀, 대마도, 검둥이 등)은 노동자에게만 부여된다. 준식, 학수, 복술, 분이 등의 호칭에서 알 수 있듯이 몇몇 핵심적인 노동자에게는 성 없이 이름만 부여한다. 이것은 작가가 그 인물들을 완전히 개체화한 실체로 인식하지 못하고 어떤 타입의 한 부분으로 이해하고 있음을 보여준다. 이것은 기성세대이자 부르주아들을 가리킬 때는 안중서나 김재당과 같이 성을 표기하는 것과 대비되는 현상이다.[62]

한설야의 북한소설에서 노동자가 별명으로 불려지는 일은 사라지며, 그들은 엄연한 고유명을 부여받는다. 그러나 이때의 고유명은 일반성이나 집합에 귀속되지 않는 단독성을 지시하는 것과는 무관하다. 3장 1절에서 살펴보겠지만, 이때의 개인들에게는 일반성에 포함되지 않는 단독

---

61) 「한길」에서는 예외적으로 C라는 인명이 등장하는데, 이 작품이 콩트에 불과한 점. 그리고 이 시기에 집중적으로 다루어지던 동사(凍死) 모티프를 다룬 것에 불과하다는 점을 생각하면, 작가의 관념을 표현한 소품이기에 알파벳 이니셜로의 회귀가 가능했다고 보여진다.

62) 유기환은 노동자의 호칭과 자본가의 호칭을 '별명, 이름, 경칭이나 직함이 없는 성 / 성명, 경칭이나 직함이 있는 성'으로 나누고 있다. 노동자들에게서 별명의 사용이나 성의 생략은 그들에 대한 사회의 시각을 반영하는 것으로 본다. 환언하면 그들의 불분명한 개별적 정체성은 그들의 무의미한 사회적 중요성과 불가분의 관계에 있다는 것이다(『노동소설, 혁명의 요람인가 예술의 무덤인가』, 책세상, 2003, 53면).

성이 사라지고 없기 때문이다. 호칭과 관련해 북한 소설은 고유명을 이용하면서도 실제로는 고유명을 억압한다.

인물명명법과 관련해 가장 흥미로운 작품은 「씨름」이다. 여기에는 순 한글식 이름, 일본식 이름, 이니셜 등이 함께 등장하기 때문이다. 명호가 도움을 받는 선배는 'E군'으로 명명된다. 또한 "백 오륙십 명의 부하를 거느리고 이 로동판에서 안하무인격으로 전횡하는" 십장으로 처음 명호와 대립하는 조선인 노동자는 '요시다'로 명명된다. 그러나 명호와 뜻을 함께 하는 동지가 되었을 때, 명호와 서술자는 요시다를 '화춘'이라는 우리말로 부른다. 동일 인물을 부름에 있어 '나쁜 요시다', '착한 화춘'이라는 명명법이 성립하는 것이다. 이러한 명명법(命名法)은 인물에게 존재의 확실성을 부여하는 장치라고 할 수 있다.

『황혼』의 7장 '그들의 문답'에는 낙범이나 기태와 같은 노동자와 여순이 함께 등장하기 때문에, 한설야가 두 집단을 서사화하는 방식의 차이점을 비교해 볼 수 있다. 낙범이나 기태와 같은 인물은 외부로부터 보여질 뿐이며, 『황혼』에서 그들은 기본적으로 희화화된 모습이다. 그것은 정님의 방을 엿보는 다음의 인용에서 확인할 수 있다.

> 더구나 정님은 지금 밤화장을 하고 있지 않은가. 또 저고리 앞섶을 헤치고 다리를 함부로 뻗고 있지 않은가.
> "히—"
> 키보는 머리를 돌리며 히죽 웃고 길림의 궁둥이를 탁 흔든다.
> 길림이는 돌아도 보지 않고 송충이나 털듯이 손을 툭 털며 여전히 엿보고 있다.
> "흐음—"
> 키보는 비켜 앉아서 입을 다시다,
> "애— 이리 와."[63]

63) 97면.

이외에도 노동자들의 희화화된 모습은 11장 '직장'에서 세 여자(정님, 복술, 분이)를 형상화하는 장면, 22장 '그 뒤에 오는 것'에서 키보와 길림이가 청국 아리랑을 부르는 장면, 25장 '새출발'에서 노동자들이 동료 노동자들을 "배창자가 켕기도록 웃기는" 장면에서도 나타난다.

이에 반해 여순이 지닌 준식을 향한 애틋한 마음은 내부로부터의 외적 초점화를 통해 상세하게 그려지고 있다. 흥미로운 것은 여순이 공장 직공이 된 이후의 장에서는 여순도 외부로부터만 보여진다는 점이다. 공장 직공이 된 여순이 등장하는 부분을 포함하여 노동자들의 모습을 묘사하는 장에서는 대화가 많이 등장한다. '직장', '부상', '새출발', '군상', '전경' 장에서 그러한 특징을 확인할 수 있다.

그럼에도 『황혼』의 노동자들은 이전의 한설야 소설에 등장하는 노동자들처럼 하나의 목적의식만을 지닌 존재가 아니다. 그들은 여러 가지 인간적인 충동과 갈등하는 모습을 보이는 살아 있는 존재로 재현되고 있다.[64] 앞에서 인용한 희화화 된 노동자들의 모습 역시도 전형화 된 모습에서 벗어나 있다. 준식에 의해 '괴물'로 규정되는 정님은 계급적 담론의 상투적인 인물형에서 벗어났을 뿐만 아니라 젠더적 규범으로부터도 벗어나 있는 개성적 인물이다. 이외에도 노동자들은 연애관계로 고민에 빠져 있거나, 26장 '군상'에서처럼 휴식 시간의 놀이로 활기에 가득 차 있기도 하다.

이러한 노동자의 재현 양상은 개작본 『황혼』과 비교해보면 더욱 분명해진다. 『황혼』의 초판본에서 노동자들은 계급의식으로 무장되어 가는 투사들이기 이전에 피가 흐르는 인간들이었다. 그러나 개작본에서 그러한 부분은 많은 부분 삭제되거나 변화된다. 이것은 기층민중을 이상적으로 그리고자 하는 의지가 낳은 결과이다. 초판본에서 낙범과 기태는 욕

64) 조남현은 앞 시대 노동자소설들과 비교해서 『황혼』이 노동자들을 "피와 살이 있고 성욕과 소유욕이 펄펄 살아 움직이는 존재"(「지식인소설과 노동자소설의 이중음」, 『황혼』, 동아출판사, 1995, 539면), "사람문제 때문에 화낼 줄도 알고, 샘낼 줄도 알고, 참을 줄도 알고, 타협할 줄도 아는 존재"(위의 책, 540면)로 묘사하고 있다고 보고 있다.

설과 우스개를 주고받기 좋아하는 희극적인 모습으로 그려졌다. 대표적인 예는 정님의 방을 엿보는 장면이다. 초판본에서는 그 장면이 '궁둥이'와 같은 희극적인 표현을 동반한 대화와 묘사로 이루어져 있지만, 개작본에서는 "얼굴은 보이지 않으나 하나는 둥글뭉실하고 하나는 새우등같이 말라 꼬부라진 사나인데 그 두 사람이 잔등을 구부린채 움직이지 않고 벽에 머리를 댄채 가만이 앉아 있는 것이 어쩐지 우습고 이상하였다"라고만 간단하게 진술된다.

개작본에서 기태와 낙범이는 준식이네 소조원으로서, 그들의 우스개 뒤에는 "빈 구루마를 멀찍이 한편에 치워 버려, 다음 시간의 작업에 지장을 주자는 것"과 같이 치밀한 계산이 놓여 있다. 공장내 청소년들 독서회 지도를 나가는 이들은 초판본에서와 같이 "핑이 하이야 쌍하이야"와 같은 청국 아리랑을 부르는 대신 "숨잘 쉬는 백두산 줄기 / 피여서 만발해 무궁화라 // 타오르는 우리의 핏줄 / 쌈에 더욱 붉어 누리의 꽃" 혹은 "온천하 둘러싼 로동자들아, / 일어나 나가자 앞으로 앞으로 // 우리는 누리에 붙는 불이라 / 태우자 압박의 저주론 쇠사슬"과 같은 노래를 부른다. 개작본에서 이 부분은 원고지 20장에 가까운 분량으로 자세하게 기술되어 있다. 이런 그들이기에 낙범이는 산업 합리화와 이를 위해 실시된 건강 진단이 지니는 의미에 대하여 동료 노동자들에게 설명을 해주는 모습으로까지 그려진다.

『탑』에서의 무산자는 서술자의 일방적인 이념의 프레임으로부터 더욱 더 벗어나 있다. 이 작품에서도 무산자는 기본적으로 외부로부터의 외적 초점화라는 방법으로 재현된다. 이 작품에서 무산자 게섬은 비중 있게 다루어진다. 전체 13장 중에서 '黃昏이지틀때', '鬼火', '마음의 싹' 등은 게섬이의 이야기이며, 우길의 성장에도 게섬의 삶과 죽음은 결정적인 영향을 미치기 때문이다. 게섬은 다음의 인용에서처럼 초점자로 등장하기도 한다.

> 수길이는 그다지 도두나지도 못한주제에 여자라면 애당초 사람으로 보려고 들지않고 귀순인 응하고 쪼만 빼고 노마님은 개고기라고, 욕지거리만 하고, 젊은 마님은 머리채 잡고, 방망이 찜질하기가 일수고, 영감마님은 좀 인자스러운 것같으나 내정범절에 눈치가 무듸고, 그러니 물덤벙 술덤벙하고 그래도 섭슬리기 쉬운 우길이게밖에 맘가는데가 있을 택이 없다.[65]

위의 인용은 게섬이가 처한 상황을 잘 요약해주는 것으로서, 게섬이의 가장 큰 삶의 목적은 자유로운 신분이 되어 그 집에서 벗어나는 것이다. 이를 위해 그녀는 상제와의 결혼을 꿈꾼다. 그러나 상제는 임신만 시키고는 사라지며, 게섬이는 끝내 미쳐서 죽고 만다. 게섬은 계급적, 민족적 억압을 받는 한설야 소설의 일반적인 무산자의 특징 위에 가부장제 사회에서의 성적인 억압까지 받는 서발턴(subaltern)의 형상이다.

상제가 사라진 이후 게섬은 외부로부터 조망되기 시작한다. 이때부터 그녀는 다음의 인용문에서처럼, 분명한 의미를 전달하는 문장 단위 이상의 발화를 하지 못한다. 환영을 보며 하는 "아아 얼마나 아름다운 광경이랴", "어째 이렇게 어두울까"가 비교적 온전한 문장이라 할 수 있는데, 이러한 문장이 의미하는 바는 암시적으로 드러날 뿐이다.

> 달도 떠있는데 그것은 한십년만에 보는 달이었다. 게섬이는 연성 웃음이 터졌다.
> "하하하 …… 하하하 ……"
> 유쾌하고 명랑한 웃음이었다. 그러나 그것은 차츰 변해졌다.
> "히히히 …… 히히히 ……"
> 그리드니 좀 더 치명적인 표정이 되면서
> "호호호 ……"
> 하고 웃는데 보는사람이 솜털까지 오싹 하는 웃음이었다.[66]

---

65) 79면.
66) 382~383면.

게섬의 상태가 심해질수록, 게섬은 온전하게 외부로부터만 보여질 뿐이다. 이러한 게섬의 모습은 주로 우길 할머니의 시선을 통해 서술된다. 이때 게섬은 우길 할머니에 의해 '귀신을 묻어 온 년'에서 "그놈의 귀신" 자체로 인식된다. 이와 함께 게섬은 점점 더 말할 수 없는 존재가 되어간다.[67)]

> 그러나 게섬이는 아무 대꾸도 않하고 자는듯 눈을 그믈거리고 있을뿐……
>
> "얘 무어 않먹을나니"
>
> 그래도 게섬이는 잠잫고 있다.
>
> "몸은 어떠냐"
>
> 그리며 할머니가 허리를 꾸브리고 손으로 게섬의 배를 만저 보랴니까 그제사 게섬이는 몸을 한번 흠칫 하여 물러나라는 뜻을 보이나 여전히 말은 없다.[68)]

위의 인용에는 "아무 대꾸도 않하고", "잠잫고 있다", "여전히 말은 없다"가 연이어 등장한다. 카프시기에 무산자는 주로 외부로부터 조망되었다. 이를 통해 그들이 처한 객관적 상황이 효과적으로 전달되었으며, 작가의 일방적인 인식론적 폭력은 일어나지 않았다. 그러나 결말부에서는 서술자의 직접적인 개입으로 인하여 그들은 작가의 계급적 의식에 의하여 일방적으로 전유되어 버리고 마는 한계를 보였다. 그러나 이러한 무산자 전유의 양상은 점차 약해져서, 『황혼』에서는 계급 담론만으로 환원될 수 없는 노동자들의 인간적인 충동과 갈등이 생생하게 재현되었다.

『탑』도 이러한 흐름의 연속선상에 있으며, 게섬을 기술하는 부분에서

67) 이러한 모습은 서발턴 여성들의 침묵은 인도 여성에 관한 어떠한 지식이나 담론도 한계가 있다는 것을 증명하며, 여성이 스스로 말할 수 있는 주체적 위치를 부여받지 못하였을 때 여성의 '목소리－의식'(voice-consciousness)을 되살린다는 것은 불가능하다는 스피박의 주장을 떠올리게 한다(G. C. Spivak, "Can the Subaltern Speak?", *Marxism and the Interpretation of Culture*(ed. by C. Nelson · L. Grossberg), Univ. of Illinois Press, 1988, pp.294~308).

68) 398~399면.

는 한층 두드러진다. 게섬의 끔찍한 삶과 죽음에 대해 서술자는 직접적인 개입을 한 번도 하지 않는다. 다만 게섬이의 이야기를 끝마치며, 우길이의 시선과 의식을 통해 "그러나 결코 슬픈것 같지는 않었다. 슬프다니보다 차라리 무섭고 분하고 절통하다고 할까도모지 형언 할수없는 마음이었다"라고 정리할 뿐이다. 게섬의 삶과 죽음은 "형언할 수 없는" 무언가로 남겨지게 되는 것이다.[69)]

그러나 게섬의 삶은 개작본에서는 학대받는 무산자의 전형으로 선명하게 자리매김 된다. 개작본에서 게섬(초판본에서는 게섬으로, 개작본에서는 계섬으로 표기되어 있음)은 할머니의 악인화를 통해 고통과 한이 더욱 깊어지며, 그로부터 비롯되는 우길의 각성 정도 역시 더욱 강렬해 진다. '누가 그를 죽였는가' 장 마지막 부분에서는 서술자의 직접적인 목소리를 통해, 원고지 10매 분량으로 계섬의 삶과 죽음이 지니는 의의와 그것이 우길에게 미친 영향 등이 직접적으로 드러나고 있다. 계섬의 죽음은 "우길의 마음에 고귀한 씨를 뿌려 주었"고, "이 씨는 벌써 그날부터 앞으로 자라서 인간에 대한 사랑으로 되며, 인간을 박해하는 모든 것에 대한 증오로 될 그러한 약속을 지니고 있었던 것"이다. 개작본에서는 여기서 한단계 더 나아가 우길에게 의식을 불어넣는 교사로서의 역할까지 계섬에게 주어진다. 계섬이는 우길에게 임진왜란 당시의 번개늪 이야기를 통해, "어떤 일이 있어도 뒤를 돌따보지 않고 도적이 와도 겁내지 않"는 삶의 교훈을 주기도 하고, 항일의식으로 가득 찬 두꺼비 타령을 우길에게 가르쳐 주어 그것이 아이들 사이에 널리 불리도록 한다. 계섬은 그 노래를 들을 때마다 "마을 소년들의 선생이나 된 것처럼 흐뭇"해 한다.

---

69) 윤영옥(「한설야의 『탑』에 나타난 근대성과 여성」, 『한국언어문학』 47, 2001)은 『탑』에서 "근대성과 식민성, 그리고 여성성은 밀접하게 연관된 불가분의 관계 속에 놓여 있다"며, 게섬의 삶을 "기존의 봉건적인 가부장제로의 편입에 실패하고, 새로운 근대성의 획득에도 실패하게 된다. 그녀의 죽음은 무명으로서, 즉 사회 질서에서 배제된 여성의 위상을 나타내며, 남성의 중개를 거치지 않은 여성의 근대화 혹은 남성을 매개하지 않은 여성 주체의 부정을 의미한다"고 정리하고 있다.

무산자들의 이상화를 통한 전유의 양상은, 게섬이를 무책임하게 버리고 떠난 상제의 이상화, 초판본에서 오입과 노름에 빠진 남자종 을남이에 대한 이야기가 개작본에서 빠진 것, 초판본에서 "본시 북청 진위대 정교로 있던 사람"으로 "박진사가 북청을 탈출한 이후 항시 데리고 다니는" 사람 정도로만 언급되었던 택균이를 지도적인 인물로 이상화한 것, 3·1운동으로 유치장에 끌려가서 만나는 재유라는 청년의 모습 등에서도 나타난다. 카프 해산 이후 창작된 『황혼』이나 『탑』 등의 작품은, 카프 시기처럼 계급 담론으로 수렴되지 않는 무산자의 모습을 재현해내고 있다. 이것은 작가가 확고하게 견지해 온 계급 이념이 현실에서 그 힘을 잃은 것과도 관련된다.

2. 내부적 비전을 통한 현실의 재현 양상

1) 내면 심리를 통해 드러난 현실

한설야 소설에서 내적 초점화의 방법이 본격적으로 사용되는 것은 1930년대 후반부터이다. 본래 카프 가입 이전 창작된 작품들에도 내적 초점화의 방법이 사용되었다. 「평범」(『동아일보』, 1926.2.16~27)과 「그릇된 동경」(『동아일보』, 1927.2.1~10) 등이 그 예이다. 「평범」의 Y, 「그릇된 동경」의 '나'는 모두 초점자이며 지식인이다. 「그릇된 동경」은 서간체로 쓰여 있다. 자신의 내적인 고민을 드러내기에 편리한, 즉 고백적 성격을 지니는 서간체를 통해 각성되어 나가는 의식을 효과적으로 드러낸다. 이러한 초점화 방식을 통해 드러나는 것은 민족주의적 시각이다. 「평범」의 초점자 Y는 '나'로 고쳐도 무방할 정도이며, 이런 면에서 고백적인 성격을 갖는다. 한설야 소설의 전개에서 내적 초점화가 본격화되는 것은 카프 해산 이후에 쓰인 작품들에서이다. 이 시기 작품들은 가정사와 같은 일상을 바탕으로 해서 일어나는 미시적인 이야기들을 다루고 있다.

3장 1절에서 살펴본 것처럼, 카프시기 한설야는 평론을 통해 심리묘사에 대하여 부정적인 견해를 피력한 바 있다. 그러나 1930년대 후반에 오면 그의 입장은 변모한다. 그는 문학에 있어 심경소설, 심리소설, 신변소설의 긍정적인 가능성을 인정하는 것은 물론이고, 인간의 심리 그 자체를 중요한 인간 구성의 요소로 파악한다. 그것은 「기교주의의 검토」라는 글에 집중적으로 나타난다.

> 우리는 決코心境小說이나 身邊小說을 더퍼노코全般的으로 否定하는것은아니다. 人間의心理는 作品構成의 重要한 데―타인것이니 이것을 任意로否定한다는것은 人間을否定하고 藝術을 否定하는것과가티 어리석은妄想이다.
>
> 더욱이 歷史는 時代의타입을 보여줄뿐으로 個人個人의生活과 心理를 보여주는바업스나, 文學 藝術은 이것을具體的으로 再現하야―形象化하야 우리에게보여준다. 卽文藝만이 個個人의悲苦와 懊惱와 慾望과 動態를 보여줄수잇다.[70]

> 作家가 現實的인 實踐生活로부터떠나서 한個의自我를中心으로한 諦念과觀照의世界를 展開해노코 現實的 歷史的世界를 그自我의觀照的世界속에다가 情意的, 心理的으로 飜譯하기위하여서는 歷史와 現實과 人間生活을 一層더 本質的, 內容的, 批判的으로 把握해야하는것이다. 그래서야 비로소心理小說은 主觀的, 情熱的이면서도 同時에 客觀的 冷視的일수잇는것이다. 또그래서 이루어지는 個人의心理만이 一般性, 普遍性을 방불케 할수잇는것이다.
>
> 두말할것업시 이러케'客體的 現實性'을作家의 自我內에內包하여서만 비로소'主觀的眞實性'이 可能한것이며 또이러케'客體的現實性'과'主體的眞實性'이 統一되는곳에서만 文學的 眞實이 생겨날수잇는것이다.

70) 『조선일보』, 1937.2.7.

(…중략…)

心理小說을써도 무방하다. 身邊小說을 써도 조타. 다만 要는 上述한바와가티 그 心理로 하여금'主體的 眞實'이 되게하기爲하여 人間의永遠한同伴者인 歷史와現實에 즉 客觀的現實性에로 接近하여가지 안흐면 안되리라고나는 생각할 뿐이다.[71]

심리소설 이전에 심리묘사 자체를 부정적으로 보았던 한설야는 37년에 이르러서는 "심리소설을 써도 무방하다"는 입장을 보이고 있다. 조건은 그러한 심리 속에 역사와 현실, 즉 "객관적 현실성"이 담겨 있어야만 한다는 것이다. 이 시기 소설에 보이는 내적 초점화의 양상은 이처럼 변화된 작가의 입장이 반영된 결과이다. 또한 위의 인용은 이 시기 소설에 드러난 초점인물들의 내면 심리에는 당대 사회에 대한 작가 나름의 대응이 담겨져 있음을 시사한다.

카프 해산 이후 쓰인 소설 중에서도 생산현장을 배경으로 하고 있는 작품들이 있다. '탁류 3부작'이 그것이다. 특징적인 것은 이 작품이 카프 시기처럼 외적 초점화가 아닌 내적 초점화로 되어 있다는 점이다. 이러한 서술적 특성은 그대로 이 작품의 주제의식과 연결된다.

'탁류 3부작', 즉 「홍수」(『조선문학』, 1936.5), 「부역」(『조선문학』, 1937.6), 「산촌」(『조광』, 1938.11)은 작품의 대부분이 등장인물(기술)을 초점자로 내세운 내적 초점화로 되어 있다. 「홍수」에서 외적 초점화가 사용되더라도 서술자-초점자가 자신의 이데올로기를 말하는 부분은 나오지 않는다. 단순히 사건의 배경과 경과에 대해 설명을 해주는 정도로서, 외부로부터 바라보는 수준에 머물러 있다. 마을 사람들이 처한 상황을 친구인 문근이와 기술의 대화를 통해 보여주는 부분 등이 대표적인 예이다. 소작인들이 일제 자본의 침투에 의하여 무너져가는 과정을 담담하고 촘촘하게 보여주고 있을 뿐이

71) 『조선일보』, 1937.2.9.

다. '탁류 3부작'에서는 똑같은 생산 현장을 배경으로 하고 있음에도 불구하고, 카프시기처럼 서술자의 노골적인 개입으로 끝나고는 하던 결말의 모습은 찾을 수 없다. 농민들의 더욱 궁핍해진 삶을 담담하게 보여주거나(「홍수」·「산촌」), 현실에 대한 우회적인 드러냄으로서의 환상(「부역」)이 등장할 뿐이다.

「부역」에서는 내적 초점화가 더욱 일관성 있게 구사된다. 1장과 2장의 배경묘사 부분에서만 서술자—초점자가 등장하지, 나머지 부분은 기술에게 내적 초점화가 되어 있다. 그리고 이때의 내적 초점화는 카프시기의 소설들과는 비교가 되지 않을 정도로 밀도 있는 것이다. 이전의 카프시기 소설에서 인물들이 작가가 전하고자 하는 계급적 의식을 반복하는 정도라면, 똑같은 생산현장을 배경으로 하고 있음에도 '탁류 3부작'에서 기술이는 고민하고 갈등하는 모습을 보인다. 이것은 기술이 기층민중이라기보다는 근대적 교육을 받고 사회활동도 한 바 있는 산골 마을에서는 지식인에 해당하는 인물이라는 사실과도 관련된다. 기술은 연설이나 강좌를 듣고 책자들도 읽었으며, 보통 학교를 다닌 덕으로 야학도 가르친 바 있다. 그는 T조합 B동리(그의 마을)반에 관계한 때도 있었다.

시작 부분부터 기술은 "그는 자기의몸이 너무도 외롭고 조고만것을 문득 깨달었다. 겹겹으로 내려실리는 베차맞은 분위기를 헐치기에는 너무도 적은 자기의 몸이었다"[72]고 묘사된다. 기술은 오빠를 감옥에 보내고 손톱이 여지없이 닳아 떨어진 금순이를 생각하며 큰 슬픔을 느낀다. 그는 문근이와의 대화로 일본인 모범경작생에 의하여 조선인 소작농들이 농토로부터 멀어지게 된 현실을 안타깝게 여긴다. 이러한 상황에서 기술은 다음과 같이 혼란스러워 한다.

> 무엇이무엇인지 갈피를 출수없었다. 무엇때문에 건부역을하는것인지 장차 어떻게될것인지, 지금 어디로걸어가는 것인지, 그는 잠시동안 분간해낼수없었다.

---

72) 『조선문학』, 1937.6, 1면.

서릿빨을 먹음은 싸뉴한바람이 땅바닥을 쓰처올라가며 목덜미를 싹핥아주고 어디로 발빠르게 가버리었다.[73]

「산촌」은 전부 6장으로 되어 있으며, 이 작품의 5장까지는 거의 완벽하게 내적 초점화로 이루어져 있다. 다만 교장선생이 T회사를 설복하는 과정, 복네 아버지가 기술에 대하여 느끼는 마음, 평지와는 다른 산간의 지주 소작 계약 정도가 서술자의 직접 개입으로 서술될 뿐이다. 그런데 마지막 6장에서는 외적 초점화로 변화된다. 그렇다고 해서 이전 소설처럼 서술자의 이데올로기가 노골적으로 드러나는 일은 없다. 당대 농민들의 삶을 진솔하게 보여주고자 할 경우에만 외적 초점화의 방법이 사용될 뿐이다.[74] 이러한 내적 초점화와 외적 초점화의 적절한 균형을 통해, '탁류 3부작'은 장면 위주로 그 상황의 급박성만을 보여주던 이전 소설들보다 훨씬 더 상황 이면의 복잡한 국면을 바라볼 수 있게 해준다.[75]

'탁류 3부작'의 초점화 양상을 중심으로 한 서술적 특징은 이미 「과도기」에서 나타난 바 있다. 「과도기」는 초점화가 비로소 일관성 있게 구현된 작품이다.[76] 이러한 서사적 안정성은 「과도기」가 작가의 직접적인 체

73) 위의책, 18면.

74) 그러한 외적 초점화의 방법을 통해 드러난 작인들의 생활은 다음과 같다. 봄이 오자 작인들은 "풀뿌리와나무껍질과 나물잎"(『조광』, 1938.11, 202면)을 먹는 생활을 하고, 춘경기가 되자 이전부터 소작을 해오던 조선인 농민들은 교장이 일본에서 데려온 검은옷 입은 모범농민, 그리고 T학교 졸업생으로 된 모범 경작생들과 땅을 놓고 끊임없이 충돌한다. 그 결과 기술이와 몇몇 사람은 태양이 없는 감옥으로 가게 된다. 추수 뒤에야 기술이들은 풀려나고, 기술과 기술 아버지는 사방공사장에서 그날 그날을 풀칠해 가며, 복녜 아버지를 비롯한 작인들의 절반 이상이 산지사방으로 떠나가게 된다. 그 빈자리에는 모범 경작생들이 사는 "검은 판자를 둘른 새집"이 선다.

75) 임화도 "「山村」은 傾向文學의 重鎭으로서의 氏의貫祿을 보히는 佳作으로, 낡은 公式主義를解脫하는 一步前夜의 作이라 할수있다"(「소화십삼년창작계개관」, 『문학의 논리』, 학예사, 1940, 320면)고 하여, 이전과는 달라진 현실재현의 방법을 고평하고 있다.

76) 「과도기」는 임화가 "현실에서 분열된 관념과 관념에서 떨어진 묘사의 세계를 단일한 메커니즘 가운데 형성한 작품"(임화, 「소설문학 20년」, 『동아일보』, 1940.4.20)으로 고평한 이래, 거의 모든 연구자들에 의하여 기념비적인 작품으로 평가 되고 있다. 이 작품은 서술적인 측면에서도 그 문학적 가치를 인정할 수 있다.

험에서 비롯된 것이기에 가능한 것이었을 수 있다.[77] 이 작품이 이전 작품과 다른 지점은 직접적으로 계급의식을 표출하지 않는다는 점이다. 모두 4장으로 되어 있는데, 창선이가 인물-초점자로 일관성 있게 등장한다. 이를 통해 인물에 의한 사건의 객관적 제시가 비교적 잘 이루어져 있다. 서술자가 개입하는 부분은, 1장, 2장, 4장의 마지막 부분 정도이다.[78] 그 개입의 정도도 미약하다. 특히 이전 소설에서 서술자에 해당하는 목소리를 통해 서사 내용 전체를 하나로 갈무리해주는 생경한 이념 노출의 모습은 찾아볼 수 없다.

식민지적 근대화가 이루어지고 있던 당대 조선의 현실이 창선이라는 한 개인의 눈을 통해 보여짐으로써 실감의 차원에서 독자에게 전달된다. 내적 초점화를 통해 변화된 조선의 현실이 효과적으로 드러나고 있는 것이다. 무엇보다 이 작품의 중요한 특징은 작품 속에 그려진 현실을 극복 내지는 부정해야만 하는 대상으로 그리는 것이 아니라, 그것을 하나의 역사적 필연으로 받아들이고 담담하게 그려나간다는 점이다.[79] 이것은 자신의 이념을 유일한 진리인 것처럼 절대시하고, 그것으로 현실을 선규

77) "그때 나는 홍남에 질소비료공장이 들어앉게 되어 회사측의 토지 매수가 시작되었는데 이것은 이름이 매수이지 실상은 강탈이여서 불가피 회사 대 주민 사이에 분쟁이 야기되었다"(한설야, 「정열의 시인 포석 조명희」, 『포석 조명희 선집』, 소련과학원 동방도서출판사, 1959, 547면).

78) 1장의 마지막은 "두 내외는 바로 구룡리 뒤ㅅ재를 향하야 걸어갔다. 좀 긔운이 나는 듯햇다. 짐을 진 남편의 등판도 좀 갓분해진 것 갓고 안악의 보통이도 얼만큼 개벼워지는 듯햇다", 2장은 "내외는 이런 얘기를 하며 형의 집을 차즈랴고 물어볼 사람을 차즈나 좀처럼 만날 수가 업섯다", 4장은 "자리에 누어서까지 이런 얘기를 하는 사이에 창선은 그만 곤해서 어느새 코를 고럿다. 그러나 창룡이는 이궁리 저궁리에 새날이 오도락 잠이 들지 안앗다. 그에게는 무거운 짐 한 짝이 더 언치엿다"로 끝난다.

79) 강진호는 「과도기」의 이러한 특징을 "「과도기」는 현실을 이해하고 수용하는 작가의 태도에서나 현실의 이면을 꿰뚫는 시각에서 이전과는 현저히 다른 모습이다. 추상적이고 관념화된 형태로 '주체'의 이상을 표현했던 것과는 달리 여기서는 현실을 사회·경제적인 측면에서 포착하고 그런 현실에 맞게 변하는 주체를 그려냈다는 점에서 작가의 시각은 한층 성숙해져 있다. 더구나 작가는 급격한 시대 변화를 냉정하게 직시하고 "새 살림을 자랑하는 씩씩한" 것으로 수용하는 낙관적 태도를 시종일관 견지한다"(강진호, 『한설야』, 한길사, 2008, 80면)라고 정리하고 있다.

정하여 현실과의 상호작용이 부정되는 작품 경향과는 판이하다. 이것은 4장에서 본격적으로 다루어지겠지만, 이 작품에서 다루고 있는 대상의 성격에서 비롯된다.

「임금」(『신동아』, 1936.3)과 이 작품의 후속편인 「철로교차점」(『조광』, 1936.6)도 초점화라는 측면에서 보자면, '탁류 3부작'과 비슷한 양상을 보여준다. 이 작품의 초점자 경수는 전향소설에 나타난 무기력한 인물이 아니다. 그는 마을 대표의 한 사람으로 철도회사의 간부를 만나, 철로교차점의 설치에 대하여 원고지 30매 분량의 대화를 나누는 사회적 성격의 인물이다. 이 작품은 기본적으로 경수가 초점자로 등장하는 내적 초점화의 방법으로 되어 있다. 그러나 철도회사의 경리과장과 대화를 나누고 돌아오는 순간, 작가의 이데올로기적 입장이 전제된 서술자의 목소리가 직접적으로 드러난다. 그 부분을 옮기면 다음과 같다. 결과적으로 경수의 성격이나 서술자의 개입 방식은 카프시기의 작품들과 비슷한 서술적 특징을 보이게 된다.[80]

> 허나 이순간 그들에머리에는 주민의거림자가 감안밤중에 홰ㅅ불같이 어물그렸다. 일즉 이때같이 그거림자가 선명히 그려진때는 없는것같았다.
>
> 아무도 믿을사람은 없다. 또 도아줄 사람도 없다. 그러니만치, 처지가 같은관계주민에 믿음과기대가실리어졌다. 오직 그들이 있을뿐이다!
>
> 그들 여덜사람은 확실히 힘이 약하다. 힘이 무척 세여야할 이마음에서 그들은 힘이 약함을, 그리고 힘을 보태어야할어느때보다도 절실히 느꼈다.
>
> 오직 관게주민만이 힘이될수있다.
>
> 주민회로!
>
> 막달은골목의 강아지는 호랑이를 향하고 돌아선다.[81]

---

80) 백철은 "君에게 있어 그 階級的 標識라는 것이 혹과 같이 附加되여 있다는 것은 君의 最近의 어느作品가운데서도 證明할수있는 事實이다! 君의 最近의 典型的 馬太作인 「鐵路交叉點」에는 다른 곳에서 말했거니와 初期프로 作品에서 一步를 나서지 못한 機械的 觀念우에 써진 文學以前의 作品"(「作家 韓雪野에게」, 『신동아』 89, 1936.9, 210면)이라고 평하고 있다.

내적 초점화는 이야기 외부의 화자가 이야기 내부의 인물 시점에 의존하면서 서술을 진행시키는 서술 방법이다. 화자는 이야기 바깥에 존재함으로써 자신의 관점으로 서사를 통제할 수 있는 유리한 위치를 포기하고 특정한 인물의 시점을 이용해서 서술대상을 바라보게 된다. 이때 초점자로 등장하는 인물이 항상 서사의 중심에 놓이게 되며, 세계는 그의 의식에 비춰진 것으로만 제시된다. 한설야의 작품에서는 세계를 조망하는 전체적인 전망이나 이념이 더 이상 작동하지 않을 때 사용되는 경향이 있다. 카프 해산 이후에 쓰인 작품들이 여기에 해당한다. 한설야는 「감각과 사상의 통일」에서 "오늘의 世上은 책상머리에 앉은 우리에게는 너무도 알기 어려운 亂脈, 混濁 글자 그대로이다"[82]라고 말하는데, 이것은 세계에 의미를 부여해 줄 수 있는 상징체계가 더 이상 작동하지 않음을 직접적으로 토로하고 있는 것이다. 동시에 위와 같은 불안감은 이 시기 작품들에 등장하는 초점자들이 공통적으로 보여주는 내면심리의 핵이라고 말할 수 있다.

'탁류 3부작' 등은 카프시기의 작품보다 더욱더 현실에 대한 정확하고 풍부한 실감과 정보를 전달해준다. 특정한 이데올로기의 프레임에서 벗어나 주인공의 내면 의식에 초점이 맞춰진 결과라고 할 수 있다. 「과도기」와 '탁류 3부작'은 적극적인 실천이나 실천에의 의지가 드러나 있지 않다. 오히려 현실에 대한 냉철한 관찰의 시선만이 번득이고 있다. 이러한 냉철한 응시와 그에 바탕한 내면의식은 현실의 복잡다단한 측면을 통찰할 수 있는 가능성과 독자들의 공감을 얻어낼 수 있는 가능성을 동시에 열어준다.

---

81) 『조광』, 1936.6, 169면.

82) 『조선일보』, 1938.3.8.

2) 일상의 발견과 자기 성찰

한설야는 감옥에서 나온 직후에 쓴 한 편지와 「지하실의 수기」라는 글에서 고향과 자신의 생활을 소설의 바탕으로 삼을 것임을 다음과 같이 밝히고 있다.

> 나는 좀 더 深刻히 내 周圍를 凝視하기 싫고 좀 더 내 발 아래를 샅샅이 파보고 싫습니다. 그리고보니 平凡한 故鄕도 하찮은 내 生活도 마치 이제부터 새로 허치어보고 손수 씨를 뿌려볼 가장 좋은 處地인 듯한 느낌을 줍니다.83)

> 나는 구태여 내 經驗 世界에서 素材를 구하는 것을 그릇된 일이라고는 생각하지 않는다. 다만 이 世界에서 어떻게 眞理의 世界, 客觀의 世界를 통해 갈가 하는 그것이 남은 課題요, 목숨에 걸린 問題이다.84)

이처럼 카프 해산 이후에 창작된 소설들은 대부분 작가 자신의 경험세계에서 취재한 것들이다. 한설야는 오직 간접체험만을 통해 알고 있는 노동자의 세계가 아닌 자신의 육체와 정신에 깊이 새겨진 자신의 세계를 소설화하기 시작한다. 이때 초점화 방법은 작가의 분신이랄 수 있는 초점자를 내세운 내적 초점화의 방법이 주로 사용된다.

이때 서사의 중심은 사회적 의미를 지닌 세계의 모습이라기보다는 한 개인의 일상적인 삶과 그 의식에 놓인다. 이때 주인공으로는 지식인이 등장하며, 그들은 내부로부터 조망된다. 「임금」, 「귀향」(『야담』, 1939.2~7), 「이

---

83) 한설야, 「故鄕에 돌아와서」, 『조선문인서간집』(서상경 편), 삼문사, 1936, 50면. 이 글의 마지막에는 1936년 4월 11일에 쓴 것으로 기록되어 있다. 같은 글의 다른 부분에서는 "내가 스스로 내 足跡을 찍어논 나의 生活과 또는 내 生活과 直接 間接으로 機緣을 가지고 있는 周圍環境과 그리고 내가 가장깊은 印象을 가지고 있는 故鄕을 再認識 再吟味할 것을 나는 속깊이 다짐두었읍니다"라고 밝히고 있다.

84) 『조선일보』, 1936.7.8.

녕」(『문장』, 1939.5), 「종두」(『문장』, 1939.8), 「숙명」(『조광』, 1940.11)은 모두 전향한 지식인이 등장하며, 가변적 초점화가 사용되고 있다. 이 중 「임금」과 「숙명」은 남성 주인공과 아내가 번갈아 가면서 초점자로 등장한다. 가변적 초점화는 단일 초점자에 의한 서술의 한계를 극복하는 기능을 발휘한다. 이때 아내의 시각은 남편의 무능력과 타락을 객관적으로 드러내는 하나의 도구로서 작용한다. 「임금」은 여러 논자들에 의하여 한설야 소설에서 가변적 초점화가 사용된 대표적인 예로 지적된 바 있다. 경수의 타락하고 무기력한 현재 상태가 다음의 인용에서처럼 아내의 시각을 통해 드러나고 있다.

옛날에는 그래도 무슨 회니 무슨 모임이니 강연이니 대회니 허고 쏘대니노라고 허파에 바람이 든 허튼 작난은 하지 않았다. 하던것이 웬 영문인지 그도 인제는 없어지고 모두들 거리의 방랑자로 술이나 마시고 신문지국 같은데 모여 앉아서 허튼 말이나 하고 턱을 쳐들고 넘어가는 해를 기다리기나한다. 룸펜! 이리하여 남편은 가장 아름답지 못한 이무리에 떨어지고 말았다. 방향을 찾지 못하고 어둠에 헤매기 시작한 남편은 스스로 또 어둠을 찾았다. 매음부에게로 갔다.

"우리와 같은 처지에 있는 사람이다!"

남편은 자기의 추태를 이런 말로 합리화(合理化)하려고 들었다.

안해가 가난을 한탄하고 짜징을 내면

"이년아 그게 내죄냐 세상의 죄다. 나를 미워하지 말고 세상을 미워할줄 알아라."

하고 남편은 자기의 책임을 벗어버리려 하였다. 허나 안해의 곧은 눈에는 남편이 벌써 미워해야 할 세상의 값없는 한사람이 되어 버렸음을 어찌할수없었다.[85)]

85) 『한설야단편선』, 박문서관, 1941, 71~72면.

모두 7장으로 구성되어 있는 「숙명」도 치술과 아내가 번갈아서 초점자로 등장하는 가변적 초점화의 양상으로 되어 있다. 1장은 아내, 2장, 3장, 4장, 5장은 치술과 아내, 6장과 7장은 치술이 초점자로 되어 있다. 치술이 역시 이 시기 다른 남편들과 마찬가지로 콩밥술이나 먹고 들어와서도 생활에 무능력한 명목뿐인 가장이다. 아내에 의해 치술은 "나이도 이제조이삼십이 넘었건만, 사내나이 삼십이면 치국평천하를 하려고 들판이어든, 이건 이 좋은 나이에 벌서 막난이 노토리 모양으로 망녕이나 부리고 그런가하면 또 어떤때는 이십안짝의 빨랑빨랑한 애송이처럼 주책없이 들볶고 화내고 하"[86]는 전혀 믿고 의지할 수 없는 인물로 규정된다. 아내에게 남편은 '느릉태', '태화탕', '이놈의 숭물', '숙맥'에 불과하다.

「이녕」은 민우와 아내 그리고 동네 아낙들이 초점자로 등장한다. 5장 중에서 1장에서는 아내와 민우가 동등한 비중의 초점자로 등장하며, 2장에서는 동네 아낙네들이 골고루 초점자로 등장한다. 특히 2장에서 드러난 동네 아낙들의 대화는 타락한 현실의 한 단면을 보여주는 역할을 한다. 이 작품에서 드러난 아내의 시각도 앞의 작품들과 비슷한 역할을 한다. 다음의 인용에서 드러나듯이, 남편의 무능함을 드러내고 있는 것이다.

> 안해는 또 안해대로 남편이 아주 하치않게 보이는것을 어찌할 수 없다. 재주도 없는 주제에, 아니 그보다 사람모인데 가선 변변히 말 한마디 못하는 화상이 이불속에서나 활개를 치면 무슨 소용이람, 똥찌른 꼬쟁이 따위가 하고 속으로 욕지거리를 하지만 겉으로는 아직 그까지 바닥을 들지는 못한다.[87]

이들 소설에서 아내들은 일상의 감각과 논리를 대변한다. 아내의 시각을 통해 남자 주인공들은 자신의 일상을 새롭게 발견한다. 평범한 주부가 초점자로 등장하는 것은 한설야가 자신의 주변에 새롭게 눈을 뜬 결과임

86) 『조광』, 1940.11, 276면.
87) 『문장』, 1939.5, 12면.

과 동시에, 아내와 같은 보통 사람들의 가능성을 새롭게 발견했기 때문이다. 다음의 인용에서 드러나듯이, 한설야는 식자보다 "무지몰각한 여인들의 넉두리"가 좀 더 올바른 인식에 가까울 수 있음을 강조하고 있다.

> 이 地方의 無知沒覺한 女人들의 넉두리에서도 '한알이 열알이 되고 百알이 되는' 生長과 發展의 理致을 엿들을 수 있으되 往往히 識者로서 自處하는 그네들에게서 우리는 도리여 한알을 한알로 보는데 끈치고 現象을 現象으로 보는데 끈침을 보고 있지 않읍니까?[88)]

「귀향」은 기덕과 아버지 그리고 어머니가 초점자로 등장한다. 「귀향」은 총 15장으로 이루어져 있다. 각 장별로 주요 초점자를 살펴보면, 1장은 기덕의 아버지, 2장은 아버지와 어머니, 3장은 어머니, 4장은 아버지, 5장은 아버지, 6장은 어머니, 7장은 기덕과 어머니, 8장은 기덕이, 9장은 기덕이, 10장은 아버지, 11장은 아버지, 12장은 아버지, 13장은 아버지, 어머니, 기덕이, 14장은 아버지, 15장은 기덕이, 기덕의 아내, 아버지, 어머니이다. 「귀향」에서는 아버지가 가장 많이 초점자로 등장함으로써 기성세대의 몰락 내지는 사회적 규범의 부재 상황이 설득력 있게 그려지고 있다.

「종두」에서는 경구와 아내 그리고 아들인 이섭이가 초점자로 등장한다. 이러한 아내의 시각을 통하여 지식인이나 사회인이 아닌 일상인으로서 가질 수밖에 없는 한 사내의 무력한 초상을 느낄 수 있다. 「종두」에서는 한쪽 눈을 잃은 아동을 초점자로 등장시킴으로써, 사회적 빈부의 대립과 그것이 이들 가족에게 가져온 비극이 강조된다. 이섭이는 홍역으로 한쪽 눈을 잃어버린 여섯 살인 쌍둥이 형제 중 동생이다. 이 작품은 모두 6장으로 되어 있는데, 1장은 경구와 안해, 2장은 경구, 3장은 경구와 안

---

88) 한설야, 「故鄕에 돌아와서」, 『조선문인서간집』(서상경 편), 삼문사, 1936, 52면.

해, 4장은 경구와 안해 그리고 이섭, 5장은 아내, 6장은 경구와 아내와 이섭이가 초점자로 등장한다.

이 작품에서도 아내의 시각은 경구의 무기력함을 지적하는 장치로 활용되고 있다.[89] 특히 이 작품에서는 경구와 아내에게 번갈아가며 초점화되는 부분이 여러 번 등장한다. 이것은 둘의 다른 세계관과 입장을 선명하게 대비시키는 효과를 가져온다. 아내의 시각은 자본주의가 강제하는 무서운 일상의 논리를 드러내는 동시에, 오랜동안 사람들의 삶을 지배해 온 봉건적인 습속을 대변한다. 이 시기 아내들은 대부분 점이나 미신 등을 신봉하는 모습으로 그려지고 있다.[90]

「종두」는 가난한 형편에 병으로 한 쪽 눈까지 잃은 이섭이와 부모의 안타까움, 그리고 이섭이를 괴롭히는 이웃의 부잣집 아들 철이의 이야기로 서사가 이루어져 있다. 번갈아가며 초점화가 되는 경구와 안해를 통해서 이섭이의 안타까운 처지가 실감나게 드러난다. 경구는 이섭이의 성한 눈을 가린 손가락을 벌려주면서 글씨를 보게 하고서는 "어느 때 아버지 무릎에 안겨서 글자를 읽을 때 왼 눈이 아닌밤중의 도깨비불처럼 편쩍하고 보인 일이 있었으니라 하는 거짓 기억이라도 그 머리에 남겨주고싶"[91]어 한다. 아내 역시 외눈으로 할 수 있는 여러 직업을 생각하다가, 나중에는 장애를 가지고도 잘 사는 사람들을 생각하고는 "제 자식도 병신이기

---

89) 대표적인 부분을 인용하면 다음과 같다. "남처럼 듬썩 쑤지 못하는 건 남편이 여나믄 집 사내처럼 돈벌이 잘 못하는 까닭이요, 돈벌이 잘 못하는 건 위인이 도두나저 못하고 돌음도리 오죽지 못하기 때문이라고 안해는 생각한다."

90) 이 시기에 쓰인 한 수필(「女子는 生命보다 迷信을 사랑한다」, 『여성』, 1939.3, 48면)에서 한설야는 숙명론에 빠져 있는 조선 여인들에 대한 강렬한 비판의식을 드러내고 있다. "朝鮮女子의 머리는 아직도 如前히 劣惡한 宿命論이 支配하고 있습니다. 生命보다 迷信이 强합니다. 自負心, 自尊心이 弱합니다. 女子는 女子로서의 너무도 退屈, 狹隘한 담을 쌓고 그속에 雌伏, 蟄居하려 합니다. 그 담을 넘어서 人間의 大海로 進出하랴는 覇氣와 信念이 없습니다"라고 쓰고 있는 것이다. 그러나 이것이 젠더적 차별의 시각과 무관한 것임은 "약자의 버릇을 고치라 남자를 리드하는 강자가 되라"라는 마지막 문장에서 확인할 수 있다.

91) 『문장』, 1939.8, 34면.

때문에 더 잘될는지 모른다고"[92] 생각하는 모정을 보인다.

「종두」에서 이섭이라는 소년 초점자는 현실의 비극성을 부각시키는 역할을 수행한다. 이섭이는 항상 철이에게 놀림을 당하며, 때로는 얻어맞기도 한다. 이섭이가 철이에게 얻어 맞아서 코피가 나고 그 때문에 철이 옷이 더러워지자, 이섭이는 철이와 철이 어머니에게 맞는다. 그 후 이섭이가 초점자로 등장하는 다음 대목은 이섭이가 처한 비극성을 더욱 강화시킨다. 이외에도 이섭이가 부자인 철이 집에는 모든 것이 있다고 생각하며 자전거를 부러워하는 대목 등도 유사한 역할을 한다.

> 이섭이는 오늘 철이한테 맞고나서 건넌가게 유리문 앞에 가서, 제 몰골을 우선 비쳐보았다. 헌즉, 코피자죽이 아직도 코앞에 남아있고 임중히 팅팅 부어서, 웃 입술이 삐죽해보인다. 볼 성 사납다. 그 주젤 해가지고 어머니한테 가고싶지는 않았다. 또 가지 않는것이 어째 잘난 짓인것 같기도 하였다. 그래서 그는 한물에 나가서 코피를 말끔 닦고, 다시 아이들 틈에 끼어서 장난을 쳤다.[93]

전향 이후에 창작된 작품들은 표현에 있어서 이전 시기와는 비교할 수 없는 풍요로움과 다채로움을 보여준다.[94] 한설야에게 일상의 발견은 곧 말의 발견이기도 하다. 이 시기 작품에 나타난 언어적 풍요로움은 고유어의 사용, 의성 의태어의 사용, 표현기교의 향상 등을 통해 가능해진 것이다. '탁류 3부작'에서는 고유어가 이전에 비해 폭발적으로 증가한다. 이러한 특징은 카프시기 현실감의 창출을 위한 목적과, 이 시기 작가가 새롭게 눈뜬 언어에 대한 각성이 동시에 작용한 결과이다. 농민들의 대화나 범영감과 같은 인물들이 젊은 시절을 회상하는 부분이 특히 그러하

92) 위의 책, 47면.

93) 『문장』, 1939.8, 55면.

94) 안함광도 "이 시기 단편들은 작가의 이전의 단편들에 비하여 표현의 유연성을 현저히 보여주고 있으며 이 장르의 기능을 보다 심화하였다"(안함광, 앞의 글, 267면)고 하여, 이 시기 표현상의 발전을 지적하고 있다.

다. 이 작품들에서는 속담—"지 빼(제 뼈) 공신이지", "방아허리를 넘어가면 어버이가 죽는다", "성나서 바우차기지"—의 활용도 두드러진다.

김남천은 이러한 특징을 처음 주목했는데, 그에 대한 평가는 부정적이다. 그는 '탁류 3부작'의 마지막 작품인 「산촌」을 논하면서, 아래의 인용문에 나타난 것처럼 이들 작품에 나타난 언어를 문학어에 미달하는 것으로 평가하고 있다.

> 「산촌」에서 기술이와 교장 사사키를 가운데 두고 구성되고 배치된 사건이나 인물의 픽션의 비진실성, 관념성은 감출 길이 없고 문학어에 대한 씨의 원시적 생각도 은폐할 수가 없다. 문학어란 노동대중의 일상어에서 비져지는 것이지만 그와는 반대의 길위에서 창조된다는 것을 생각할 필요가 있다. 일상어 가운데서 불확실한 우연적인 것 명료치않은 것을 뽑아버리고 選한 것이 문학어다. 이 점에 대하여 한씨의 재고를 바란다.[95]

이러한 평가는 1930년대 후반의 한설야 문학을 카프시기의 맹목적 지속으로 부정 평가하는 김남천의 문제의식이 적용된 결과이다. 일상어가 가져온 표현상의 특질과 우수성을 제대로 파악하지 못한 견해라 할 수 있다.

1940년을 전후로 하여 발표된 작품들은 능숙한 표현을 과시하는데, 이것은 표현기교의 증대, 어휘의 확대, 고유어에의 집착, 정밀한 묘사경향 등을 통해 확인할 수 있다. 이 시기 한설야는 '염량좋은', '팔팔결', '도간도간', '돌음돌이', '진짬', '수겻하다', '벅작 고아내다', '성수나다', '시까스르다', '지질하다', '마룩마룩' 등의 단어를 애용하는데, 이것들은 모두 고유어의 묘미를 한껏 발휘한 예들이다. 이 시기 어휘 활용의 폭은 매우 넓어 사전에 나오지 않는 단어까지도 전면적으로 활용되고 있다.[96] 이러

95) 김남천, 「요리되지 않은 세계」, 『조선일보』, 1938.11.9.
96) 이 단락은 조남현 교수의 논의(「한설야, 사상의 하강과 언어표현력의 상승」, 『한국현

한 문체적 변화는 이 시기 한설야의 변화된 문학적 관심을 반영하는 것이다.

한설야의 「말의 매력(魅力)」(『청색지』, 1939.12)이라는 글은 "나는 요사이 갑자기 前에 없이 말의 魅力이랄가 그런 것을 느낀다. 또 그만치 말에 對해서 留意하기 시작한 것을 나스스로 意識한다"[97]는 고백으로 시작된다. 그는 "지금도 過去의 作品을 回想할때마다 느끼는 일이지만 이른바 文學徒라고 부르고 또 불리워지는 者의 文章이 그렇게 허전할 데가 또 어디 있으라"[98]라고 하여, 과거 자신의 작품에 나타난 문체의 단순함에 대하여 반성하고 있다. 강경한 이데올로그인 한설야는 이 글에서 세익스피어와 위고의 예를 들며, "文學者의 偉大한 作業은 말의 發掘이오 開拓이다"[99]라는 말까지 한다. "1930년대 후반과 1940년대 전반에 발표한 소설들을 보면 한설야는 이데올로그(ideologue)를 포기하고 스타일리스트(stylist)로 변한 느낌마저 준다"[100]는 조남현의 평가는, 이러한 달라진 한설야의 문학관에서 비롯된 것임을 알 수 있다. 한설야는 이 시기 자신이 발굴하고 개척하고자 한 말로 "平凡한 사람들이 世間俗事에 무심히 使用하는 말",[101] "必要한 境遇와 場所에 使用"[102]된 말, "方言"[103]을 들고

대문학사상탐구』, 문학동네, 2001, 317~324면)를 요약 정리한 것이다.

97) 『청색지』, 1939.12, 16면.

98) 위의 책, 16면.

99) 위의 책, 18면.

100) 조남현, 앞의 책, 323면.

101) 『청색지』, 1939.12, 16면. 한설야는 같은 글에서 "우리들이 그렇게 어렵게 생각하고 어디가서 찾을가하고 걱정 든 말이 實은 無智한 老婆나 村보리동지에게 있는 것을 나는 요지막에 와서 가끔 發見한다"고 말하고 있다.

102) 위의 책, 16면.

103) 위의 책, 18면. "사람들의 어리석은 소리를 듣는다. 이른바 '서울말'이니 '표준어'니 하는 것만 고집하려고 드는 그것이다. 方言이라 하더라도 그것이 점차 널리 씨여지고 또 文學語로 쓰일 수 있는 때에는 얼마든지 作品에 실어서 가난한 우리말을 좀 더 豊饒하게 해야 할 것이다. (…중략…) 이 方言이라는 이미 이루어 있는 말의 領域을 今後 우리 文學徒의 좋은 開拓의 處女地로 해야 할 것은 두말할 것도 없는 일이다"라고 말하며, 방언의 적극적인 활용을 권장하고 있다. 그러나 한설야는 방언의 무조건적인 활용을 주장하는 것은 아니다. 「관북, 만주출신작가의 '향토문화'를 말하는 좌담회」(『삼천리』,

있다. 1940년을 전후한 작품들에서 나타나는 표현력의 상승은 작가가 스스로 밝힌 위의 말들을 적극적으로 활용한 결과이다.

3) 병리적 내면에 감춰진 신념

「태양」(『조광』, 1936.2), 「딸」(『조광』, 1936.4), 「강아지」(『여성』, 1938.9),[104] 「보복」(『조광』, 1939.5), 「술집」(『문장』, 1939.7), 「모색」(『인문평론』, 1940.3), 「파도」(『인문평론』, 1940.11), 「두견」(『인문평론』, 1941.4), 「혈(血)」(『국민문학』, 1942.1), 「영(影)」(『국민문학』, 1942.12) 등은 한 명의 등장인물만이 초점자로 설정되어 있는 작품들이다. 이들 소설에서 서술자는 초점자에 대하여 반대 입장을 제시하지도 않으며 비판적 거리를 취하지도 않는다. 그것은 서술자가 초점자의 심리적 · 관념적 입장에 융합되어 있음을 보여준다.

「보복」은 3장과 4장의 일부를 제외하고는 종태가 초점자로 등장한다. 종태는 사랑하는 딸을 잃어버린 채 나중에는 다른 아이를 유괴하여 감옥에까지 가는 병적인 심리를 드러낸다. 또한 이 작품에는 당시 일제의 식민통치가 보통의 서민들에게 얼마나 폭압적이었는지가 잘 나타나 있다. 경찰서에 찾아갔지만, 그의 목소리는 가엾이 떨리고, 퉁명스러운 "응, 가 있어", "알어. 가 있어, 찾는 대로 곧 알려줄 테니", "응, 조사할 테니 가 있어", "응 잘 해줄 테니 가 있어"라는 식의 고압적인 말을 들을 뿐이다. 더군다나 종태는 친구인 기두에게서 순이가 없어진 날 밤, "지산가 무슨 부장집에 도적이 들어서 서류든 가방을 훔처가서 아주 야단"[105]이 나서

1940.9)에서 그는 "저는 이 地域方言를 作品에 그대로 使用해본적도 있습니다만, 一般이 알기 어렵기 때문에 文學에 있어서는 여러가지 難色이 있습니다. 그러기 때문에 저는 關北語를 그대로 文學에 移植하려고는 하지 않습니다"라고 말하고 있다. 「말의 매력」에서도 "아주 괴벽한 方言은 대번에 文學作品에 登場시키기 어"렵다고 말하고 있다.

104) 「태양」, 「딸」, 「강아지」는 1인칭 시점으로 되어 있으며, 특별한 사건이나 갈등이 존재하지 않는 수필화 경향을 보여주는 작품들이다.

105) 『조광』, 1939.5, 91면.

두 번이나 검문에 걸린 이야기를 듣는다. 유력자의 가방을 찾기 위해 야단이 났던 밤에, 순이는 사라진 것이다.

이처럼 종태가 일제로부터 받는 탄압은 강력한 것으로 그려진다. 이러한 맥락 속에서 종태가 중국인들을 향해 드러낸 식민주의적 의식이 비로서 이해될 수 있다.106) 종태는 일본인에 의하여 자신이 미개 내지는 야만으로 규정될지도 모른다는 공포와 불안을 느꼈고, 이를 극복하기 위하여 중국이라는 미개 내지는 야만을 날조한 것이다. 종태는 뚜렷한 이유도 없이 순이가 집을 나간 사흘 동안 지나인의 주택을 가장 먼저 훑어본다. 그는 처음부터 지나인이 순이를 홀려서 납치해 간 것이라고 지목한 것이다. "그사이 거어지 문둥이놈들을 의심하고 그 뒤를 밟아본일도 있으나 별로 수상한 티가 없음으로 그제는 더욱 외모로 지나인의 작간이라고 몰밀었다"107)에서 알 수 있듯이, 지나인은 거어지 문둥이와 같은 차원에서 존재한다. 아내 역시 마찬가지여서 "안해는 사녕개보다도 더 거악스레 지금 다리건너 채매전 지나인의마을을 휘끈 드비고 있"108)다. 이 작품 속

106) 고모리 요이치가 말한 식민지적 무의식과 식민주의적 의식에 해당한다고 할 수 있다. 개화기에 후쿠자와를 비롯한 일본의 지식인들은 서구 열강의 오리엔탈리즘적 시선에 의해 일본이 조선이나 대만과 같이 야만이나 미개로 취급되어 식민지로 전락하는 것을 두려워했다. 이러한 '식민지적 무의식'은 문명의 타자로서의 야만이나 미개와 대비되는 반개(半開)라는 중간항적인 타자를 설정하는 것으로 나타난다. 반개는 문명이라는 타자로서의 거울에 자기를 비추고, 그 기준에 따라 자기 상을 형성함으로써만 반개일 수 있다. 동시에 반개가 미개 내지는 야만으로 떨어져 문명인 서구 열강의 노예가 되지 않기 위해서는 다른 한면의 타자로서의 거울인 미개 내지는 야만을 새롭게 발견하거나 날조하여 거기에 자기를 비추면서, 그들에 비하면 자신들은 충분히 문명에 속한다는 사실을 발견하지 않으면 안 된다. 그 확인이 행해지는 순간 미개나 야만으로 간주될지도 모른다는 공포와 불안을, 거울인, 즉 새롭게 발견한 미개와 야만을 식민지화함으로써 전혀 존재하지 않았던 것처럼 기억에서 소거하고 망각의 심연에 떨어뜨려 다시는 떠오르지 못하도록 뚜껑을 닫아 버리고 의식하지 않을 수 있는 것이다. 이러한 조작을 통해 형성된 의식의 원형이 바로 식민지적 무의식과 식민주의적 의식인 것이다(小森陽一, 송태욱 역, 『포스트 콜로니얼』, 삼인, 2002, 33~36면). 이 작품의 종태는 일본인으로부터 받는 식민지적 억압과 공포를 중국인을 통해 해소하고 있다고 말할 수도 있다.

107) 『조광』, 1939.5, 81면.

108) 위의 책, 84면.

에서 중국인은 "거름을 몰래퍼내다가 들킨모양"[109]이나, "계집애면 앙큐"[110]인 모습으로 그려진다.[111] 종태의 중국인에 대한 식민주의적 의식이 강화되면 될수록, 그것은 일제로부터 받는 폭압의 강도를 환기시키는 작용을 한다.

「술집」은 한밤중 아픈 자식을 치료할 의사를 만나지 못하다가 다음날에야 간신히 만나고, 그날 밤에 폭음한다는 내용이다. 이 작품은 온전히 한민에게 내적 초점화가 되어 있다. 한민의 시각과 의식을 통해 병원이라는 근대적 의료체계와 조선 사회의 봉건성과 무질서 등에 대한 비판적 인식이 드러난다. 이 작품에서 의사는 돈만 밝히는 인물 혹은 "색마"로 묘사된다. 의사들은 술, 계집, 바둑, 마짱에 빠져서 밤에는 볼 수조차 없는 존재들이며, 성난 반말로 턱질을 할 정도로 무례하다. 또한 이 작품에는 돈에 따라 다른 대우를 받을 수밖에 없는 자본주의적 의료체제에 대한 비판의식도 드러나 있다.[112] 「술집」은 사건의 병렬적 나열을 통해 현실의 문제점을 보여주던 카프시기의 특성과 내면 서술의 확장을 통해 주인공이 느끼는 병적인 심리를 드러내는 전향 시기의 특징이 혼재되어 있는 모습을 보여준다.[113]

내적 초점화가 극단적으로 진행되면 초점자의 내면의식이 인물의 행

---

109) 위의 책, 88면.

110) 위의 책, 88면.

111) 개작본 「보복」(『귀향』, 조선작가동맹출판사, 1957)에서는 순이를 납치해 간 존재가 중국인이 아닌 일본인들로 변화된다. 또한 원작에 빈번하게 등장한 비문명인으로서의 중국인 형상이 모두 사라진다.

112) 한설야 소설에서 부정적인 병원이나 의사는 빈번하게 등장하는 모티프이다. 「사방공사」, 『청춘기』, 「태양은 병들다」, 「승냥이」 등이 모두 그러한 예에 해당한다.

113) 임화는 「술집」을 「이녕」에서 출발한 새로운 모색의 연장으로 파악하면서, 이 작품을 통해 한설야가 "生活의 明晳한 觀察者로써 或은 日常性의 賢明한 理解者로써 일찌기 馬車말 처럼 앞으로만 내닷든 精神을 달래어 하나의 智慧로운 意志로 訓練시키는 事業에 從事하고 있지 아니한가 한다. 그 一例로는 그의 小說이 漸漸 아름다워지고 密度를 加해가고 있는데서도 볼수있지 않을지?"(「現代小說의 歸趨」, 『문학의 논리』, 학예사, 1940, 440면)라고 평가하고 있다. 임화는 일방적인 이데올로기 전달에 치중하던 카프시기와는 달라진 카프 해산 이후, 한설야 소설의 주제적 서술적 특징을 지적하고 있다.

동보다 우세해져서 의식의 흐름류의 소설이 된다. 한설야의 일제 말기 소설 중 「모색」이나 「파도」 등의 작품은 이러한 단계에까지 이르렀다고 말할 수 있다. 이들 작품에서는 서술자가 초점자의 뒤로 물러나 서술자의 중개성이 최소화 되고 초점자의 의식이 전경화된다. 이러한 서술방식은 서술자가 서술의 특권을 포기하고 초점자에게 모든 특권을 넘겨주는 듯한 효과를 자아낸다. 이들 소설은 슈탄젤이 말한 인물시각적 서술상황에 해당된다. 슈탄젤은 중개 서술자가 반성자에 의해 대치되는 서술 상황을 인물시각적 서술상황이라고 명명했다. 이때 반성자란 소설 속에서 생각하고 느끼고 지각하는 인물로서, 서술자처럼 독자에게 직접 말하지는 않는다. 다만 독자는 반성자-인물의 눈을 통해 다른 인물들을 바라볼 뿐이다. 이러한 서술상황은 중개성(간접성) 위에 직접성이라는 환상이 포개지는 특징을 지닌다.[114)]

「모색」은 중편에 가까운 분량을 지니고 있는데, 이처럼 분량이 길어진 이유는 서술자의 개입에 따른 요약적 서술이 최소한으로 줄어들고, 비중개적 서술 상황으로 인해 인물의 의식에 초점을 둔 묘사적 서술이 확장된 결과이다. 이러한 서술적 특성으로 인해 인물의 내적인 갈등이 그 자체로 전경화된다. 이러한 내면의식의 전경화는 묘사적인 서술과 함께 현재 시제의 문장을 빈번하게 사용하게끔 한다. 다음 단락이 그 한 예이다.

> 그래서 그는 좀 더 기끌이나던가 그렇지않으면 모든것을 잊어버리려고 이따금 술을 마신다. 하나 그러면 도리혀 허열이 떠서 할말 안할말을 함부로 주어치곤한다. 그때는 기끌도 좋고 또 속에 있든 말도 대담히 씨버린다.[115)]

이러한 서술방식은 그만큼 그들의 고민이 진행형의 상태에 있음을 보여주는 동시에, 성찰과 방향 모색이라는 주제의식과 맞닿아 있다. 독자는

114) F. K. Stanzel, 앞의 책, 19~21면.
115) 『인문평론』, 1940.3, 128면.

독서 과정을 통해 드러나는 인물의 자기 성찰 과정을 은연중에 자신의 것으로 받아들이게 된다. 독자가 한 인물의 내면 의식과의 직접적인 접촉을 지속해 나갈 때, 독자는 그 인물의 의식과 시각에 동화될 가능성이 커지기 마련이다. 요컨대, 서술자의 시점으로부터 인물의 시점으로의 전이가 가져오는 효과는 시점 제공자로 채택된 인물에 대한 독자의 연민과 공감을 유도하면서 그에게 진정성과 현실적 개연성을 부여하는 것이다.[116]

「모색」과 「파도」는 주인공의 병적인 심리가 환유적으로 반복되는 특성을 보여준다. 이 작품들은 '혼란스럽다', 혹은 '불안하다'는 말로 요약되는 인물들의 현재 상태가 환유적인 방식으로 계속해서 반복된다. 「모색」의 스토리 시간은 단 이틀에 불과하다. 서사의 육체를 채우는 것은 남식의 병적인 내면이다. 모두 3장으로 되어 있는 이 소설에서 1~2장은 남식의 내면이 전면적으로 서술되고 있고, 3장이 되어서야 본격적인 사건이 등장한다. 1장과 2장에 서술된 남식이 떠올리는 회상과 생각들을 정리하면 다음과 같다.

1. 남식은 자기 자신을 미친 사람과 비교해본다.
2. 남식은 장엄하게 죽는 자기를 상상해본다.
3. 우편국에서도 무시당한 일을 떠올린다.
4. 단단하고 적극적인 성격의 아내를 떠올린다.
5. 남식은 피가 터지도록 남과 싸우고 싶은 충동을 느낀다.
6. 남식은 아이들에게도 무시당한다.
7. 다른 사람과 자기의 오줌과도 바꾸지 않을 것이라고도 생각한다.
8. 앞으로 걸어가는 사람들이 모걸음을 치고, 뒷걸음을 치는 것이라고 생각한다.
9. 글은 시원스럽게 써지지 않고, 사람들로부터 주목받지도 못한다.
10. 주위의 중압에 눌려서 자신이 시들어가는 것을 느낀다.

---

116) F. K. Stanzel, 앞의 책, 193~194면.

남식의 내면을 채우는 이러한 생각들은 모두가 독립되어 떠오르는 의식의 단편들이다. 또한 그러한 생각들은 남식의 혼란스럽고 무기력한 상태를 조금씩 변주해서 나타낸다. 3장에서 남식의 구체적인 행위는 지극히 일상적인 것들이다. 남식은 길에서 자전거를 피하려다가 아낙네의 발을 밟고 또 자신의 모자를 개천에 떨어뜨리며, 책사에 들러서 자신의 작품을 헐뜯어 비평한 월평을 읽는다. 책사에서 나온 그는 동경에서 함께 유학했지만 현재는 이름도 날리고 앞길이 열린 K를 만나고, 극장에 들러서는 손찌검을 당한다. 다시 나온 길에서 남식은 C잡지사에서 주간을 맡은 E를 만나, 그의 삼촌 초상에 가서 봉투에 한자 써주는 일을 한다. 남식은 집에 돌아왔을 때 원고료가 이십원 온 것을 발견하고, 그 돈으로 아내와 함께 다음날 공급소에 가서 점원들에게 불쾌한 일을 겪으며 물건을 사온다. 이러한 사건들은 모두 1장과 2장에서 직접적으로 서술되고 있는 남식의 병적인 내면과 연결되어 있다. 이러한 남식의 일상은 그가 겪는 혼란과 불안의 원인이자 결과이다.

「모색」의 1장은 "언제부터인지는 알수없으나 남식은 자기의머리를 의심하는 버릇이 생겼다"[117]로, 2장은 "생각하면 한심한일뿐이다"[118]로, 3장은 "하나 집으로 돌아오는길이 그에게는 조곰도 반가울것이 없었다"[119]로 시작된다. 모두가 정체성의 혼란을 겪으며, 어디에서도 안정을 얻지 못하는 남식의 현재 상태를 드러낸다. 이 작품의 마지막 문장은 "차는 탄탄한데와 산과 비탈과 그리고 굴속을 혹은 곧게 혹은 꼬불게 길을 열면서 여전히 달리고 있다"[120]로 끝난다. 이것은 남식이 암울하고 혼란스러운 상태가 아무런 해결 없이 지속되어 있음을 암시적으로 나타낸다. 「파도」도 「모색」과 마찬가지로 직업이 소설가인 명수가 주인공이다. 모두 10장으로 되어 있는 중편 분량의 소설이다. 스토리 시간은 연속되어 있는 것인

117) 『인문평론』, 1940.3, 113면.
118) 위의 책, 122면.
119) 위의 책, 130면.
120) 위의 책, 163면.

지는 알 수 없지만 시간으로만 따진다면 6일로서 일주일이 채 되지 못한다. 명수가 아내와 춘식의 관계를 의심해 아내를 괴롭히는 날(1,2장), 명수가 오래간만에 글을 써 보려는 날(5장), 큰 맘을 먹고 집을 나선 날(6장), 친구들이 찾아와 주기를 바라는 날(8장), 박준과 춘식이를 비롯한 사람들과 카페로 간 날(9장), 그 다음날 춘식이와 다시 카페로 찾아간 날(10장)이 전부이다.

부분적으로 서술자의 시각이나 아내의 시각이 등장하기도 하지만, 외적 초점화가 되어 있는 3장을 제외하고는 나머지 장은 명수가 초점자로 등장하는 내적 초점화로 되어 있다. 마지막 부분에서 명수가 박준을 관찰하는 다음과 같은 부분에서 명수에 의해 박준이 외부로부터 조망되고 있음을 알 수 있다. 이때 서사적 육체는 병적인 상태에 빠져 있는 명수의 내면 심리와 아내와의 대화 등으로 채워진다.

> 박준이가 나즈막한 소리로 마리꼬에게 분명 그렇게 일르는 속이었다. 박준이도 술이 좀 거나했는데 마리꼬가 자기에게만 고시라니 붙어앉은것이 미안했는지 그렇지 않으면 아무려나 마리꼬가 다른사람에게 끌려가게끔 켸가 되여가니까 미리 제편에서 가보라고 말하는 모양인지.121)

특히 1장과 4장은 온전하게 명수의 내면묘사로만 이루어져 있다. 이때 명수의 내면은 아내에 대한 의심과 공격욕으로 가득 차 있다. 이들 소설에서 초점자의 내면 의식은 그의 행동이나 환경보다 우세하게 형상화됨으로써 현실 반영의 주관화와 파편화가 초래된다. 초점자의 주관적 의식의 복잡성과 다양성에 초점을 맞춤으로써 개인과 세계는 만화경과 같이 다층적인 양상을 지니게 되는 것이다.

「두견」은 세형이 초점자로 등장하여 시대의 사표이자 학자인 안민의

---

121) 『신세기』, 1940.11, 105면.

죽음과 삶에 대해 말하는 작품이다. 「두견」도 세형이란 인물이 초점자로 등장하는 내적 초점화의 방법으로 이루어져 있다. 외적 초점화가 되는 부분은 안민 선생을 공동묘지에 묻고 내려왔을 때의 안민씨 부인이 느끼는 답답함과 설움이 드러나는 부분과, 안민씨가 가르쳤던 여제자의 내면을 소개하는 부분에 한정된다. 3장과 4장은, 서술 시간만 흘러가고 스토리 시간은 정지되어 있는 세형의 회상으로 이루어져 있다. 이러한 회상을 통해 안민의 삶이 소개된다. 그러나 5장으로 되어 있는 이 소설의 나머지 부분에서는, 이 시기의 전향 지식인의 기본적인 성격에서 크게 벗어나지 않는 세형의 병적인 내면이 충분히 드러나고 있다.

『청춘기』의 주인공은 태호와 은히로서 그들은 모두 지식인들이다. 그들을 둘러싼 주변적 인물들도 모두 지식인들로서, 한설야가 즐겨 그리던 무산자의 모습은 장편임에도 불구하고 등장하지 않는다. 태호와 은히는 초점화 대상으로서 서술자-초점자에 의해 거의 대부분 내부로부터 지각된다. 서술자의 역할은 장편임에도 불구하고 상당히 제한되어 있다. "명순의 성격은 단순하고 솔직하엿다. 부유한생활속에서 생겨진 경박성과 자존심은 물론잇으나 대체로 맘×는 고운사람이엇다"[122]와 같이 인물을 직접 한정하는 부분에서 그 존재가 살짝 드러날 뿐이다. 1장부터 4장까지는 태호가 초점화 대상으로 등장하고, 5장부터는 은히의 비중이 점차 늘어나며 태호가 사라진 12장에서는 은히가 주요 초점화 대상이 되고 있다. 이를 통해 그들의 내면적 의식과 고민이 작품에 전경화된다. 이 작품에 빈번하게 등장하는 '생각하엿다', '상상하엿다', '생각되엇다', '깨달앗다' 등의 서술어는 이 작품의 초점화 양상이 무엇인지를 잘 보여준다.[123]

『청춘기』는 장편임에도 불구하고 별다른 사건이 등장하지 않는다. 대

122) 『동아일보』, 1937.9.29.

123) 초점화 대상이 내부로부터, 외적 초점자에 의해 보아지게 되면, '그는 생각했다', '그는 느꼈다', '…… 것처럼 생각되었다', '그는 알았다' 등의 지시어가 흔히 텍스트에 나타난다(S. Rimmon-Kennan, 앞의 책, 123면).

신 태호의 내면이 서사의 중심에 놓여 있는데, 그 내면은 철수에 대한 맹목적인 동경으로 가득 차 있다. 소재를 알 수 없는 철수에 대하여 태호가 하는 "살기는 꼭 살아잇을줄 믿습니다. 결코 그러케 값없이 죽을사람이 아니지오"라는 의미의 말이 세 번이나 반복된다. 태호와 은히 사이의 사랑을 규정짓는 최종심급 역시도 철수이다. 태호가 은히를 사랑하는 이유는, 은히가 동경하면서 그리워하는 유일한 벗 철수를 너무나 닮았기 때문이다. 태호는 전람회에서 은히를 처음 본 순간부터 그녀를 본 적도 없는 철수의 동생이라 단정짓고, 그녀에게 철주라는 이름까지 지어준다. 다음의 인용에서처럼 태호에게 철주와 은히는 동일시되고 있는 것이다.

> 그두여자는 누가누구인지 분간할 수 없는 꼭같은 사람인 것 같엇다. 그리며 아득히 먼곧에서 두여자가 마주 가까이 와서는 그만한 사람으로 되어버리는 야릇한 환상을 태호는 머리에 그리는것이엇다.[124]

태호는 의식불명의 위급한 상태에서도 철주를 애타게 찾을 정도로, 절대적인 사랑을 보여준다. 그런데 이 작품에서 철수라는 인물은 지극히 막연하게 묘사되어 있다. 철수는 작품의 마지막에 해외에서 돌아와 태호를 만나고, 일경에 체포되었다는 풍문으로만 존재한다. 태호와 중학교 삼년급 겨울에 헤어져서 만나지 못한지가 9년이 되는 철수는, 태호에 의해 백만 군중의 앞에 나타난면 그들의 마음을 모조리 움직이게 할 것 같은 인물로 "우리의 상상이 밎지못하는 무슨 놀라운일을 꾸준히 하고잇을"[125] 것으로 설명된다. 구체적인 현실의 인물이라기보다는 한껏 이상화된 존재가 바로 철수이다. 철수의 존재가 가진 막연한 성격이 강조되면 될수록 은히와 태호의 사랑이 지닌 맹목성도 한설야의 이념과 더불어 극광처럼 빛나게 된다. 『청춘기』는 내부로부터의 외적 초점화라는 초점

---

124) 『동아일보』, 1937.8.11.
125) 『동아일보』, 1937.8.20.

화 양상을 통해, 철수라는 인물에 대한 태호와 은히의 맹목적인 동경을 효과적으로 서사화해내고 있다.

『초향』도 『청춘기』와 마찬가지로 무산자는 거의 등장하지 않으며 기생인 초향의 내면에 초점이 맞추어져 있다. 그럼에도 이 작품은 『청춘기』와 달리 서술자가 자신의 모습을 너무나 선명하게 드러내어, 작품은 기본적으로 외적 초점화로 되어 있다. 작가적 서술 상황을 드러내는 표지는 작가적 보고의 서술부 강화, 서술된 화법으로서의 사고 보고와 간접 화법, 작가적 서술자의 자신한테 하는 말, 서술된 사건에 대한 언급, 미래와 과거에 대한 언급, 대화 지시문, 드러난 서술자 등으로 요약할 수 있는데,[126)]『초향』에는 이러한 표지가 모두 나타난다.

서술자는 "만일 그는 아는 사람이 있다면 그는 초향이가 열일곱살 때 ―즉 지금으로부터 오년전인 여학교 사년급때 여름, 원산 송도원 바닷가에 쓰고 있던 케잎을 벗어던지고 자살한 것을 알뿐이리라"처럼 과거의 일을 훤히 알고 있으며, 고소설투의 목소리를 내기도 한다. 서술자는 "궁금할테지만 독자도 그날 밤을 기다리는 수밖에 없다"나 "총명한 독자는 잘 알겠지만 이 기생은 상오가 말하던 이른바 칠원짜리다"와 같이 맨얼굴을 작품 속에 드러내기도 한다. 다음의 인용은 『초향』의 서술자가 지닌 전지성을 잘 나타내 주는 대표적인 사례이다.

> 초향이는, 이 권이라는 사나이가 자기오빠 상기의 유일한 벗이오, 따라서 자기의 어릴쩍 사정을 상기에게서 들어서 잘 알고 있는것을 전연 알까닭이 없었다. 또 상기의 부탁으로 조선 들어와서 그를 백방으로 수소문해서 찾아낸 사람인지도 모른다.
>
> (…중략…)
>
> 그리고 또 그 의문의 편지를 보낸 사람이 바루 이권이라는 사나인지도 알택이 없다.[127)]

126) F. K. Stanzel, 앞의 책, 211~269면.

서술자의 적극적인 역할에도 불구하고, 이 작품의 서사는 온통 초향의 개인적 삶의 이력과 내면에 초점이 맞추어져 있다. 이러한 양상이 지속되면서, 다음의 인용처럼 초향이 초점자로 등장하는 내적 초점화의 양상을 보이기도 한다.

> 그리고 그는 상당한 교양도있는사람같다. 교양이 있을뿐아니라, 무슨 사물을 판단하고 해석하는 품이 남보다 조곰 앞선것같고 탈태한것같다. 결코 세속그대로 따라가랴 하지않는것도 초향이맘에 들었다.
>
> 초향이에게대한 태도도 요리점에오는 여남은 사람모양으로 달착지근 하지는 않다. 그따위패들과같은 비린내나는 태와말이 없다.
>
> 그리면서도 이사람은 이상하게 사람의맘을 붓잡는다. 아무렇게나 해던지는 말일지라도, 그속에 구수한맛이 있는듯하다.[128]

'같다'나 '듯하다'에서 권에 대한 판단이 지금 초향에 의해 이루어지고 있음을 확인할 수 있다. 초향에 대한 지속적인 초점화와, 초향이가 초점자로 등장하는 내적 초점화가 『초향』의 초점화 양상이라고 볼 수 있다. 작품의 후반으로 갈수록 서술자의 시각보다는 초향의 시각으로 작품이 진행되는 내적 초점화의 특징이 강해진다. 이것은 초향의 의식적인 성장에 대응하는 현상이다. 이를 통해 독자가 초향에게 공감할 가능성은 커진다.

병리적인 초점자의 내면에는 한설야의 일관된 신념이 담겨 있다. 「보복」에는 반일의식이, 「술집」에는 자본주의적 의료체계에 대한 비판이 나타나 있다. 「모색」과 「파도」에는 사회적 부적응을 통해 기성 질서에 대한 부정과 비판의식을 나타나 있다. 「모색」에 등장하는 변절한 K와 잡지사 주간을 맡은 E, 「파도」에 등장하는 박준 등이 기성 질서를 대변하는

127) 155면.
128) 492~493면.

존재들이다. 「두견」에는 안민으로 상징되는 민족의식이, 『청춘기』에는 철수가 상징하는 구체화할 수는 없지만 숭고한 이념이 강하게 암시되어 있다. 『초향』에서도 술집을 드나드는 타락한 인간군상에 대한 비판의식과 초향이 그토록 그리워하는 오빠를 통해 민족의식이 나타나 있다. 이러한 정치적 신념이 병리적 모습을 통해서 밖에 드러날 수 없다는 것에 이 시대의 사회적·문학적 환경의 본질이 놓여 있다.129)

일본어 소설인 「혈」과 「영」은 모두 1인칭 소설로서, 남자 주인공이 과거 일본 여성과의 사랑을 회고하는 것이다. 이들 초점자의 의식은 현실과 대면하지 못한 채 온통 과거에만 결박되어 있다. 이들은 오직 회상을 통해서만 자아정체성을 유지하며, 그러한 태도를 불러오는 것은 현재 식민지 남성이 처한 현실적 곤경이다. 이러한 내적 초점화의 소설들에서 서술자는 더 이상 특권적인 위치를 차지하지 못하고 인물들과 동일한 지평에 서게 된다.

카프 해산 이후 창작된 소설들은 사건의 약화와 더불어 인물의 내면 공간이 크게 확장된다. 내면 서술에 의한 시간의 공간화가 사건을 구성하는 서술 방식으로 사용되는 것이다. 작품의 서사는 계기적 인과성에 따라 이루어진다기 보다는 의식의 흐름을 중심으로 한 내면의 병렬적인 나열로 구성된다. 따라서 서술시가 사건시에 비해 크게 확장된다. 이러한 회상이나 내면을 드러내는 순간 스토리 시간은 정지되어 있는데 반해, 서술 시간은 계속해서 흘러가기 때문이다. 서술되는 이야기는 특정한 사건에 고정되어 있는데 반해, 과거의 사건을 다루는 서술 시간은 지속되는 구조라는 점에서 이 작품의 서술속도는 쥬네트가 말한 '멈춤(ellipsis)'에

129) 임화는 이 시기 한설야 소설의 인물들을 투르게네프의 소설 「루진」에 나오는 주인공 루진에 비유하여 다음처럼 설명하고 있다. "雪野氏나 無影氏의 小說같이 얼마間이라도 作者들의 精神的 活動의 魅力을 期待할수있는 作品에서 發見되는것이 한갈같이 「루－진」的 雰圍氣라는데는 이時代의 깊은 憂愁를 아니 맛볼수가 없다. 아마 當分間 「루－진」같은 男女人物, 精神的雰圍氣는 無力化한「인테리겐차」의 心理的記念物로 꽤 오래 作品우를 떠 돌지도 모른다"(임화, 「彷徨하는 時代精神」, 『문학의 논리』, 학예사, 1940, 255면).

가깝다. 이 시기 소설의 스토리 시간은 매우 짧다. 서술시간의 확장과는 반대로 스토리 시간은 「임금」과 「술집」은 하루, 「철로교차점」, 「이녕」, 「모색」은 이틀, 「두견」은 사흘에 불과하다. 「파도」의 스토리 시간도 일주일이 채 되지 못한다. 이러한 서술시의 확장은 가능한 한 서술자의 중개 없이 인물의 내면을 그대로 옮기고자 한 결과이다. 이를 통해 무기력과 정체성의 혼란이 의미화 되고 있다.

3. 예외적 비전을 통한 현실의 전유 양상

1) 무산자의 전유를 통한 이념의 일방적 전달

해방 이후 창작된 한설야의 모든 소설은 주제소설로서의 뚜렷한 특성을 보인다. 북한에서 한설야가 창작한 소설들에는 인물-초점자를 내세운 내적 초점화의 방법이 빈번하게 사용된다. 이것은 이데올로기적 담화에 어울리는 것이다. 이데올로기적 담화는 본래 언표행위의 흔적을 지워버리고는, 보편적이고 당연한 것으로 자처하기 때문이다.[130] 서술자-초점자를 표면에 내세울 수도 있지만, 그러한 흔적을 최대한 줄인 것은 인

130) 이데올로기적 담화가 그 지시물과의 관계에서 은폐적이라고 한다면, 그것은 또한 발화자와의 관계에서도 마찬가지로 은폐적이라고 할 수 있다. 이데올로기란 개인적 신념이 아니라 권력에 봉사하는 집단적인 믿음이다. 이데올로기적 담화의 발화자는, 그것을 행하는 자가 한 개인이라 하더라도 사실은 집단이다(O. Reboul, 홍재성 · 권오룡 역, 『언어와 이데올로기』, 역사비평사, 1994, 97~109면). 레불은 이념가들이 상대의 사고를 일정한 방향으로 몰아가 상대로부터 비판적 반성이 제기되는 것을 막아내기 위해 어떤 언어 "트릭"을 동원하느니 구체적으로 보여준다. 그에 의하면 이데올로기적 언어는 "충격적 단어", "자격 박탈" 및 "마법의 공식"으로 구성되어 있다. 그러나 그는 이 같은 이데올로기적 어법의 다양한 측면들이 서로 어떻게 관련되어 있는지 설명하지 않고 있다.

물들에 의하여 자발적으로 일어난 의식이라는 인상을 주려는 의도에서 비롯된 현상이다. 그것은 사실상의 발화자라고 할 수 있는 집단, 즉 당의 흔적을 지우기 위한 것이다.

서술자의 중개적 역할을 필요로 하지 않을 정도로, 이 시기 인물들은 이데올로기와 완전히 밀착된 존재들이다. 이 시기 초점자들은 사회주의 리얼리즘에서 말하는 긍정적인 주인공(positive hero)에 해당한다.131) 독자들은 이 시기 소설에서 펼쳐지는 세계와 그에 대한 전망을 모두 초점자의 눈을 통하여 지각하도록 유도된다. 그들은 작가의 전망을 온전하게 받아들인 완전한 인간형들이다. 이것은 북한에서 출판된 『청춘기』 개작본의 후기를 통해서도 확인할 수 있다.

> 작자는 이런 아름다운 광경을 하나의 산 형상으로서 진창 같은 혼탁과 고난 속에 사는 당시 조선인민에게 보이고 싶었던 것이다.
>
> 작품은 사람들에게 아름다운 것을 보여주는 것이 무엇보다 필요하다는 나의 신념은 예 이제 다를 것이 없거니와 반드시 그래야 사람들은 그것에 감격하고 그것을 본받고 그 길을 추구하면서 나아갈 것이다.
>
> (…중략…)
>
> 이 작품을 쓰면서 나는 조선의 딸들이 은희를 따를 것을 희망하였으며 조선의 아들들이 태호를 본받을 것을 희망하였다.132)

이처럼 북한에서 한설야가 그려내는 인물들은 구체적인 현실의 뼈와 살을 지닌 인간이라기보다는, 교과서적인 차원에서 존재하는 관념의 인물들이다. 이들은 작가가 생각하는 긍정적인 세계상을 온몸으로 체현하여, 독자가 본받아야 할 '모범'으로서 존재한다. 서사의 세계를 보여주는

131) 사회주의 리얼리즘에서 서사의 본질적인 요소인 긍정적 주인공은 유일한 지평이며, 불확실함 속에서 도달할 수 있는 한계이자 목표로서의 의미를 갖는다(R. Robin, *Socialist Realism—An Impossible Aesthetic*, Standford University P., 1992, p.292).

132) 『청춘기』, 조선작가동맹출판사, 1957, 500~502면.

유일한 눈인 초점자들이 작가의 이데올로기와 하나가 되면, 작가가 초점자를 통해 드러내고자 하는 이데올로기는 부분 체계가 아니라 완전한 진리이자 현실로서 보여지게 된다.[133)]

그렇다면 이들 소설에서 보고, 말하는 주체는 누구일까? 그것은 작품 속에 등장하는 초점자가 아니라 바로 담화가 감추고 있는, 부재하는 주어(주체)라고 답할 수 있다.[134)] 이렇게 될 경우, 이들의 말과 생각과 행동은 서술자의 중개를 거칠 필요 없이 독자에게 그대로 전달되어야 한다. 이러한 전달은 서사 속 인물과 독자와의 사이에 아무런 소통과 교감의 장애도 없다는 환상을 줄 때 가능하다. 그러나 이때의 초점자는 작가에 의해 철저하게 전유된 동일자에 그칠 뿐이다.[135)] 이들 소설에 등장하는 초점자들은, 주체에 완벽하게 동화된 동일성의 폭력적 흔적에 불과한 개인들이다. 이렇게 될 때, 타자는 거대한 주체에 용해되어 버려 결국 사라진다. 북한소설에서 사용되는 호칭의 변화도, 이러한 집단성 강조의 실례이다. 「초소에서」의 '동근이들', '인수네', '봉선이들', 『대동강』의 점순이들, 문상이들, 『설봉산』의 학철이들, 순덕이들, 「레닌의 초상」의 동혁이들, 성순이들, 허영이들과 같이 인명 뒤에는 '들'이라는 복수 접미사가 붙는다.

해방 이후 북한에서 창작된 소설들은 대부분 내적 초점화를 기본으로

---

133) 이데올로기적 술화는 이원론과 독백주의라는 두 가지 특징을 지닌다(P. Zima, 『이데올로기와 이론』, 문학과지성사, 1996, 427~428면). 한설야 소설에 드러난 이와 같은 초점화의 양상은 독백주의에 해당하는 서술적 특징이라고 할 수 있다.

134) 언표에 있어 이데올로기적인 것이란 다름 아니라 말하는 사람도 모르는 사이에 혹은 그의 의지에 상관없이 말해지는 것, 바로 그것이다. 그것은 그 자신도 모르는 사이에, 막연한 느낌에서 비롯된다. 이것은 모든 이데올로기적 담화에서도 마찬가지이다. 이럴 때 말을 하는 것은 의식 있는 개인으로서의 나가 아니라, 나를 통하여 익명의 권력이 말을 하는 것이다(O. Reboul, 앞의 책, 118면).

135) 스피박이 데리다의 해체 전략을 적용하는 것은 사회적 관계 속에서 투명 인간을 자임하는 지식인들의 허구성을 지적하고, 허구 속에서 가상으로 만들어진 타자의 이미지를 깨뜨려 타자에게 진정한 목소리를 들려주기 위함이다(Donna Landry · Gerald Maclean ed., *The Spivak Reader*, New York : Routledge, 1996, pp.11~43).

하면서 부분적으로 외적 초점화의 방법이 사용된다. 이러한 초점화의 방법은 카프시기부터 지녀온 정치적 신념과 일제 말에 익혀온 문학적 수법이 결합된 결과이다.[136] 해방 이후 창작한 21편의 단편[137] 중에서, 「모자」(1946.8), 「탄갱촌」(1946.8), 「개선」(1948.10.17), 「얼굴」(1949.2.15), 「남매」(1949.8), 「기적」(1950.8), 「전별」(1951.3.25), 「땅크 二一四호」(1953.3.1), 「레닌의 초상」(1957.9.13), 「아버지와 아들」(『조선문학』, 1962.4) 등이 여기에 해당된다. 「모자」에서는 소련 병사가, 「탄갱촌」에서는 탄광 기술 공업학교 학생 재수[138]가, 「개선」에서는 '장군'의 숙모가, 「얼굴」에서는 병수가, 「남매」에서는 원주가, 「기적」에서는 인춘 령감이, 「전별」에서는 용주가, 「땅크 二一四호」에서는 기련이, 「레닌의 초상」에서는 허영이, 「아버지와 아들」에서는 홍걸 아버지가가 초점자로 등장한다.

'어떤 쏘베트 전사의 수기'라는 부제가 붙어 있는 「모자」는 해방 이후 한설야의 북한 소설 중에서는 유일하게 '나'가 초점자로 등장하는 1인칭 소설이다. '나'는 우크라이나 출신으로서 독일과의 전쟁에 참전하고 조선을 해방시키기 위해 온 소련군인이다. 이 인물은 너무나도 확고한 공산주의에 대한 신념과 국제주의자로서의 면모를 보여준다. 내적 초점화로 되어 있지만, 보통의 인물-초점자가 보이는 의식에의 집중과 그것이 보이는 분열과 갈등의 양상은 소거되어 있다. 작가가 말하고자 하는 바를

136) 윤세평은 해방 이후 한설야 소설에 보이는 인물형상화의 특징과 그 기원을 다음과 같이 설명하고 있다. "그는 인물들의 외부적인 초상보다도 내면 세계, 즉 심리, 감정, 정신적 특징을 천명하는 데 더 많은 정력을 기울였다. 특히 이것은 그의 해방 전 삼십년대 후반기에 씌여진 작품들에서 특징적으로 나타나기 시작하였다. 실지 이 시기는 작가가 극도로 창작적 구속을 받으면서 외부 세계보다도 자기 자신의 내부 투쟁을 전개하면서 창작에 정진하던 시기로서 그의 예술적 탁마에 바쳐진 고심과 함께 한 설야의 예술적 특성, 특히 그의 스찔이 개성적인 것으로 형성된 시기로도 볼 수 있다"(윤세평, 앞의 글, 79~80면)고 기술하고 있다.

137) 「아버지와 아들」을 제외한 한설야의 단편은 『한설야 선집-단편집』(조선작가동맹출판사, 1960)에서 인용하였다.

138) 이 시기 소설 중에서는 재수가 약간이지만 이데올로기에 완전히 장악되지 않은 개인으로서의 성격을 보여준다. 재수는 자신에게 큰 기대를 걸고 있는 아버지와 아내를 생각하며 탄광 노동자가 되기 주저하는 모습을 보여주기 때문이다.

거의 그대로 보여주는 백짓장 같은 인물이다.

「탄갱촌」은 기본적으로 탄광 기술 공업학교의 학생인 재수를 초점자로 삼은 내적 초점화의 양상을 보인다. "늘 보던 그 얼굴이다. 그러나 볼 때마다 새로운 얼굴이다. 모든 조선 사람의 맘을 부채살처럼 한데 모아 잡아 주는 너그럽고 따사로운 그 양자가 오늘은 차라리 부모인 듯 동기인 듯 정답게 보였다"와 같은 식의 서술이 이루어진다. 김일성을 찬양하거나 해방된 조선의 현재를 찬양하는 대목에서는 늘 내적 초점화의 방법이 사용된다.

이 작품에서 재수라는 한 개인의 의식은 언제든지 '그들'이라는 집단의식으로 연결된다. 갱도를 수리하는 사람들을 만났을 때, "그 순간 그들은 알 수 없는 감격을 깨달았다. 그들이 결코 자기들과 아무 상관없는 사람으로 보여지지 않았다"로 표현되는데, 이때 초점자는 재수 한 개인이 아닌 "학생들"이라는 집단으로 확대되고 있다. 재수는 개인으로서 존재하기도 하지만, 언제든지 집단의 일부로서 축소될 수 있는 성격의 인물이기도 하다. 그럼에도 한설야의 해방 이후 작품들 중에서는 특이하다고 할 정도로 내적인 번민을 보여주기도 한다. 학교생활을 얼마간 체험한 후에도 탄광 노동자가 되기를 주저하며 집으로 돌아가 다른 일을 할까 망설이기 때문이다. 그러나 작품 속에서 재수의 번민과 망설임은 탄광노동자가 되겠다는 재수의 결단을 빛나게 만드는 장식품에 지나지 않는다.

「개선」 역시도 '장군'의 숙모인 창주 어머니를 초점자로 삼은 내적 초점화와 서술자가 초점자로 등장하는 외적 초점화가 결합되어 있다. 모두 6장으로 이루어져 있다. 3장까지는 숙모가 초점자로 설정된 내적 초점화의 양상이 강하고, 4장과 5장은 '장군'의 집에서 이루어지는 '장군'과 숙모의 대화로 이루어져 있다. 이 부분에서부터 외적 초점화의 양상이 두드러지며, '장군'의 내면이 초점화의 대상으로 등장하는 비중 역시 늘어난다. 6장은 온전한 외적 초점화의 양상을 보여준다. 6장에서 숙모는 사라지고, "그것들이 모두 수이 없어지고 말쑥한 새살림들이 제자리에 깃들이고 앉아야 할 것이라고 장군은 생각하였다"처럼 '장군'의 내면이 외적 초점화에 의해 드러난다.

이 소설의 내적 초점자인 숙모는 김일성과 그의 행적을 위대하게 되비춰주는 특수거울에 해당한다. 그녀는 "배우지 못 하고, 돈 없고, 권리 없던 한개 농촌 부인"으로서 "조선 인민들의 마음"을 대표하는 성격을 지니고 있다. 그러한 그녀는 '장군'과의 대화를 통해 "싫은 일이 있어도, 괴로운 일이 있어도, 또 기쁜 소식이 있어도 강 건너만 쳐다보았습네다. 우리 김 일성 장군이 건너오지 않나"라고 말하며, 김일성의 항일활동을 찬양하고 있다. 그녀는 김일성의 친척으로서, 김일성 한 개인이 아닌 그의 집안 전체가 항일 활동에 나섰음을 증거하는 역할을 하기도 한다. 또한 그녀는, '장군'의 "어머님이 안 계신 오늘에는 작은어머니가 내 어머니"라고 말할 정도의 가족 내 위상을 지닌 존재이다. 따라서 그녀는 '장군'과의 대화에서 "여보소. 장군, 말 좀 하시소"라든가 "아무렴 그렇지요. 인제 장군이 바른말 했쇠다" 등의 말을 스스럼없이 할 수 있다. 이러한 친밀한 거리감을 통하여 '장군'은 더욱더 인간미가 넘치는 매력적인 존재로 비춰진다. 조선 기층민중의 전형이면서, '장군'의 친척 어른이라는 특수한 지위를 통하여 그녀는 김일성의 공적인 위대성과 사적인 인간미를 동시에 부각시킬 수 있는 기능을 수행한다.

「얼굴」의 초점자는 병수인데, 그는 한설야의 북한 소설에서 인물-초점자가 지니는 이데올로기적 상태를 가장 선명하게 보여주는 인물이다. 병수는 반일의식과 친소의식으로 철저하게 무장되어 있다. "날마다 부두에 나가서 삯짐을 져 나르는 고역이 아직 서툴고 또 뼈가 휘도록 벅차"하는 인물이지만, "낫과 마치를 그린 붉은 기 휘날리는 배가 들어 오면 나도 억대우처럼 그 짐들을 나르리라"고 다짐을 한다. 동시에 "왜놈이 아니면 사람임에 틀림 없을 것이다"라는 문장에서 드러나듯이, 병수에게 일본인은 사람이 아닌 비인(非人)으로까지 인식된다.

「남매」의 초점자인 원주는 일제하 기층민중의 전형이다. 소작인의 자식으로 태어나 소학교 때부터 야장간의 심부름꾼 역할을 하고, 동생은 지주집에서 종살이를 했으며, 건강까지 좋지 않았던 것이다. 그러한 원주의 시각을 통해 해방 이후는 "검은 세계에서 밝은 세계로 넘어 온" 것으로 표현된다. 이 작품은 일제에 대한 적개심, 병원에서 일하는 사람들로 대표되는 소련의 긍정적인 측면에 대한 이상화, 그리고 새로운 조국에 대한 감격으로 가득하다. 이 시기 한설야 소설의 초점자가 그러하듯이 원주 역시 개인의 고유성보다는 북한의 체제 이데올로기를 체현한 집단성의 담지자에 불과하다.

「기적」의 초점자는 인춘 령감이다. 그 역시 다른 소설의 초점자들과 마찬가지로 일제의 피해를 가장 많이 받은 기층민중이다. 그는 일본인에게 따귀를 맞아 한쪽 청력을 잃었으며, "주머니에는 일찌기 돈이라고 이름하는 그런 물건이 들어 가 본 일이 없"는 무산자이고, "낫 놓고 기윽자도 모르"는 무식자이다. 인춘 영감은 해방 이후 한설야 소설의 주인물이 젊은이들인 것과는 다르게 노인이지만, 사회적 처지로 인해 자본주의와 일제의 때가 묻지 않은 청년과 같은 느낌을 준다. 이러한 인춘 령감이 해방과 함께 소련군 대위의 한마디로 자신이 일하는 직장의 최고책임자가 된다. 이러한 인춘 령감에 의해 일제는 악의 표상으로, 소련은 무산자들이 주인 되는 세상을 만들어놓은 선의 표상으로 그려진다.

이 작품에서 소련은 무조건적인 선의 표상이다. 인춘 영감을 비롯한 조선의 노동자들은 소련 군대를 다음과 같이 인식한다.

> 벌써 만나기도 전부터 딴은 조만치 않게 친근해진 쏘련 군대다. 사람들은 얼굴도 말도 모르지만 어쨌든 무관한 사이로 치고 드는 것이였다. 그도 그럴 것이 쏘련 군대는 벌써 전설에서 익히 들어 아는 장수나 군사처럼 사람들의 가슴에 살아 있는 것이였다.[139]

---

139) 374면.

인춘 영감이 소련군의 등장으로 인해 모든 것이 행복했던 유년의 낙원이 다시 올 것이라고 기대하는 것처럼, 소련군은 현실 속의 시공속에 존재하는 존재들이라기보다는 "전설에서 익히 들어 아는 장수나 군사"와 같은 존재들이다.

「레닌의 초상」은 초점화 방식을 통해 레닌과 김일성의 관계에 대한 한설야의 기본적 입장을 구조적으로 드러내고 있다. 이 작품의 초점자는 독서회 사건으로 경찰에 검거되어 감옥에 수감된 주의자 허영이다. 감옥을 탈옥하려고 했던 세 번의 시도를 설명하는 부분만 서술자가 직접 개입하며, 나머지 부분은 모두 내적 초점화의 방법으로 되어 있다. 허영은 1934년 봄, 열여덟 살에 수감되어, 중간에 잠시 탈옥했던 것을 제외하고는 1941년이 되도록 감옥에 수감되어 있다. 서사는 감옥에서의 일을 중심으로 전개된다.

감옥에서 허영은 로령을 넘어왔다는 동혁과 남만에서 왔다는 성순을 만난다. 허영은 성순이 아닌 동혁과 함께 감방 4호에 머무르는데, 레닌을 절대적인 존재로 여기는 동혁으로부터 레닌에 대한 이야기를 듣는다. 동혁은 레닌의 사상에 충실한 사람이고, 성순은 김일성 유격대의 일원이다. 그런데 이 소설에서 흥미로운 것은 동혁이 소설의 초점인물인 허영과 한 방을 씀으로써 직접적으로 자신의 목소리를 냄에 반해, 성순은 자신의 목소리를 직접적으로 내지 못하며, 내더라도 벽 하나를 거친 희미한 목소리에 그친다는 것이다. 따라서 독자는 동혁, 즉 레닌의 목소리를 성순, 즉 김일성의 목소리보다 더욱 분명하게 들을 수밖에 없다. 이 소설에서는 성순이 추구하는 민족주의의 이념도 동혁이 추종하는 레닌의 민족주의에 포섭되는 모습을 보여준다.

동혁은 "성순이란 분이 민족주의잔가?"라는 허영의 질문에 다음과 같이 말한다.

> 왜, 민족을 위해 싸우는 것이 나쁜가. 레닌은 말했소, 항상 어느 민족에게도

두 개의 민족이 있다고…… 침략자—즉 우리 경우에 있어서는 일제를 반대하는 민족주의는 정당한 것이며 그것이 없어서는 안 된다고 말했소. 이것이 없이 조선에서 레닌의 사상이 승리를 바랄 수는 없는 것이요.[140)]

저항적 민족주의가 긍정되고 있는데, 그것은 어디까지나 레닌을 통해서이다. 이러한 레닌의 발언이 지니는 중요성은 작품의 말미에서 "침략자에 대한 피압박 민족의 어떠한 반항도 그것은 미덕이며 정당한 일이라는 것을 레닌은 말했소"라고 다시 한번 반복되는 것에서도 확인된다. 동혁이나 성순 등은 모두 레닌의 초상 아래에 모인 사람들로서 레닌의 제자들인 것이다.

물론 김일성 유격대의 의의에 대하여서도 충분히 강조하고 있다. 이 작품에는 "나라도 민족도 떠나서 그저 '혁명'을 부르짖고 맑스, 레닌을 부르짖어야 진정한 '주의자'인 줄로 알았다"는 당시의 풍토에 대한 비판이 등장한다. 또한 동혁은 김일성 유격대의 활동을 적극적으로 인정하고 있다. 나아가 "요 몇 해 사이에 만주에서 김 일성 장군 유격대가 료원의 불ㅅ길처럼 일어 나는 데 보조를 맞추어 국내 운동이 버쩍 머리를 들고 일어났다"는 문장에서 알 수 있듯이, 국내외 모든 운동의 중심을 김일성 유격대에 두는 모습까지 보여주고 있다. 그러나 김일성 유격대의 반일투쟁도 어디까지나 레닌의 사상 안에서 의미 있는 것임을 분명히 하고 있다. 이러한 작가의 의도는 초점자인 허영과 동혁이 한 방을 쓰게 함으로써, 결과적으로 성순보다 동혁에게 훨씬 더 많은 발언의 기회를 주는 서술적 특성을 통해 효과적으로 달성된다.

『형제』는 전쟁기(1952년부터 1953년 휴전까지), 평양 근교의 후방을 배경으로 하고 있다. 초점자로는 순이와 금옥이가 가장 많이 등장한다. 전쟁기 후방에서의 활동을 그린 『대동강』과 유사하게 여성을 초점인물로 내세

140) 603면.

우고 있다. 이어지는 속편 『성장』에서도 내적 초점화의 방법이 사용된다. 순이의 돌봄을 받던 금옥이 의사로 성장하여, 전쟁고아를 돌보는 이야기인 『성장』은 액자소설로서, 외화에서는 금옥이 초점자로, 내화에서는 혜덕이 초점자로 등장한다. 윤세평은 『형제』 등을 예로 들어, 한설야가 보이는 성격창조의 특징으로 "인간들의 정신 세계, 즉 내면 세계에 깊이 파고 드는 그 점", "인물들의 외부적인 초상보다도 내면 세계, 즉 심리, 감정, 정신적 특징을 천명"[141]한 점을 지적하고 있다. 안함광도 『성장』의 특징으로 "인물 형상들의 심오한 내면 세계를 참으로 진실하게 부각했다"[142]고 말한다. 모두 무산자들을 형상화하는데 있어 이전과는 달라진 북한 소설의 초점화 방법을 지적하고 있는 것이다.

무산자를 초점화하는 방식에 있어 한설야의 북한 소설은 식민지시기와 결정적인 차이를 보인다. 식민지시기에 내부로부터 조망되는 것은 어디까지나 지식인 범주에 드는 사람들이었다. 노동자와 농민과 같은 기층민중들은 외부로부터 관찰되었을 뿐이다. 그런데 해방 이후에 그런 상황은 역전된다. 「레닌의 초상」에 등장하는 허영을 제외한다면, 대부분의 초점자는 평범한 기층민중으로 한정되어 버린다. 해방 이후 무산자는 내부로부터 조망되는 특징을 보여준다. 한설야는 해방 이후 발표한 글에서 인물의 형상화에 있어 해방 이전과는 달라진 태도를 다음과 같이 뚜렷하게 드러내고 있다.

> 인물의 특징, 성격의 특유성은 결코 초상의 외면적 설계로서는 형성되지 않습니다. 꼬마 전사의 일상적 습관이나 외모를 아무리 섬세하게 묘사해도 꼬마 전사의 성격은 개성화되지 못합니다.
>
> 주인공의 독자적인 생각, 그 인물의 고유한 심리 과정이 묘사되지 않고는 예술의 개성화도 있을 수 없으며 문제성의 예술적 일반화도 기대할 수 없습니다.

---

141) 윤세평, 앞의 글, 79면.
142) 안함광, 「장편 『성장』의 몇가지 형상적 특징」, 『문학신문』, 1962.5.15.

주인공의 독자적인 생각이 없거나 생활에 대한 개성적인 관계가 없다면 어떻게 주인공의 개성이 생기겠습니까! 독자들은 문학 예술 작품에서 생활적 진실을 느낄 뿐만 아니라 미학적 감흥을 받으려고 합니다. 그런데 그렇게 만드는 것은 다름아닌 우리를 흥분시키는 작품의 문제성이며 정서이며 심리 묘사입니다.[143]

인물 특질의 전달은 외적인 묘사만으로는 불가능하다는 것, 인물의 심리 과정이 묘사되어야만 인물의 개성이 전달된다는 것이 위 인용의 핵심이다. 이것은 해방 이후 노동자들을 재현함에 있어 내적 초점화의 방법을 사용하게 된 변화의 이유를 설명하는 것이다. 전향기에 등장했던 인물―초점자는 확고한 이념을 지니지 못한 채 방황하는 인물들로서, 고유한 개성을 지니고 있었다. 그러나 해방 이후 초점자가 되는 인물들은 작가의 전망을 온몸으로 체화한 인물들이다. 그들은 친소의식, 공산주의적 이념, 김일성에 대한 찬양, 반일・반미 의식 등을 지니고 있다. 내적 초점화에서 초점인물이 가지게 되는 의식의 분열과 갈등 양상은 사라진 채 보이지 않는다. 따라서 그러한 인물들은 내포작가의 이념을 그대로 전달하는 스피커로서의 기능에 머물게 된다. 이제 남은 것은 오직 작가의 이념이 일방적으로 전달되는 것뿐이다.

내부로부터의 내적 초점화를 통해 이 시기 무산자들의 내면은 백일하에 드러나지만, 역설적으로 훤히 드러난 내면 속에 그들의 고유한 고민이나 본질은 들어있지 않다. 서술자는 자유롭게 초점자인 무산자들의 내면 속을 넘나들었던 것이다. 이때 그들의 생각과 의식은 작가의 정치적 입장과 하나도 다르지 않은 모습을 보여준다. 이러한 인물들은 리얼리즘 소설의 핵심적인 범주라 할 수 있는 전형성에서도 벗어난 것이다. 루카치는 보편성과 개별성이라는 양극단을 매개하는 범주인 특수성을 전형성의 철학적 토대로 보았다.[144] 그런데 이 시기 한설야 소설의 인물들은

143) 한설야, 「전후 조선 문학의 현 상태와 전망」, 『제2차 조선작가대회 문헌집』, 조선작가동맹출판사, 1956; 김재용 외, 『현대문학비평자료집』 4, 태학사, 1993, 67~68면.

보편성에만 집착하여 개별성을 상실한 채, 추상적인 사상의 전달에만 치우쳐 있다.

이러한 초점화의 성격은 화법의 차원에서도 발견된다. 이 시기 소설에는 자유간접화법(indirect interior monologue)이 많이 사용되는데, 이것은 작중인물의 내면 독백을 간접적으로 표현하는 화법이다. 직접화법과 간접화법을 혼용한 문체로 3인칭 대상을 마치 1인칭 대상처럼 묘사하는 방법이다. 자유간접화법은 순수하게 문법적인 측면에서 본다면 화자의 보고문이지만, 내용 자체는 작중인물의 의식이다. 이로 인해 자유간접화법에서는 화자의 발언과 작중인물의 발언이 겹쳐진다.145) 대표적인 경우만 예를 들면 다음과 같다.

모든 조선 사람의 맘을 부채살처럼 한데 모아 잡아 주는 너그럽고 따사로운 그 양자가 오늘은 차라리 부모인 듯 동기인 듯 정답게 보였다.

랑하는 그 초상화 한 장 때문에 더할 수 없이 명랑하였다. 재수는 무연한 가운데서 기운이 났다. 기쁨이 드솟았다.(「탄갱촌」, 71면)

그보다도 저를 죽음에서 건져 준 크리블랴크 선생의 파아란 눈동자—자기의 몸을 꼭 껴안듯이 하고 나무로 만든 청진기를 통하여 고달픈 제 심장을 엿듣는 선생의 번쩍이는 눈동자, 입원하던 날 밤에 잠도 못 자고 자기를 꼭 지켜 주고 껴안아 주고 그리고 이따만큼씩 굵다란 주사를 놓아 주고 손발까지 문질러 주던 그 땀 난 얼굴……그것은 영원히 원주의 머리에서 사라지지 않을 것이였다.(「남매」, 174면)

---

144) 정남영, 『리얼리즘과 그 너머—디킨즈 소설 연구』, 갈무리, 2001, 29면.

145) 슈탄젤에 의하면 이 화법은 작중인물의 입장인 체험과 서술자의 입장인 서술의 양면성을 갖는다(F. K. Stanzel, 앞의 책, 20~35면). 자유간접화법은 직접 화법과 간접 화법의 중간적인 화법이다. 이 경우 간접 화법의 문법적인 형태는 그대로 사용되고 있으나, 원래 대화의 의미의 뉘앙스들, 특히 발화 주인을 나타내는 표징이 남게 된다(T. Todorov, 앞의 책, 63면).

벌써 만나기도 전부터 딴은 조만치 않게 친근해진 쏘련 군대다. 사람들은 얼굴도 말도 모르지만 어쨌든 무관한 사이로 치고 드는 것이였다. 그도 그럴 것이 쏘련 군대는 벌써 전설에서 익히 들어 아는 장수나 군사처럼 사람들의 가슴에 살아 있는 것이였다.(「기적」, 374면)

그들은 어둠 속에서도 광명한 신념에 사는 사람들이였다. 신념은 강한 것—그 무엇도 능히 이길 수 있는 힘이라고 허 영은 생각하였다. 인간에게 있어서 마지막 일은 죽는 일인데 죽음으로도 돌려 놓을 수 없는 것은 사람의 신념이였다. (「레닌의 초상」, 618면)

위에 나온 문장들은 실제에 있어서 작중인물의 말이고, 서술자는 그 말을 자기 입장에서 전달하고 있다. 이러한 문장들에서 서술자는 주인공의 관점을 공유하고 있다. 모든 말이 작중인물에 의하여 말해지고 생각되는 것처럼 보인다. 그러나 '나'라는 1인칭 대명사 대신 '저'라는 3인칭을 사용하고 있는 점, '것이였다'는 과거 시제를 활용하는 것 등에서 알 수 있듯이, 서술자의 존재가 남아 있다. 위의 문장들에서 화자의 발언과 작중인물의 발언은 겹쳐진다. 이것은 곧 서술자와 작중인물 사이에 비판적인 거리가 존재하지 않음을 의미한다. 또한 자유간접화법으로 되어 있는 문장들이 담고 있는 내용은 김일성 찬양, 친소의식, 변치 않는 신념에 대한 찬양 등이다. 이것은 작가가 해방 이후 일관되게 강조한 이념들과 일치한다. 한설야의 해방 이후 소설에서 서술자는 작중인물의 의식을 빌어 이념을 드러내고 있는 것이다.

카프시기 무산자들이 외적 초점화의 방법을 통해, 드러나지는 않지만 상상되는 것으로서의 내면을 유지하고 있었다면, 이제 그러한 고유성은 사라지고 없다. 북한 소설에 나타난 무산자의 재현방식과 비교한다면, 카프시기의 서술방식은 무산자들을 자기의 틀에 맞추어 찍어낼 수 있는 동일자가 아닌 타자로 파악한 결과라고 볼 수도 있다. 이것은 작가의 인식론적 폭력을 막고 무산자들과의 독립적이고 평등한 대화와 소통을 가능케 하는 출발점이 될 수도 있었다. 그러나 한설야의 북한소설에 나타난 기층민중의 재현 방식은, 스피박이 말한 "타자를 동일자로 전유하는 것의 위험성"[146]을 실증하는 사례가 되어 버린다. 소설 속 인물들을 자신에게 완전히 동화시키는 태도는 자신의 내면에 타자의 목소리가 있다는 식의 자기 통합적 주체에 호소하는 모양에 불과하다. 이것은 타자의 주체화 혹은 동일자화라고 할 수 있다. 한설야의 북한 소설에서 다른 목소리, 다른 얼굴, 다른 의식이란 존재하기 힘들다.

한설야는 「예술운동의 본질적 발전과 방향에 대하여」(1946)에서 "그들의 벗이 되어야 하고 그들의 의식을 자기의 의식으로 하는 데서만 그들을 진정으로 이해하게 될 것이고 그들의 진정한 벗이 될 것이다" 혹은 "레닌에 있어서는 노동자의 의식과 사상이 완전히 생활화하여 있기 때문에 노동자들은 자기들과 레닌 사이의 구별을 보지 못했다. 즉 구별할 수 없는 혼연한 가운데서 벗으로 보았던 것이다"[147]라고 하여, 작가와 노동자들의 의식과 사상이 완전히 일체가 되어야 한다고 주장했다. 이때의 일체화는 노동자의 의식을 중심에 놓은 예술가의 동화를 이야기하는 것이지만, 실상은 그 반대에 가깝다. 「혈로」, 「탄갱촌」, 「자라는 마을」, 「초소에서」, 「전별」, 『력사』가 보여주듯이, 결말 처리의 이념적 성격도 한층 강화된다. 「탄갱촌」이나 「자라는 마을」의 결말에서는 이전에 보이지 않던 노래가 등장함으로써 작품 전체의 내용을 단일한 의미로 고정시키는 힘이 더욱 커진다. 이때의 노골적인 이데올로기는 분명 작가의 것이다.

북한소설 중에서 예외적이라 할 만큼 서술자의 개입이 두드러지는 작품은 『설봉산』이다. 『설봉산』은 모두 71장에 이른다. 이 작품의 구성방식을 보면 한설야가 농조활동을 알리는 것에 얼마나 심혈을 기울였는지 알

---

146) Spivak, *Selected Subaltern Studies*(ed. with Ranajit Guha), New York : Oxford, 1988, p.308.

147) 한설야, 「예술운동의 본질적 발전과 방향에 대하여」, 『해방기념평론집』, 1946; 김재용 외, 『현대문학비평자료집』 1, 태학사, 1993, 32면.

수 있다.[148] 이 소설이 파노라마와 같은 병렬식 구성을 취하고 있는 것은, 농조 활동을 보고하기 위해서이다. 이 소설이 발표된 다음해에 한설야는 『설봉산』의 배경이 되었던 함경도 성진에서 소설 속 실제 모델들과 독자회를 갖는다.[149] 이처럼 이 작품은 역사적 현실과의 깊은 관련성을 지니고 있다.

각 장은 대개 농조의 활동을 중심으로 나뉘어져 있다. 크게는 두 부분으로 나눠지는데, 전반이 농조의 다양한 활동을 병렬식으로 소개하고 있음에 반해 후반부에서는 경덕모의 인간적 갈등과 자살, 순덕의 고민과 피검, 순덕과 경덕의 옥중 투쟁, 경덕의 독립군 활동에의 투신 등이 인과적으로 짜여 있다. 이 작품의 전반부는 특히 서술자—초점자를 통한 외적 초점화의 방식이 강세를 보인다. 스토리 밖에서 전체 사건의 추이를 조망하는 서술자—초점자에 의해서 사건이 보여지고 있다. 이때 인물—초점자에 의해 매개되는 작품보다는 생동감과 현장감이 떨어지지만, 사건의 전개과정과 당대 상황에 대한 이해는 더욱 높아지게 된다. 이를 통해 구체적인 농조의 활동이 사실성 있게 전달되고 있다.

43장 이후는 경덕모와 순덕의 갈등 등을 중심으로 한 단일한 사건이 전개되고 있지만, 42장까지는 농조의 활동이 병렬적으로 나열되고 있다. 불쌍한 여인을 구원하는 청년 농조원의 활동, 씨름판의 모습, 등사기를

---

148) 북한에서 적색농조에 대한 구체적인 연구가 이루어진 것은 1958년 명천 지방의 농조를 연구한 김정숙의 논문(김정숙, 「1934~37년 명천농민들의 혁명적 진출」, 『력사과학』 3, 1958)이 최초의 것으로 알려져 있다. 그렇다면 한설야는 북한의 역사학계보다 2년이나 앞서 농조의 활동을 상세하게 다루고 있는 것이다. 소설에서 보여지는 농조의 활동은 이후 실제의 농조활동과 거의 흡사한 것이라고 볼 수 있다. 함경도 지방의 농조활동을 다룬 연구로는 신주백의 논의를 들 수 있다(신주백, 『1930년대 국내 민족운동사』, 선인문화사, 2005).

149) 한설야는 『설봉산』의 창작 이듬해에 작품의 실제 모델들과 독자회를 갖는다. 여기에서 그는 "내가 이 투쟁을 쓰려고 한 것은 결코 작금 양년의 계획이 아니고 해방전 즉 그 운동이 치열했던 그 시기부터였으며 나는 김일성 원수 항일무장투쟁 즉 이 새 혁명투쟁을 쓰는 것과 아울러 농민투쟁을 쓰는 것을 나의 일생일대의 창작사업으로서 계획하고 있다"(『로동신문』, 1957.5.16)고 말한다.

훔쳐오는 사건, 채권 집행 반대 투쟁, 차용증서 분실사건, 소작료 인하 투쟁, 소작권 이동 반대 투쟁, 산림 보호규칙 반대투쟁, 광주학생기념 시위, 노동절 기념 시위, 10월혁명 기념 시위, 반봉건 투쟁 등이 그야말로 숨가쁘게 그려진다. 이러한 사실 보고의 목적을 이루기 위해, 『설봉산』은 이데올로기적인 효과에만 관심을 기울이는 여타의 북한소설에 나타난 서술양식과는 다른 양상을 보인다. 그러나 후반부로 갈수록 이데올로기적인 성격은 더욱 더 강렬해지며, 서술자는 점차 모습을 감추며 인물들의 내면이 독자에게 그대로 전달되는 서술 특성을 지니게 된다.

2) 숨은 서술자와 예시담의 전면화

한설야의 북한소설에는 예시담(exemplum)이 빈번하게 나타난다. 이것은 일제시기에 창작된 장편 소설들의 개작 양상을 통해서도 확인할 수 있다. 예시담이란 비유나 우화와 같이 하나의 권고나 메시지를 분명하게 함축하고 있는 이야기이다. 이러한 예시담은 주제소설의 초기적이고, 간단한 형태이다.[150] 예시담과 주제소설은 모두 서사 자체가 작가의 의도하는 결론에 초점이 맞추어져 있고, 불명료함이 제거된 하나의 해석만을 가능케 한다는 점에서 유사하다. 한설야의 소설에서 예시담과 같은 기능을 하는 것에는 민요나 노래와 같은 서정 장르 역시 포함시킬 수 있다. 이때 등장하는 설화나 민요 등은 과거와 연결되어 있는 선조들의 말이라는 점에서, 이미 그 권위를 인정받은 선험적 담론이라고 볼 수 있다.[151] 또한 설화나 민요가 주로 일반 민중들에 의하여 향유된 담론이라는 점에서, 그러한 담론의 구사는 민중적 세계관을 드러내는 것이기도 하다.

---

150) Susan Rubin Suleiman, op.cit., p.28.

151) M. Bakhtin, 전승희 · 서경희 · 박유미 역, 『장편소설과 민중언어』, 창작과비평사, 1988, 162면.

이러한 예시담의 등장 역시 서술자 개입을 최소화하는 북한 소설의 특징과 맞닿아 있다. 서술자는 자신의 이념을 자신의 목소리가 아닌 예시담을 통해 간접적으로 드러낸다. 이러한 예시담의 전면화는 서술자를 감춤으로써 독자와 텍스트 사이의 거리감을 크게 줄인다. 이러한 예시담이 작품 속에 등장할 때, 스토리 시간은 특정한 순간에 고정되고 서술시간은 계속해서 흘러간다. 따라서 이때의 서술속도는 '멈춤'에 해당한다. 전향 시기 소설이 전향 지식인 남성의 병적인 내면을 그리기 위하여 서술 시간이 확장되었다면, 해방 이후 소설에서는 작가의 절대화된 신념을 드러내기 위하여 서술 시간이 확장된다고 볼 수 있다.

예시담은 단편보다는 장편에서 적극적으로 활용되기 마련이다. 『력사』는 예시담이 가장 적극적으로 활용된 작품이다. '장군'은 계속되는 담화(훈화, 대화, 지시 등) 속에서 여러 가지 예시담을 활용한다. 첫 번째는 꿈속에서도 아버지가 총 대신 인형을 선물해서 서운해 할 정도로 혁명 정신이 투철한 니끼다라는 "쏘련 소년 이야기"를 하는 부분이다. 이 이야기를 듣고 아동들의 대표격이라 할 수 있는 금철은 "니끼다도 그 때 열 다섯살, 나도 지금 열 다섯살, 자칫하면 나는 니끼다에게 지겠구나…… 하고 생각"한다.

다음으로 등장하는 것은 '장군'이 학교 다니던 시절 백선생이 해주었던 이야기이다. 한설야 소설에는 많은 설화들이 등장하는데, 이때의 설화는 그 내용에서뿐만 아니라 그 자체가 이미 민족 고유의 기억과 정신을 담고 있는 이야기로서 나라 만들기(nation building)의 기능을 수행한다. 그 설화는 괴물퇴치설화에 속하는 것으로서, 한 사냥꾼이 해마다 처녀 하나씩을 훔쳐다가 노예를 시키고 잡아먹는 이웃 나라의 고약한 도적을 처치한다는 이야기이다. 그런데 이 이야기에는 보편적인 괴물퇴치설화에 새로운 내용이 첨가되어 있다. 그것은 사냥꾼이 그 도적을 처치한 이유가 "공주나 왕을 위하는 것이 아니라 도적을 죽여야 우리 백성들이 맘 놓고 살 수 있"기 때문이라는 것이다. 또한 나쁜 장수가 등장하여 사냥꾼의 공을 빼앗고, 자신이 공주를 차지하려고 한다는 내용이 첨가된다. 이에 백성들은 사냥꾼을 대장으로 하여 먼저 쳐들어가 장수와 왕을 잡아 죽인다. 이 이야기는 '장군'에 의하여 다음과 같이 의미부여 된다.

> 장군은 이 이야기를 들을 때 벌써 '그 도적은 바로 왜놈이구나'하였고 왕과 나쁜 장수는 백성의 원쑤라고 생각하였다. 그리며 조선 안에서도 왜놈이 다 없어진다해도 백성의 원쑤는 아직 남아 있을 것이라고 생각하였다. 장군은 지주와 부자가 모두 백성의 원쑤라는 것을 그 때부터 똑똑히 알 수 있었다.[152)]

또한 '장군'은 우리 역사나 인물 중에서 을지문덕, 강감찬, 이순신에 대한 이야기를 한다. 이들이 외세로부터 민족을 수호한 인물들임은 불문가지이다. 과거, 특히 전쟁이라는 민족의 위기와 그것을 구한 영웅에 대한 기억의 공유는 우리라는 공동성을 만들어내는 강력한 기제 가운데 하나이다.[153)] 이들의 신출귀몰한 능력에 대하여 '장군'은 새로운 해석을 내놓는다. 그들이 그토록 뛰어났던 것은 "집체적 영웅성－즉 인민들의 영웅성"에 바탕했기 때문이라는 것이다. 한설야의 예시담은 옛날이야기처럼 널리 알려진 이야기를 가져오면서 거기에 자신의 이데올로기에 적합한 윤색을 한다는 특징이 있다. 이들의 능력과 정신은 오늘의 유격대원들에게 이어져 오고 있으며, 그 중심에 김일성 '장군'이 있다. 역사의 전유를 통한 김일성의 신화 만들기가 이루어지고 있는 것이다.

아동들의 연예회에서 공연된 아동극「슬기 있는 남매」도 예시담의 기능을 수행한다. "이것은 왜놈이 조선을 침범한 사실과 그에 대한 복수를 말하는 것임을 알수 있어 모두 매우 긴장한 가운데서 보았다"라는 말에서 알 수 있듯이, 반일의식을 담고 있는 것이다. 이 작품에서 아동들의

152) 64면.

153) 成田龍一,「『少年世界』と讀書する少年たち」,『思想』, 岩波書店, 1994.11, 195~199면; 최현식,『신화의 저편』, 소명출판, 2007, 96면에서 재인용.

연예회에서 불리는 합창, “온천하를 둘러 싼 우리 삐오넬/착취 압박 쇠사슬을 끊어 버리고/자유 행복 찾기 위해 나아갑시다/민주 혁명 승리하자 앞으로 앞으로/계급을 대표한 무산 어린이/붉은기 아래로 날뛰여 오라” 역시도 예시담의 기능을 발휘하고 있다.

또한 금철 아버지를 살해한 일본인을 죽인 박춘이 금철에게 건네준 책 속의 이야기도 일종의 예시담이다. 이 이야기는 로동자의 집에서 자라난 페-쟈라는 소년이 백파와 외국 침범자들에 반대하는 투쟁을 벌인다는 내용을 담고 있다. 이 소설에는 많은 러시아 소년들의 이야기가 예시담으로 등장한다. 『대동강』에서는 작품의 분량에 비해 상대적으로 적은 예시담이 등장한다. 그것은 점순이를 비롯한 청년들이 사람들에게 뿌릴 삐라[154]를 통해 드러나고 있다.

『설봉산』은 작품의 길이에 비하여 예시담이 적은 편이다. 선전원 비슷한 노릇을 맡아 보는 농조의 노인이 해주는 마천령에 사는 200살 넘은 노인 이야기가 등장한다. 털부헝이 도적이 와서 외아들을 도적해 가고, 노인 부부가 그 도적을 찾아 마천령까지 와서 살게 되었다는 것이다. 노인은 “원쑤를 갚아야 한다”는 마음이 중요하다고 강조한다. 이외에도 학생들의 연극 「이것을 잊지 말라」가 등장한다. 이 아동극은 도적들에게 쫓겨난 사람들이 무술과 글공부로 실력을 기르고, 도적들 내부에 자기 편을 만들어 결국에는 승리한다는 내용이다. 이외에도 예시담과 유사한 기능을 하는 노래들이 등장한다. 「쏘베트 주권가」는 “아이들이 장난칠 때마다 합창으로 부르”기도 하는 노래로, “의회 주권이 왔네/붉은 주권이 왔네/무산 대중의 핏값에/의회 주권이 왔네”라는 가사로 되어 있다. 10월 혁명 기념 시위에서는 노동자들이 부르는 “일어나라 로동자 농민/손 잡으라 로동자 농민”이라는 노래가 등장한다. 바닷가 사는 사람들이 부르는 “력사는 반만년, 강산은 억만금/들과 산 바다에는 보화도 무궁할손/해

154) 첫 번째 삐라의 마지막 부부만 소개하면 이렇다. “시민 여러분! 모두다 일어납시다. 조국과 력사는 당신들을 굽어보고 있습니다. 승리는 반드시 우리 것입니다.”

달과 동갑해 만세만세 만만세"라는 노래가 등장하는데, 이것은 국토에 대한 예찬을 통해 민족주의적인 의식을 드러내고 있다.

『형제』에서 영준의 학교 선생은 아이들에게 "원쑤놈들이 다시 들어 온다면" 빨찌산이 돼야 한다며, 치안대를 무찌른 할머니의 이야기를 한다. 이 이야기 끝에 선생은 아이들에게 "동무들은 그 할머니들의 손자요. 할머니들처럼 훌륭한 사람으로 돼야 하오. 착하고 슬기 있고, 씩씩한 사람으로 돼야 하오"라고 말한다. 이외에도 전선에 나가 있는 아들 상천이 어머니 순이에게 보낸 편지 속의 시와 순이가 전쟁고아 정옥이에게 해주는 옛날이야기가 있다. 위의 시와 이야기에서 예시담의 정치적 성격은 찾아볼 수 없다. 『설봉산』에서 아이들이 부르는 "물배 동동 갈배 동동 / 양주머리 동실동실 / 해야해야 물 떠 먹고 / 장구 치고 나오너라"는 동요도 이념으로부터 자유로운 편이다.

단편에서도 예시담이 활용되는 경우가 있다. 이때는 주로 예시담보다는 분량은 짧지만 예시담과 같은 기능을 하는 시나 노래 등이 등장한다. 「혈로」의 7장은 온전하게 '장군'의 꿈으로만 되어 있다. 그 꿈에서 사람들은 아름다운 금수강산에서 농사를 지으며 평화롭게 살고 있는데, 별안간 한 사람이 달려들어 농부에게 칼을 들어 위협한다. 이러자 농부가 그 사람의 가슴에 칼을 놓는다는 내용이다. 이것은 행복하게 살던 우리 민족과 그 평화를 깨뜨리고 위협하는 일제의 존재를 나타내는 것이다. 「탄갱촌」의 마지막 부분에는 재수가 부르는 "보시오 / 놀라시오 / 자랑하시오 / 우리들의 전부가 여기 있소 / 삼천리 겨레가 …… / 오! 우리의 장군!"이라는 노래가 등장한다. 「남매」에서는 동료 선반공인 남칠이가 원주에게 보낸 편지가 두 페이지에 걸쳐 소개되고 있다. 그 내용은 새로운 조국에서 각별한 사명의식을 갖고 새로운 기술의 개발과 생산력의 증대를 위하여 분골쇄신하는 노동자의 모습에 대한 것이다. 「자라는 마을」에는 노래가 세 곡이나 삽입된다. 처음의 두 노래에는 농촌 사람들의 집단적인 정서를 담은 농요와 같이 정치적 성격이 드러나지 않는다. 예시담에 해당하는 것은 해방 3주년을 맞이하여 마을 청년들이 부르는 노래로서, 작품의 마지막에 배치되어 있다.

> 우리들은 민주 청년 / 삼천만 인민의 아들딸 / 민주 조선 창건하는 / 장엄한 새날의 투사다 / 일터에서 학원에서 / 민주의 젊은 힘 뻗나니 / 건설의 노래 우렁차게 / 김 장군 두레에 뭉치자 / 승리는 우리의 것 / 진리로 뭉쳐진 힘 / 바치자 조국을 위해 / 인민을 위해 바치자

국가에의 헌신, 김일성에 대한 충성 등과 같은 내셔널한 의식이 나타나 있는데, 「초소에서」에서 태식이 암송하는 시[155]와 「전별」의 마지막에 "선전원 동무가 읽어 주던 시 한 구절"도 비슷한 주제의식을 담고 있다. 「파도」의 결말에는 다음과 같은 시가 등장한다.

> 이 길을 걸어라! 훨훨 걸어라!
> 붉은 가슴이 영화에 탈 때
> 이 자유의 길 우에 나오거라
> 자비한 성자, 평등주의자 길의
> 위로를 들어라
> 헤매이는 리상과 영원한 광명을 고요히고요히 일러 주리라.
> 나오거라. 훨훨 걸어라, 이 자유의 길을……[156]

「황초령」은 예시담과 관련해 가장 흥미로운 작품이다. 이 작품에는 죽

---

155) 그것은 다음과 같다. 맑은 하늘과도 같은 청춘의 자랑을 / 조국이 불러 三천리 이 땅 지키는 / 철벽! 인민의 군대 / 三천만 인민이 / 조국을 더럽히는 원쑤를 물리치는 / 우리의 무력 / 정의의 총칼은 / 인민과 더불어 승리하리라. // 김 장군 빨찌산의 피를 이어 자라났고 / 四 년간의 민주의 힘과 더불어 자란 / 우리 경비대는 / 조국의 새 깃발 휘날리며 나아가는 / 자유와 행복의 성벽.

156) 422면.

은 미군 연대장의 주머니에서 발견된 미국인 아내로부터 온 편지가 세 페이지에 걸쳐 소개되고 있다. 이 편지는 작가의 일관된 메시지, 즉 '미국=악'이라는 이데올로기를 전달하기 위해서 도입된 것이지만, 실제로는 그러한 인식에 균열을 내고 있다. 균열의 지점은 마우린이 이사 온 랏샤즈라는 사람의 이야기를 하는 부분이다. 랏샤주의 집에서는 "흑인 하녀를 뒷문으로 다니게 하지 않고 자기네가 출입하는 현관으로 드나들게 하고 있"다는 것이다. 이것을 두고 마우린은 "참말 볼꼴사나운 인간들"이라거나 "흑인들에게 이런 권리를 누가 주었을까요"라고 말하지만, 미국에도 인종에 대한 편견에서 벗어난 사람들이 존재한다는 진술만은 지워지지 않는다. 또한 다음의 예를 통하여 랏샤즈와 같은 사람이 하나가 아닌 집단으로서 존재하고 있음이 드러나고 있다.

> 뭐라든가 하는 흑인 가수가 있지 않아요. 그의 음악회가 백인들의 반대 습격으로 중지된 사실이 있대요. 당연한 일이지요. 그런데 그 뒤에 수천 명 백인 로동자들이 흑인 로동자들과 손을 맞잡고 그 흑인의 야외 음악회를 열었대요. 뿐 아니라 거기 백인들의 三만 명이나 입장했다는군요.[157]

이러한 현상에 대해서도 마우린 여사는 "미국에도 빛이 흰 흑인들이 있다는 것은 참말 불쾌한 일이여요"라고 말하지만, 재미있게도 미국에 이러한 존재들이 개인도 아닌 집단으로 존재하고 있음을 증명해 버리는 꼴이 되어 버린다. 이것은 '조선 : 미국=선 : 악'이라는 내셔널리즘적인 구도로는 파악되지 않는 균열적인 지점이라고 볼 수 있다.[158]

개작본 『탑』에도 설화나 민요, 굿노래, 동요 등이 빈번하게 등장한다. 모두 9편이 나오며 대부분 반일 의식이나 반봉건 의식을 담고 있다. 그

---

157) 518면.

158) 이데올로기적 술화 가운데서도 의미론적 서술적 메커니즘에 철저히 예속되지 않는, 때로는 중요한 이론적 인식을 전해주기도 하는 경우도 있다(P. Zima, 『이데올로기와 이론』, 문학과지성사, 1996, 476면). 이 편지가 이런 경우에 해당한다.

중에서도 반일의식을 담고 있는 것이 다섯 편으로 가장 많다. 이러한 설화나 민요 등은 내용에 있어서 반일 의식을 담고 있을 뿐만 아니라, 그 형식 자체로서도 민족적 의미를 지니고 있는 것이다. 이러한 구비문학 장르는 우길이 촌에서 살던 어린 시절에만 나오는데, 이것은 어린 우길이 민족의식을 받아들이는데 있어 그 수준에 어울리는 자연스러운 매체라고 할 수 있다.

한설야의 북한소설에 등장하는 예시담은 주로 반제의식을 담고 있다. 예시담은 서술자라는 매개항을 생략한 채 이념을 직접적으로 전달한다. 이러한 간접화의 방식은 어디까지나 서술전략의 일종으로서 자신의 전언에 독자를 더욱 더 끌어 들이기 위한 방편이라고 볼 수 있다. 이때 서술자를 통한 매개성이나 중개성은 사라진다. 그러한 중개가 가져오는 번거로움을 피하고 직접적으로 이데올로기를 드러내고 있을 뿐이기 때문이다. 초점자로서의 인물이나 서술자마저 사라질 때, 남는 것은 북한 사회의 공식적인 체제 이데올로기의 울림뿐이다. 이러한 예시담은 다른 언어를 대상으로 삼으며 다른 언어에 대하여 기표로 작용한다는 점에서 일종의 메타담론이다.[159)]

한설야의 북한 소설에서 예시담과 비슷한 역할을 하는 것으로서 대화나 훈시를 들 수 있다. 대화나 훈시는 직접적으로 한 인물의 세계관을 드러냄으로써, 서술자의 역할이 줄어든 북한소설의 서술상황에 부합된다. 「혈로」의 4장은 유격 대원들간의 대화로만, 「개선」의 4장과 5장은 '장군'과 숙모의 대화로만 이루어져 있다. 이때의 대화란 세계관이나 말의 법칙이 이질적인 타자들 사이에서 이루어지는 대화라기보다는 독백으로 보아 무방하다. 카프시기에 빈번하게 등장하던 대화가 현실을 환기시키는 효과가 있었다면, 이때의 이야기는 단지 서술자가 무게를 두고 있는 인물의 말을 추인하는 하나의 의례적 단계에 머물고 만다. 그들의 대화

---

159) F. Jameson, 윤지관 역, 『언어의 감옥』, 까치, 1985, 140면.

는 '장군'의 다음과 같은 말로 정리되는 것이다.

> 조선은 인제 잘 됩니다. 모든 인민들이 다 같이 평등하고 자유롭게 살 수 있습니다. 량반도 상놈도 없고 남자와 녀자의 차별도 있을 수 없습니다. 며칠 동안 잠시 조선 형편을 살펴 보아도 인민들의 희망과 열성은 확실히 불타고 있습니다. 무엇보다 이것이 새 조선을 만들어 내는 근본입니다.[160]

「자라는 마을」에는 금복 어머니나 육국 통사와 같은 마을의 나이든 사람들과 영민이나 금복과 같이 마을의 젊은이들이 나누는 대화가 많이 등장한다. 이들의 대화를 통해 배움의 필요성, 이승만과 미국에 대한 적개심, 김일성에 대한 충성심 등이 선전된다. 특히 핵심적인 내용은 문맹인 나이 든 사람들의 입을 통해 발화됨으로써 좀 더 설득력을 높이고 있다. 또한 부락회의에서의 논쟁을 통해, 해방 이후 한설야 소설에서 처음으로 등장하는 부정적인 인물인 최기수와 락운의 이기적인 태도에 대한 통렬한 비판이 이루어진다.

훈시가 빈번하게 등장하는 작품은 「탄갱촌」과 「초소에서」이다. 「초소에서」는 여러 사람들의 연설을 통해 작가의 주제의식이 직접적으로 전달되고 있다. 가장 먼저 등장하는 것은 부대장 윤 동무의 연설이다. 그는 두 페이지에 걸쳐 이야기를 하는데, 이야기의 핵심은 미군과 국군의 잔악상에 대한 고발이다. 또한 이 작품에는 태식이가 경험했던 월북한 남한 병사의 이야기가 여덟 페이지에 걸쳐 소개되고 있다. 월북한 병사의 입을 통해 미군과 이승만 군대의 잔악상이 허황할 정도로 과장되게 그려진다. 미군은 한국인종을 말살하려는 자로 이야기된다. 인종말살자로서의 미군 형상은 이후에 반복해서 등장한다. 또한 동근이들이 국방군 포로들을 끌고 중대 연락부에 이르렀을 때, 문화부장 동무는 긴 훈시를 한

160) 126면.

다. 경비대 축하회에서는 두 개의 연설이 등장한다. 하나는 Y조국 전선 대표의 축사이고, 다른 하나는 경비대 모범 전투와 태식이의 연설이다. 전선 대표의 축사는 "우리 공화국 경비대는 인민 군대와 함께 김 일성 장군 빨찌산의 애국 전통을 이었고 그 애국 투사들을 골간으로 하고 있"다는 것을 밝히며, '리승만 세력'과 북한 정권의 선명한 차이에 대하여 말하고 있다. 태식이의 네 페이지에 걸친 연설은 "우리는 반드시 승리할 것이며 조국은 반드시 통일될 것입니다. 단결된 인민의 힘을 이길 아무런 힘도 없습니다"라는 말에 주제가 응축되어 있다.

훈시와 대화는 1930년대 김일성의 항일유격대 활동을 그린 장편 『력사』(『조선작가동맹출판사』, 1954)에 가장 빈번하게 등장한다. 전체 30장인 이 소설에서, 김일성이 아동혁명단을 방문한 2장부터 15장까지는 온통 '장군'의 말(훈화, 훈시, 지시, 대화)로 가득하다.[161] 이 순간 소설은 극장르의 성격을 지니게 되는데, 그 중에서도 모놀로그적인 성격을 지니게 된다. 중간에 서술자가 개입하는 부분 역시도 '장군'의 말이 계속되도록 하는 보조적인 역할에 한정되어 있다.

한설야의 북한소설에는 논쟁의 성격을 지닌 대화도 빈번하게 등장한다. 이것은 북한소설의 일반적인 특징에 부합되는 것이다.[162] 『대동강』에도 수많은 대화가 등장한다. 그러나 대화의 독백적 성격은 변함이 없다. 개작본 『황혼』에서는 가장 중요한 갈등이 여순을 중심에 둔 경재

161) 김명수는 『력사』에서 "원수에 대한 형상이 주로 담화나 훈시로써 치중되고 있는데 대하여도 언급할 필요가 있다고 생각한다. 이것은 바로 인물 형상에 있어서의 추상화 개념화의 경향이다"라고 하여 그 서술적 특징을 밝히고 있다. 그러한 특징을 "작품의 사상적 내용을 그림과 같이 명백하고 생동하며 풍부하게 개성화된 전형적인 형상으로서 표현할 대신에 작가 자신이나 작중 인물의 긴 설명으로써 표현하는 수법은 문학 창작에 있어서 람용되여서는 안 될 것"이라 하며, 『력사』에서도 "김일성 원수의 생동한 인물 형상을 적지않게 저해하였"다고 부정적으로 평가하고 있다(김명수, 앞의 글, 35면).

162) 북한의 문학작품은 갈등의 국면들을 흔히 논쟁적 형식 속에 드러내고는 한다. 이러한 논쟁적 성격의 대화는 갈등 해소의 주된 방법으로 활용된다. 그러나 이러한 논쟁은 당과 김일성 혹은 김정일의 교시를 확인하고 숙지시키는 기능을 담당하는데 머무르고 만다(이선이, 「북한문학의 문체적 특성」, 『북한문학의 이해』 2, 청동거울, 2002, 264~265면).

와 준식의 삼각관계인 만큼, 여순과 경재, 여순과 준식 사이의 대화를 드러낸 부분이 상당 부분 첨가된다. 삼각관계와 관련되어 개작본에서 새롭게 첨가된 부분은 대부분 대화 내지는 논쟁으로 이루어져 있다. 여순과 경재의 대화 부분을 예로 들면 다음과 같다.

"아닙니다. 려순씨, 그것은 오해입니다."

"그러면 나의 세계와 통한다고 말하시렵니까. 그러나 유감이나 박 려순에게는 여태 자기의 세계가 없습니다. 통할 길이 없습니다. 내가 여태 김 선생 세계에 포로병으로 더부살이 했었지오, 그것 뿐입니다. 사실은 명백합니다."

"아닙니다. 려순씨 내말……"

"아니 김 선생은 나로하여금 나의 적들을 보지 못하게 했습니다. 또 나의 편도 보지 못하게 했습니다. 그래서 나를 참패케 했습니다."

"아닙니다. 려순씨는 자기를 참패자로 부름으로써 나까지 참패자로 만들려는 것입니다. 려순씨! 려순씨가 지는 것은 두 사람이 지는 것으로 됩니다. 려순씨! 이깁시다. 이겨야합니다."

"그럼 김 선생은 누구편입니까."

"편이 어디 하나나 있습니까."[163)]

개작본 『청춘기』에도 논쟁적 형식이 새롭게 삽입된다. 대표적인 것이 새롭게 첨가된 「태양의 기절」이라는 장에서의 태호와 명순의 논쟁이다. 그러나 그것은 그야말로 논쟁의 형식만을 취하고 있을 뿐, 『황혼』에서의 준식과 려순의 논쟁처럼 태호의 일방적인 설교라고 봄이 타당하다. 이러한 논쟁적 형식은 대화나 비판이 불가능한 작가의 이데올로기를 소설 속에 끌어들이기 위한 방법에 불과하다. 『형제』에서는 한 장이 대화로만 되어 있는 경우도 많이 발견할 수 있다. 이러한 성격은 이 작품이 얼마

163) 206~207면.

뒤에 희곡으로 각색되는 하나의 이유가 되었던 것으로 보인다. 이때의 대화 역시 한설야 소설에 등장하는 일반적인 대화와 비슷하다.

한설야의 소설에서 대화는 이념적 위계가 분명한 경우에만 발생한다. 이들의 대화에서 이념적으로 덜 무장된 사람의 이야기는 삭제해버리더라도 이야기 전개에 아무런 문제를 일으키지 않는다. 따라서 이들이 대화에서 갖는 기능은 또 하나의 입장을 제기함으로써 갈등과 대립적 관계를 불러일으키는 것이라기보다는 대화를 이끌어나가기 위한 하나의 장치에 불과하다. 일반적으로 대화라는 담화 방식은 전달의 직접성이라는 특징을 지니고 있으며, 북한 소설과 같은 상황에서 그것은 강조의 맥락을 동반한다. 이러한 대화나 훈시에서 직접적인 서술자의 모습을 발견할 수는 없다. 그러나 이것이야말로 이데올로기적인 효과를 고려한 결과이다. 앞에서도 말했듯이 이데올로기적 담화는 언표행위의 흔적을 전부 지워버리고는, 보편적이고 당연한 것으로 자처하는 유형의 담화이기 때문이다. 여러 사람이 동시에 나누는 말들이 결국은 같은 주체에게서 비롯된 것임은, 이들의 대화가 결국은 언제나 그렇듯이 하나의 결론으로 완벽하게 수렴되는 것에서도 확인할 수 있다.

3) 문체에 나타난 민족적 특성

한설야의 북한소설은 어휘적 차원에서 우리 민족의 고유한 정서와 사상이 담겨 있는 속담, 속어, 형용어 등을 적극적으로 사용한다. 그러한 특징은 북한 문학계에서 1950년대 후반에 '민족적 특성론'과 함께 본격화된 것이다. 그 이전에 이미 한설야는 속담, 속어, 형용어 등에 큰 관심을 기울였으며, 이를 실제 작품 창작에 적극 활용했다. 대표적으로 들 수 있는 작품이 『력사』이다. 김명수는 이 작품에 사용된 언어의 "소박성과 풍만성은 인민 대중의 생활 감정과 호흡을 진실하게 전달하면서 진인민적 언어의 무진장한 보물고에서 생동하는 힘 있는 말들을 골라내어 풍부하게 활용하는 것을 특징"으로 한다고 지적한다. 그 결과 한설야의 문장에는 "리언, 속어 등이 광범하게 리용되여 거기에는 민족적 정서와 해학조차 수반된다"[164]는 것이다. 구체적인 예로는 "모두 두드려 맞은 부헝이 몰골", "늙다리 보리동지", "귀박 맞은 감루", "개굴청에서 염병이 꽤듯이", "포도 군관에 포도 대장 끼고 도둑질 하는 것이나 마찬가지", "외다리로 뱅그르", "얼간이", "칵 먹여", "곤죽", "게걸 만난", "걸구처럼" 등을 들고 있다.

이러한 언어적 표현의 특징은 민족적인 정서와 의식으로 가득 찬 『탑』의 개작본에서 이미 본격화되었다. 이 작품은 북한 문학계에서 민족적 특성론이 본격화되기 이전인 1956년에 발표되었다. 『탑』 개작본에는 설화나 민요와 같은 고유의 예술 장르 외에도 "범보다 더 무서운 시할아버지", "외나무 다리보다 더 어려운 시할머니", "태산 준령보다 더 높은 시아버지", "고초 후초보다 더 매운 시어머니", "날배추보다 더 푸르딩딩한 만동세" "매눈보다 더 눈 밝은 시누이", "가을 콩보다 더 발가진 시동생", "담배잎보다 더 싸라운 서방님" 같은 우리 고유의 속담이나 관용어구 등이 나온다. 이뿐만 아니라 '홀미주근한, 시뜻해서, 사다드미질, 개발듯, 씨물거리고, 지불지불, 시틋이, 쏠락쏠락, 싱숭증, 찌륵찌륵, 부전부전, 갈갬질, 숭글숭글, 새무룻'과 같은 매우 다양한 고유어들도 등장한다. 이러한 현상은 일본으로 대표되는 서구적 근대에 대항하여 우리 고유의 풍속과 전통을 강조하고자 하는 의도에서 비롯된 것으로 이해할 수 있다. 또한 부사어, 특히 의성어나 의태어의 적극적인 활용은 역동적이고 활력 있는 생명감을 문장에 불어넣어 주고 있다.

이러한 문체적 특성은 다음의 인용문에서 알 수 있듯이, 한설야가 일찍부터 민요, 설화, 속담 등과 같은 구전문학 활용의 중요성을 인식한 결

164) 김명수, 앞의 글, 28면.

과이다.

우리의 민요와 구전 문학에는 얼마나 풍부히 우리 인민들의 깊은 념원이 깃들어 있는 것입니까? 그것을 깊이 연구하고 그 재보를 참되게 계승할 사람은 사회주의 레알리즘의 기치를 들고 나아가는 우리들 바께는 없습니다.[165)]

고전 소설들을 비롯하여 가사, 구전 민요, 리언, 속담, 전설, 위인들의 전기를 광범히 수집 정리하여 과학적으로 체계화하여 섭취하여야 하겠습니다.[166)]

우리 나라의 민화, 전설, 속담, 민요, 동화 등등의 인민 구두 창작을 적극적으로 수집하여 출판하여야 하겠으며 거기 역사적인 고증과 해제 사업도 병행되어야 하겠습니다.[167)]

민요, 속담, 설화 등의 활용은 50년대 후반으로 가면서, 북한 문학계 차원에서 한층 강화되는 특성을 보인다.[168)] 이것은 당시 문학 분야에서 활발한 논의가 이루어지던 '민족적 특성론'과 관련된 것이다.[169)] 1958년

165) 「전국 작가예술가 대회에서 진술한 한설야 위원장의 보고」, 『조선문학』, 1953.10, 132면.
166) 위의 책, 136면.
167) 한설야, 「전후 조선 문학의 현 상태와 전망」, 『제2차 조선작가대회 문헌집』, 조선작가동맹출판사, 1956; 김재용 외, 『현대문학비평자료집』 4, 태학사, 1993, 73면.
168) 한설야는 숙청되기 직전에 『문학신문』에 시조 34수를 발표하기도 한다.
169) 민족적 특성 논쟁은 민족적인 것과 계급적인 것의 상관관계를 어떻게 보느냐에 따라 세 가지로 나누어 볼 수 있다. 첫째는 계급적인 것을 보편적인 것으로 보면서 민족적인 것을 그것에 종속되는 부차적인 것으로 보는 경향으로 윤세평을 대표적으로 들 수 있다. 둘째는 민족적인 것을 계급적인 것과 별도로 상대적 독자성을 띠는 것으로 봄으로써 내용에서의 민족적 특성인 민족적 성격에서 역사를 거치면서 공고화된 민족적 기질 혹은 민족적 심리의 개념을 상정하는 것으로 김창석에서 가장 선명하게 드러난다. 셋째는 민족적인 것과 계급적인 것을 역사적 구체성 속에서 이해하려고 하는 경향으로 안함광의 글에서 가장 분명하게 나타난다. 주체사상이 유일사상으로 인정받는 1967년 이후에는 두 번째 경향이 지배적인 경향이 된다. 흥미로운 것은 이들이 모두 한설야의 『형제』를 주요한 작품으로 내세우면서 자신들의 논의를 펼치고 있다는 점이다(김재용, 「북한 문학과 민족문제의 인식—1960년대 전반기 민족적 특성 논쟁을 중심으로」, 『현대북한연구』

후반부터 진행된 민족적 특성론의 강조는 자주와 주체를 강조하기 시작하던 당대 분위기와 맞물려 활발하게 진행된다. 민족적 특성론 논의 초기에는 민족적 정서와 기질, 심리, 성격 등을 민족적 성격이라 하여 집중적으로 논의하였는데, 이러한 민족적 성격은 항일혁명전통에 기반하여 추출되었다. 그 당시의 영웅들이 보여준 긍정적인 품성의 항목들이 민족적 성격에 해당한다는 것이다. 이후 민족적 특성론은 문학적 형식론으로 확대되어, 이전 시기의 다양한 문예이론을 수합하고 주체문예이론으로 전이되는 중요한 논쟁으로 기능한다.170)

특히 『형제』는 민족적 특성론에서 가장 빈번하게 인용된 작품이다. 『형제』는 민족적 성격론, 민족어의 활용, 민족적 정서를 보여준 작품으로 평가되었다. 남진 부부의 인도주의와 사회주의적 애국주의, 금옥 형제들이 보인 사회주의적 애국주의와 혁명적 의지, 그리고 새 시대에 대한 희망 등이 민족적 성격으로 제시되었다.171) 민족적 특성을 드러내는 형식적 요소로는 민족어나 특유의 수사법이 집중적으로 언급되었고, 속담, 기언, 민요, 전설 등이 중요한 민족적 특성으로 인식되었다.172) 특히 속담은 '인민성'이라는 관점에서 매우 열렬한 관심의 대상이 되었다.173) 1950년대 중반부터 한설야의 소설에는 이러한 특성이 매우 뚜렷하게 나타난다. 이외에도 형용사나 의성·의태 부사가 풍부하게 사용되었다.

2권 1호, 1999, 350~355면).

170) 이상숙, 「북한문학의 "민족적 특성론" 연구—1950~60년대를 중심으로—」, 고려대 박사논문, 2004, 1~3면.

171) 위의 글, 115면.

172) 고정옥은 "언어적 특성—간명하면서도 풍부한 여운과 함축성을 가진 독자적인 문장론리, 주격을 많이 생략하는 사실 기타로 특징지어지는 수사학적 관습, 그리고 고유한 속담 등은 우리 문학에 민족적 특성을 부여하는 중요한 언어적 수단"(「조선문학의 민족적 특성에 관한 몇 가지 의견」, 문학신문, 1959.10.2)이라고 주장하고 있다.

173) 리갑기(「「춘향전」의 비판적 계승을 위하여」, 『조선문학』, 1954.5)나 류창선(「문학 형식에서의 민족적 특성」, 『조선문학』, 1958.11) 등도 속담이 지닌 '인민성'에 크게 주목하고 있다. 속담은 서민적이고 대중적인 언어이기 때문에 그 안에는 인민의 언어형식과 대중적인 취향, 심리, 기질이 반영되어 있으며 그것을 문학에서 활용하는 것은 작품을 인민과 친근하게 만드는 역할을 한다는 것이다.

이러한 특징은 1950년대 후반 '민족적 특성론'이 북한 문학계에서 활발하게 논의될 때, 한설야의 『형제』가 대표적인 작품으로 주목되는 계기가 된다.[174] 최일룡은 다음의 인용문에서, 『형제』에 나타난 다양한 문체적 특질을 긍정적으로 평가하고 있다.

> 작품 『형제』에서는 작가에 의한 모국어의 민족적 스찔의 훌륭한 구현, 조선적인 격언과 어휘의 훌륭한 구사, 조선의 아름다운 자연의 묘사, 다양한 민족적 색채의 부조, 섬세한 민족적 정서의 발현, 동적이며 함축성 있는 대화, 그리고 높은 민족적 빠포스 등을 절절히 느낄 수 있다. 그런데 이 모든 민족적인, 특징적인 요소들이 공산주의자인 남진 부부와 공산주의자의 피를 받고 앞날의 공산주의자로서 자라나는 정옥이 5남매의 아름다운 인간 성격의 예술적 해명에 훌륭히 이바지 되어 있다는 데 바로 이 작품의 민족적 특성의 구현의 특징이 있다.[175]

모국어의 민족적 스찔의 훌륭한 구현, 조선적인 격언과 어휘의 훌륭한 구사, 동적이며 함축성 있는 대화 등이 『형제』에 나타난 문체적 특징이라는 것이다. 김덕유는 「중편 소설 『형제』의 언어」라는 글에서 이 작품에 "60여개의 속담과 흔히 듣지 못하는 새로운 말들과 형용어 성구들"[176]이 사용되었다고 보고 있다. 이것들이 사용되어 얻는 문학적 효과로는 '생활체험의 사실적 반영'을 들고 있다. 이 글에서는 10여 개의 속담이 실제로 인용되어 있는데, 이외에도 『형제』에는 "골나면 보리 방아 더 잘 찧는다", "짚신엔 새끼날이 좋다", "선영덕은 못 입어도 인심덕은

---

174) 『형제』는 언어적 특징 이외에도 조선의 자연 풍경, 민족적인 정서와 풍습, 생활, 인정세태를 묘사한 것 등으로 민족적 특성을 가장 잘 드러낸 작품으로 고평되었다(김하명, 「생활적 진실의 탐구와 작가 정신－중편소설 『형제』에 대한 소감」, 『문학신문』, 1960.2.2; 한성, 「우리의 창작은 무한히 자유롭다－소설 『형제』 각색작업과 관련하여」, 『청년문학』, 1960.2; 한중모, 「긍정적 주인공과 민족적 특성」, 『문학신문』, 1960.3.29).

175) 최일룡, 「민족적 특성에 대한 나의 의견」, 문학신문, 1960.5.20; 권순긍·정우택 편, 『우리 문학의 민족 형식과 민족적 특성』, 연구사, 1990, 222면.

176) 김덕유, 「중편소설 『형제』의 언어」, 『문학신문』, 1960.5.24.

입는다”, “웃물이 맑아야 아래물이 맑은 법이다”, “소뿔을 고치다가 뺀다”, “들깨가 참깨보고 짜르다고 한다더니” 등의 속담이 등장한다.

위의 예에서 확인되듯이 이러한 속담은 기층민중의 삶과 정서에 밀착된 것으로서, 그들의 생생한 성격을 드러내는 데 큰 기여를 한다. 또한 이러한 속담은 주로 남진이나 순이, 금옥의 외할머니와 같은 나이든 인물을 통해 이루어짐으로써 작품의 리얼리티를 더욱 높여주고 있다. 속담은 미국에 대한 적개심을 드러내는데 있어 비속어와 함께 사용되기도 한다.[177] 『탑』에 이러한 특징이 많이 나타나는 것도 비슷한 맥락이다.

김덕유는 위의 글에서 구체적인 실례를 통해 한설야가 보이는 언어 구사의 능란함을 증명해 보이고 있다. “앞서거니 뒤서거니 달려나오는데 흡사 넝마전 행렬 같았다”, “진창 속에 빛나는 구슬빛 같은”, “글세 마마자국은 있지만 여의사 뽑이고 깎은 서방님이지요”, “설 삶은 말 대강이 같은 놈들이 몰골은 보잘 것이 없다. 대갈통은 대개 비루 먹었는데 대갈통 속은 그보다 더 형편 없다. 파 먹은 깡통처럼 비어 있다. 말하자면 그 몸뚱이는 움직이는 가게요 그 대갈통은 어지러운 쓰레기 통이다”, “장사치들은 보따리를 들고 궁둥이에서 비파 소리를 내며 부산히 싸다녔다” 등이 문장 차원의 구체적인 사례이다.

다음으로 “새롭고 몹시 세련된 단어들”로는 “개값으로 버금해서”, “알씸 있게 비다들어 길러서”, “걸쌍스러운 녀인”, “이렇게 차치고 포치고 나서”, “통천”, “빌미”, “벗바리”, “뒤갈무리”, “머스귀” 등을 들고 있다. 김덕유의 분류에서 ‘세련된’이란 ‘고유한’과 같은 의미를 지닌다. 한설야는 해방 이후 강렬한 이데올로그로서의 특징을 보이기도 하지만, 1940년대를 전후한 시기에 얻었던 스타일리스트로서의 면모도 계속해서 발전시켜 나갔음을 확인할 수 있다. 이러한 면모는 해방 직후보다 1950년대 후반에 본격화된다.

---

177) 이상숙, 앞의 글, 172면.

『형제』의 속편인 『성장』에서도 위에서 살펴본 표현적 특징은 그대로 발견된다. 대표적인 것이 기층민중의 삶과 정서에 밀착된 속담의 빈번한 사용이다. "얼음에 박 밀듯", "장 단 집엔 가도 말 단 집엔 가지 말라", "열 소경이 풀어도 안 듣는다", "물에 빠진 사람 검부레기 잡듯", "꿩 잡는 게 매", "부전 조개 이 맞듯", "우둔한 게 범 잡는다", "잘 되는 집은 가지낢에 수박이 달린다", "피짚에도 배리 있다", "량반은 얼어 튀여도 겨불에 손 안 쪼이는 법", "가난이 쇠아들", "물어도 준치", "등잔 밑이 어둡다", "무른 메주 밟듯", "빈달구지가 요란한 법이요", "반 병짜리가 출렁거리는 법", "장님 파밭매기", "말 한 마디로도 천량 빚 갚는다", "무는 범에게는 뿔이 없다", "굴르는 돌은 이끼 안 끼는 법", "집에서 새는 바가지 들에 가도 샌다", "굳은 땅에 물이 괸다", "소 뿔을 곧기려다가 소를 죽인다", "새 발에 피", "피 다 잡은 논이 없다", "안해에게 한 말은 나도 소에게 한 말은 나지 않는다" 등의 속담이 그 구체적인 사례이다.

『형제』와 『성장』이 보여준 언어적 특징은 한설야의 마지막 작품인 「아버지와 아들」에서는 한층 심화된 면모를 보인다. 가장 먼저 보이는 건 속담의 빈번한 사용이다. "지게 지고 제사를 지내도 참견 말랬다", "포수도 잠자는 짐승을 쏘지 말랬으니", "반반한 숫돌은 부엌에 두지만 얽은 망돌은 방안에 둔다", "바자 없는 뒤간에 허기진 개 싸대듯", "파리도 천리마 궁둥이에 붙으면 천 리를 간다", "가재는 게 편", "하루강아지 범 무서운 줄을 모른다", "미꾸라지 천 년 묵은들 룡이 되랴", "피짚에도 뱀이 있고 깨묵에도 씨가 있는 법", "닭도 살고 봉황도 사는 법", "쥐구멍에도 볕 들 날이 있다", "길 못 가는 소가 멍에를 나무라는 법", "백 년을 묵은들 오줌이 약이 되랴", "파리도 천리마 궁둥이에 붙으면 천리를 가는 법", "까마귀도 제 땅 까마귀면 반가운 법" 등의 속담이 등장한다. 이러한 속담은 대부분 이 작품의 초점자인 홍걸 아버지가 사용하는 것이다. 홍걸 아버지는 근대적인 교육을 받은바 없는 인물로서, 역서를 뒤적이는 전근대적인 인물이다. 따라서 그가 자신의 의식을 드러내기 위해 오랜

동안 민중들 사이에서 숙성되고 발효된 속담을 활용하는 것은 당연한 현상이다.

1950년대 말에 활발하게 논의된 민족적 특성론은 항일혁명문예를 모범으로 삼았으며, 민족적 특성론은 이후 주체문예이론으로 전이되었다고 볼 수 있다. 민족적 특성론에서 문학적 모범의 실례로 제일 많이 거론된 것은 한설야의 작품들이다. 『형제』를 비롯한 그의 작품에는 민족적 특성론에서 강조되는 민족적 성격과 민족적 형식이 가장 잘 나타나 있었다. 그렇다면, 한설야는 카프를 제거하고 항일혁명문예의 유일정통론을 세우려던 당대의 정치적 대세에 맞서 싸우다가 정치적으로 실각되었지만, 아이러니하게도 문학적으로는 주체문예이론의 기본적인 틀을 만드는데 큰 공헌을 했다고 볼 수도 있다.[178]

178) 브라이언 마이어는 한설야의 숙청 이후 그의 문학적 특징은 주체문예이론의 보급과 함께 북한 문예계에 큰 발자취를 남기게 되었다고 보고 있다. 그러한 예로 「꽃파는 처녀」를 들고 있다(Brian Myers, op.cit., p.153).

제4장
의미 형성의 세 가지 심층 구조

1. 생산관계와 생산력의 길항적 관계

1) 생산관계의 모순에 대한 강조

이 절이 관심을 갖는 것은 한설야가 문학활동의 전시기를 통해서 가장 큰 관심을 보인 생산(노동)이라는 문제에 대해서이다. 한설야가 생산의 문제에 관심을 기울인 것은 그가 마르크스주의자라는 사실에서 비롯된다. 마르크스는 노동을 사회적 존재로서의 인간의 본질이자 근거라고 보았다. 모든 인간 활동은 노동을 통해 자연을 '인간화된 자연'으로 변화시키는 능동적인 과정이며, 이 때문에 인간의 불변하는 속성은 '노동하는 인간(homo laborans)'이라는 것이다.[1)]

---

1) 보드리야르에 따르면, 마르크스주의는 인간을 생산적 공동체에 속하는 것으로 간주하

생산이란 간단히 말해 인간이 살아가는 데 필요한 물질적 재화를 획득해내는 과정이다. 이러한 생산의 개념을 심화시킨 사람은 마르크스이다. 그는 생산이 기술적 측면과 사회적 측면으로 구성되어 있음을 밝혔다. 우선 생산이 이루어지기 위해서는 직접적 생산자와 생산수단의 결합이 필요하다. 이것을 생산의 기술적 측면이라 한다. 기술적 측면은 질적인 생산의 기술적 과정과 양적인 노동생산성을 동시에 의미하는 생산력을 나타낸다. 다음으로 생산이 이루어지기 위해서 생산자가 생산수단을 소유한 제3자와 고용계약 관계를 맺어야 한다. 즉 노동자와 자본가라는 사회적 인간관계가 형성되어야 하는 것이다. 마르크스는 이러한 생산의 사회적 측면을 생산관계라고 불렀다. 이처럼 생산이 생산력과 생산관계라는 두 가지 측면으로 구성되어 있다는 의미에서, 마르크스는 생산을 생산양식(mode of production)이라 불렀다.[2] 이러한 생산양식이라는 개념에서 마르크스가 초점을 맞춘 것은 생산관계이다.[3] 생산수단의 사회적 소유관계, 즉 생산관계는 잉여에 대한 분배관계를 내포하고 있으며, 이러한 관계는 생산관계의 위치에 따른 계급관계로 이어질 수밖에 없다.

평생을 마르크스주의자로 일관한 한설야 역시 분배에 수반되는 잉여

는 서사에 갇혀 있다. 인간은 노동으로 운명이 결정되거나 구원을 받는데, 그때의 노동 개념은 자본주의적 이데올로기 체계에 따라 산출된다는 것이다. 마르크스에게 있어 인간 주체는 노동 안에서만 자신의 자아를 실현할 수 있다(J. Baudrillard, 배영달 역, 『생산의 거울』, 백의, 1994, 16~44면).

2) 생산 ┬ ① 생산의 기술적 측면(직접적 생산자와 생산수단) : 생산력 ┬ 생산양식
　　　 └ ② 생산의 사회적 측면(직접적 생산자와 제3자) : 생산관계 ┘

(정이근, 『역사유물론과 자본주의』, 한울, 2008, 36면). 역사유물론이란 "보편적으로 이론적이고 실천적인 이성, 즉 생산력과 생산관계의 변증법을 자리매김하는 것이고, 모순의 끊임없는 논리, 긍정과 부정의 동질적 공간을 자리매김하는 것"이다(J. Baudrillard, 앞의 책, 107면).

3) 알튀세르는 "'하나의 주어진 사회 속에서 생산의 담당자들 사이에 설정된 고정된 관계'는 바로 생산관계들이며, 마르크스가 그것을 '본능적' 직감의 형태-미지의 형태-가 아니라 개념의 형태로 고찰했을 때 그것은 정치경제학 자체의 대상으로 고전경제학의 대상을 혁명시킨 것이다"(L. Althusser, 김진엽 역, 『자본론을 읽는다』, 두레, 1991, 215면)라고 하여 생산관계 개념의 의의를 밝히고 있다.

의 착취관계에 가장 큰 관심을 두었다. 그는 계급관계에서 노동자에 대한 당파성을 견실하게 견지했다. 한설야는 소위 암흑기라는 40년대가 되어서도 노동자에 대한 형언할 수 없는 깊은 애정을 표현하고 있다. 한 문학청년에게 쓴 답장에서 평북 어느 광산에서 일하고 있는 근로청년에게서 받은 편지를 언급하는 다음의 인용에서도 확인할 수 있다.

> 나는 무엇보다 이 편지에서 가장 감격한 것은 이 평북생이 한개 근로청년이었다는 점이네. 그저 덮어놓고 그가 근로하는 사람이라는 말이 나를 기쁘게 하고 울게 하였네.
>
> (…중략…)
>
> 그런데 생면부지의 근로생의 편지를 받고 왜 이렇게 감격에 떠는지? 그 까닭은 나도 모르겠네. 군도 묻지 말게. 다만 영으로 들어주면 고맙겠네.[4)]

한설야의 소설은 대부분 자본주의적 생산관계에서 비롯된 억압과 그로부터의 해방이라는 문제에 집중되어 있었다고 해도 과언이 아니다.

그러나 한설야의 소설에는 생산양식의 한 축을 형성하는 생산력에 대한 강조의 태도 역시 강력하게 존재한다. 그것은 자본주의적 근대에 저항하는 마르크스주의의 근본적 성질이다. 보드리야르의 구조적 논증에 의하면 마르크스주의는 생산의 개념을 결정적으로 강화하고 합리화했으며, 또한 그것을 변증법화하여 그것에 혁명적이고 고귀한 문자들을 부여했다.[5)] 이처럼 마르크스주의 역시 생산력의 증대를 제일의적인 과제로

---

4) 한설야, 「P君에게」, 『박문』, 1940.3.

5) J. Baudrillard, 앞의 책, 8~9면. 다음의 인용문에 나타난 것처럼, 마르크스는 생산력주의의 모델을 확고히 한 사람 중의 하나이며, 노동 그 자체에 신성한 의미를 부여했다. "(마르크스주의자들이 그러하듯) 자본주의 이전의 노동을 본질적이고 구체적인 질적 노동으로 간주한다면, 우리는 실제로는 이러한 질적 노동의 개념 자체가 차라리 구조적이고 추상적인 체계에서 파생된 것에 불과하다는 사실을, 즉 논리적으로 이항 대립의 구조적 체계가 먼저 오고 그 이후에 양적 노동의 개념에 대립하는 질적 노동이 개념적으로 구축된다는 사실을 간과하는 것이다"(Richard J. Lane, 곽상순 역, 『장 보드리야르－소

삼는 생산력 중심주의에서 벗어나 있지 못하다. 특히 20세기 사회주의에서 생산력 중심주의는 한층 강화된다.[6] 자본주의와 사회주의가 각각 표방하였던 시장 합리성과 계획 합리성은 근대성이라는 공통분모를 기반으로 하여, 근대라는 공통 목표에 도달하기 위해 서로 다른 길을 걸었을 뿐이라고 말할 수도 있다. 생산제일주의는 대부분의 사회주의자가 공유하는 것이다. 생산력에 대한 강조는 제3세계에 이를수록 더욱더 맹렬해진다. 이들 저개발국에서는 사회주의가 제국주의를 모방하는 자본주의적 근대화가 아니라, 제국주의를 비판하면서 자본주의 선진국을 따라잡는 발전 전략으로서의 성격마저 지니고 있다.[7]

한설야 문학의 가장 핵심적인 의미소는 생산이라고 할 수 있다. 생산은 생산관계와 생산력이라는 두 가지 하위 의소의 결합을 통하여 그 온전한 의미를 부여받게 된다. 이때 생산관계와 생산력을 바라보는 한설야의 시각은 고정되어 있지 않다. 시기에 따라 두 가지 축은 서로 다른 비중과 중요성을 차지하게 된다. 생산력과 생산관계가 벌이는 각축 속에서 한설야의 소설은 몇 가지 굴곡을 보이며 전개된다.

본래 사회주의자가 관심을 갖는 것은 생산관계의 모순이다. 그것은 식민지시기 사회주의자들에게도 예외일 수 없으며, 한설야는 전형적인 사

비하기』, 엘피, 2008, 144~145면).

6) 이러한 생산력주의는 산업주의(industrialism) 혹은 맑스주의적 발전주의라 불리기도 한다(S. Kotkin, *Magnetic Mountain—Stalinism as a Civilization*, Berkeley : Univ. of California Press, 1995). 20세기 사회주의 국가에게 산업주의는 제국주의 국가에 의해서 가해지는 존재에 대한 위협을 더 월등한 생산성을 통해 격퇴하고, 미래의 사회주의적 과제를 완수하는 데 필수적인 물질적 생산력을 확보하는 데 절실히 필요한 것이었다. 이것이 사회주의 사회로 하여금 산업주의에 몰두하게 만들었던 역사적 구조로 작용한 것이다(차문석, 『반노동의 유토피아』, 박종철출판사, 2001, 17~18면).

7) 스탈린은 1931년에 "우리는 서구의 발전된 사회에 비해 50~100년 뒤쳐져 있다. 우리는 이 간격을 10년 내에 좁혀야만 한다. 그렇지 않으면 그들이 우리를 쳐부술 것"이라고 하였다. 중국의 대약진 시기의 구호도 "15년 내에 영국을 앞지르고 미국을 따라잡자"였으며, 김일성도 1958년에 "다른 사회주의 국가들이 세 차례의 5개년 계획으로 이룩한 수준을 우리는 두차례의 5개년 계획으로 이룩할 수 있다"고 언급하여 추격 발전에 대한 결의를 보여 주었다(위의 책, 19면).

례이다. 그는 카프시기에 생산관계의 모순과, 거기서 발생하는 여러 문제점들을 형상화하는데 창작의 온 힘을 쏟았다. 2장에서 살펴보았듯이, 이러한 특징은 카프시기 창작된 소설에서 '가치 체계의 관리자'라고 할 수 있는 발신자가 모두 '계급의식'으로 설정되어 있는 것에서도 확인할 수 있다.[8] 이때 계급의식은 잉여의 착취관계, 즉 생산관계에 대한 민감한 문제의식을 의미한다. 이러한 문제의식은 그의 모든 카프시기 작품의 바탕을 형성하는 것이며, 작가의 이념을 직접적으로 드러내는 평론을 통해서도 확인할 수 있다.

아나키스트 김화산을 비판하고 있는 글에서 한설야는 모든 사회변화와 정치적 변혁의 근본적인 원인은 생산 및 교환방법이라는 물적 토대에 있고, 그 폐해를 극복하는 수단 역시 그러한 생산관계를 통해서만 가능함을 분명히 밝히고 있다.

> 經濟關係를 土臺로하야가지고觀念形態가成立되는것과 觀念形態 即上部組織의變化는 土臺即經濟關係에依한것이라는말이다. 함으로社會의根本的XX은 即今日의無産階級運動의歸着은 맑스主義的見地에서經濟關係를 根本的으로變革식히는데잇다는말이다.[9]

한설야는 1929년에 쓴 「신춘 창작평」(『조선지광』, 1929.2)에서도 송영의 「우리들의 사랑」을 평하면서, 다음처럼 소재로서의 노동자가 아니라 그들을 둘러싼 관계가 창작의 핵심에 놓여야 한다고 강조하고 있다.

> 大體君은 흔히日本工場勞動者를作에다집어너으나'누구나어대서勞動하든中

8) "조작하는 발신자든, 심판하는 발신자든 간에, 우리는 발신자를 이야기 속에 등장하는 가치체계의 관리자라고 정의할 수 있다. 이 가치 체계에 입각해서 주체를 탐색의 길로 인도하고 그의 행동에 대한 평가를 내리게 된다"(김태환, 「그레마스 행위소 모델 수용의 문제점－발신자 / 수신자 개념을 중심으로」, 『독일어문화권연구』, 2001, 115면).
9) 『동아일보』, 1927.4.19.

엇더한事件이잇섯다'라는新聞社會面式으로쓰기때문에 當然히보어주어야할'本領'은 도모지보여주지를안는다. '工場', '勞動者', '鎔鑛爐'-이런文句를藥임치는 것이能事가아니라 그것 對 人間(勞動者)關係와 더나아가 그것의所有者와 그것에게부림을밧는者-이人間對人間 關係를말하는것이 아니究明하는것이 우리作家에게賦課된任務인것이다.

이처럼 카프시기 한설야는 생산관계의 모순과 그로부터 비롯되는 여러 가지 문제에 관심을 기울이고 있다.10) 이 시기 한설야의 소설에서 자본가들은 많은 몫을 챙기기 위하여 생산력을 높이는데 혈안이 되어 있다. 이에 반해 노동자들은 생산력을 높이는 것에 저항하며 생산관계의 모순을 시정하는데 전력을 기울인다. 서술자 역시 그러한 노동자의 입장에 동조하고 있다. 한설야의 소설에서 다루어지는 노동규율의 문제는 생산력을 최대한으로 끌어올려 많은 잉여의 착취를 원하는 자본가들과 그에 저항하려는 노동자들이 맞부딪치는 첨예한 지점이라고 할 수 있다. 식민지체제란 군사적 강제력에 의한 이민족의 지배체제이면서 동시에 근대적 규율권력의 작동을 통해 지배를 정당화하려 했던 역사체제이다.11) 자본주의가 제대로 작동하기 위해서는 다양한 장치를 통해 대량으로 창출된 무산자들을 근대적 산업과 통제 속에 포섭될 수 있는 '근대적 주체'로 만들어내는 과정이 요구되는 것이다.12)

맑스의 「자본론」에서 분석되고 있는 바에 따르면, 자본주의 하에서 노동의 조직은 시간, 공간, 기계의 축을 따라 이루어진다. 이는 근대적인 노동의 체제를 구성하는 세 가지 축을 이룬다.13) 근대적 노동자에게 요구

10) 「그 전후」, 「홍수」, 「합숙소의 밤」, 「인조폭포」, 「한길」, 「공장지대」, 「사방공사」, 「삼백육십오일」, 「추수 후」 등이 해당된다. 이러한 나열은 사실상 무의미한데, 카프시기 창작된 작품들이 모두 해당되기 때문이다.

11) 강이수, 「공장체제와 노동규율」, 『근대주체와 식민지 규율권력』(김진균 · 정근식 편), 문화과학사, 2000, 118면.

12) 박태호, 「근대적 주체와 합리성-베버에서 푸코로」, 『경제와 사회』, 1994년 겨울, 99~100면.

되는 것은, 우선 정확성과 규칙성을 요구하는 시간 규율의 확립과 다음으로 공장이라는 공간 속에서 노동자들을 배치하고 그들의 활동과 행위를 일정하게 양식화해내는 공간규율의 확립이다. 「씨름」의 명호가 내호공장에 들어와 목도패가 되었을 때, "그들의발이조곰써지면 직접간접으로그밧게모든일"[14)]이 지장이 생긴다고 묘사된다. 그것은 이 시기에 이미 엄정한 시간적 규율이 성립되어 있었음을 보여주는 것이다. 「사방공사」는 치수공사장을 배경으로 한 것이지만, 이 곳에서도 근대적인 공간규율은 엄정하게 지켜진다. "지정 장소(자기일텀) 이외에서다친것이아니라하야 눈물고치만한치료비밧게 내여주지안"[15)]기도 한다. 「교차선」에서는 노동자들의 시업을 알리는 것으로 "시업고동"이 울리는 것으로 그려지고 있는데, 이것은 당시 노동자들에게 시간규율을 확립시키기 위해 사이렌을 사용했던 사실과 일치하는 것이다.[16)] 생산력의 증대를 위해 폭력을 사용하기도 하며, 시간규율과 더불어 공간규율이 확립되고 있음을 보여준다.

시간규율이 정교화되고 극단화 된 것이 바로 노동자의 미세한 동작 하나하나까지를 통제하는 관리방식인 테일러리즘이다. 이것은 기계의 리듬에 노동의 리듬을 통합시키는 것인데, 이때 노동은 기계화된다. 테일러리즘에 의한 '동작관리'와 '시간관리'는 노동자들의 신체를 권력의 의지대로 길들여 복종하는 신체를 생산해내게 된다. 이러한 테일러리즘은 다음의 인용문처럼 「그 전후」에서 실감 있게 그려지고 있다.

> 그는긔게를놀니며 아니긔게가도라가는데때라 제손과맘을긔게맛도록놀녀가면서도 각금 이런생각에 잠긴다. 그리면서도장차사라갈길도 번-니아니바라볼수업는때가만엇다.
>
> "이걸로는 살아갈수업다. 아이가알는데약한첩못쓰고 또죽일가바"

13) 이진경, 『맑스주의와 근대성』, 문화과학사, 1997, 247~248면.
14) 『조선지광』, 1929.8, 148면.
15) 『신계단』, 1932.11, 100면.
16) 강이수, 앞의 책, 145면.

“차라리죽는게낫지. 새벽부터밤까지일하고 단사십전! ……”

(…중략…)

“졸지말아 …… 저긔서무얼해 …… 년도말(年度末)상금이나올텐데 부즈런이일들해”

공장감독은로동의 밀도(密度)를 될수잇는대로……

녀공들은자동인형과가치 …… ……[17)]

또한 규율에 익숙한 노동자를 만들기 위해서 다양한 기제들이 사용된다. 하나는 벌금제, 폭행, 처벌과 같은 강제와 억압의 기제이고, 다른 하나는 보너스 같은 유인이나 가치관 교육과 같은 내면화의 기제이다. 위 인용에서는 독촉이라는 억압의 기제와 함께 ‘년도말 상금’이라는 내면화의 기제가 동원되고 있다. 이러한 기제들을 통해 당대 노동자들은 “자동인형과 가치” 자신들의 노동력을 최대한 끌어내게 된다. 「사방공사」의 일본인 감독은 버들 회초리를 노동자들에게 휘두르기도 한다.

자본주의적 규율과 강제가 노동자의 신체와 무의식에 침투하는 또 다른 경로는, 상대적 과잉인구화를 야기하며 진행되는 자본의 축적이다. 그것은 ‘실업화 압력’을 통해 취업자나 실업자 모두들 자본의 요구 아래 포섭한다.[18)] 자본주의가 유지되기 위해서는 일정 수의 산업 예비군은 필수적이다. 다음의 인용에서 나타나듯이, 「공장지대」(『조선지광』, 1931.5)에는 이러한 실업의 문제도 중요하게 다루어진다.

지금 이 바닥에는 육천 명의 질소비료 공장 노동자가 잇다. 그뿐 아니라 S군 수력전긔회사의 공사가 작년 겨울에 필하엿기 때문에 그 곳에서 일하든 노동자가 일을 일코 작고 이리로 몰녀든다. (…중략…) 에게 밀녀서 언제 엇더케 까불일지 모르는 불안한 중에 있다. 그리고 농촌에서 살 수 업서 노동터로 나오는 새

---

17) 『조선지광』, 1927.5, 121면.

18) K. Marx, 김수행 역, 『자본론』 Ⅰ, 비봉출판사, 2001, 256면.

일꾼은 금년에 들어와서 벗적 만이 늘고 잇다.

사정이 이러하다면 설령 직업을 갖고 있다고 하더라도, 그것은 언제나 임시적인 성격을 지닐 수밖에 없다. 「사방공사」에서도 날품팔이 일을 얻기 위해 밤을 새워 줄을 세워야 할 정도로 실업의 문제는 심각하다.

한설야의 소설에서 노동의 모순과 규율의 강제가 지니는 폭력성이 집약되어 나타나는 것은 '산업합리화'를 다룰 때이다. 「삼백육십오일」이나 『황혼』과 같은 작품이 그것이다. 한설야는 『황혼』 개작본의 머리말에서 1930년대 자본가와 노동자의 갈등이 '산업합리화'를 중심으로 형성되었으며, 그것이 지닌 생산관계에서의 착취적 본질에 대하여 분명히 밝히히고 있다.

> 1930년 전후부터 조선 민족 부르죠아지들은 일본 자본주의에 더욱 긴밀히 추종 야합하면서 일본의 뒤를 따라 소위 '산업합리화'라는 이름 아래에 새로운 공세를 조선 로동 계급에게 내리기 시작하였다. 이로 말미암아 많은 로동자들이 가두고 내 몰렸으며 임금의 실질적 인하와 로동 시간의 연장과 로동 밀도의 강화를 갈수록 강요 당하였다.[19]

이어서 한설야는 『황혼』이 "'산업 합리화'에 대한 로동자들의 투쟁을 취급한 작품"[20]으로 구상되었다고 말한다. 준식과 동필의 갈등도 산업합리화 정책의 본질을 둘러싸고 일어난다. 준식이가 선진 노동자로서 이 정책의 본질을 잘 이해하고 투쟁을 조직하는데 반하여 동필은 이 정책이 노동자들에게 무엇인가 유리한 것을 가져다 주리라는 환상을 버리지 못하는 것이다.[21]

---

19) 한설야, 『황혼』, 조선작가동맹출판사, 1955, 3면.
20) 위의 책, 4면.
21) 엄호석, 앞의 글, 158면.

이들 작품에서 산업합리화란 최신 기술을 도입하고, 노동자들을 대량으로 해고하여 노동자 개인의 생산성을 최대한 높이는 것이다. 이를 통해 생산력은 극대화되지만, 생산관계는 더욱더 악화된다. 자본가는 더욱 많은 잉여를 얻지만, 노동자는 더 강화된 착취와 실업에 시달리게 된다. 산업합리화로 인해 산재가 잇따르게 되고, 노동자들에게는 무지막지한 노동강도가 부과된다. 산업합리화란 "지옥일정목까지다. 힘의최후한방울까지!"[22]로 노동자들에게 받아들여진다. 생산력을 최대화하기 위해 자본은 억압적 기제와 내면적 기제를 모두 동원한다. 「삼백육십오일」의 감독은 "닷자고짜로울악뿌락하는목고대가아니다. 눗출데당길데를잘아는사람이다. 그리면서 뒤로역는데에는 백에한사람도빼지안는다는귀신과가튼" 사람으로서 노동자들을 대한다.

카프시기 생산의 문제를 다룬 소설들에 나타나는 의미 작용의 심층 구조를 그레마스의 기호학적 사각형을 이용해서 시각적으로 표현하면 다음과 같다.

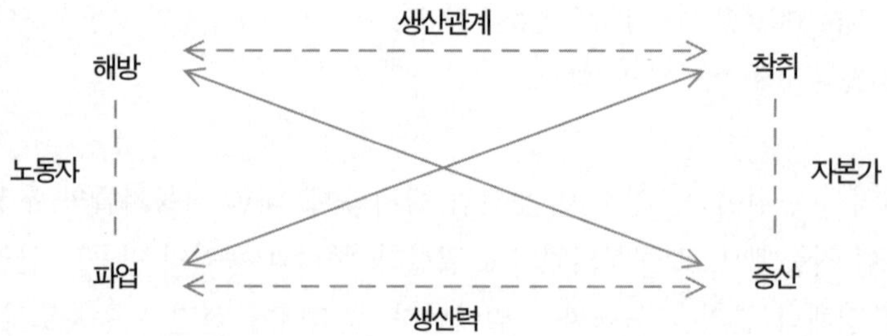

위의 사각형에서 해방과 착취는 생산관계라는 더 큰 의미론적 범주, 즉 상위의 분류소로부터 비롯된 의미소이며, 상호 대립적인 관계에 놓여 있다. 마찬가지로 생산력이라는 분류소에 의해 파업과 증산이라는 의미소의 대립항이 성립된다. 해방과 증산, 착취와 파업은 상호 모순항으로

22) 「三百六十五日」, 『문학건설』, 1932.12.

작동하며, 해방과 파업, 착취와 증산은 함의 관계로 설정된다. 이 시기에는 생산의 문제를 다룸에 있어 생산관계를 생산력보다 우선시하고 있다. 자본가들은 새로운 기계를 도입하거나 노동자들의 노동 강도를 높임으로써 생산력을 높이는데 골몰하고 있다. 이것은 생산관계의 측면에서는 잉여의 더 많은 착취를 의미한다. 더 많은 이익을 위해 증산을 원하는 자본가에 맞서 노동자들은 파업으로 대응한다. 이것은 생산관계에서의 착취를 막고 진정한 노동 해방을 위한 것이다.

2) 생산력과 생산관계의 균형적 배치

(1) 중립적 태도에 감춰진 식민지적 근대화의 빛과 그림자

「과도기」는 생산관계와 함께 생산력에도 관심을 기울이고 있는 카프 시기의 유일한 작품이다. 「과도기」는 4년 만에 고향에 돌아온 창선이를 초점자로 내세우고 있다. 귀향자인 창선이의 시선을 통해 포착된 고향마을 창리는 이전과는 완전히 다른 모습이다. 평화로운 어촌이었던 그 곳은 삭막한 공장지대로 변화되어 있다. 이 작품은 "캐피탈리즘의 필연한 발전상에 따른 농촌의 몰락과 기계공업도시의 발흥, 따라서 농민의 노동자화라는 인간생활의 과도기를 그린 것이다"[23]라는 작가의 말에 나타난 것처럼, 자본주의 발전의 초기 단계에 존재할 수밖에 없는 본원적 축적(primitive accumulation)을 문제삼고 있다.[24] 자본주의가 본격적으로 가동을 시작하려면, 그 전제조건으로 토지나 자본 혹은 노동력이 확보되어 있어야

23) 한설야, 「문예시감」, 『문예공론』 2, 1929.6, 80~81면.

24) "자본관계를 창조하는 과정은 노동자를 자기의 노동조건의 소유로부터 분리하는 과정(즉, 한편으로는 사회적 생활수단과 생산수단을 자본으로 전환시키며, 다른 한편으로는 직접적 생산자를 임금노동자로 전환시키는 과정) 이외의 어떤 다른 것일 수가 없다. 따라서 이른바 시초축적은 생산자와 생산수단 사이의 역사적인 분리과정 이외의 아무것도 아니다"(K. Marx, 앞의 책, 981면).

만 한다. 자본주의는 자기만의 방식으로 축적을 시작하기에 앞서 다른 종류의 축적이 필요한 시스템이다. 마르크스는 이것을 '본원적 축적'이라고 했다. 본원적 축적이 이루어지는 과정에는 필연적으로 수탈과 불법, 폭력의 원리가 개입할 수밖에 없다.[25]

그런데 창리의 과거와 현재는 수사적인 차원에서부터 차별적으로 묘사된다. 과거의 창리가 긍정적으로 인식된다면, 현재의 창리는 부정적으로 인식된다. 이현식은 창선이가 경험한 과거의 삶을 통해 현재의 삶을 포착하는 것이 「과도기」가 이룬 중요한 문학적 성과로 보고 있다. "자본주의의 문제점을 민중의 생활 현실로부터 포착하고 그것을 구체적 실감으로 전달함으로써 선불리 주제의식만을 전면에 내세우던 당시 카프 소설의 관행으로부터 탈피"[26]하고 있다는 것이다. 그러나 반자본주의적 수사가 바탕하고 있는 회상 속의 삶이 '구체적 실감'에 값하는 것인지에 대해서는 보다 정치한 논의가 필요하다.[27]

그럼에도 이 작품에서 근대화되어 가는 현실에 대한 부정적인 시선만을 읽을 수 있는 것은 아니다. 그것은 창선이를 중심으로 한 서사 전개의 차원에서 발견할 수 있다. 「과도기」의 마지막은 결국 "상투짜고 감발치고 부삽들고 콩크리―트반죽하는 생소한 사람이 되엿다"[28]는 문장으로 끝난다. 이 문장의 중요성은 결코 과소평가될 수 없다. 창선은 결국 그러한 자본주의적 근대화의 물결에 동참하기 때문이다. 창선은 노동자가 되며, 시종일관 내적초점화 되어 있는 이 작품에서 창선이의 내적 갈등은

---

25) P. Osborne, 고병권 · 조원광 역, 『How to Read 마르크스』, 웅진지식하우스, 2007, 162~177면.

26) 이현식, 「「과도기」 다시 읽기」, 『한설야 문학의 재인식』, 소명출판, 2000, 65면.

27) 그런데 창선의 회상 속에 등장하는 이 어촌의 성격이 또한 문제적이다. 창선이는 그곳에서 자신의 어린 시절 추억과 아름다운 청춘, 가난했지만 행복했던 날을 회상하는데, 이 장면은 "우리 문학에서 최초로 그려진 한국 어촌의 낭만적 풍경일 것"(위의 책, 61면)이라고 말해질 정도로 감상적인 것이다. 이러한 낭만성은 또 하나의 중요한 문제를 제기한다. 이 문제에 대해서는 다음 절에서 본격적으로 살펴볼 것이다.

28) 『조선지광』, 1929.4, 185면.

보이지 않는다. 그는 저항이나 거부의 뜻도 표하지 않으며, 갈등의 흔적은 보이지 않는 것이다. 이것은 이 시기 다른 소설들이 서술자의 목소리를 통해 강렬하게 계급의식을 드러낸 것과는 다른 양상이다.

이 작품의 의미를 온전하게 파악하기 위해서는, 「과도기」의 전후로 창작된 생산현장 배경의 소설들을 살펴볼 필요가 있다. 한설야는 이전에 「홍수」, 「합숙소의 밤」, 「인조폭포」 등의 작품을 발표했으며, 이후에는 「씨름」, 「공장지대」, 「사방공사」, 「삼백육십오일」, 「교차선」, 「추수후」를 발표한다. 그런데 이들 작품과 비교한다면, 「과도기」는 기본적인 서술상황이 특수한 예라고 할 수 있다. 여타의 작품들은 외적 초점화를 기본으로 하고 있으며, 서술자는 강력하게 자신의 목소리를 드러내고 있다. 특히 의미 생산의 가장 큰 모멘트가 되는 작품의 결말부에서는 계급의식으로 무장된 날 것의 목소리를 내고는 했던 것이다. 그런데 「과도기」만은 창선이가 초점자로 등장하는 내적 초점화를 기본으로 하고 있으며, 서술자의 개입은 극도로 제한되고 있다. 더군다나 직접적으로 계급의식을 드러내는 부분은 찾아보기 힘들다.

「과도기」가 위 단락에 언급된 다른 작품들과 다른 점 중의 하나는, 전통적인 삶의 터전 즉 봉건적 생산 현장이 근대적 생산 현장으로 재편되는 시공을 배경으로 하고 있다는 점이다. 이러한 시공을 배경으로 했을 때, 한설야는 선명하고 뚜렷한 계급적 목소리를 내는 것에 대하여 머뭇거린다. 그렇다면 한설야는 이러한 근대적 노동이 필연적으로 수반하는 생산관계의 문제점을 충분히 인식하고 있으면서도, 그러한 변화의 필연성만은 부정하지 못했던 것일지도 모른다.

이것은 해방 이후의 개작본과의 대비를 통해서도 선명하게 드러난다. 개작본에서는 일제에 의한 생산력의 발전이 결국 고향을 파괴하고 사람들의 삶을 황폐화시킬 뿐임이 작품의 여러 곳에 나타난다. 그 중에서도 창선과의 대화에서 이루어지는 창룡의 발언이 다음과 같이 변화된다.

원작 : "원 가당치도 안은…………가우리말은고사하고 ××도넷쓰리만히안 다네. 원 령의뎡을업고댄니는지 그 ××등쌀은 갈는장수가업데그려."[29]

개작 : "하기사 축항이고 나발이고 할거 없이 저놈들이 가고 우리 동네를 도루 찾았으면야 일등 좋겠지만, 저놈의 회사가 우리 말은 고사하고 경찰도 관청도 꿈에 넷들이로 안다네그려. 일본서 제일 가는 회사라거든."[30]

창룡은 개발되기 이전의 고향을 다시 찾기를 간절하게 원한다. 그러나 경찰과 관청보다도 힘이 센 것으로 그려지는 회사는 결코 그 소망을 이루도록 내버려 두지 않는다. 개작을 통해 일제 시기 이루어진 생산력의 발전에 대한 회의와 일제의 식민지적 실체가 보다 뚜렷하게 부각되고 있다. 이와 관련해 새로 등장한 로동자 노래에 대해, 원본에 있었던 "옛살님을빈정대고새살님을자랑하는노래다"[31]라고 평하는 부분이 삭제되어 있다. 「과도기」의 후속편인 「씨름」에도 일본과 그에 기댄 자본과의 투쟁이 선명한 선으로 새겨넣어져 있다.

카프 해산 이후에 쓰인 '탁류 3부작'에서는 그러한 주저함이 더욱 커진다. '탁류 3부작'은 한설야가 일제시대 마지막으로 구체적인 생산 현장을 작품의 배경으로 한 수작들이다. 그런데 이들 작품은 검거 이전에 쓰인 작품들과는 서사기법상(초점화, 인물의 형상화 방법, 서술자의 개입여부) 여러 가지 차이점을 드러낸다. 무엇보다 중요한 것은, 주로 내적 초점화가 사용되고 있으며 서술자의 최소 개입으로 인하여 직접적인 작가의 이데올로기가 개입되는 빈도와 정도가 줄어들었다는 것이다. 그러면서도 구체적인 삶의 현장이 지닌 실감 내지는 질감은 한층 강화된 모습을 보여주고 있다. 이것은 단순한 변화가 아니라 서사의 심층에서 이루어지는 근

29) 『조선지광』, 1929.4, 184면.
30) 한설야, 『귀향』, 조선작가동맹출판사, 1957, 17면.
31) 위의 책, 185면.

본적인 변화이다.

이러한 변화는 어디에서 비롯되는 것일까? 이것을 검열의 문제로 돌릴 수도 있다. 당대의 엄혹한 현실에서 우회적인 방법을 택했을 뿐, 현실을 바라보는 작가의 시각은 이전과 변함이 없다고 이해하는 것이다. 이렇게 볼 때 일본인 교장 사사키가 경영하는 대농장은 지극히 부정적인 것으로만 이해하게 된다. 고명철은 정연태와 지수걸의 논의[32]를 바탕으로, 이러한 대농장은 "근대적 영농기술의 보급은 일제의 대동아공영권 건설을 위한 군수물자의 원활한 보급과 지원을 위한 것으로, 식민지 농촌의 열악한 현실을 타개하는 것과는 무관"[33]하다고 단정짓고 있다. 이러한 독법에 따를 경우 한설야의 '탁류 3부작'은 대동아공영권 건설을 위한 근대적 영농기술의 부정성을 드러낸 소설로 이해된다.

그러나 검열에서 이유를 찾기에 이전의 생산현장을 배경으로 한 소설들과 '탁류 3부작'이 보이는 차이는 현격하다. 전승주도 "일제의 농업정책이 누구를 위한 것이며 그 본질은 무엇인지 꿰뚫어보지 못"하며 이에 따라 "그들의 투쟁 역시 아무런 전망이나 역사적 성격을 지니지 못하는 단지 일상적 차원에서 자신의 이익을 위해 이루어지는 이해충돌로 끝날 수밖에 없다는 점"[34]을 이전의 경향소설과는 다른 '탁류 3부작'의 문제점으로 지적하고 있다. 더군다나 '탁류 3부작'의 1부인 「홍수」와 2부인 「부역」 사이에 창작된 「철로교차선」이 전향소설로는 드물게 선명한 계급의식을 보인다는 것을 고려할 때, 이 작품이 보이는 소극적인 특성은 쉽게 보아 넘길 수 없다.

이러한 주저함은 1932년부터 40년에 걸쳐 진행된 농촌진흥운동이 가

---

32) 이들은 일본인 지주 중심으로 식민지 농촌경제 질서가 재편되어가는 과정과 일제의 군국주의에 따른 농촌진흥운동의 식민주의 근대화가 갖는 맹점을 지적하고 있다(정연태, 「1930년대 일제의 식민농정에 대한 재검토」, 『역사비평』, 1995년 봄; 지수걸, 「일제의 군국주의 파시즘과 '조선농촌진흥운동'」, 『역사비평』, 1999년 여름 참조).

33) 고명철, 「한설야 문학, 그 탈식민의 맥락」, 『반교어문연구』 20, 2006, 258면.

34) 전승주, 『한국소설문학대계』 10, 동아출판사, 1995, 538면.

져온 성과에서 비롯되는 것으로 판단해 볼 수 있다. 최근의 연구성과[35]에 의하면 농촌진흥운동은 실질적인 변화를 추동했다. 농촌진흥운동은 1920년대 후반에 시작된 농업 불황이 예고한 농촌의 위기와 1920년대 향촌 지주계급의 권력과 권위를 손상시킨 농촌 계급투쟁의 격화에 대한 식민지 국가의 대응책이었다.[36] 이 운동은 갱생 프로그램 참가자들의 경제적 복지를 증진시키는 데 어느 정도 성공을 거두었다. 물론 경제 갱생 계획의 긍정적 효과가 과장되어서는 안 되지만, 농촌과 농업경제에 대한 대부분의 거시지표들은 이 운동이 농촌의 경제적 복지를 증진시키는 데 일정한 기여를 했음을 보여준다.[37] 이 운동은 소작 관련 법령들과 함께 농촌경제와 사회복지를 향상시키는 데 중요한 역할을 한 것이다.

「부역」에는 사사키 교장이 경영하는 갱생부락 모범부락에서 실행되는 일이 나열되고 있다. 그 구체적인 항목은 "추경여행(秋耕勵行), 축산여행(養豚, 養鶏, 養犬), 퇴비증산(堆肥增産), 앙판정지개량(秧板整地改良)과양상보급(揚床普及), 정조식(正條植)등 농사개량에관한것과 부업(蠶業, 林業, 水産, 農産加工, 貫太, 運搬), 연료비림조성(燃料備林造成), 해조채취(海藻採取) 등 부대사업에관한것과 의례준칙실행(儀禮準則實行), 색복착용(色服着用), 절주절연(節酒節煙), 허례폐지(虛禮廢止), 미신타파, 근검저축, 부여자근로, 온돌과 부억개량, 부차근절 등 생활 개선에 관한 것과, 납세기일엄수, 자력갱생, 지방진흥, 국기게양엄수, 경노(敬老)사상등 정신작흥에관한것"[38] 등이다. 사사키는 "T교졸업생중에서 중견분자를 가려서 그토지를 소작시켜 다수확

35) 신기욱 · 한도현, 「식민지 조합주의-1932~1940년의 농촌진흥운동」, 『한국의 식민지 근대성』(신기욱 · 마이클 로빈슨 편), 삼인, 2006, 131면.

36) 위의 책, 139면.

37) 정부 통계에 따르면 1935~1939년간 노동과 토지 생산성이 각각 22퍼센트와 29퍼센트 늘었고 농업 생산은 1933~1939년간 31퍼센트 늘었다. 1933~1938년간 소작지 비율은 논에서는 48.6퍼센트에서 47.8퍼센트로, 밭에서는 38.9퍼센트에서 37.2퍼센트로 감소하였다. 1인당 미곡 소비는 대공황 이전 수준으로 되돌아왔으며 농촌의 계급구조는 사실상 변하지 않았고(농촌 인구 중 소작농 비율은 1933년 52퍼센트, 1938년 51.9퍼센트였다.) 소작 토지의 비율도 비슷하게 안정되었다(위의 책, 153~155면).

38) 『조선문학』, 1937.6, 15면.

(多收穫)과 온건착실한 근로(勤勞)정신을아울러 심물량면(心物兩面)의 전형적모범농장을 만"[39]들고자 하는 것이다. 그것은 당시 농촌진흥운동에서 행해지던 일과 일치한다. '탁류 3부작'을 압축한 일본어 소설 「白い開墾地」(『文學案內』, 1937.2)에는 직접적으로 일본인 교장이 최근에는 "農村振興"을 부르짖어오고 있다는 언급이 나온다.

이전과 똑같이 생산현장을 배경으로 하고 있음에도 달라진 태도의 밑바탕에는 이러한 농촌진흥운동의 성과가 놓여 있다. 「산촌」에서 사사끼 교장이 가져온 놀라운 생산력만은, 다음의 인용처럼 부정되지 않는다.

> 그래서 무엇보다 실지로 이고장 농부들이 개벽이래, 꿈도 꾸어보지못한 굉장한 실중을 뵈여주었습니다. 재작년부터는 이모범농들이 일단보 일굽섬을 받았습니다. 그러므로 이곧 백성들도 인제와서는 나를 믿지말래도 믿지않고는 백이지못하게쯤 되였습니다. 실지로 보고 있으니까요. 작년부터는 졸업생들에게 시험경작을 시기는 중인데 이책상물림 청소년들도 헌다는 토백이 농군들보다 더 많은 수확을 내고 있습니다.[40]

위의 인용이 사사키 교장의 발언이라는 문제를 가지고 있다면, 「산촌」의 마지막에 기술된 다음과 같은 가치중립적인 차원의 서술적 문장은 사사키 교장의 발언이 결코 작가의 인식과 먼 거리에 있지 않음을 증명해준다.

> "서마지기에서 여들섬인가 났다데"
>
> 그전 작인들은 이런 이야기에 입을 버리고 닫지못하였다. 농장은 전보다 훨신 좋아졌다. 동도 높아지고 땅바닥도 골라졌다. 줄늪은 전부 매여지고 돌(물길)이 오리바르게 이리저리 째여졌다. 그리고 김갑산동과 그 아래사사끼동은 완전히

39) 위의 책, 17쪽.
40) 『조광』, 1938.11, 187면.

연결되어버렸다. 그큰동 북쪽에는 새로 저수지가 되고 그남으로는 광포로 나가는 뻿돌이 길다랗게 내를 이루고있다.

모범 경작생들이 한여름 동안 얼마나 일하고 얼마나 버렸는지는 알수없으나 교장선생은 팔천원이나 드려서 T우편소를 그친구의 이름으로 새로 샀다는 소문이차차 퍼지기 시작하였다.[41]

사사키 교장이 가져온 놀라운 성과에 초점을 맞추고 있는 결말은, 조선인 소작농들의 궁핍한 현실에 초점을 맞추고 있는 「白い開墾地」의 결말과는 매우 상이하다.

봄이 되자 굶주림은 더한층 심해졌다. 좁쌀죽도 제대로 끓여먹지 못할 정도가 되었다. 풀뿌리를 캐어오거나 소나무껍질과 솔잎을 따다가 가루로 빻아서 죽이나 떡을 만들어 먹었다. 떡으로 만들어 말려 먹으면 배가 든든해서 하루에 한 끼만 먹어도 충분했지만, 다리힘이 약한 노인네들은 미처 도망치지 못하고 산림간수에게 붙잡혀 산림령 위반죄로 걸리기도 했다.

그래도 소작인들은 김씨농장에서 쫓겨나지 않으려고 여느때보다 일찍 밭을 손보기 시작했다. 그러나 그것은 당장 중지되었다.[42]

이러한 상이함은 약 2년간의 시간 동안 이루어진 농촌진흥운동의 실질적인 성과에서 비롯된 것으로 추론해 볼 수 있다. 물론 '탁류 3부작'도 일제 말 현실의 모순관계에 대하여 관심을 보이고 있다. 이전의 많은 연구자들이 지적한 바와 같이, 이 연작은 당대의 농민들이 자신의 땅에서 유리될 수밖에 없는 실상을 효과적으로 드러낸다. 이 글에서 관심을 갖는 것은, 일제의 자본에 의해 가능해진 생산력의 향상 앞에서 보이는 작가의 객관적 태도에 대해서이다. 근대화된 영농기술이 가져온 생산력의

41) 위의 책, 204면.

42) 한설야, 「白い開墾地」, 『문학안내』, 1937.2; 김석희 역, 『한국문학』, 1990.1, 301면.

증대에 대하여 작가는 이전처럼 선명하게 부정적 입장을 표현하지 않는다. 이것은 일제 말 농촌 사회에도 자본주의가 들어오는 것은 역사적 필연이라고 생각한 사회주의자의 일반적인 인식과도 궤를 같이 하는 것이다.[43]

해방 이후 개작된 「산촌」에서는 생산력의 발전에 대한 중립적 태도가 사라져 버린다. 사사키 농장이 선보인 놀라운 생산력의 증가에 대하여 서술한 이후에, 개작본에서는 "그러나 땅이 이렇게 개변되었음에도 불구하고 그 땅을 가는 사람들의 살림에는 아무런 변화도 오지 않았다. 다만 이 땅으로 해서 생활이 달라지면서 있는 것은 사사끼 교장 한 사람 뿐이였다"[44]와 같은 작가의 목소리가 삽입되어 있다. 이것은 사사키 교장이 가져온 놀라운 생산력의 증대 앞에서 중립적인 목소리만을 내었던 원작과 비교한다면, 크나큰 변화이다. 개작본에서는 그러한 변화가 "그 땅을 가는 사람들의 살림에는 아무런 변화도 오지 않"은, 단지 "사사키 교장 한 사람"만을 위한 변화임을 뚜렷하게 표명하고 있기 때문이다.

「모색」에서도 "뿐아니라 오늘날 비상시국민의 경제를 위해서 이존재는 부민전체가 감사해야 할것이오. 또 그여덕을 인근 촌읍에서까지입고 있는것도 사실이다"[45]라는 언급을 통하여 일제에 의해 생긴 공급소라는 근대적 문물이 가진 이점을 선명하게 드러내고 있다. 그러나 개작본 「모색」에서는 H부중에 있는 공급소에 대한 원작의 언급이 삭제된다. 이것은 식민지시기 일제가 가져온 생산력의 증가에 대한 경시와 식민지적 생산

43) "자본주의 · 제국주의가 만들어낸 모순에 대한 민족주의자와 사회주의자 사이의 인식에는 차이가 있었다. 민족주의자는 자본주의라는 서양의 시스템이 도입됨으로써 전통적 사회질서가 파괴된 것이 혼란의 근원이라고 생각하고 모순을 짊어지는 것은 농촌이라고 보았다. 한편 사회주의자는 농촌 사회에도 자본주의가 들어오는 것은 역사적 필연이었지만 계급 모순의 발생도 자본주의 도입의 필연적 귀결이라고 생각했다. 그리고 그 모순을 해결하기 위한 방법은 노동자의 사회주의운동밖에 없었다"고 여겼다(고사카 시로, 『근대라는 아포리아』(야규 마코토 · 최재목 · 이광래 편), 이학사, 2007, 242면).

44) 한설야, 『귀향』, 조선작가동맹출판사, 1957, 177면.

45) 『인문평론』, 1940.3, 152면.

관계에 대한 강조라는 개작본의 전체적인 변화양상과 통한다. 이와 관련해 공급소에서의 쇼핑이 끝나고 집에 가는 길에 남식이 아내에게 하는 "오늘 이득 봤지. 물건값이 우리게보다 언간히 싸지?"[46]라는 말은 "오늘 잘해댔어. 그치들이 다시 끔찍하지 못하는 것만 봐—"[47]로 바뀐다.

「산촌」과 비슷한 시기에 창작된 「술집」에는 옛날 의학만 믿고 신식 치료를 거부하는 노인의 모습을 통해 봉건성에 대한 비판이 나타나 있다. 초점자인 한민을 통해 노인은 다음과 같이 부정적으로 인식된다.

> 옛날사람은 결핵성이란 무엇인지 알지못한다. 따라서 무서운줄도 모른다. 무서운줄 모르는 사람이 가장 장수일수있다. 그들은 다리를 찍지않어도 좋다고 생각하고 찍지않고도 한약으로 어떻게 나꿀수 잇다고 생각는것이다. 자기네 조상이모다 그렇게 살아왔고, 살아온 그덕으로 자자손손이 퍼져서 지금 자기네가 있다고 생각는것이다.
>
> (…중략…)
>
> 한 가문안에 다리찍은 병신이 있다는것을 이늙은이는 퍽 꺼리는 모양이다.[48]

근대화에 대한 맹목적인 부정이 아닌 근대화의 필연성에 대한 인정과 그것의 문제점을 바로잡고자 하는 균형 잡힌 의식을 확인할 수 있다. 소위 전향소설에서 아내는 미신에 빠진 모습에 대하여 많은 비판을 받는다. 이것 역시 봉건성에 대한 비판과 궤를 같이 하는 것이다.

(2) 제국 담론의 내파

한설야의 일본어 경장편소설 「대륙」은 생산력과 관련하여, 이전부터

---

46) 위의 책, 162면.
47) 한설야, 『귀향』, 조선작가동맹출판사, 1957, 370면.
48) 『문장』, 1939.7, 62면.

진행되어온 한설야 문학의 결과인 동시에 이후 전개될 한설야 문학의 원인이기도 하다. 이 작품은 식민지시기 한설야와 해방 이후의 한설야를 연결시켜주는 매개자이다. 카프 작가를 포함한 거의 모든 작가들(일본 포함)의 만주 형상화에 있어 가장 큰 문제점은, 그 안에 중국인이 존재하지 않는다는 점이다. 식민지시대 만주의 상은 '수난과 저항'의 공간이다. 이때 수난과 저항의 주체는 우리 민족이고, 그 대상은 일제이다. 최서해의 「홍염」에서도 중국인 지주와의 갈등은 일반적인 지주와의 갈등으로 환원되어버리고 말았던 것이다.[49]

일제 말 지식인 작가는 만주를 야만으로, 즉 인종적 타자로 인식함으로써 제국주의의 주체(subject) 곧 신민(subject)이 된다. 이기영의 개척소설에도 만주는 단지 문명의 흔적이 닿은바 없는 '처녀지'일 뿐이다. 만주를 '수난과 저항'의 공간으로 인식하든, 식민지적 (무)의식과 식민주의적 (무)의식에 의해 주체가 호명되는 공간으로 인식하든, 그 곳에 중국인은 존재하지 않는다. 이에 반해 「홍수」, 「합숙소의 밤」, 「인조폭포」, 「과도기」, 「한길」 등의 작품이 증명하듯, 한설야의 만주 배경 소설에는 중국인이 등장한다. 그러한 중국인은 계급이나 보편 담론으로 환원되지 않는 당당한 하나의 타자로서 존재한다.[50] 「인조폭포」는 다음과 인용과 같이 만주에서 형성된 조선인과 중국인의 권력관계를 날카롭게 보여주고 있다. 위에 열거한 작품들에서 조선인은 중국인들에 비하여 열등한 처지에 놓여 있다.

> 그들지나인은 그래도…… 게비하면 커다란권세가잇다. 이러니저러니해도 …… 을쓰고사는사람이다. 변변치 안아도제「……」을 제가하는사람들이다. 크게

49) 윤대석, 「'만주'와 한국 문학자」, 『식민지 국민문학론』, 역락, 2006, 202면.

50) 한설야는 일제 말에 일본 작가가 만주에 대하여 쓴 작품을 낮추어 보았다. "지나의 여자 하나도 그리지 못한다"고 말할 정도이다(한설야, 「大陸文學など」, 『경성일보』, 1940.8.2). 조선은 물론이고 일본에서도 만주와 만주인을 문학적으로 형상화할 수 있는 사람은 자신밖에 없다는 자신감의 표현이다.

> 보아서「……」「……」이업는—명치적배경이 업는 우리에게비하면 그들은 커다란 힘이잇섯다. 그들은 …… 에서「세ㅅ방」「행낭방」사리를하는 우리를모라내랴고하게되엿다.[51]

「대륙」은 1930년대 말의 만주를 배경으로 하고 있는 소설이다. 일제 말 만주는 조선 문학의 소재 가운데 커다란 위치를 차지하고 있다. 소재의 빈곤에 허덕이는 조선 문학의 타개책이라는 문단의 내부적 욕망과 국책이라는 외부적 욕망이 만나는 곳에 만주라는 공간이 놓여 있었기 때문이다. 특히 1930년대 사회주의 진영에서 만주는 반자본주의적인 성격을 지닌, 새로운 진보적 기획이 가능한 공간으로 인식되었다. 이러한 성격은 중일전쟁의 발발로 시작된 일제 말기 신체제의 발흥과 함께 더욱 본격화된다.[52] 1930년대 후반 만주에 대한 일제의 공식적인 입장은 '오족협화론'와 '왕도낙토론'으로 요약해볼 수 있다.[53] 한설야는 만주라는 공간과 그곳을 장악하고 있던 새로운 논리에 포섭되는 모습과 우회적으로 저항하는 모습을 동시에 보인다.

「대륙」은 하야시를 중심으로 한 개척의 서사와 오야마와 마리의 결합을 중심으로 한 사랑의 서사로 이루어져 있다. 생산력주의의 문제와 관련해 중요한 것은 하야시에게서 드러나는 개척의 서사이다. 기본적으로 하야시는 만주의 변방인 토산자의 금광을 개발하고자 하는 욕망을 지니고 있다. 「대륙」이 이전의 한설야 소설과 가장 차이 나는 지점은 하야시의 다음과 같은 사고에서이다. 하야시는 "교육 사업보다는 생활이 먼저라고 생각"하며, 예전에 자신이 사회주의자로서 활동했던 시절에는 "자

51) 『조선지광』, 1928.2, 117면.
52) 중일전쟁으로 조선의 좌파 지식인들은 전시변혁에 대한 기대감을 가졌다. 대표적인 마르크스주의 경제학자 박극채와 윤행중, 김명식, 인정식 등이 대표적인 사례이다(홍종욱, 「해방을 전후한 주체 형성의 기도—좌파 지식인의 전향을 중심으로—」, 『근대를 다시 읽는다』 1(윤대석 외편), 역사비평사, 2006, 253~255면).
53) 한석정, 『만주국 건국의 재해석』, 동아대 출판부, 1999, 120~134면.

본주의가 유행하던 시대라서 모든 방면에서 개선이 주장되던 때"였지만, "지금처럼 긴박한 상황에서는 문자보다 빵이 먼저"라는 사고에 바탕을 두고 있다. 그는 어느새 빵이라는 구체적인 물질적 성과를 중요시하는 단계에 이르고 있다. 실질적으로 생산을 맡을 조선인이 '반자연'의 수준에서 그려지는 것[54]과 함께, 노동자나 이념(문자)이 아닌 생산의 결과로서의 빵이 제일의적인 과제로 떠오르고 있는 것이다.

사정이 이러하다면 「대륙」에서 하야시를 통해 집중적으로 드러나는 제국과 자본의 관계에서 벗어난 듯 보이는 '대중 자치론'으로서의 공동체 개발은 언제든지 생산력의 증대를 위한 '대중 동원론'으로 연결될 수 있는 가능성을 지닌다. 오야마는 하야시의 말을 들으며, "예의 대중 동원론이 나오는군"이라고 말하기도 한다. 마적의 습격을 받고 "지옥의 귀신도 울지 않을 수 없는 처참한 광경"을 경험한 조선인들이 머무는 피난민 수용소에 안내받은 하야시는 "죽음을 눈앞에 두고 학대받는 사람을 봐도 크게 절망하지 않았다. 죽음보다는 생을 보고 새벽을 보는 것이었다"고 묘사된다. 이때의 하야시에게서 노동자를 수단으로만 보는 자본과 국가의 모습을 읽어내는 것은 무리가 아닐 지도 모른다. 「대륙」은 탁류 3부작에서부터 보이던 생산관계 혹은 계급적 당파성이 약화되고, 그에 비례하여 생산력에 대한 강조가 좀 더 본격화된 작품이라고 볼 수 있다.

「과도기」와 '탁류 3부작'에서 생산력에 대한 강조는 어디까지나 서사의 심층에서 암시적으로 드러나고 있을 뿐이었다. 이들 작품은 그 시기의 다른 작품들처럼 생산관계의 모순에서 비롯된 여러 가지 문제들에 많은 관심을 보인다. 그러나 이처럼 은은하게 그 존재를 드러내고 있던 생산력에 대한 강조는 일제 말의 특수한 상황을 맞이하여, 제국이라는 거대한 힘을 전유하면서 그 모습을 뚜렷하게 드러낸다. 그럼에도 「대륙」에서 생산력에 대한 강조는 하야시의 의식과 말을 통해서 드러나고 있을

54) 김성경, 앞의 글, 75~78면.

뿐, 해방 이후 한설야 소설에서처럼 서사 속에 구체화되지는 못한다.

해방 이후 생산력의 강화는 북한의 공식적인 국가 이데올로기로서 자리매김 된다. 그러한 담론적 지형 안에서 이 시기 소설들은 아무런 자의식 없이 생산력을 강조하게 된다. 이와 같은 사정을 고려할 때 「대륙」은 생산이라는 문제와 관련하여, 카프시기의 작품들과 해방 이후 작품들을 연결시켜주는 일종의 '사라지는 매개자'라고 부를 수 있다.

지젝은 프레드릭 제임슨이 막스 베버에 대해 논의하면서 제시한 '사라지는 매개자'의 개념을 원용하면서 중세 공동체주의와 자본주의적 개인주의 사이를 매개하는 것으로서의 프로테스탄티즘을 분석한다. 그는 프로테스탄티즘의 중개 없이 중세의 닫힌 사회로부터 부르주아 사회로 직접 넘어가는 것은 불가능하다고 지적하면서 프로테스탄티즘이 구교가 가진 제한된 금욕의 개념을 세속의 전 영역으로 확대할 때 그것은 부의 축적을 전면화시키는 작용을 하는 동시에 역설적으로 기독교 자체를 부식시키는 결과를 낳았다고 본다.[55] 이러한 그의 논의는 한설야 소설이 생산관계에서 생산력에 초점을 맞추게 되는 변화를 설명하는 논리적 기제라 할 수 있다. 카프시기에 희미한 그림자로서만 존재하던 생산력에 대한 강조는 일제 말에 제국의 담론이라는 거대한 힘을 전유하면서 그 형체를 얻게 된다. 해방 이후 긍정적인 여건이 마련되자, 생산력에 대한 강조는 더욱 본격화된다. 「대륙」에서 보이는 생산에 대한 관점은 '사라지는 매개자'로서, 카프시기 소설들과 해방 이후 소설의 변모를 매개한다고 볼 수 있다.

생산제일주의와 관련하여 아래 하야시의 발언은 「대륙」에서 하야시가 구상한 정치적 기획을 설명하는 것인 동시에 해방 이후 한설야의 문학이 이전의 문학과 가지는 관련성을 압축해서 보여준다.

---

55) S. Žižek, 박정수 역, 『그들은 자기가 하는 일을 알지 못하나이다』, 인간사랑, 2004, 391~406면. 이러한 지젝의 논의는 「대륙」을 논함에 있어 많은 시사점을 준다.

지금은 꼭 변증법의 정, 반, 합 가운데 반의 끝부분에 와 있어. 합의 과정은 실로 대중의 총의에 의해 비로소 성취되는 거야.[56)]

하야시에 의해 구체화된 개발의 담론은 당대 사회주의자들에게 큰 영향을 끼친 동아신질서 구상과 긴밀하게 관련된다. 하야시가 만주에서 기획한 '합'의 사회는, '정'의 자본주의와 '반'의 사회주의를 종합 지양한 신체제였다. 그것은 자본주의적 근대화가 노정하는 생산관계의 모순을 바로잡으면서도, 근대의 가공할 생산력을 그대로 담지한 모델이다. 이 명제에는 '합'에 이르는 방법론까지 나타나 있다. 그것은 바로 '대중'의 힘을 이용하는 것이다. 그러나 통제파 군부와 기성 자본주의 세력의 반격에 의해 혁신좌파가 정치적으로 실각하면서 동아협동체론의 혁신사상은 파시즘 이데올로기인 대동아공영권으로 변질되고 만다.[57)]

그러나 놓치지 말아야 할 것은 한설야가 하야시로 대표되는 개발의 담론이 지닌 맹점도 충분히 인식했다는 점이다. 「대륙」에서는 생산관계의 문제 역시 여전히 중요하다. 하야시나 주요 인물들이 만주 개발에서 가장 중요시하는 것은 국가 권력과 자본가의 배제이다. 그 주체는 어디까지나 민간, 즉 만주인과 조선인, 그리고 우월의식을 가지지 않은 일본인으로 한정되어 있다. 또한 하야시가 삼도구 근처 토산자에서 금광을 개발하려는 것도 자본을 증식하거나 세력을 확장하려는 것이 아니라 "생업이 없어 곤란을 겪고 있는 사람들에게 일자리를 제공"하기 위해서이다. 이와 관련된 의식은 하야시의 발언 등을 통해 여러번 드러난다.[58)] 관주

56) 한설야, 「대륙」, 『국민신보』, 1939.6.4.

57) 일본은 러일전쟁 이후 소련을 염두에 둔 대북방 중심의 전략에서 1940년 4월 이후의 독일의 서부전선의 약진에 고무되어 남방무력침략 방침을 결정하고 동남아시아를 포함한 '대동아공영권' 건설구상을 실행에 옮긴다. 이러한 정세의 변화 속에서 일본 국내의 정치와 대외 전략은 급격한 변화를 맞게 되어, 식민지 지식인들이 전유하며 개입하고자 했던 언설공간은 사라져 버린다(정종현, 앞의 글, 190면).

58) 이와 관련된 하야시의 발언을 정리하면 다음과 같다. "지금은 일만 양국 간에 국가적 차원에서 대륙 경제를 세우고 있습니다만 그런 사업을 국가 차원에만 맡기고 싶지 않습

도에 대한 거부는 거의 강박적인데, 하야시의 아버지도 "관리를 아주 싫어"했으며, 여주인공 마리도 "관청은 싫다고 해서" 봉천에 관리를 하는 친척에게 가지 않는다. '재벌 중심의 경제구조의 거부', '동아의 연대', '대중동원론', '민중생활의 안정' 등은 당시 사회주의 지식인들에게 큰 영향을 미치던 '동아협동체론'의 핵심과 그대로 통한다.59)

「대륙」에서 더욱 문제적인 것은 하야시와 실제 작가 사이의 거리이다. 하야시가 한설야와 유사한 것은, 하야시가 여전히 "붉은 기운이 남아 있는"60) 전향 사회주의자라는 점이다. 이것은 당시 사회주의자들이 만주 개발에 가졌던 관심을 그대로 드러낸다.61) 당시의 사회주의자들에게 만주국과 일본 주도의 개발 담론들은 반자본주의적인 것으로 이해되었다. 실제 이 시기에 주도적으로 경제 계획을 수립한 만철조사부는 소비에트 문헌에 익숙한 다수의 친마르크스주의자들로 구성되었다. 이러한 관료들에

니다. 그런 건 좋은 것을 얻을 수 있는 성질이 아니고 대륙 경제에는 우리 민간의 자각이 토대가 되지 않으면 안 된다고 생각합니다", "우리들은 군대나 권력에 의존하는 이민이 되고 싶지 않습니다. 우리 자신의 힘으로 일어설 수 있는 새로운 토지를 만들고 싶습니다", "물론 국가의 힘이 아닌 자유 이민의 정신 아래 노력 하나로 이루려고 생각하고 있습니다" 등이 그것이다.

59) 임성모, 「동아협동체론과 '신질서'의 임계」, 『동아시아의 지역질서』(백영서 외편), 창작과비평사, 2005, 167~206면; 정종현, 「'중일전쟁'과 탈식민의 환타지」, 『전쟁의 기억 역사와 문학』 상(동국대 한국문학연구소 편), 월인, 2005, 181~182면.

60) 「대륙」, 『국민신보』, 1939.6.11. 「대륙」의 번역은 『식민주의와 비협력의 저항』(역락, 2003)에 실려 있다. 윤대석에 의하면 'materialism(유물론)'을 '마키아벨리즘'으로 번역하거나, "붉은 기운이 남아 있군"을 "붉은 입김이 뿜어져 나오는군"으로 "정반합의 반"을 "정반합의 합"으로 번역한 것을 오류로 지적하고 있다(윤대석, 「1940년대 '국민문학' 연구」, 서울대 박사논문, 2006, 93면). 이 글에서는 이러한 오류가 나타난 부분을 제외하고는 『식민주의와 비협력의 저항』(역락, 2003)에 실린 번역본을 인용하고자 한다.

61) 이러한 하야시의 모습은 마르크스주의로부터의 전향자가 보이는 전형적인 모습 중의 하나이다. 가라타니 고진은 "마르크스주의로부터의 전향자는 니힐리즘이나 종교로 향하거나, 그렇지 않으면 다음과 같은 방향으로 나아갔다. 그것은 헤겔－마르크스주의적 발전론을 변형하여, 그와 같은 아시아를 해방하는 것을 '세계사적 사명'으로 삼아 일본제국주의를 정당화하는 것이었다. 이것은 본래 마르크스주의자였던 이들만이 생각해낼 수 있는 논리였다"(가라타니 고진, 조영일 역, 『역사와 반복』, 도서출판b, 2008, 245면)고 지적하고 있다.

의해 고안된 경제계획들은 소비에트식 계획을 모방하여 만들어졌고, 기획원과 군수성은 소비에트의 국가계획위원회와 같은 역할을 수행했다.[62] 「대륙」에서 개발의 서사를 담당하고 있는 하야시 역시, 전향 사회주의자로 그려지고 있다. 그러나 이것을 근거로 해서 하야시라는 인물을 한설야의 세계관을 대변해 주는 존재 즉 초점인물(focalizer)로 볼 수는 없다.

우선 하야시는 스스로의 생각과 실제 행동 사이에 있어 분열을 노출하고 있다. 하야시는 표피적으로 주장하는 '국가권력과 자본가가 배제된 만주 개발'과는 달리, 실제로 개척을 해나감에 있어서는 군대와 같은 국가권력은 물론이고 도덕적으로도 타락한 만몽모직회사 사장 고토의 자금을 통해서 개발을 진행한다. "백성이나 광부를 훈련시키는 동안"까지의 "당분간"이라는 전제를 달았지만, 하야시는 "군대의 힘을 빌"리지 않고서는 아무 일도 할 수 없다. 토산자 실지 답사에서 하야시 일행은 다음과 같은 대화를 나눌 정도이다.

> "빨리 광업령이 시행되면 좋으련만……."
>
> 오야마는 거기에 신경을 쓰고 있었다.
>
> "만주국이 섰기 때문에 문제가 없을 거야. 그것보다도 이 곳 일대는 국광이 된다는 소문이 있으니까. 이번에 봉천에 돌아가면 자네 부친이나 형에게 부탁해서 실업청에 교섭을 하도록 해. 길림성의 실업청에도 손을 쓰고."
>
> 오야마의 아버지는 봉천 실업계의 원로로 그의 형은 만주사변에서 용맹을 떨친 현역 대위였다.[63]

'국가권력과 자본가가 배제된 만주 개발'의 주장과는 달리 '봉천 실업계의 원로'와 '현역 대위'의 힘을 노골적으로 이용하고자 하는 것이다.

---

62) 기무라 미쓰히코, 「파시즘에서 공산주의로—북한 집산주의 경제정책의 연속성과 발전」, 『해방전후사의 재인식』 1, 책세상, 2006, 758~759면.

63) 32면.

무엇보다 하야시와 오야마는 겉으로 내세우는 협화의 관점과는 별개로 식민주의적 (무)의식을 드러낸다. 그것은 여러 차례 벌어지는 다음과 같은 마적 사냥 장면 등에서 나타난다.

> "현장에 가 보니까 이미 죽어있더군. 그래서 왼족 귀를 잘라서 삼두구 병영에 가서 40원 받아 왔다. 거짓말 아냐."
>
> 이성천이 오야마에게 웃으며 말했다.
>
> "하나 당 20원이란 말이지?"
>
> "아니, 털이라도 난 놈은 값이 달라. 그래도 몸을 들쳐업고 갈 수는 없으니까 왼면 귀를 잘라 가는 거야."
>
> "음, 마치 교환권 같군."
>
> "실제로 장학량의 군표보다는 마적의 귀가 확실해."(「대륙」, 27면)

마적을 향한 이와 같은 장면은 작품 내에서 마적의 존재가 차지하는 역할을 생각한다면, 그렇게 놀랄 일도 아니다. 마적은 하야시가 꿈꾸는 이상적인 정착촌을 위해서는 가장 먼저 척결되어야 할 존재이기 때문이다. 그것은 작품의 전반부에서 마적의 습격이 불러온 야만과 폭력에 대하여 상세하게 묘사하는 것에서도 확인할 수 있다. 그들은 야만적인 폭력의 구현체로서 온갖 범죄를 저지르기 때문이다.64) 그럼에도 당시의 마적은 작품의 첫 부분에서 하야시가 오야마에게 하는 "요즘 마적은 옛날과 많이 달라. 장학량의 정규군이나 왕덕림 부대가 밀림지대에 숨어 있

64) 김재용은 「대륙」에 등장하는 중국인들은 일본인 중심의 만주국에 협조하지 않는 사람들이라고 주장한다. 이들은 다시 근대적 삶의 방식을 받아들이면서도 일본 주도의 만주국이라는 방식에 대해서는 비판적 견해를 갖는 이들과, 근대적 삶의 방식과 무관하게 무장조직을 이끌면서 마적으로 살아가는 인물들로 나눠진다고 보고 있다. 한설야는 전자에 대하여 긍정적인 기대를 걸고 있음에 반하여 후자에 대해서는 부정적, 비판적이라고 주장한다(김재용, 「한설야의 「대륙」과 만주 인식」, 『만주, 동아시아 융합의 공간』, 소명출판, 2008, 248~251면).

다가 마적이 되는 경우가 많거든"이라는 말에서처럼, 나름의 정치적 성격을 지니고 있다. 그러나 하야시는 이러한 정치적 성격에 대하여 별다른 의식을 보이지 않는다.

하야시의 식민주의적 의식은 분열되어 있다. 그것은 복수하기 위해 마적이 침입해 올지도 모른다는 두려움에 떠는 조선인을 바라보며 하는 다음과 같은 생각에서 확인할 수 있다.

> 무지한 자들의 공포라고 하는 것은 실로 측정할 수 없는 것이었다. 그다지 아깝지도 않을 것 같은 목숨이 어째서 저렇게 두려울까 생각하면 하야시는 오히려 웃고 싶어졌다. 물론 그것이 독선적인 생각임을 모르는 바는 아니었다. 자신은 역시 어떤 경우라도 그들의 호위병이어야만 한다고 생각했다.[65]

하야시는 "그다지 아깝지도 않을 것 같은 목숨이 어째서 저렇게 두려울까 생각하면 하야시는 오히려 웃고 싶어졌다"고 생각하지만, 곧바로 그것이 "독선적인 생각"이며 자신은 "그들의 호위병이어야만 한다"고 고쳐서 생각한다. 식민주의적 의식과 반식민주의적 의식이 공존하고 있는 것이다. 하야시는 "당신들 곁에서 몸을 바쳐 의술로써 불쌍한 사람들을 위해서 일하고 싶습니다"라는 내용이 담긴 유키코의 편지를 읽을 때, 동경에 있는 가가 변호사의 딸은 "조선의 화전민이라고 하는 반원시인을 상대로"로 목재 채벌 사업뿐만 아니라 개간사업을 하고 있다며, 호탕하게 웃기도 한다.

그렇다면 한설야는 하야시 무리의 몸 속으로 들어가 동아협동체라는 제국의 담론이 근원에서 포함하고 있는 식민주의적 (무)의식과 그 한계를 까발리고 있는 것은 아닐까. 한설야는 그러한 제국의 담론을 공유하면서도, 그 담론을 새롭게 전유함으로써 그것을 내파하는 방식을 채택하고

---

65) 142면.

있다. 한설야는 동아협동체론에 대한 조건부 지지를 통하여, 생산관계와 생산력의 문제를 균형적으로 바라보았다고 할 수 있다.

3) 생산력에 대한 일방적 강조

해방 이후 한설야의 소설에서는 「대륙」에서 어렴풋하게 드러난 대중동원의 성격이 무엇보다 강조되고 있다. 동시에 역사로서의 사회주의가 보여주었던 생산력에 대한 강조를 선명하게 드러낸다. 생산력주의는 단순히 한설야 개인의 구상을 넘어 당시 북의 공식적인 체제 이데올로기였다. 북에서 고축적을 달성해야만 한다는 성장노선은 많은 기복을 수반하기는 했으나 한 번도 포기한 바 없는 지상명령의 과제였던 것이다. 「10년—해방 10주년을 맞이하여」라는 글에서 한설야는 해방 이후 10년 간을 노동자와 농민들이 과거에는 상상할 수도 없는 "증산"[66]을 이룬 과정으로, 심지어 전쟁 기간도 "생산은 계속 보다 높은 숫자에서 보장"[67]된 시기로 의미부여한다. 북한에서는 생산력에 대한 강조가 시간의 흐름과 함께 점점 강렬해진다.[68]

한설야가 식민지시기 내내 관심을 기울였던 생산관계의 모순이나 노동

66) 『한설야 선집—수필』, 조선작가동맹출판사, 1960, 218면.

67) 위의 책, 220면.

68) 집단적 혁신운동, 천리마운동은 물질적 동기 외에도 정신적 동기에 의해 비약적으로 생산력을 증대시킬 수 있다는 믿음에 의해 추진되었다. 이른바 '혁명적 군중노선'은 소련으로부터 경제원조가 끊기면서 자체의 힘으로 사회주의를 건설한다는 자력갱생 원칙과 결합되어 더욱더 열광적인 모습을 띠어간다. 사회주의보다 한 단계 더 나아간 공산주의 원리가 더 큰 생산력을 보장한다는 인식이 지배하게 되었다. 이는 근대의 초극, 근대의 부정을 통해 생산력의 증대를 이루겠다는 전망이었다. 여기에는 자본주의적인 경제적 합리성은 물론, 소련의 국가사회주의가 갖는 계산성까지 뛰어넘겠다는 의지가 개입되어 있었다. 그러나 1960년대 이후 북한 국가사회주의 체제는 이미 생산력 증대에서 한계에 달해 있었다(서동만, 「북한 사회에서 근대와 전통」, 『한국의 '근대'와 '근대성' 비판』(역사문제연구소 편), 역사비평사, 1996, 361면).

자의 착취라는 문제는 더 이상 문제가 되지 않는다. 해방이라는 대사건으로 인해 그러한 문제는 더 이상 북한 사회에 존재하지 않기 때문이다. 한설야에게 북한 사회에서의 노동이란 "창조이며, 기쁨이며, 광명이며, 힘"[69]일 뿐이며, "오늘의 로동은 옛날의 그것처럼 착취의 대상이 아니고 바로 사회주의 사회 건설의 방법 그것이니만치 이것은 오늘의 인간에게 있어서 무엇보다 고귀하며 영예로운 일"[70]일 뿐이다. 윤세평도 한설야의 「탄갱촌」과 「자라는 마을」에 대해 논의하면서, "로동이 고역으로 된 것은 착취자 사회에서의 일이다. 근로자들이 나라의 주인으로 된 우리 사회에서 로동의 의의는 달라졌다"[71]고 단언하고 있다. 이러한 인식의 바탕 위에서 본격적인 생산력에 대한 강조가 나타날 수 있는 것이다.[72]

「자라는 마을」과 「탄갱촌」은 생산력을 강조하는 대표적인 작품들이다.[73] 「자라는 마을」에서는 끊임없는 경쟁을 통해 더 나은 성취를 이루기 위해 애쓰는 모습이 그려지고 있다. 이 작품에서는 황무지 개간이 주요한 사업으로서 그려진다. 황무지 개간은 일제 말부터 생산력의 향상을 보여주는 사례로 가장 많이 활용되었다.[74] 황무지 개간은 이미 '탁류 3부작'과 「대륙」에서도 나타난 바 있다. 「자라는 마을」은 해방 이후 북한의

69) 한설야, 「생활의 교훈」, 『한설야 선집-수필』, 조선작가동맹출판사, 1960, 337면.
70) 한설야, 「사회주의 젊은이들」, 위의 책, 350면.
71) 윤세평, 앞의 글, 59면.
72) 러시아 출생의 토니 클리프는 스탈린 체제, 곧 현실사회주의를 관료제적 국가자본주의(state capitalism)라고 부르면서 스탈린 체제가 결코 노동자 계급의 해방을 본질로 하는 사회주의가 아니라고 말하기도 했다(T. Cliff, 정성진 역, 『소련 국가자본주의』, 책갈피, 1993).
73) 「탄광촌」과 「자라는 마을」은 체험을 바탕으로 해서 쓴 작품(이러한 사정은 「생활의 교훈-사회주의 로력 투쟁 속으로」에 잘 나타나 있다)이다. 그런 만큼 당시 북한의 실상에 흡사할 것으로 추측해 볼 수 있다.
74) 황무지 개간은 이기영의 일제 말기와 해방이후 소설에 가장 많이 나타나는 모티프이다. 이기영은 해방 이후 「땅」에서도 황무지를 개간하여 논을 만들고, 그 과정에서 공동체적 일체감을 확인하는 이야기를 그려보였다. 이기영은 일제 말, 한 글에서 만주의 황무지를 논으로 만드는 일을 '자연계의 일대 변혁'(이기영, 「만주와 농민문학」, 『인문평론』 1권 2호, 1939.11, 22면)으로 찬양하고 있다.

농업 정책을 거의 사실적으로 드러내고 있다. 이 시기 북한의 농업 정책은 시장 거래가 공식적으로 승인되었다고는 하지만 기본적으로는 국가의 통제 아래에 있었다. 생산책임제에 기초하여 개별 농민에게 생산 목표량을 부과하고, 집단 작업을 위해 농민들을 단체로 조직하고, 농민의 사기를 고양하기 위한 정신운동을 추진했던 것이다.[75] 「자라는 마을」은 이러한 농업 정책의 모습이 직접적으로 나타나 있다.

이 작품에서는 경쟁의 원리가 강조된다. 농사일은 물론이고 문맹퇴치 사업도 경쟁의 원리 하에 이루어진다.[76] 이것은 무한경쟁을 기본 원리로 하는 자본주의를 떠올리게 할 정도이다. 그러나 이러한 상호경쟁과 집단주의는 사회주의에서 강조하는 공동체와 연대성의 특권적 지점으로서의 노동이라는 이상과 관련되어 있다. 이러한 이상 속에서 노동은 단지 그 자체로 만족을 가져다주는, 생산을 위한 집단적 노력에의 참여만을 뜻하지는 않는다. 노동의 이상에서 생산 집단은 이혼이나 병치레와 같은 사적인 문제들을 포함한 자신들의 문제를 자유롭게 토론할 수 있는 이상적인 장소이다.[77] 「자라는 마을」에는 분명 이러한 면모가 나타나 있다. 락운은 최기수에게 경쟁이 의미하는 바를 다음과 같이 설명한다.

> 우리는 결국 서루 돕고 다 같이 잘 살고 뒤떨어진 사람들을 얼른 춰서게 하자는 기요. 그래야 새 세상에 쓰단 말이 없지요. 오늘은 우리가 그들을 돕지만 래일은 그들이 우리를 도와 줄 일이 생기는 기요. 그래서 이렇게 서루 경쟁하면서 돕는 기구 그런 데서 발걸음이 빨리지는 기요.[78]

해방 이후 한설야 소설에 나타난 경쟁은 개인의 발전만을 도모하는 자

75) 기무라 미쓰히코, 앞의 책, 749면.

76) 상호경쟁과 집단주의는 증산을 독려하는 원칙이었다. 서로를 부추기는 방법으로서의 경쟁은 결국 집단주의를 강화하는 것이어야 했다(신형기 · 오성호, 앞의 책, 94면).

77) S. Žižek, 한보희 역, 『전체주의가 어쨌다구?』, 새물결, 2008, 203~204면.

78) 289면.

본주의적 경쟁과는 다르다. 이때의 경쟁은 어디까지나 '나'가 아닌 '우리'의 발전에 초점이 맞추어져 있기 때문이다. 이 작품에서 부정적인 인물로 그려지는 최기수의 핵심적인 성격특성은 바로 '우리'가 아닌 '나'의 발전만을 고려한다는 점이다. "최기수는 모든 것을 '내 것'과 '남의 것'으로 갈라 놓고 보는 버릇"이 있는 사람이다. 이에 반해 영민의 아버지 락운이는 마을의 발전을 위해 자신이 가진 기술 등을 "숨기지 않고 툭툭 다 털어 놓"는 사람으로 형상화된다. 최기수는 시종일관 부정적으로 그려지며, 끝내 그는 자신의 지난날을 반성하고 마을 사람들과 보조를 맞추게 된다. 여기에서 우리는 현실 사회주의가 지향했던 '공동체와 연대성의 특권적 지점으로서의 노동이라는 이상'을 확인할 수 있다.

「탄갱촌」에는 여러 가지 돌격운동이 등장한다.[79] 해방 일주년을 기념하여 탄광 기계 전부의 수리와 개조에 중점을 둔 돌격운동이 펼쳐지고 있으며, 로동자들은 자진하여 건축과 수리에 필요한 자갈을 실어 오고 일요일에는 농촌에 가서 농민들을 도와준다. 또한 수재를 방지하기 위한 방축 역부에도 며칠에 한 번씩 단체 동원된다. 재수를 비롯한 학생들도 "나라를 위하고 겨레를 위하는 길"이라 여겨, 그러한 돌격운동에 동참한다. 탄광학교 한 선생의 "우리는 자연을 정복할 뿐 아니라 그것을 고붊처럼 쥐여서 우리에게 필요한 것으로 만들어 내놓아야 하오"라는 말은, 이 시기 한설야 소설의 중핵이라고 할 수 있다. 이 작품은 급기야 "사람보다 더 윤기 있게 번쩍이는 것은 무연탄 덩이였다"고 말하는 수준에까지 이른다. 이것은 '돌격대'라는 호칭이 북한 사회 전체를 가리키는 단어로 사용되는 것에서 알 수 있듯이, 북한 사회의 실상을 반영하는 것이다.[80]

---

79) 증산과 개발이 전투였던 만큼 그 선봉에 나서는 것은 돌격대다. 군대식 동원이 보편화된 것이다. 신인간들은 그 자신이 돌격대거나 돌격대를 조직하는 선봉이 되어야 했다(신형기 · 오성호, 앞의 책, 94면).

80) 북한은 "쓰탈린에 의하여 국제 로동 운동에 있어서의 영광스러운 '돌격대'의 칭호를 받"(「쓰딸린은 우리와 함께 살아 있다」, 『한설야 선집-수필』, 조선작가동맹출판사, 1960, 206면)는다.

작품에서 해방 이전과 이후의 달라진 상황을 나타내는 가장 중요한 지표는 노동자의 복지나 행복이 아닌 채탄률이다.[81] 김선생의 다음과 같은 말에는 그러한 사정이 잘 나타나 있다.

> 더욱이 로동 법령이 실시된 이후부터 광부들은 신이 나서 너희들 지식을 조아 파는 사람만 일한다더냐 우리도 나라를 위해서 일을 할 게니 보아라 하듯이 능률이 버쩍버쩍 올라 가고 있소. 왜 놈 시대에는 한 사람이 하루 한 톤 륙칠백쯤 팠는데 해방 후에는 두 톤 오륙백까지 올리는 사람이 있소.[82]

놀라운 채탄률은 일제의 야만적인 탄압이 없어지고 노동자들의 자발적이며 헌신적인 참여가 있었기에 가능한 것이다. 생산력에 대한 강조는 다음과 같은 상식 밖의 문답을 만들어내기도 한다. 과학적 상식이란 채탄률 높이기란 지상명제 앞에서는 너무나도 허약하다.

> "선생, 이 석탄이란 아마도 사람에게 그다지 해가 안 되나부지요. 그리게 이 속에서 십 년 이십 년을 로동해도 견디여 내지요."
> 하고 성춘이가 물었다.
> "그렇지요. 이 석탄 속에 류황분이 있어서 사람 몸에 좋다고 하오."[83]

그러나 생산기술의 현격한 발전이 전제되지 않은 이상, 탄광 안에서의 노동이란 중노동일 수밖에 없다.[84] 따라서 「탄갱촌」은 노동소설로서는

---

81) 채탄률의 상승은 "손으로 석탄을 파먹던 시대가 지나가고 전기로 파내는 새 시대가" 온 것과 동일한 맥락에 놓여 있다. 무엇보다 해방의 가장 큰 의미는 생산력의 증대를 가져왔다는 사실인 것이다.

82) 90면.

83) 90면.

84) 증산이라는 문제를 다룸에 있어 그 배경으로 탄광을 설정한 것은 의미심장하다. 루이스 멈포드(Lewis Mumford)는 『기계의 신화』에서 근대적 산업화의 최초의, 그리고 가장 전형적인 형태의 공장이 석탄광산이라는 점을 지적한 바 있다. 광산은 근대적 산업노동의

특이하게도 '노동자 없는 노동소설'이 되고 있다. 이 소설의 주인공은 현재 노동자가 아닌, 앞으로 탄광 노동자가 될 '탄광 기술 공업학교 학생들'이다. 실제로 막장에서 탄을 캐고 있는 사람들은 말이나 시선의 대상으로 표상되고 있을 뿐, 한 번도 주체로서 등장하지 않는다. 교장은 훈시에서 그들을 "거의 사람의 형용을 잃고 검둥이 같이 되어서 일을 하고 있"다고 말한다. 굴속에 있는 실제 노동현장은 탄광에 경험이 많은 김선생의 설명을 통해 재현되고 있다. 학생들은 광부들과 이야기해보려 하지만, 작품 속에서의 유일한 대화는 갱도를 수리하는 사람들을 만났을 때의 "수고들 하십니다"라는 인사말뿐이다. 처음으로 석탄 파는 사람들을 만났을 때도, 학생들은 "몸에서 땀이 철철 흐르는데 석탄 가루가 씌여서 전신 만신이 가맣게 되어 있었다. 어떤 데서는 아랫도리까지 빨가벗어 버리고 일하는 사람도 있었다"고 학생들에 의해 보여질 뿐이다. 물론 그들이 처한 힘겨운 노동환경은 "더구나 먼지가 뽀얗게 떠도는 가운데서 검은 사람이 움직이는 것이 전기불에 비쳐 마치 흑연처럼 둔탁하게 빛났다"처럼 희미하게 드러나고, "검은 먼지가 뻰질 떠올랐다. 숨이 막힐 듯 하였다"처럼 직접적으로 드러나는 경우에도, 곧 "그렇건만 광부들은 아무렇지도 않은 모양이었다"와 같은 초점자의 개입으로 무화되어 버리고 만다.

이때 노동자의 빈자리를 대신하는 것은 김일성의 사진과 여러 표어들이다. 굴속으로 들어가는 승강장에서부터 막장까지 그것들은 어김없이 걸려 있다. 승강장에 있는 그 사진으로 "랑하는 그 초상화 한 장 때문에 더할 수 없이 명랑하였다. 재수는 무연한 가운데서 기운이 났다. 기쁨이 드솟았다"고 묘사된다. 작품의 마지막 역시 그 사진을 보며 재수가 노래를 부르는 것으로 끝난다.

이 시기 한설야 소설에서는 '하면 된다'는 식의 주의주의(Voluntarism)가

원형이라고 볼 수 있는 것이다(김종철, 「민주주의, 성장논리, 農的 순환사회」, 『창작과비평』, 2008년 봄, 74면).

넘쳐난다. '해방 10주년을 맞이하여'라는 부제가 붙은 「10년」이라는 수필에서, 북한이 걸어온 해방 이후 10년의 시간은 '의욕'이나 '노력' 등의 정신적 힘을 통해 모든 곤란을 극복해 온 과정이다. 동시에 "인간의 정신이 참을 수 없는 고통을 이기고 우리에게 필요한 물질을 창조해 내고 '없는 것'에서 '있는 것'을 창조하는 놀라운 사실"[85]을 깨달은 시간이고, 심지어는 "아름다운 인간의 념원과 지능"[86]으로 원자탄을 이겨낸 시기이기도 하다. 1958년에 창작한 「정신의 기사와 정신의 생산자들」에도 주의주의는 선명하게 나타난다. "육체를 움직이는 데 있어서 정신의 힘은 진실로 이렇게 무서운 작용을 놀고 있는 것이다. 하나의 굳은 신념은 육체를 태산 같이 무겁게도 할 수 있는 것이요 또는 홍모 같이 가볍게도 할 수 있는 것"[87]이며, 실제로 병약한 여학생은 "정신력이 강화되여 병을 이기고 일의 능률을 높"[88]여 누구보다도 많은 작업량을 달성하기도 한다. 이 글에서도 미국의 핵은 "자애로운 창조의 '신'이며 생활과 생산의 원천인 우리의 정신적 생산"[89]을 결코 이길 수 없는 것으로 표현되고 있다. 1959년에 창작한 「위대한 비약의 시대」에서도 "오늘 우리 나라의 기적이란 것은 사실 인간의 힘에서 오는 것이다"[90]는 문장을 확인할 수 있다.

이러한 주의주의는 레닌주의로부터 주체사상에 이르기까지 공통적으로 발견되는, 인간의 주체적 능력을 강조하는 동원 이데올로기의 철학적 표현이다. 유토피아적 기획이라 할 수 있는 이러한 기획은 공적인 것을 위해 사적인 것을 모두 소거시키고자 한다. 이러한 주의주의는 당대의 북한사회가 처한 현실적 상황에서 비롯된 것으로 보인다. 생산이 가능하기 위해서는 노동력을 지닌 인간과 노동대상 및 노동수단이 필요하다.

85) 『한설야 선집-수필』, 조선작가동맹출판사, 1960, 217면.
86) 위의 책, 221면.
87) 「정신의 기사와 정신의 생산자들」, 『한설야 선집-수필』, 조선작가동맹출판사, 1960, 310면.
88) 위의 책, 311면.
89) 위의 책, 312면.
90) 「위대한 비약의 시대」, 『한설야 선집-수필』, 조선작가동맹출판사, 1960, 322면.

노동력이 생산의 인적 요소라면 나머지 두 요소는 생산의 물적 요소로서, 생산수단이라 부를 수 있다.[91] 당시 북한 사회는 생산수단이 모자라는 저개발의 상태에 있었다. 이러한 상황에서 생산력을 높이는 방법은 생산의 다른 한 축인 노동력을 최대한 끌어올리는 방법밖에는 없었던 것이다.

「기적」에서 기차가 끊어진 지 열흘이 넘었음에도 사람들은 "왜놈들의 세월이 끝난 것이 기뻐서 한동안은 걸어 다니는 괴롬을" 모르며, 정거장 구내는 단 며칠 동안에 몰라보도록 정결해진다. 상세하고 세밀하게 경제 개발을 지휘하는 이와노브 대위의 "조선은 이제 곧 훌륭한 나라로 되오, 그것은 동무들의 손에 달렸소"라는 말에 인춘영감은 "나라를 위해서는 뼈가 휘어도 좋다고 생각"한다. 훌륭한 나라를 위해서라면, 개인은 "뼈가 휘어도 좋"은 것. 그것이 해방 이후 북한 사회가 원한 이상적인 인간형의 하나이다.

『성장』의 거의 모든 주요인물은 '마음'이나 '정신' 등을 강조한다. 병원에 근무하는 간호원 금희는 "매사에 마음이 으뜸"이라고 여기며, 외과 과장도 "첫째는 사람의 정신"이라고 말한다. 금옥의 양아버지 남진도 틈틈이 "사람은 마음이 으뜸이니라"라고 강조한다. 이후에 남진은 '조국건설'이 한창인 곳곳을 둘러본 후 "사람의 마음 같이 무서운 것은 없더라"는 말을 한다. 사람들이 갖추어야 할 정신과 마음의 이상형은 일본과 미국에 맞서 싸우던 전사들의 정신이다. 병원을 중심으로 당시 북한 사회에서 모든 이들은 전사의 정신으로 자신의 임무를 수행해 나간다. 금옥의 선배의사인 박연승도 "적과 싸우는 정신의 힘을 여기서 생각해서 안 될 것이 없다고 생각"한다.

이처럼 해방 후 한설야의 소설은 생산관계의 모순을 바로잡는 차원에 초점이 놓여 있다기보다는 생산력의 증대를 통한 국가 발전 이데올로기로서 기능하는 것을 알 수 있다. 그의 소설에서 생산관계의 모순이라든

91) 정이근, 앞의 책, 32면.

가 비인간적인 노동조건과 규율의 문제는 모두 해결되어 더 이상 문제되지 않는다. 생산력이 절대시되는 상황에서 낭비는 절대적 금기의 대상이 된다.

「남매」에는 랑비에 대한 병적인 혐오가 나타난다. 쏘련 적십자 병원의 소련인 간호장은 연필 하나가 없어졌다는 이유로 병원을 다 뒤집다시피 한다. 또한 작품에서 가장 모범적인 인물인 크리블랴크 선생의 탁자에는 "무용한 랑비가 거기에는 하나도 없"다. 이 과정을 통해 원주는 이 병원에 들어 온 이후에 무용한 허비를 미워하는 감정이 훨씬 더 예민해진다. 또한 서사의 진행과는 무관하게 맑은 물이 땅 속으로 흘러가는 모습을 보며, "그것은 인간의 피의 랑비인 외에 아무 것도 아니였다"는 다소 과장된 인식을 보여준다. 낭비가 축적의 반대편에 있는 개념이라는 것을 생각할 때, 생산성의 향상과 그것을 통한 힘의 축적을 지상과제로 삼고 있는 상황에서 낭비를 혐오하는 것은 당연하다.

생산력은 남녀관계를 결정짓는 요인으로까지 등장한다. 『대동강』에서 점순이가 태민이를 사랑하는 가장 큰 이유는 그가 '열심히 일한다는 점'이다. "태민은 말수 적은 사람이오, 또 일에만 고스란히 매달려 있는 사람", "선량한 사람이며 남이 알아 주거나 말거나 진심으로 일에 충실한 사람", "기계 이외에는 별로 관심을 가지지 않"는 사람으로 묘사된다. 점순이는 일하다가 다친 태민이의 붕대 감은 손을 최고의 선물이라고 생각한다. 점순이도 "무엇보다 실행하는 사람이였고, 건설하는 사람이였고, 새로 만들어 내기를 좋아하는 사람"으로 묘사된다. 이에 반해 점순의 지도를 통해 변화하기 이전의 상락은 "자기 허물은 감추어 두고 다른 사람 헐뜯기, 또 그것으로 자기 허물 가리기, 실행 없는 허풍떨기, 이 책 저 책에서 그럴듯한 말만 따가지고 유식한 체 뽐내기, 남 좋다는 건 덮어놓고 까발리기, 몰라도 아는체 하기"로 요약된다. 그것은 주로 실행과는 대척점에 선 모습이다. 이 소설은 다음의 인용에서처럼 점순이가 태민이 밤새워 일하는 모습에 반하는 것으로 끝난다.

"태민 동무!"

하는 자기의 부르짖음도 또 부지중 앞으로 달려간 게걸음도 점순은 전연 의식하지 못했다.

점순은 하마트면 태민의 가슴에 가서 칵 부딪칠번 했으나 그 한걸음 못미처에서 멈춰 선채 손을 내밀었다.

"태민 동무!"

"아!"

그제야 태민은 흠칫하며 이상한 소리를 내였다.

"아이 눈이 시여"

점순은 반쯤 모로 서서 눈을 비비고 있었다. 공연히 수삽했다.

아침 햇빛이 두사람 사이로 조금 더 붉게 흐르고 있었다. 사람의 가슴도 찬란했다.

"이제 맘껏 일하게 됐어요"

점순은 재단기를 비다듬듯이 하며 말하였다.

"난 가서 또 하나 새걸 조립해야지"

태민이가 말하였다.

동천 붉은 태양이 떠오르고 있었다.[92]

이 장면은 너무나도 낭만적이며, 이 시기 생산력 증대라는 국가 이데올로기가 미학화되는 장면이기도 하다. 여기에는 노동에 대한 형언할 수 없는 애정과 숭배의 감정이 담겨져 있다. 이러한 파토스는 물질적 노동이라는 집합적 과정에의 참여야말로 공동체와 연대성의 본래적 의미가 생성되는 지점이라고 여겼던 유토피아적 노동의 이상에서 비롯되는 것이다. 이러한 유토피아적 노동의 이상은 육체노동의 제거를 꿈꾸지 않는다. 그 이상은 노동을 아담의 타락에 대한 신의 징벌이라고 보는 『구

92) 363면.

약』의 노동관을 비켜가면서, 집합적 경험으로서의 육체노동 안에서 자신의 완성을 추구하기 때문이다.[93)]

2장에서 살펴보았듯이, 한설야 소설은 대개의 경우 성장의 과정을 기본 구성방식으로 삼고 있다. 해방 이후 소설에서 긍정적 주인공이 성장을 통해 최종적으로 가닿는 지점 중의 하나는 소련의 노동영웅 스타하노프(A.Stakhanov)[94)] 식의 초인적인 노동자이다. 이 당시 북한 소설에서 그려내고 있는 인물들은 1935년 소련이 만들어낸 노동 영웅 스타하노프의 북한식 변형이다. 이러한 노동 영웅 스타하노프가 상징하는 것은 사회주의 근대화의 목표에 동원되어 소모되고 탈진한 비극적 인간상이다.[95)] 한설야의 소설에서 베어 나오는 비장감은 이 때문이다.

이와 같은 사람들의 노동형태는 일종의 충격 작업에 해당한다. 소련의 제1차 5개년 계획 동안 선호된 노동조직형태인 충격 작업은 전혀 테일러주의적이지 않았다. 충격 작업은 개인의 몸 움직임에 대한 과학적 계산에 기반하여 리듬을 표준화하는 것이 아니다. 테일러주의적 리듬은 작업의 '규범'을 설정하였던 반면에 충격 작업의 목표는 작업의 규범을 깨뜨리는 것이다. 소련은 1929년에 들어와서 '사회주의적 경쟁'을 위한 켐페인을 벌이면서 충격 작업을 촉진시켰다. 어느 한 공장, 가게, 단체 등은 더 적은 시간 내에 더 많이 성취하기 위해서 다른 것들과 서로 경쟁했다. 규범을 깨뜨리려는 시도 속에서, 사람은 기계처럼 잔인하게 혹사되었고, 부상당했으며, 지나치게 학대받았다. 그 결과 그들은 그들의 기계와 마찬가지로 소진했던 것처럼 보인다.[96)]

---

93) S. Žižek, 앞의 책, 207면.

94) 1935년 러시아는 돈바스 탄광의 광부 스타하노프가 7톤의 할당량을 초과해 102톤에 이르는 양의 석탄을 캐냈다고 크게 선전하였다. 이외에도 1931년의 이조또프(Izotov), 1934년의 멘쥐꼬프(Menzhikov), 2차 대전 이후의 븨꼬프(P. B. Bykov), 마뜨로조프(V. Matrosov) 등의 수많은 노동 영웅들이 노동 신화를 이어 나간 프로메테우스들이었다(차문석, 앞의 책, 41면).

95) 임지현, 앞의 책, 215면.

96) Susan Buck-Morss, 윤일성・김주영 역, 『꿈의 세계와 파국—대중 유토피아의 소멸』, 경

생산력 증대를 위한 노동 규율의 문제는 해방 이전과 이후에 있어 상이한 방향으로 해석된다. 해방 이전 시기 생산력 증대를 위한 노동의 규율이 노동자를 탄압하고 착취하는 것으로 그려졌다면, 해방 이후 시기에 있어 노동 규율은 이상적인 주체가 반드시 갖추어야만 할 미덕으로서 새롭게 그 의미가 부여된다.[97] 그것은 반드시 습속화되어 자연스럽게 우러나야만 하며, 어떠한 강제도 아닌 자발성에 의한 것이어야만 했다. 때로는 초인적인 인내와 강도를 요구하는 것일지라도 그것은 마땅히 받아 안아야만 할 것이다.

최대한으로 노동을 동원하는 것－그것이야말로 사회주의적 근대화의 지상 과제이다. 「탄갱촌」의 재수에게서 드러나는 것처럼, 규율을 내면화한다는 것은 모든 사적인 욕망을 공적인 욕망에 종속시키는 것이기도 하다. 생산력의 극대화를 위한 대중 동원을 통해 공적 영역과 사적 영역의 차이를 발견할 수 없는 불구적인 삶의 매트릭스가 창조되는 것이다.[98] 해방 이후 한설야 소설에 나타난 생산력에 대한 강조는 대중동원의 국가 이데올로기로 귀결되어 버리고 만다. 생산력에 대한 강조에 있어, 아이들 역시 예외는 아니다. 천리마 시대 생산력주의를 잘 나타낸 『성장』에서,

---

성대 출판부, 2008, 143면.

97) 이러한 특징은 식민지시기 노동소설을 쓴 대표적인 또 한 명의 작가인 이북명에게도 나타난다. 식민지시대 이북명의 노동소설에서 노동 규율은 오직 혹심한 노동 착취를 위한 것이었다. 그러나 해방 이후 이북명의 소설에서 공장이라는 공간은 노동자들이 화기애애하게 일하며 행복을 나눌 수 있는 곳이 된다(신형기, 「'신인간'－해방 직후 북한 문학이 그려낸 동원의 형상」, 『해방 전후사의 재인식』 2, 책세상, 2006, 722면).

98) 이를 통해 북한사회는 비약적인 생산력의 증대를 경험하게 된다. 1959년에 쓴 글에서 한설야는 "1957년에 우리 나라 공업 총생산액은 전년에 비하여 44% 증가하였으며 1958년에는 또 다시 전년에 비하여 40% 증가하여 제1차 5개년 계획을 2년이나 앞당겨 금년 중으로 완수할 것이 예견되고 있습니다. (…중략…) 그러므로 사회주의 건설의 완성을 촉진하며 공산주의에로의 이행을 준비하기 위하여 계속 전진, 계속 혁신의 구호 밑에 천리마의 기세로 내닫는 우리 근로자들은 기술 혁명 수행에 대중적으로 동원되어 노동 생산 능률을 2배, 3배로 높이며 매일 같이 새로운 기적들을 창조하고 있습니다"(「공산주의 교양과 우리 문학의 당면 과업」, 『공산주의 교양과 문학창작』, 작가동맹출판사, 1959; 김재용 외, 『현대문학비평자료집』 5, 태학사, 1993, 8면)라고 감격해하고 있다.

주인공 영준이 학업에만 전념하는 것보다 일에서 더욱더 많은 것을 배울 수 있다고 말하는 것이 단적이다. 영준은 한 달간 노동, 학습, 사상 동원이 삼위일체가 된 생활을 한다. 이러한 생활을 통해 학생들은 공부만 해야 한다던 영준의 생각이 180도로 변한다. "로동은 아무려나 학문보다 뒤에 서야 할 것이라던 생각도 땀 속에 흘러 가고 말았"던 것이다. 보호받아야 하는 존재로서의 어린이라는 근대적 관점이 생긴 이면에는 생산력의 발달이라는 물질적 변화가 자리 잡고 있다.[99] 이와 같은 논리로 심각한 전쟁의 피해를 입은 저개발 상태의 북한에서는 생산력의 발전을 위해 어린이마저 동원할 수밖에 없었던 것이다.

생산력에 대한 강조는 모든 이에게 해당한다. 김일성의 어린 시절을 그린 「만경대」에서도 '원수'는 어른들로부터 항일의식과 함께 일 중시사상을 교육받는다.[100] 일 중시 사상은 4장과 5장에 집중적으로 나타난다. 4장에서 '원수'는 아버지로부터 "사람은 일을 해야 한다. 땅 같이 큰 것도 일을 무서워한다", "일은 모든 것을 이길 수 있다", "일은 반드시 무슨 일 값이든지 가져다 준다"는 말을 듣는다. 아버지를 비롯해 할아버지, 할머니, 어머니, 숙부, 숙모의 유일한 무기는 "모든 것을 이길 수 있는 '일'"이다. 5장은 "어린 원수는 할아버지와 아저씨에게서 일하는 것이 좋은 일이란 것을 보고 배웠습니다"는 문장으로 시작된다. 할아버지가 농사짓는 것을 보며, "근로하는 사람이 가장 좋은 사람이라고 생각"한다. 나아가 "할아버지를 존경하는 마음은 근로를 사랑하며 또 물건을 아끼는 마음으로 자랐"다고 이야기된다. '원수'의 아버지도 "근로를 사랑하고 물건을 아끼는 것은 할아버지와 같"다. 1960년을 전후한 시기에 생산력주의는 내셔널리즘과 함께 북한 사회를 떠받치는 핵심적인 이념임을 확인할 수 있다.

생산력주의는 한설야의 마지막 장편소설인 『성장』에서도 선명하게 나타난다. 이 작품은 1960년부터 1961년까지를 스토리 시간으로 삼고 있다.

---

99) 홍성태, 「근대화 과정에서 어린이는 어떻게 자라왔는가」, 『당대비평』, 2004년 봄, 246면.
100) 「만경대」는 제1차 경제 개발 계획이 시작된 1957년에 교육도서출판사에서 출판되었다.

이 시기에 천리마운동에 기반을 둔 제1차 5개년 경제계획(1957~1960)이 끝나고, 제1차 7개년 경제계획(1961~1970)이 시작된다. 『성장』은 전반적으로 낙관적인 분위기가 가득한데, 이것은 제1차 5개년 경제계획이 성과를 거둔 사실[101]에도 일정 부분 기인한다. 영준의 성장은 천리마 시대의 생산력주의와 긴밀하게 연관되어 있다. 당위원장의 말처럼 "일 잘 하는 사람이 제일 예쁜" 사회적 분위기를 반영하고 있는 것이다.

민족국가들 사이의 전쟁이 공간 차원에서 이루어진다면, 계급 전쟁은 시간 차원에서 이루어진다. 소련에서 경제 개발을 위한 정책은 전쟁과 같은 절대적인 것이었다.[102] 이 시기 북한사회에서도 속도는 무엇보다 중요시된다. 1958년에는 건축에 조립식 방법을 받아들임으로써 7천 세대분의 자재와 자금, 노동을 가지고 2만 세대의 살림집을, 그것도 한 세대를 14분 만에 세우는 '평양속도'가 등장하였다. 이어 1961년에는 비날론속도가 창조되었다. 모두 산업생산 분야에서 짧은 기간 동안 비약적 발전을 이룩한 것을 나타내는 용어로서 속도가 빈번하게 사용된 것이다.[103] 『성장』에서도 "소탈한 사람은 성질이 급한 것"이라든가 "굼벵이 천장하듯 하는 사람이 100년 산다면 맘이 급한 사람은 200년 사는 폭"이라는 말이 등장한다. 남진과 영준의 대화에서도 남진은 "멀어도 달리는 놈이 먼저 가는 법이다. 여북하면 수상님이 천리마라고 이름 지었겠니"라고 말하자, 부정적인 인물이던 영준마저도 "빠른 것은 좋아요"라며 속도에 동의한다. 속도는 무엇보다 강조되는 가치이다.

『성장』의 곳곳에는 빠른 속도를 위한 노력이 곳곳에 드러난다. 대부분의 사람들이 엄청난 노동량을 감당하는데, 가정주분인 순이도 예외가 아니다. 병원에서는 서로 잠을 자지 않으며 경쟁적으로 환자를 돌본다. 산업 현장에서도 속도전이 벌어지고 있다. 어느 노인은 평양에 사는 아들의

101) 고태우, 「정치 · 경제의 불가분의 계획들」, 『북한현대사 101장면』, 가람기획, 2000, 147면.
102) Susan Buck-Morss, 앞의 책, 60면.
103) 전영선, 『북한의 문학예술 운영체계와 문예이론』, 역락, 2002, 124면.

집을 찾아갈 때마다 혼란을 겪는데, 이것은 14분 만에 집 한 채를 지었다는 '평양속도'를 보여주는 것이다. 그 노인은 "저렇게 자꾸 짓는다면 하늘엔들 못 올라 가겠소"라고 말하기도 한다. 이러한 속도를 위해 가장 많이 쓰이는 단어는 '경쟁'과 '동원'이다. 농촌과 도립 극장 등을 둘러본 남진은 "작업반과 작업반이 서로 경쟁이 붙어서 야단"이라고 말한다. 여성 노동자인 귀례는 아버지와의 "경쟁"을 일생 계속하겠다고 다짐하고, 영옥이와 정옥이 자매는 공부를 함에 있어서도 "무슨 경쟁하는 것"처럼 열심히 한다. 상천은 금옥에게 보낸 편지에 "영광스러운 경쟁에서 나는 너에게 지지 않을 것을 약속하고 싶다"고 말한다. 금옥 역시도 마찬가지이다.

2장에서 살펴본 바와 같이, 「레닌의 초상」과 『설봉산』을 제외하고 해방 이후 소설에서 발신자는 건국이나 민족해방 등이 된다. 생산관계를 문제삼는 계급의식은 더 이상 주도적인 가치체계의 관리자 역할을 하지 못한다. 이것은 생산관계의 문제가 카프시기처럼 핵심적인 문제가 되지 않음을 구조적으로 증명하는 것이다.

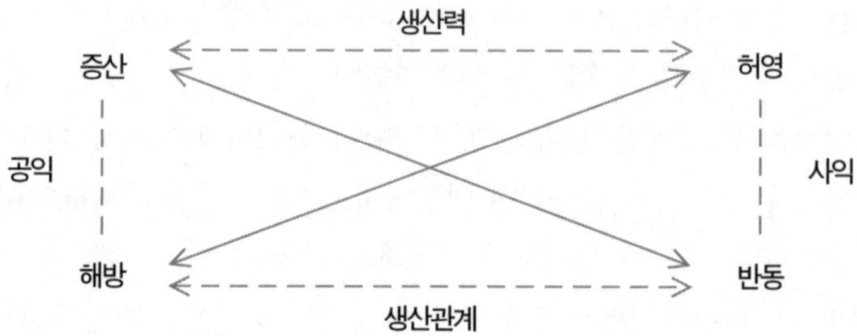

해방 이후 생산의 문제에서 핵심은 생산관계가 아닌 생산력에 있다. 위의 사각형에서 증산의 대립항에는 허영이라는 의소가 놓인다. 「자라는 마을」에서 최기수가 보이는 이기심, 「남매」에서 크리블랴크가 혐오하는 낭비, 「탄갱촌」에서 재수가 드러내는 공명심, 『대동강』의 상락이 보이는 허세와 실천력 결여, 『성장』에서 영준이 보여주는 허영 등을 포괄하는 의소로서 허영을 설정할 수 있다. 그러나 이들 작품에서 그러한 요소들은 증산이라는 절대적 목표에 대항하기에는 너무나 미약하다. 위의 기호학적 사각형이 카프시기의 기호학적 사각형과 대립적인 것은 증산과 해방이 함의 관계를 형성한다는 점이다. 이미 생산관계의 모순이 해결되었다고 가정되는 북한사회에서 당면 문제는 생산성을 최대한으로 끌어올려 생산력을 높이는 것이다. 이때 기술적 수단이 열악한 북한 사회에서는 이전보다 더욱 강화된 노동 강도가 노동자들에게 부과된다.

2. 과거와 현재의 관계를 통해 드러난 시간 의식

1) 과거와 현재의 대립적 구조

다음으로 한설야 소설의 특징적인 시간의식을 살펴보면, 그것은 노스탤지어로서 나타난다. 그의 소설에는 시기마다 그 성격을 달리 하며 노스탤지어가 자주 등장한다. 이러한 노스탤지어의 성격은 각 시기 의미론적 국면의 특징적인 면모를 압축적으로 보여준다. 그레마스는 정념의 기호학을 기획하면서, 기호학적인 측면에서 향수에 대하여 살펴보고 있다. 그는 향수에서 다음의 세 가지 요소를 도출한다.

1. 정념적 상태(쇠약, 우울, 울적)로서, 이 상태는 다음을 전제로 한다.
2. 또 다른 정념적 상태(회한, 강박관념적 또는 그렇지 않은).
   이 상태는 다시 다음 사실에 의해서 야기된다.
3. 가치 대상과의 이접(고향, 지나간 것 등등).

향수란 '고향이나 과거로부터 멀어진 현재의 인물이 그로 인해 강박관념적인 회한에 빠지고, 이러한 정념이 멜랑콜리로까지 발전한 상태'라고 정리할 수 있는 통사적 구성으로 이루어진다.[104] 노스탤지어는 이전의 자신과 현재의 자신이 분리되고 단절되어 있음에 대한 깨달음의 결과이다. 생산력주의의 패러다임 안에서 근대화를 추구했던 한설야의 소설에 향수가 드러나는 것은 이러한 이유이다. 한설야에게 있어 노스탤지어는 작품 활동의 처음부터 끝까지 이어지는 하나의 문학적 상수이다.

처음으로 한설야 소설에서 향수가 드러나는 것은 만주를 배경으로 한 「인조폭포」에서이다. 그것은 다음의 인용문과 같이 수돌이가 인육시장에서 고향 친구 은순이를 만났을 때 나타난다.

> 그와나는어려서바재를 사이하고 압뒤에살앗다. 몃번이나바재구멍으로우리뜰의열닌꽈리를따다가 내한테손을잽히여 (…중략…) 소타고뒷산에물쓰기러가치댄니고 밧가리째마다(그집과우리는농사제리엇섯다)압밧헤찰조이점심을나르든그다. 정월한보름째면 그조아하는윷노리 투전노리다집어치고 그의널뛰기판을쪼차단니면 발길로널판을밀어썰구던그다.[105]

이들 소설에서 향수가 불러낸 고향은 어떠한 갈등과 분열도 존재하지 않는 자족적이고 훼손되지 않은 조화로운 세계이다. 이러한 발견을 가능케 한 것은 근대가 가져온 강제와 불안이라고 할 수 있다. 수돌이가 고향을 떠올리게 된 것은, 은순이를 만났을 때이다. 수돌과 은순이가 처한 '지금 이 곳'은 향수가 불러낸 '과거의 그 곳'과는 너무나도 대조적이다.

---

104) A. J. Greimas, "De La nostalgie, Etude de sémantique lexique", *Bulletin* XI, p.39, 1986; 김성도, 『구조에서 감성으로』, 고려대 출판부, 2002, 358~364면에서 재인용. 정념의 통사론을 구성하는 기획의 일환으로 이루어진 향수에 대한 분석에서 그레마스는 "향수란 메타주체에 의해서 여기 지금 속에서 파악된 주체의 서술적 위치에 맞서서 주체가 그 행로의 한 순간에 담화 주체의 우울함에 이르는 동시에 축적적 과정을 착수하는 두 개의 서술 프로그램들의 비일치성이다"라는 결론을 내리고 있다.

105) 『조선지광』, 1928.2, 123면.

은순의 집은 그녀가 떠나온 후에 더욱더 살림이 어려워지고, 은순이는 술집으로 유곽으로 팔려 다니다가 만주에까지 와 있다. 지금도 유곽 주인의 매몰찬 학대가 매우 심하다. 수돌이 역시 만주에서 민족적・계급적 불평등을 겪으며, 날품팔이 일꾼으로 하루하루를 힘들게 살아가고 있다.

이러한 상황에서 수돌은 이상화 된 과거의 고향을 머릿속에 떠올린다. 혹독한 현실 앞에 거의 벌거숭이가 되어 만난 둘은, "자나깨나고향"[106]을 그리워하며, 실제로 귀향을 시도한다.[107] 그러나 도망을 치다 잡혀온 후, 수돌이가 "나는꿈이깨인것갓햇다. 은순이를데리고 가령조선으로도라갓다면무슨소용이랴. 도리혀크고무거운고통이 등을누르고목숨을노릴것이다"[108]라고 생각하는 것에서 알 수 있듯이, 모든 모순과 고통으로부터 벗어난 고향이란 실제가 아닌 "망녕"[109]일 뿐이다. 이 장면은 '나'와 은순이 생각하는 고향이 단지 상상적인 것일 수밖에 없음을 보여주는 것이다.

한설야의 「과도기」에서는 향수가 더욱 본격화된다. 3장에서 살펴본 대로, 이 작품은 창선이의 시각을 통해 전개된다. 창선이는 비교적 담담하게 달라진 현실을 보여주는 객관적인 역할에 머물고 있다. 창선이의 주관적인 인식이 드러나는 것은 낭만화된 과거를 회상할 때이다. 전체 5장으로 이루어진 이 작품의 2장은 창선이의 회상으로 이루어져 있다. 이때의 고향은 아래의 인용에서처럼 지극히 낭만화되고 이상화된 모습이다.

> 동리아이들 처녀총각—검둥이 센둥이 압방네 뒤방네가 첫새벽부터 숫소 암소들을척척거넘겨 타고 「아리랑」노래를부르며 소멕이러댄이든것도이근방이다.
>
> (…중략…)

---

106) 위의 책, 125면.

107) 「합숙소의 밤」에도 구체화된 이미지로서의 향수는 드러나지 않지만, 초점자인 '나'의 주요 관찰대상인 노인은 조선 땅으로 돌아갈 열망에 가득 차 있으며, 실패로 끝나기는 하지만 실제로 귀향을 시도하기도 한다.

108) 『조선지광』, 1928.2, 126면.

109) 위의 책, 126면.

노래로얘기로해가는줄을모른다. 때때로소를말뚝에매여노코 수수썩기 서울목돈(돌유희)삿도노름 소경노름 각시 노름 말노름도한다. 그러다가겨울이되면 바다ㅅ가에나가서 고기ㅅ그물에고드름가티줄달닌 고기도뜻는다. 이고장은 대개절반농사로 절반은고기잽이기때문에 어린아이들도두가지일을하는것이다. 고기잘잽히는해면 어린아이들도 하루수삼십전버리를한다.[110)]

이 대목에서는 한설야 소설에서 처음으로 아리랑이 등장하는데, 작품의 후반부에 등장하는 "황혼의로동자노래"[111)]와 대비된다. 현재의 노래가 "논밧ㅅ간조흔건 / 긔게ㅅ간이되고 / 계집애잘난건 / 요리ㅅ간만가네"[112)]와 같이 현실비판적인 것이라면, 회상 중에 등장하는 아리랑은 "꿀보다더단건 진고개사탕 놀기나조키는 세벌상투"와 같이 전통적인 것으로서 사회적 성격이 거세되어 있기 때문이다. 민요와 같은 전통적인 장르가 가지고 있는 공동체적 성격은 이후의 향수에서 보다 본격화된다.

이 작품에서 향수가 전면화 되는 배경에는 주인공 창선이 처한 현재의 불안과 분열이 놓여 있다. 창선에게 고향은 "광명과가티생각켜지고 두텁허노코발삿이향하야진 곳"이지만, 막상 들어와보니 "제서생각든바와는아조짠판"이 되어 버린 것이다. 고향은 "변하엿다니보다 업서진듯햇다"[113)]고 느껴질 정도이다. 그 구체적인 변화상은 다음의 인용에 충실하게 담겨져 있다.

이러케애든이고장이요 이러케친한이바다이다.

그러나지금은모든것이달나젓다 산도그러코 물도그러타 철도ㅅ길이고개를갈나먹고 창리포구에어선이끈어젓다 구수한흙냄새나는마을이업서지고 맵짠쇠냄새나는 공장과벽돌집이 거만스러히배를부치고잇다 소수레가끈어지고 부수래(기

110) 『조선지광』, 1929.4, 174~175면.
111) 위의 책, 185면.
112) 위의 책, 185면.
113) 위의 책, 170면.

차)가왱왱그런다 농군은산비탈으슥한곳으로 밀녀가고 노가다(로동자)패가 제노라고쏘댄닌다 짱은석탄몬지에썸엇케절고 배짜라기요란하든포구는 파도ㅅ소리홀노쓸쓸하다 그의눈에는 짱도바다도한결가티 죽은듯햇다 긔게ㅅ간 벽돌집 쇠사슬 쩨굴쑥이 아모리야단스러워도 그저하잘것업는 까닭모를것이엿다.[114)]

「인조폭포」와 「과도기」가 보여주듯이, 식민지시기 소설 중 향수를 드러낸 작품들은 모두 주인공들이 세계와의 균열로 인해 자아정체성의 위기에 봉착했다는 공통점이 있다. 고향은 재현해야 할 구체적인 실제적 대상이 아니라, 현재의 결핍을 보충하기 위해서 필요로 되는 기표로 기능한다. 근대를 체험한 주인공들은 분열된 자신을 인식하게 되고, 그것은 일차적으로 향수를 불러일으킨다. 이것은 자신의 동일성을 유지하기 위한 필사적인 몸부림이라 할 수 있다. 근대의 폭력이 야기한 공포와 불안으로 인하여 향수가 불러낸 고향의 모습은 한없이 이상화되고 낭만화 된다. 향수로 불러온 이상적인 고향의 이미지가 우리에게 환기시키는 것은, 역설적으로 소설의 주체가 처한 심각한 내적 불안과 균열의 상태이다.[115)] 카프시기 소설에 나타난 향수의 의미론적 국면을 기호학적 사각

114) 위의 책, 177면.

115) 이러한 향수의 특성은 일반적으로 근대문학에서 다루어지는 향수와 그 성격이 동일하다. 본래 향수는 명목상으로는 존재하지만 실제로는 더 이상 존재하지 않는 고향, 오로지 기억 속에만 존재하는 고향을 대상으로 한다. 근대문학에서의 향수는 주체의 내면에서 이상화되고 심미화된 고향, 즉 모든 변화와 타락에 저항하는 항구적인 순결성을 지닌 것으로 상상된 향토를 대상으로 한다. 이처럼 상상된 향토는 기억 속에 고정됨으로써 끝없는 변화 속에서 불안하게 흔들리는 '나'의 존재에 확실성을 부여해주고 자기동일성을 확신하게 해준다(오성호, 「향수, 고향, 그리고 향토의 발견」, 『한국시학연구』 7, 2002, 164면). 향수의 발생론적 조건은 시간의 흐름과 대상의 상실이라고 할 수 있다. 향수란 '지금 이 곳'과 '과거의 그 곳' 사이의 명백한 대조를 전제로 하며, 현재의 불안이 과거를 미화하는 것이다. 향수는 과거의 재구성이고 일종의 판타지이며 시간과 공간의 혼동이다. 고향은 그것의 상실을 자각하는 순간에 비로소 유의미한 대상으로 떠오르게 된다(이기성, 「'고독'이라는 병과 근대의 노스탤지어」, 『민족문학사연구』, 2003, 283면). 이처럼 근대인의 향수에 있어 고향은 '발견'되는 것(가라타니 고진, 박유하 역, 『일본근대문학의 기원』, 민음사, 1997, 36~50면)이다.

형으로 나타내면 다음과 같다.

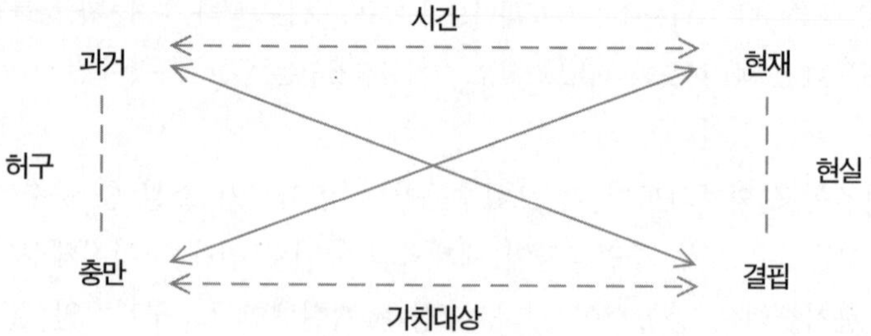

이 시기 소설의 향수는 주인공이 처한 불안과 균열을 드러내는 데 그치지 않는다. 그것은 현재에 대한 부정의 기능을 수행하기도 한다. 향수는 이상적인 과거에 존재했다고 상상되는 조화에 대한 그리움을 통하여 현재에 대한 비난을 함축하기 때문이다. 과거에 대한 동경은 현재에 대한 비판과 부정의 의미를 지니며 동시에 미래에 대한 소망을 보여준다. 때문에 종종 향수는 유토피아에 대한 열망의 다른 모습으로 나타난다.[116] 유토피아에 대한 열망으로의 변화 가능성은 한설야의 카프시기 소설에 나타난 향수의 주요한 특징이다.

「인조폭포」와 「과도기」에서 과거에 대한 향수는 현재의 삶에 대한 부정과 현재의 삶을 넘어 유토피아적인 세계로 나아가고자 하는 열망의 표현이다. 이것은 과거의 고향을 심미적 대상으로 발견하는 노스탤지어의 시선과 전근대적 사회를 타자화 시키는 계몽의 시선이 동일한 바탕 위에 놓여 있기에 가능하다.[117] 「인조폭포」는 수돌이를 통해, 퇴행적일 수도 있는 향수가 혁명적인 계기로서 변화되는 과정을 보여주고 있다. 처음

116) R. Pelski, 김영찬·심진경 역, 『근대성과 페미니즘』, 거름, 1999, 102~104면.

117) 오성호는 근대와의 접촉을 통해서 비로소 고향과의 분리가 가능해졌고, 자신이 속한 공동체를 돌아볼 수 있는 거리가 확보될 수 있다고 말하며, 그런 점에서 전근대적 농촌 사회를 타자화시킨 계몽의 시선과 그것을 심미적 대상인 향토로 발견한 시선은 본질적으로 차이가 없다고 말한다(오성호, 앞의 글, 170~171면).

아름답고 순수한 것으로 상상되는 향수를 바탕으로 귀향하려고 한 수돌이는, 세계와의 화해를 구체적인 현실이 아닌 상상 속에서 찾는다는 점에서 문제적이다. 그러나 막연한 귀향 시도는 곧 실패하고, 홍장군의 매개를 거쳐 새로운 세상을 열어 나가려는 노동자로 태어난다.

「과도기」의 노스탤지어가 지닌 유토피아적 성격을 정확하게 이해하기 위해서는, 이 작품의 속편인 「씨름」도 함께 고찰해보아야 한다. 「씨름」에는 창선, 즉 명호가 창리에서 하던 계몽적 역할이 다음의 인용과 같이 자세하게 드러나기 때문이다.

> 그는 창리의과히간구하지안은농가에태여나 농사도조곰씩도앗지만 틈틈이글자나배우고 함흥가튼대처에가서 여러가지보고들은바도만앗고 그보다도여러운동자들과접촉하야 거게서어든바가썩만앗다. 그리하야촌에도라와야학도설치하고 「농민회」도만들엇섯다.[118]

이들 작품의 주인공이 보여주는 계몽의 의지와 열정 속에는 자신이 놓여 있는 현실을 변화시킴으로써 과거와 같은 이상적인 세계를 현재에 되살려놓겠다는 낙관적 전망이 가로놓여 있다.

2) 과거에의 몰입과 현재의 부재

1930년대 후반에 이르면, 사회적 현상으로서의 향수가 넘쳐나게 된다.[119] 이것은 당대 사회가 개인들의 정체성에 큰 균열을 일으키며 개인

---

118) 『조선지광』, 1929.8, 148면.

119) 한국근대문학사에서 향수는 그 이전에도 나타난 바 있다. 1920년대의 향수는 낭만주의시에 주로 나타난 것으로서 훼손되기 이전의 세계, 그리고 근원적 세계를 향한 동경의 형식으로 나타났다(오세영, 『한국 근대문학론과 근대시』, 민음사, 1996, 215~221면). 1930년대 시에도 향수는 많이 발견되는데, 이때의 향수는 근원적 세계가 아닌, 자연, 고

의 불안감을 자극한 결과이다.[120] 한설야 소설에서도 노스탤지어가 본격화되는 것은 1930년대 후반부터이다.

「인조폭포」와 '과도기 연작'의 주인공이 보여주는 계몽의 의지와 열정 속에는 자신이 놓여 있는 현실을 변화시킴으로써 과거와 같은 이상적인 세계를 현재에 되살려놓겠다는 낙관적 전망이 가로놓여 있다. 그러나 일제 말에 창작된 작품들에 존재하는 향수에는 식민지적 현실 속에서 출구를 찾지 못하고, 과거에 매몰되어 있는 의식만이 놓여 있을 뿐이다. 그것은 현재의 변화를 통해 이상적인 미래를 꿈꾸는 진보적 기획으로 이어지지 못한다. 다만 향수를 통해 근대가 가져온 불안과 공포에서 벗어나려는 의지만을 보여주며, 그러한 향수가 불러낸 이상화된 과거를 통해 그것이 현실에서는 불가능함을 역설적으로 드러내고 있다.

'탁류 3부작'의 각 작품들도 향수라는 측면에서 시기에 따라 미묘한 차이를 보인다. 첫 번째 작품인 「홍수」는 모순적인 현실과 일제의 영향으로 인해 삶의 터전에서 밀려난 농민들의 고통에 초점을 맞추고 있다. 더군다나 홍수가 났음에도 일본인 소유의 동을 허물지 못해 물에 잠긴다는 기본적인 설정은 이 시기 사회적 모순의 본질이 무엇인지를 잘 보여준다. '탁류 3부작' 중에서 기술이의 불안한 내면 대신 비교적 선명한 작가 의식이 드러나 있는 「홍수」에서 향수는 나타나지 않는다.

향, 도시, 이국정경 등 구체적인 장소를 지향하며, 그것의 표피적이고 말초적인 아름다움을 추구하는 경향을 보인다. 그것은 현실적 조건이 배제된 심미적 공간을 향한 향수이다(전봉관, 「1930년대 한국시의 도시 체험과 향수」, 『국어국문학』 131, 2002.5, 527면).

120) 오태영은 향수의 발생은 근대사회를 살아가는 개인의 불안감과 밀접한 관련이 있다는 우치다 류우조의 논의와 당대의 여러 논의를 들어 사회적 현상으로서의 향수가 식민지 후반기, 특히 1930년대 후반에 범람했다고 말하고 있다(오태영, 「향수의 크로노토프—1930년대 후반 향수의 표상과 유통」, 『한국어문학연구』 49, 2007.8). 1930년대 중반 이후 식민지 조선 지식인의 고향에 대한 인식과 향수라는 감각의 표출은 잡지 『조광』에 실린 「나의 복지 그리는 땅」(1936.2), 「내 고향의 봄」(1936.4), 「내가 그리는 신록향」(1936.5), 「내 고향의 탐추」(1936.4.), 「내 고향의 구월」(1938.9) 등의 글과, 서인식의 「향수의 사회학」(1940.11) 등에서 확인할 수 있다. 이외에도 양주동, 채만식, 이효석도 향수로 가득 찬 글을 남기고 있다.

이에 반해 「부역」과 「산촌」은 기술이가 초점자로 등장하는 내적 초점화의 방식이 사용된다. 일제와 자본의 영향력이 점점 강해지는 현실 속에서 정체성의 혼돈을 겪는 기술의 심리가 서사의 중심에 놓여 있다. T조합 B동리 반에도 관여했던 기술은 최근 몇 해 사이 처음 듣는 연설이나 강좌도 들었고 얄팍하나마 안통이 단단한 책자들도 얻어 보았으며, 야학도 가르쳐 보았고 가난을 뚫고 나갈 용기도 거기서 얻은 바 있다. 그러나 현재의 기술은 그러한 자신감과 안정감에서 벗어나 있다. 이러한 정체성의 혼란 속에서 이상화된 과거에 대한 노스탤지어가 등장한다.

> 그는 또한번 파란하늘을 울어러보았다. 버드나무 흐느러진 옛날의 그마을의 평화한풍경이 새삼스려 눈에 선해진다. 목동의 호들기소리에 푸르러가든 벌판 천리에 휘황한 달빛아래에 끓일줄을 모르든 다듬이 소리 땅을 다듬는 격양가와 누런 곡식단을싫은 수레우의 멍예가(농부들이 소를 몰며 부르는 노래) 그것은 꿈속같은 열살전의 남은 기억이다. 어찌해서 그때는 그렇게 아름답고 평화했든지……?[121)]

「산촌」에서도 "지금 세상은 너무도 괴롬이 많고 성가신 일이 많다"[122)]고 느끼는 것과 동시에 "모든것이 꿈과같이 아름다웠고 유족하였다. 아무 실음도 부족도 없었든것같다. 보는것 듣는것이 아름답고 평화하였다"[123)]는 이상화된 과거에 대한 그리움이 등장한다. 그러나 '탁류 3부작'은 변화된 시대적 환경으로 말미암아 유토피아에 대한 열망이 희미해진다. 이 시기에 등장하는 향수는 환상으로의 물러섬이라고 말할 수도 있다. 고향에 대한 이와 같은 이상화는 『황혼』에도 나타난다. 여순은 안사장의 유혹과 성추행, 경재의 아버지인 김재당의 모멸적 행위를 겪으면서,

---

121) 『조선문학』, 1937.6, 2면.
122) 『조광』, 1938.11, 190면.
123) 위의 책, 189~190면.

잠시 고향으로의 도피를 꿈꾼다. 이때 고향은 현실적인 문제가 거세된 환상적인 공간으로 분칠된다.

> 원한으로 떠나온 고향이나마 한없이 정답게 또는 아름답게 눈에 선히 떠왔다. (…중략…) 고향으로가면 무슨 길한 소식과 반가운 일이 찾아올것만 같았다. 무슨 버리든지 생길테지. 무슨일이든지 해서 살아갈수 있겠지…… 하는 생각이 그 어느 생각보다도 그어떤 불안보다도 힘차게 머리를 쳐드는것이었다.－우리들보다도 더 할길없고 더 무지한 사람들도 살아간다. 아니 차라리 그런사람들은 향락을 모르니만치 고통을 또한 알지못한다. 그것은 어느점으로보면 밤이나 낮이나 신경을 날카로히 해가지고 있는 도시사람들보다 훨씬 행복할는지 모르는 것이다. 그러고 보니 고향같이 그리운 곳은 없었다.[124)]

1940년대에 이르면 과거에의 몰입은 보다 뚜렷해진다. 『탑』, 「혈」, 「영」, 「향비애사」, 「젖」 등이 그것이다. 과거에의 몰입은 일제 시기가 끝날 때까지 이어진다. 청나라 건륭제 시대를 배경으로 한 「향비애사」와 한설야 자신의 중국 체험 기록이 담긴 「젖」이 그 예이다. 「젖」은 『탑』의 주인공인 상도가 주인공인 소설로서, 상도의 귀선(歸鮮)과 두 자매의 국제결혼이 서사의 중심에 놓여 있다. 두 자매가 중국인과 결혼하는 것은 앞으로의 남은 삶을 조선이 아닌 중국에서 살게 됨을 의미한다. 다음 두 자매가 나누는 대화는, 반어적인 방식으로 고향에 돌아가고 싶은 절절한 마음을 드러내고 있다.

> "그러지말고 넌 조선 가렴"
> "언니도 거치 가요"
> "난 안가련다. 난 여기서 오빠가 시기는대루……"
> "네, 언니……"

124) 285~286면.

"오빠시기는대루 약혼을 할테다. 여기서 죽으란다."

"언니, 그럼 나도……"125)

향수가 '과거의 그 곳'에 대한 그리움을 의미하는 것이라면, 1940년대 작품들은 '그 곳'이 생략된 '과거'에 대한 그리움에 방점이 찍혀 있다. 이때의 그리움은 도피이기도 하지만, 적극적인 친일을 하지 않으면서 작가로서의 정체성을 유지할 수 있는 소극적 저항의 의미를 지니기도 한다. 이때 환상이란 텅빈 표면, 즉 욕망의 투사를 위한 일종의 스크린으로 기능하는 공간이다. 환상 공간이 갖는 생생한 내용들의 매혹적인 현존은 단지 이 텅 빈 공백을 메우는 것에 불과하다.126)

『탑』의 대부분은 초점자인 소년 우길의 시선과 의식에 의해 매개된다. 따라서 이때의 개화기는 현실적이라기보다는 낭만화되는 경향이 있다. 반봉건 의식이 형상화되기도 하지만, 소년 초점자의 설정으로 인해 곧 향수의 대상으로 변질된다. 특히 서사의 본 줄기와는 상관없이 수시로 등장하는 각종 풍속들, 즉 결혼풍속, 설날과 정월 대보름의 세시풍속, 미신과 같은 민간풍속 등이 과거를 이상화하는 구체적인 예이다.127)

「혈」과 「영」에서 남녀의 사랑은 과거의 일일 뿐이며, 두 작품의 남자 주인공은 모두 과거에 결박되어 있다. 「혈」의 주인공은 마사코 뿐만 아니라 어머니와 고향에서도 벗어나지 못하며, 「영」의 주인공도 "저는 현재에 가까울수록 저 자신의 생활세계가 괴로운 기억으로 남고 현재와 멀

---

125) 『야담』, 1943.2, 36면.

126) S. Žižek, 김소연 · 유재희 역, 『삐딱하게 보기』, 시각과언어, 1995, 27~32면. 라깡은 환상의 방어적 기능을 강조하고 있다. 라깡은 환상 장면을 영화 스크린의 정지된(frozen) 이미지에 비유한다. 외상적인 장면이 보여지는 것을 피하기 위해 영화 필름이 어느 지점에서 멈춰지는 것처럼 환상 장면 역시 거세(대타자의 결여)를 감춰주는 방어라는 것이다(D. Evans, 김종주 외역, 『라깡 정신분석 사전』, 인간사랑, 1998, 437면).

127) 해방 이후 윤세평은 『탑』이 "소위 황민화 정책에 항거하여 의식적으로 조선의 아름다운 자연과 고유한 민족적 생활 풍습, 그리고 아름다운 민족적 정서 등을 가장 능숙하고 세련된 민족어로써 표현한 그 점"(앞의 글, 57면)을 들어 고평하고 있다.

어질수록 아름다운 꿈속의 세계처럼 그립게 기억이 됩니다"[128]라고 말한다. 「혈」과 「영」의 주인공은 "과거에 붙들려 사는 사람들, 그래서 현재와 미래를 희생하며 살아가는 사람들"[129]에 비유할 수 있다. 「혈」과 「영」의 노스탤지어에서 진정한 매혹의 대상은 제시된 고향이나 과거의 시간 자체가 아니라 그 고향, 그 시간에 몰입하여 황홀해진 순진무구한 응시 그 자체이다.[130] 과거에 대한 응시 그 자체에 비교한다면, 과거의 내용과 성격은 어디까지나 부차적일 뿐이다.

1인칭 시점으로 되어 있는 「혈」은 조선인 '나'와 일본인 '마사코'의 만남과 이별에 대한 연애이야기이다. 그동안 이 작품에 대한 대부분의 논의는 다음에 인용하는 마지막 부분에 나오는 '피'를 어떻게 해석하느냐에 논의의 기본적인 초점이 맞추어졌다.

> 이번에도 그녀는 내게 고통 이외에는 아무것도 남기지 않았다. 괜찮다. 평생 고통과 싸우지 않으면 안 될 운명을 타고났으니 어쩔 수 없겠지. 그러나 나의 고통이라는 것은 외부에서 오는 것이 아니라 내 피 속에 있는 것이 아닐까?[131]

이상경,[132] 김재용[133] 등은 이때의 피를 민족(종족)으로 대체해버린다. 그리해서 나와 마사코의 이별은 피가 다름, 즉 민족의 상이함에서 기인한다고 본다. 이러한 분석은 당시의 내선일체 담론과의 연관성 속에서 이 작품이 우회적으로, 일본인과 조선인은 하나가 될 수 없다는 탈식민

---

128) 「影」, 『국민문학』, 1942.12; 김재용 외역, 『식민주의와 비협력의 저항』(김재용 외편), 역락, 2003, 187면.

129) S. Kern, 박성관 역, 『시간과 공간의 문화사』, 휴머니스트, 2005, 105면.

130) S. Žižek, 김소연 · 유재희 역, 『삐딱하게 보기』, 시각과언어, 1995, 225~232면.

131) 「血」, 『국민문학』, 1942.1; 김재용 외역, 『식민주의와 비협력의 저항』(김재용 외편), 역락, 2003, 186면.

132) 이상경, 「일제 말기 소설에 나타난 '내선결혼'의 층위」, 『친일문학의 내적 논리』(김재용 외편), 역락, 2003, 140~144면.

133) 김재용, 「일제 말 문학인의 세 가지 저항방식」, 『협력과 저항』, 소명출판, 2004, 190~199면.

의 맥락을 드러낸다는 해석으로 이어진다. 이러한 해석의 가장 큰 문제점은 이 작품 전체에서 드러나는 나의 '마사코'에 대한 열망과 동경을 해석해낼 수 없다는 것이다.

'나'는 스이후 선생님 댁에서 "때때로 복도에서 하녀와 마주치는 것만으로도 이상하게 식은땀이 흐르고는"한다. 나의 이러한 긴장은 문하의 마사코를 대할 때 더욱 커진다. '나'는 마사코가 "마음이 아름답고 얼굴도 예뻤지만 얼굴도 마음도 예쁘기 때문에 오히려 그녀와 가까워질 수 없다고 생각"하며, "마사코의 잘 정돈된 얼굴, 나긋나긋하고 투명하게 보이는 몸매, 형태는 있으나 향기 이외에는 아무 것도 가지고 있지 않을 것만 같은 깨끗한 육체는 나같이 미천한 존재에게는 오히려 신기루에 불과"하다고 여길 정도이다. 자신을 한없이 낮추고 마사코를 한껏 높이는 태도를 확인할 수 있다. 더욱 큰 문제는 마사코와 재회하고서도 "아마도 영원히 그녀를 잊을 수는 없을 것이다. 결혼해서 그녀를 잃는 것보다는 삼계까지 그녀를 쫓아갈 수 있는 영혼을 가지고 싶었다"고 말하는 대목이다. 이 인용대로라면 결혼(내선결혼)을 하지 않은 이유는 마사코와의 더 큰 사랑과 행복을 위해서이다. '나'가 조선민족을 '마사코'가 일본민족을 의미한다면, '나'가 보이는 '마사코'에 대한 이토록 절절한 동경과 그리움은 탈식민의 맥락과는 거리가 먼 것이다.

「혈」과 마찬가지로 조선인과 일본인의 연애를 다루고 있는 「영」에서도 일본인 치에코는 한껏 이상화된다. "그때 저는 당신의 향기를 느끼면서도 당신의 체취를 맡을 수는 없었습니다. 당신은 제 후각권에 들어오면서부터 오히려 형태가 사라져 투명한 존재가 되었던 것"이라고 말하는 것이다. 즉 육체를 가진 현실의 이성이 아니라, 오직 환상 속에서만 존재하는 이상화된 여성이다. 이와 같은 맥락에서 일본어 소설 「혈」과 「영」의 남녀관계(일본인 여성과 조선인 남성)가 일본과 조선의 관계를 나타내는 것으로 이해하는 독법은 재고할 필요가 있다.

이때의 '피'란 개인적인 기질을 나타낸다고 볼 수 있다. 마사코는 나에게 계속해서 호의를 베풀며, 그림을 가르쳐 줄 것을 부탁한다. 결국 '나'는 '김 상은 결혼 안 하세요'라는 말까지 듣게 되고, 나는 마사코에게 아내와 딸이 있음을 사실대로 말한다. 이에 마사코는 시골로 내려가 결혼해 버린다. 마사코를 조선의 온천장 여관에서 다시 만났을 때, 나는 마사코에게 "지금 생각해 보면 거짓말을 할 줄 모르는 인간은 결국 불행해지는가 봅니다"라고 말한다. 결국 나의 소극적인 성격에서 결별의 원인을 찾고 있다.

문제적인 것은 그러한 소극적 성격의 원인이 운명에 연결되어 있다는 점이다. 조선에 돌아와서 아내가 다른 남자와 사랑에 빠져 도망가고, 아이마저 처가에 빼앗겨야 하는 상황에서 '나'는 갑자기 "내 앞에는 아직 고생이 산처럼 쌓여 있어. 그 고생을 다 하지 않았으니 하느님도 날 데려가시지는 못할 거야"라는 "어머니의 말"을 생각한다. 이후 '나'는 "어차피 고생과 한판 벌여야 할 운명을 타고났다면 새로운 곳을 순례하는 것이 편하고 좋"다며 방랑을 시작한다. 자신의 인생을 운명에 의지하는 것이다. 그리고 이때의 운명은 어머니의 운명에 연결되어 있다.

이처럼 '나'는 어머니, 고향에 결박된 존재이다. '나'는 "노인이 지나가 버리고 나서도 나는 산 속에 있을 리가 없는 하얀 그림자를 보곤 했다. 그 하얀 그림자가 어머니가 아닐까 하고 놀"랄 정도이다. 스이후 선생이 쇼토쿠태자전람회에 출품해 보라는 말을 했을 때, "오랫동안 잊고 있던 고향의 자연이었다. 어머니를 묻고 영원한 이별을 고했던 땅. 그러나 여전히 내 영혼이 살고 있는 몽환의 땅"을 주제로 선택한다. "어차피 고생과 한판 벌여야 할 운명을 타고났다"는 것, 그리고 그것은 어머니에게서 왔다는 것이 이 작품의 주제라고 할 수 있다. 결국 이 작품에서 모든 현실적 상황을 규율하는 심층의 레벨에 놓여 있는 것은 고향과 어머니로부터 물려받은 피이다.

「영」 역시 「혈」과 마찬가지로 과거의 일에 대한 회상으로 이루어져 있다. 이 작품은 10년 전에 만나 사랑을 나누었던 치에코 상에게 보내는 편지형식으로 되어 있으며, 동경유학에서 돌아와 B읍의 사립학교 교원으로 있는 조선인 '나'와 일본 여인 '치에코'와의 사랑 이야기이다. 「영」의 '나' 역시 과거에 결박되어 있다. 지난 날, 여름 내내 매일 아침 치에코와 함께 산책로를 걸었던 '나'는 "생각하면 이것이 제 일생에서 딱 한 번의 여름이었는지도 모르겠습니다. 신이 제게 주신 시간 중에서 가장 행복한 시간이었는지도 모르죠"라고 말한다. 그리고 "지금도 저는 저의 가장 신성한 그림자는 당신과 함께 걸었던 그 밤의 제게 있었다고 생각합니다. 이제 다시 그 옛날로는 돌아가지 못할 것 같습니다"고 고백한다.

특이한 것은 '당신'과의 관계가 과거 속에서만 의미 있는 것임을 거듭 강조한다는 점이다. '나'는 "묘한 변명이지만 제가 당신과 진정 심리적으로나 정신적으로 교감을 가지게 된 것은 당신과 헤어지고 나서부터가 아닐까라는 생각"을 한다. 또한 이 편지 역시 과거를 수신인으로 하고 있음을 다음과 같이 분명히 밝히고 있다.

> 이것은 이미 남의 남편이 된 제가 남의 아내가 된 당신에게 이야기하는 것이지, 한 인간으로서의 당신에게 이야기하는 것은 아니라고 생각합니다. 분명히 맹세합니다만 저는 오랜 전의 당신에게 이야기를 하는 것입니다. 실제로 현재의 당신 생활에 대해서는 아무 것도 모릅니다. 결혼을 했는지 어떤지도 모르니까요.[134]

헤어짐을 예감하던 '나'는 결국 치에코와 헤어지게 된다. 결국 어머니의 눈 치료를 위해 일본으로 돌아가야 했던 것이다. 그런데 문제는 그 이후로서, 이러한 이별은 '나'에게 고통이 아니라 기쁨의 근원이 된다.

> 당신은 제게 형태로는 보이지 않는 것을 주셨습니다. 물론 제게 플러스가 되고 재산이 되었다고 생각합니다. 저는 지금도 집요하게 당신과의 그 시절이 없었다

134) 188면.

면 오늘날 어떻게 되었을까 하고 신도 알지 못하는 것을 추구하고는 합니다. 그 것은 어쨌든 당신을 생각할 때 저는 마음속에서 생명의 환호성을 듣습니다.[135]

당신을 기억함으로써 생명의 환호성을 듣고, 그러한 생명의 환호성 덕에 '나'의 결혼생활도 유지된다. 작품은 "지금과 같은 발걸음을 계속하고 싶습니다"라면서, 그 이유로 "그렇게 할 때만이 제 마음 속 생명의 환호성을 제가 들을 수 있기 때문입니다"라고 고백하는 것으로 끝난다. 결국 '나'의 삶이란, 당신과의 기억으로 인해 가능해지는 것이다. 이것 역시 과거로의 강박을 보여주는 현상이라고 할 수 있다. 이러한 과거에의 몰입을 통해, '나'는 현재의 사회적 질서로부터 벗어나 정체성을 유지할 수 있게 된다.

흥미로운 것은 「혈」과 「영」에서 과거가 여성이라는 성별로서 표상된다는 점이다. 이 작품들에서 여성은 소외되지 않고 파편화되지 않은 근원적인 대상으로 제시된다. 이들 작품에서 여성은 과거 그 자체이다. 바바라 크리드는 향수의 논의에 성차를 끌어들이면서 향수 영화에는 남성적 권위에 대한 그리움이 담겨 있다고 지적한 바 있다. 향수영화에는 젠더의 역할이 분명히 구분되었던 과거로의 퇴행이 드러나 있다는 것이다.[136] 향수가 궁극적으로 오이디푸스 이전 단계에서 어머니와의 행복한 결합 상태를 향한 것이라고 할 때, 남성 주인공은 과거의 여성을 통해서 현재 자신이 소유하고 있는 남근을 잃어버리게 될지 모른다는 불안감에서 잠시 벗어날 수 있다.[137] 역사적 진보를 의미하는 근대의 선조적 시간

135) 208면.

136) Babara Creed, "From here to modernity", *Screen* Vol.28 No.2, pp.47~67.

137) 이와 관련해 한설야의 일본어 소설 「피」와 「그림자」를 분석하고 있는 심진경의 논의(「식민/탈식민의 상상력과 연애소설의 정치학」, 『민족문학사연구』 28, 2005)는 특기할 만하다. 심진경은 "한설야 소설에서 주목해야 할 것은 식민지 남성이 일본 여성을 불가능한 사랑의 대상으로 만듦으로써 유지하고자 하는 자신의 욕망의 내용이 무엇인가 하는 것이다. 그것은 바로 현재로부터의 도피 욕구다. 끊임없이 과거/여성/사랑을 소환함으로써 현재/남성/생활은 유예된다"고 보고 있다.

관의 외부에 위치한 그녀들을 향한 노스탤지어는 존재의의를 상실한 남성 주인공들이 지닌 고통과 고뇌에서 비롯된다. 여성은 남성들이 지닌 상실감과 결핍이 투사되는 장소라고 이름할 수 있다. 과거 속에만 존재하는 여성, 도달할 수 없는 대상으로서의 여성은 이 소설의 시간적 구성 양식으로 인해 더욱더 강화되는 것이다. 이 시기 노스탤지어의 의미론적 특징을 기호학적 사각형으로 나타내면 다음과 같다.

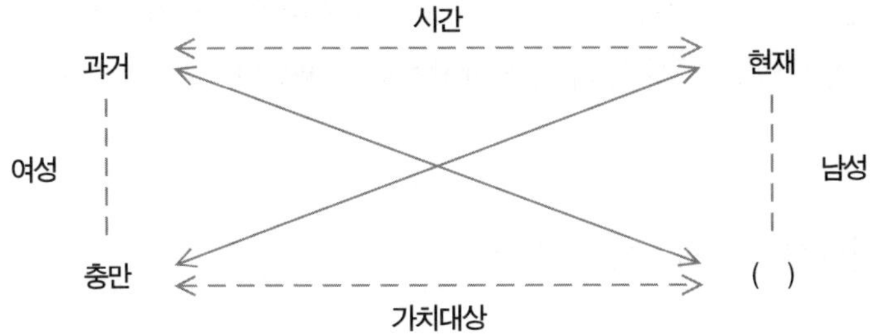

위의 기호학적 사각형에서 특징적인 것은 현재에 해당하는 의미소가 부재하다는 점이다. 분명 작품에서는 현재가 드러나고 있지만, 그것은 오직 과거를 기억하기 위한 장치로서만 기능할 뿐, 그 자체로서의 의미를 지니지 못한다. 이러한 심층구조의 특징은 이 시기 작품들에 드러난 정치성의 약화를 반영한다. 새로운 질서에 의해 급속하게 변화하는 식민지의 현실은 주인공들의 의식을 과거로 향하게 한다. 향수를 통해 불러온 이상화된 과거를 통해 현재의 삶에서 벗어나고 있다. 그러나 이때의 향수는 카프시기처럼 현실로 돌아와 유토피아를 향한 정치적 기획으로서 기능하지는 못한다. 돌아와야 할 '지금 이 곳'이 이들 작품에는 공란으로 남겨져 있기 때문이다.

일제 말기 향수를 드러낸 작품들을 이해하는 데는, 향수에 대한 제임슨의 설명이 유용하다. 제임슨은 물론 포스트모던적인 삶의 조건 혹은 포스트모던적인 미학적 조건으로서의 향수를 이야기하지만, 그가 지적하는 "어떤 상황의 거대함"은 향수가 나타나는 한설야의 소설도 일정 부분 공유하고 있다. 제임슨은 향수가 "내적 모순들을 통하여 우리 자신의 현재경험을 재현하는 것이 점점 불가능하게 되어가는 어떤 상황의 거대함을 드러내는 것"[138]이라고 말한다. 제임슨은 향수 풍조에 따른 예술 언어를 그 지시 내용으로서의 사회, 역사, 실존적 현재 및 과거와 대면시켜 보면 그것이 진정한 역사성과 조응하지 못한다고 보는 것이다. 향수는 시간과 역사를 제대로 다루지 못하게 된 사회의 상황과 관련된다고 볼 수 있다. 이것은 일관되게 견지해 온 마르크스주의적 원칙을 더 이상 유지하기 힘들었던 일제 말의 한설야에게도 적용된다.

3) 신화적 시공과 향수의 사라짐

해방 이후 소설에는 '고향이나 과거로부터 멀어진 현재의 인물이 그로 인해 강박관념적인 회한에 빠지고, 이러한 정념이 멜랑콜리로까지 발전한 상태'로서의 향수는 더 이상 존재하지 않는다. 세 가지 요소 중에서 다만 고향이나 과거와 분리된 상태만이 존재할 뿐이다. 그러나 이러한 분리가 회한이나 멜랑콜리로 이어지지는 않는다. 이유는 현재의 시공 속에 이미 과거의 가치대상이 포함되어 있기 때문이다.

'과거의 그 곳'에 대한 낭만화는 이 시기 작품에도 자주 등장한다. 「기적」, 『력사』, 『설봉산』에서 이를 확인할 수 있다. 「기적」에서 일본인들의 혹시 모를 시설 파괴에 대비하여 정거장 구내를 순시하는 인춘 영감은 "자정이 가까와 오자 생량한 바다 바람이 우렷이 기여 오르고 맑은 하늘에 뭇별들이 총총"한 것을 보고 다음과 같이 어린 시절을 회상한다.

---

138) F. Jameson, 강내희 역, 「포스트모더니즘-후기 자본주의 문화논리」, 『포스트모더니즘론』, 문화과학사, 1996, 163면.

"별 하나…… 나 하나……"

하고 별들을 세여 보며 마당에 펴놓은 턱석에 누워서 어머니의 옛이야기를 듣던 아득한 생각이 반 나마 늙은 인춘 령감의 기억에 새로웠다. 이제 또 그 때 같이 모든 것이 아름답고 신기하던 그런 날이 올 것을 인춘 령감은 의심하지 않았다.

"왜놈들은 뿔뿔이 쫓겨 갈 것이고…… 쏘련 군대는 어김 없이 들어 올 것이고 …… 그런데 ……"[139)]

『력사』에서도 '장군'이 고향을 그리워하는 장면이 자주 등장한다. '장군'은 "때따라 늘 고향과 학교 생각"을 하는데, 아래의 인용한 대목은 그 대표적인 사례이다.

고향이 생각나고 고향이 그리웠다. 장군의 머리에는 그 옛날의 고향 만경대의 풍경이 그림처럼 떠올랐다.

(…중략…)

그런 중에서도 제일 잊을 수 없는 것은 어느 해 여름 소나기 뒤에 무지개를 잡으려고 강가를 달려 다니던 일이다. 강물과 봉우리들을 타고 앉은 무지개는 정말 아름다웠다.[140)]

'장군'에게 만경대는 하나의 "그림"이다. 금철 소년에 의해서도 고향은 이상화된다. "금철 소년은 어릴 때에 본 고향을 생각하였다. 실상 보았든지 안 보았든지도 딱이 알 수 없건만 어쩐지 그 산천이 머리 속에 남아 있는 것만 같았다. 그리고 그것은 한 없이 아름다웠다. 그늘도 없고 언제나 푸르고 양양하던 것만 같았다"고 서술된다. "실상 보았든지 안 보았든지도 딱이 알 수 없건만"에서 알 수 있듯이, 조국 강산은 상상 속에서지만 분명 존재하고 있다.

---

139) 366면.

140) 7~8면.

『설봉산』에서도 과거에 대한 이상화가 등장한다. 안경쟁이 형사가 순덕의 어머니를 회유하기 위해 "경덕 어머니 젊었을 적보다 얼마나 살기 좋아졌나 생각해보오. 그때야 기차가 있었소? 기선이 있었소? 공장이 있었소? 또 전등이 있었단 말이오"라고 말하자, 경덕 어머니는 "자기네 생활이 기왕보다 못 하면 못 했지 나을 것이 바이 없었"다며, 어릴적의 생활을 떠올린다. 이어서 두 페이지 분량으로 설날, 대보름, 초파일, 단오, 추석 등이 낭만적으로 회상된다.

그런데 이들 작품에서 과거는 낭만적으로 회상되지만, 어떠한 회한이나 멜랑콜리도 불러일으키지 않는다. 「기적」에서 소련이 진주해올 지금은 "모든 것이 아름답고 신기하던" 꿈 같은 어린 시절과 다름없기 때문이다. 인춘영감의 현재는 물리적으로는 분명 과거와 이접되어 있지만, 가치대상과의 관계에서는 연접되어 있다. 소련군이 설화 속에 존재하는 사람들로 설명되는 것에서 알 수 있듯이, 왜놈들이 제거된 시공은 신화적이다. 『력사』에서 "옛날의 고향 만경대"는 사라지거나 돌아갈 수 없는 곳이 아니다. 그 곳은 "장군에게는 이 밀림이 그리고 이 산길이 곧 조국으로 가는 길"이라는 말에서 알 수 있듯이, 왜놈만 이겨낸다면 언제나 돌아갈 수 있는 곳이다. 또한 이 소설에서 승리는 불변의 법칙이다. 따라서 현재의 시공 속에는 이미 '옛날의 고향 만경대'가 포함되어 있는 것이다. 『설봉산』도 식민지시기를 배경으로 하고 있지만, 앞의 작품들과 동일한 이유에서 향수의 정념이 발생하지 않는다.

식민지시기의 노스탤지어가 주로 자아와 세계의 균열 속에서 개인이 느끼는 불안과 자신의 정체성을 유지하기 위한 필요 사이에 놓여 있는 것이라면, 자아와 세계의 균열이 사라진 시공을 배경으로 하고 있는 해방 이후 소설에서는 자연스럽게 노스탤지어가 사라져 버린다. 이 시기 소설에서 이상화 된 과거의 시공은 전통사회의 기호나 표지와는 거리가 먼, 사람들이 현재 혹은 가까운 미래에 성취한(성취할) 것들을 상징하는 기호가 된다. 이 시기 소설에서 과거를 이상화하는 것은 현재를 이상화하는 것에 다름 아니다. 이상적인 현재는 과거의 시공을 재배치하는 방식으로 재현된다. 이런 의미에서 신화적 현재는 상상된 과거를 통해 발견된다고 말할 수도 있다.

이처럼 상상된 과거의 시공은 민족적 정체성을 확고히 하는 수단으로서 기능한다. 본래 향수란 과거의 환기를 통해 성적(性的) 정체성과 민족적 정체성을 확고히 해주는 수단이기 때문이다.[141] 북한 문학계에서 '민족적 특성론'이 활발하게 이루어졌을 때 『형제』에 드러난 자연 풍경의 묘사는 민족적 특성을 잘 나타낸 대표적인 사례로 고평된다. 대표적인 부분을 들면 다음과 같다.

> 순이는 가마 문 틈으로 자주 옛집, 옛 마을들을 내다 보았다. 그러니까 이제까지는 별로 그런 줄 몰랐던 마을이 어찌 그리 아름답고 정다운지 몰랐다. 이 제 다시 그 마을에 산다면 그 땅에 뺨을 비비고 안고 뭉겔 것 같았다. 동구 앞 마루턱에 일산처럼 나래를 펴고 선 늙은 외소나무 아래 쉬던 때가 자기 지난 생활에서 가장 즐겁던 때인 것 같았다. 정월 대보름날에 뒤산 마루에서 달마중하던 일, 여름철에 울 밑에 심은 봉선화를 따서 손톱, 발톱에 물들이던 일—이런 기억에 오늘은 도리여 서러워지는 것이다. 제 손으로 사람의 얼굴을 보이도록 닦고 닦던 가마솥, 석양이면 닭고 병아리를 불러들이던 부엌, 새벽 물길러 갈 때마다 다리에 배배 감기던 강아지……
>
> 이런 것이 오늘은 알 수 없는 눈물을 불러주었다. 그래서 순이는 가마 안에서 몰래 울었다. 그리고 한 번 더 보자고 밖을 내다 보군 하였다.[142]

위의 인용에서 아름답고 정답게 묘사되는 것은 "옛집, 옛 마을"들이다. 현재 바라보고 있는 풍경도 과거의 풍경이 됨으로써 낭만화 된다. 「기

141) J. Pickering, *Narrative of Nostalgia, Gender and Nationalism*, New York UP., 1997.
142) 한중모가 「긍정적 주인공과 민족적 특성」(『문학신문』, 1960.3.29)에서 민족적 특성이 드러난 자연적 풍경 묘사의 예로 들고 있는 부분이다.

적」, 『력사』, 『설봉산』, 『형제』에서 이상화 된 과거의 시공은 민족 해방을 통해서 현재화 될 수 있다. 향수적 이미지를 통해 환기되는 내셔널리즘은 민족과 국가를 본질적인 개념으로 상정함으로써 그 안에 놓여 있는 여러 모순과 갈등들을 돌아보지 못하게 만드는 한계를 지니고 있다.[143)]

3. 주체 구성의 상상적 구조

1) 카프(KAPF) 해산과 상상적 동일시의 출현

다음으로 한설야 소설이 보이는 고유한 주체 구성 방식에 대하여 살펴보면, 그것은 상상적 동일시의 방식으로 나타남을 알 수 있다. 라깡의 이론은 주체 생성론의 측면뿐만 아니라 주체의 존재 구조에 대한 통찰을 제공[144)]하기 때문에, 한설야 작품 속 인물들의 주체 구성 방식을 규명하는데도 활용될 여지가 있다. 라캉은 인간 주체성의 형성이 크게 상상적 단계와 상징적 단계를 통해 이루어진다고 보았다.[145)] 상상적 동일시는

143) 지젝은 자본주의적 적대에 대립되는 것으로서의 목가적인 전자본주의 사회의 향수적 이미지가 궁극적으로 봉건제로부터 자본주의로의 이행에서 동일한 것으로 남아 있는 계급투쟁을 숨기고 있다고 지적한다(주은우 역, 『당신의 징후를 즐겨라』, 한나래, 1997, 147~149면).

144) 강영안, 「라캉의 주체와 욕망」, 『주체는 죽었는가』, 문예출판사, 1996, 202면.

145) 엄밀히 말하자면 주체는 세 단계를 거쳐서 구성된다. 첫 번째 단계는 거울단계로 불리는 시기로서, 아이와 어머니의 결합이 상상적 남근을 중심으로 형성되는 시기이다. 이 시기 아이는 어머니의 욕망에 철저하게 종속된다. 두 번째 단계는 상상적 아버지의 개입에 의해 시작되며, 이때 아버지는 남근의 소유자로 등장한다. 어머니와 아이의 욕망은 아버지에 의해 새롭게 질서가 부여되어야 하는데 이것은 금지에 기초한다. 라캉은 이것을 결여의 세 형태 중 하나인 박탈로 명명한다. 이 과정은 실제 아버지가 아니라 어머니의 말에 의해 지시되는 아버지의 역할에 의해 수행된다. 아이는 어머니가 아버지의 욕망에 종속된 존재임을 보면서 자신이 어머니의 남근이 될 수 없음을 인정하는데 이것이

거울단계의 특징이다. 이 시기의 중요한 특징은 어머니와 아이의 상상적 결합과 일체감이다. 아이는 자기 욕망의 주체가 되지 못하고 어머니의 욕망에 철저하게 의존하면서 어머니의 욕망을 충족시켜주는 상상적 남근이 되려고 한다. 거울 단계의 기본적인 구조는 자기와 타자, 이 두 관계항이 구별되지 않는다는 점이다. 이 단계에서는 자아가 스스로 거리를 둘 수 있는, 즉 자기 자신으로 오인할 수 없는 타자가 들어설 자리가 존재하지 않는다. 근원적인 총체성이나 원초적 합일을 향한 지향은 삶의 주체인 자아가 결국 분리와 소외를 통해 타인과 관계 맺고 주변 세계에 의미를 부여한다는 사실을 부인하고 마치 미분적 삶, 소외되지 않은 삶이 가능한 것처럼 생각하는 하나의 상상적 허구에 지나지 않게 된다. 한설야가 그려내는 인물들은 이러한 '상상적 동일시'[146]에 의해 자기 정체성을 유지한다.

상상적 동일시를 통한 주체 구성의 특징이 본격적으로 나타나는 것은 카프 해산 이후이다. 이전 시기 인물들이 맑스주의라는 상징적 질서로서의 이데올로기, 즉 대타자와의 동일시를 통한 상징계적 주체로 존재했다면, 일제 말이라는 시대적 상황에서는 더 이상 그러한 방식의 주체 구성이 불가능하게 된 것이다. 이러한 상황에서 정체성의 혼란을 해결하는 방식으로 등장하는 것이 나르시시즘이라는 상상적 동일시의 방법이다.

기존의 문학사에서 일컬어 온 전향문학의 시기는 전주사건으로 수감

바로 라캉이 말하는 거세의 원래적 의미이다. 이 과정은 아이로 하여금 절대적이고 변덕스러운 어머니의 욕망에 종속된 상상적 동일시의 질곡을 벗어나서 자기 욕망의 주체가 되도록 도와주기 때문이다. 세 번째 단계는 상징적 동일시를 통해 오이디푸스 콤플렉스가 종결되는 순간이다. 이 과정은 이미지에 대한 동일시가 아니라 '아버지의 이름'이란 시니피앙에 동일시를 함으로써 주체가 상징계에 안착하는 순간이기도 하다. 아버지는 상징계의 대리자, 즉 '아버지의 이름'이라는 법의 대리자로 기능한다. '아버지의 이름'은 최초 상징화 과정에서 아이의 욕망을 지배했던 어머니의 시니피앙을 대체하면서 주체를 상징계의 질서로 인도하는데 이것이 바로 부성은유이다(J. Lacan, *Ecrits—A Selection*, New York : W. W. Norton and Company, 1977; J. Lacan, 권택영 역, 『욕망이론』, 문예출판사, 1994; 김석, 『에크리』, 살림, 2007).

146) 강영안, 앞의 책, 204~221면.

생활을 하다가 집행유예로 석방된 1935년 12월 이후부터 해방될 때까지의 활동기간을 말한다. 그런데, 전향소설이라 불리는 이 시기의 소설들이 균질적인 것은 아니다. 전향문학의 시기는 크게 두 시기로 나누어 볼 수 있는데, 첫 번째는 「태양」(『조광』, 1936.2)에서 '탁류 3부작'의 마지막 작품인 「산촌」(『조광』, 1938.11)이 쓰인 시기이고, 두 번째는 「귀향」(『야담』, 1939.2~7) 이후부터 해방까지의 시기이다. 첫 번째 시기의 작품들은 임화가 「임금」(『신동아』, 1936.3)과 「철로교차점」(『조광』, 1936.6)을 평하며, "작자의 良心的主觀은 公式主義로서 나타나고 作品에그려진 온갖 事實을 表面的으로 肯定하는데서 作者는 明白히觀照主義者엿다"[147]라고 말할 정도로, 카프 시절처럼 명시적인 방식은 아니더라도 현실과의 일정한 관련성을 보인다고 말할 수 있다. 이에 반해 두 번째 시기의 작품은 임화가 「이녕」을 평하며, "主人公이 가진 情熱 鬱勃한 氣分 勇氣는 어디다 處置할 것인가"[148]라고 우려할 정도로, 현실과의 연관성이 퇴색된 채 병적인 인물과 분위기가 지배적이다. 상상적 동일시의 특징을 선명하게 보이는 것은 바로 두 번째 시기의 작품들이다.

이 글에서 논의하고자 하는 한설야 소설에 나타난 병리적 징후에 대한 연구로는 장석홍[149]의 논의를 들 수 있다. 그는 「이녕」 이후의 작품들이 디오니스적 광기를 보인다고 지적한다. 「술집」에서의 음주행위는 도취와 황홀경 속에서 신과의 완전합일을 갈구하는 디오니소스형의 본질적인 측면은 상실한 채 디오니소스의 부산물인 감정의 무분별한 분출에서 발생하는 광기에 지나지 않으며, 이 같은 디오니소스적 광기는 이후의 다른 작품들에서 파괴성과 심리적 박탈감, 신경성 질환증세의 증후군들로 발전하여 나타난다는 것이다. 일제 말기 한설야 작품에 나타난 병리성에 관심을 기울였다는 점에서 그 의의를 찾을 수 있지만, 그러한 정신병리

147) 임화, 「사실주의의 재인식」, 『동아일보』, 1937.10.10.
148) 임화, 「최근 소설의 주인공」, 『문장』, 1939.9, 160면.
149) 장석홍, 『한설야 소설 연구』, 박이정, 1997, 189~224면.

를 하나의 일관성 있는 체계 속에서 설명하고 있지는 못하다. 또한 그러한 정신병리를 단순하게 작가 의식의 패배로 규정하는 한계를 보이고 있다. 이 글은 일제 말기 한설야 소설의 인물들이 보이는 다양한 정신병리가 나르시시즘[150)]에 기인한다고 본다.

라깡에게서 프로이드의 일차적 나르시시즘의 단계에 해당하는 것은 거울단계(mirror-stage)이다. 거울단계에서 주체는 자신의 이상적 모습을 구현한 이상적 자아(ideal ego)를 통해서 나르시시즘을 느끼게 된다.[151)] 그러나 허구적 총체성으로서의 이상적 자아는 상징계 속으로 진입하는 과정에서 깨어지게 된다. 이것은 라깡이 나르시시즘을 '상징계에서의 상상적 동일시'[152)]라 부르는 이유이다. 따라서 상징계의 차원이 정상적으로 작동할 때, 이러한 상상적 동일시는 일어나기 힘들다. 어떠한 방식으로든 상징적인 것의 교란 내지는 무화가 이루어졌을 때 거울단계로의 나르시시즘적 퇴행은 발생할 수 있는 것이다.

2장 3절에서 이 시기 소설 속 주인공들이 자본과 제국에 타협한 상징계적 아버지에 대하여 부정하고 있음을 살펴볼 수 있었다. 한설야 소설에서 인물들은 그러한 아버지의 반대편에 존재하는 대타적 아버지와의

150) 나르시시즘에 대한 학문적 논의는, 나르시시즘을 자아에 대한 리비도적 경사로서 설명한 프로이드에 의해 본격화된다. 그는 대상과 관계하는 상태로 진전되는 유아기의 정상적인 발달단계인 일차적 나르시시즘(primary narcissism)과, 불안정한 개인들이 타인보다는 자기 자신을 주요한 사랑의 대상으로 취하는 퇴행적인 이차적 나르시시즘(secondary narcissism)을 구별한다. 자기애에서 대상애로 발전하는 과정에 문제가 있을 때 대상리비도가 다시 자아에로 철회하는 구조가 형성되는데 이것을 이차적 나르시시즘으로 규정한다. 이차적 나르시시즘 상태에 빠졌을 때, 개인은 자신의 리비도와 관심을 대상으로부터 철회함으로써 현실과의 유의미한 관계와 현실감각을 상실한다. 병적으로 자기 몰두를 하고, 타인들과 관계하지 못하며, 자신을 중심으로 한 허구를 만들어내며 그 허구의 세계 속에서 살게 되는 것이다. 또한 타인들 자체를 목적으로 여기는 것이 아니라 이기적인 목적을 위한 수단으로 여겨 접근하고, 자포자기적으로 자기 의존을 하는 경우가 많다. 이 글에서 살펴보려는 한설야 소설의 나르시시즘은 이차적 나르시시즘에 해당한다(Sigmund Freud, 「나르시시즘에 관한 서론」, 『무의식에 관하여』, 열린책들, 1997, 41~88면).

151) J. Lacan, *The Seminar of Jaques Lacan —Freud's Papers on Technique*, New York : W. W. Norton and Company, 1988, pp.130~136.

152) J. Lacan, *Ecrits —A Selection*, New York : W. W. Norton and Company, 1977, p.4.

상징적 동일시를 통해 자신을 구성한다고 볼 수 있다. 그러나 1930년대 말이라는 상황은 이러한 상징적 동일시를 불가능하게 했으며, 이로 인해 나르시시즘적 퇴행이 발생한 것이다. 「파도」의 주인공 명수가 처한 "집도 부모도없다. 친족이 있대야 그것은 남보다도 못"한 처지는 이 시기 인물들의 기본적인 존재상황이다. '아버지의 이름'[153]이 부재한 것이 이 시기 소설의 기본 성격이다. 아버지의 이름과 관련된 것이 폐제(foreclosure)된 것이라 할 수 있는데, 이로써 인간의 고유한 차원을 부여하는 상징계의 차원이 상당히 축소되어 있다. 이러한 폐제 상태는 거울단계로의 나르시시즘적인 퇴행으로 이끄는 기본적인 조건이 된다.

이러한 조건에서 소설 속 인물들은 상상적 동일시를 통한 주체 구성의 모습을 보여준다. 「파도」의 명수, 「모색」의 남식, 『초향』의 초향은 자기애에 빠진 모습을 선명하게 보여준다. 「파도」의 명수는 상상계의 나르시시즘에 빠진 자아라 할 수 있는데, 그것은 이 작품에서 상세하게 실연(實演)된다. 명수는 글을 쓰려고 온갖 노력을 하지만 좋은 생각이 나지 않자, 갑자기 거울을 들여다본다. 그러다가 웃통을 벗고, 그것도 모자라 사루마다 하나만 걸친 모습을 비춰본다. 거울에 비친 자신을 보며 명수는 다음의 인용에서처럼 노골적으로 자신에게 도취된 모습을 보인다.

> 어덴지 모르게 그의맘을 끌어단이는 얼굴이다. 침울한 표정, 그것도 하고이찮다.[154]

> 그몸은 역씨 탐스러운것이다.[155]

---

153) 아버지의 이름(Name of The Father)은 상징적 아버지라고도 불리며, 실질적인 존재가 아니라 하나의 위치 또는 기능을 가리킨다. 이 기능은 오이디푸스 콤플렉스에서 법을 정하고 욕망을 통제하는 기능에 다름 아니다. 뿐만 아니라 어머니와 아이 사이에 꼭 필요한 상징적 거리를 만들어 주기 위해 그들 모아(母兒)간의 상상적 이자관계에 끼어들게 된다(D. Evans, 앞의 책, 226~227면).

154) 『신세기』, 1940.11, 81면.

155) 위의 책, 81면.

볼꼴없는 이사나이가 보기좋게 저자신을 탁 들어내는것이 여간 통쾌하지 않다. 그는 부지중 빙긋이 웃었다.[156)]

그러나 딱이 보니까 그게바루 나야. 박명수란 말야. 그래서 마치 잃어버렸든 사람을 찾은것 같드군요. 아! 이놈이 여게 있구나. 이런 생각이 들어요. 그러니까 어떻게 이놈이 탐탐해뵈는지. 여보날 좀 보구려.[157)]

이처럼 노골적으로 자기애를 보이는 모습은 「모색」의 남식에게서도 확인할 수 있다.

가령 여게 누구 요술사가 있어서 남식이와 이른바 훌륭한 사람과를 바꾸어 준다고 하더라도 남식은 선뜩 그리자고 아니할 것이다.

딴에 속은 살아서 어떤 때는 길을 가다가 이 바닥에서 그래도 시방 누구라고 떠드는 시색 좋은 사람을 볼나 치면 남식은 속으로 위선 자기 손구락 하나와 그 사람을 비교해 본다. 그리고는 으레 속으로 손구락 하나와 그 한 사람과 바꾸재도 안 바꾸려니 그렇게 생각하곤 한다.

(…중략…)

"이놈들 이 오줌과 너이 한 마리와 바꿀 줄 아니. 내 침도 너이 한 마리 폭은 넘어" 바루 이렇게스리 호기를 부리는 일도 있다.[158)]

남식은 처음에는 타인을 자기 자신보다 못하다고 보고, 다음에는 타인을 자기의 손가락보다 못하다고 여기며, 마지막으로는 타인을 자기의 오줌이나 침보다도 못하다고 생각하는 심각한 자기애의 상태에 빠져 있다. 『초향』에서 초향은 틈나는 대로 거울을 보는데, 작품 전체에 걸쳐 네번

156) 위의 책, 81면.
157) 위의 책, 84면.
158) 『인문평론』, 1940.3, 276~277면.

이나 거울을 보는 장면이 나온다. 거울을 보는 그녀는 "지금 제얼굴에 짜장 반해있는 것"으로 그려진다. 초향이 자신의 말을 반복하는 앵무새를 사랑하며 그것과 대화하는 것도 초향이 거울을 보는 것과 같은 현상이다. 초향이 나르시시즘에 빠져 있는 모습은 "앵도와같이 만직만직한 입설을 통하여 알려지는 자기의 부드러운 몸둥이가 또 한없이 귀엽게도 생각되었다"라는 대목에서도 확인할 수 있다.

이러한 나르시시즘을 보이는 인물들[159]의 인간관계는 대부분 폐쇄된 공간에서의 부부관계로 한정되어 있다. 이 시기 소설들 대부분은 좁은 방이나 집과 같이 닫힌 공간을 배경으로 하고 있다.[160] 구체적으로 살펴보면 「종두」에서 남편은 "조그맣고 찌그러진 대문에 비교적 완구한 걸쇠를 만"들어 놓았는데, 그것은 "말썽군이 동리 아낙네를 막으려는 맘이 섞여 있었든"[161] 것이다. 「이녕」에서 민우의 주요 활동무대는 웃방이다. 그곳에서 아내를 비롯한 마을 아낙네들의 이야기를 엿듣는 것이 주요한 일이다. 민우는 취직을 위해 관찰소의 전촌씨를 찾아가는 단 한번의 외출을 할 뿐이다. 민우는 "오고가는 사람이 모다 바보와같다" 혹은 "오고가는 사람들의 옷매무새와 거름거리만보아도 밉성"이라고 느낀다. 그리해서 "차라리 보지않으리라"며 외부로 향한 "제 눈을 미워해야 할 지경"[162]에 이른다. 세상이나 대상과의 접촉 내지는 만남 자체를 거부하는 모습이라고 할 수 있다. 「파도」의 명수는 소설가로서, 이렇다할 집필활동도 없이 재혼한 아내와 사람들이 찾아올 수 없는 으슥한 골목집에 살고 있다. 그 결과 "본시 많지못하든 친구의 발이 딱 끊지고 또 남편도 안해도

---

159) 이외에도 이 시기 소설의 인물들은 나르시시즘적 자아의 여러 가지 특징을 보여준다. 「이녕」, 「모색」, 「파도」, 「숙명」 등의 작품에는 나르시시즘의 파괴적 측면인 강렬한 공격성이 드러나고 있다. 또한 「이녕」, 「모색」, 「파도」, 「두견」에는 죽음충동이 서사진행의 밑바탕에 놓여 있으며, 『초향』에는 모성에 대한 갈망이 놓여 있다(이경재, 「일제 말기 한설야 소설의 나르시시즘 연구」, 『현대문학의 연구』 32, 2007, 458~463면).

160) 나명순, 앞의 글, 219면.

161) 『문장』, 1939.8, 5~6면.

162) 『문장』, 1939.5, 25면.

외출하는 일이 별로 없이 주장 한집 속에서만 뱅뱅 돌자니까 자연 심심하고 갑갑할밖에"[163] 없는 형편이다. 특히나 의처증이 있어 아내에게 금족령을 내린다. 「두견」의 세형 역시 집에서는 아내의 바가지 긁는 소리에 골치를 썩이지만, 밖에 나가서도 비위에 맞지 않는 소리만 들어서 차라리 "그 잘난 오막사리도 그래도 아직은 그게 낙원이니라 싶어서 찌그러진 대문을 잊지않고 일수 또 찾아드"[164]는 처지이다.

이러한 폐쇄된 공간에서 남편과 아내의 관계가 펼쳐지고 있으며, 둘의 관계가 지니는 병리적 특성은 「파도」에서 선명하게 그려진다. 거울을 보며 자기 모습에 도취되어 있던 명수는 아내에게 "여보, 날좀 보라니까. 아니 그럼 내가 당신을 보지오. 당신의 몸이 거울이 돼서 내얼굴이 비치도록 당신을보지오. 자아 얼골을 똑 바루 들어요. 그렇게 못나니처럼 기이지말고 자아"[165]라며 자신을 볼 것을 요구한다. 흥미로운 것은 자기에게 기생하는 남편이건만, 다음의 인용에서처럼 아내는 남편의 여러 가지 이상 행동을 모두 받아준다는 것이다.[166]

> 억센 팔이 안해의 목을 단단히 감아넣었다. 안해는 몸이 으스러지는것같은 굳센 힘을 가슴에 그리고 온몸에 받았다. 그러나 그리면서도 좀 더 으스러 졌으면 하듯이 눈을 스르르 내려감고 잠자코 있었다.[167]

이때 아내는 명수의 얼굴을 비추는 하나의 거울이 된다. 이것은 명수(a)에게 아내(á)가 상상적 타인이자, 하나의 거울상에 불과함을 보여주는 것

163) 『신세기』, 1940.11, 62면.
164) 『문장』, 1941.4, 150면.
165) 『신세기』, 1940.11, 85면.
166) 명수의 세상으로부터의 고립에는 아내 역시도 한몫을 하고 있다. 안해는 수캐같이 억세게 나발든 처음 남편한테 어떻게 몹시 학정을 받았든지, "아이구, 굶더라도 집안에 들어있어서 딴맘 안먹는 사람이 제일이야요"라고 말해왔던 것이고, "그래서 명수는 결혼이래 오늘까지 꼭 그말대로 집안에만 들어있었"던 것이다.
167) 위의 책, 70~71면.

이다. "안해가 있으니까 십상 외로울택이 없는데도 그러나 실상은 그렇지않어서 어찌생각하면 안해가 있기때문에 더 외로운것같았다"[168]고 느끼는 것도, 아내가 온전한 하나의 개체로서 존재하지 않고 있음을 보여준다. 아내는 또 다른 나일 뿐인지, 진정한 타자가 아니다. 명수가 욕망대상으로서의 아내에게 부여한 성애의 근간은 나르시시즘이다. 그는 아내로부터 타자성을 배제하고, 아내라는 빈 스크린에 자기의 영상, 즉 상상적 주체를 투사했던 것이다. 이때의 아내는 자아의 영상으로서의 타자, 즉 변경된 자아(alter-ego)라고 볼 수 있다.[169] 정신분석학적인 맥락에서 본다면, 이 시기의 아내들은 일종의 어머니 역할을 한다. 부부관계를 통해 드러난 상상계적 이자관계인 것이다.

나르시시즘에 빠진 자아의 모습은 구순기적 격분[170]과 질투심에서도 확인할 수 있다. 이 시기 소설들에는 방향을 잃은 강렬한 공격성이 자주 노출된다. 이러한 특성은 나르시시즘의 파괴적 측면이 드러난 결과이다. 나르시시즘의 파괴적 측면은 대상인 타인을 병적으로 시샘하고, 미워하며, 적극적으로 파괴하려고 하는 것이다. 이 상황에서는 오직 자기의 존재만이 허용될 뿐이다.[171] 파괴적 나르시시즘의 경우, 주체는 자신이 의존하고 있는 외부의 사람들에게 위협과 질투심을 느끼기 때문에, 신과 같은 자신의 위치를 유지하기 위하여 위협이 되는 대상을 즉시 제거하려

168) 위의 책, 80면.

169) 나르시시즘적 주체가 경험하는 대상은 모두 자기-대상(self-object)이며, 이는 결국 자아의 영상으로서의 타자, 즉 변경된 자아를 향한 나르시시즘적 전이의 과정을 수반하게 된다(Sigmund Freud, 앞의 책, 58~72면).

170) 구순기는 리비도 발달의 제1단계로, 칼 아브라함은 빨기(구순기 제1기)와 깨물기(구순기 제2기)라는 서로 다른 두 가지 활동 기능으로 세분된다. 치아의 발육과 일치하는 구순기 제2기는 가학적 구순기라고도 하며, 깨물고 씹는 공격적 활동을 통한 대상의 파괴라는 성질을 내포하고 있다. 멜라니 클라인에 의하면 구순기 전체가 가학적 구순기이다(Jean Laplanche · Jean-Bertrand Pontalis, 임진수 역, 『정신분석사전』, 열린책들, 2005, 27면). 이 시기 한설야 소설에는 강렬한 공격욕과 질투심이 과도하게 노출된다. 이것은 나르시시즘이 보이는 파괴적인 측면에 해당하는 것이고, 이때의 공격욕은 구순기적 격분과 질투심의 표출이라고 말할 수 있다.

171) Jeremy Holmes, 유원기 역, 『나르시시즘』, 이제이북스, 2002, 12면.

한다. 타인들을 목적을 위한 수단으로 다루고, 무자비할 정도로 자기중심적이며, 타인과 전혀 공감하지 못하는 나르시시즘의 병적인 측면은 대상의 중요성을 모두 부정하려는 질투 어린 욕구의 표현이다.[172)]

「이녕」에서 그러한 공격욕은 주로 아이들을 바라보는 태도를 통해 드러난다. 아이들이 우는 것을 질색하는 민우는 아이들의 약한 성격을 무엇보다 못마땅해한다. "얻어패는 놈이 더나뻐"라든가 "나쁜놈이면 이로 물어뜯어도 좋고 돌멩이로 대가릴 까도 좋지",[173)] "착하고 악하고간에 제하는일에는 그저 강해야하는거야. 극성스리, 악마같이 강해야 하는거란말야"[174)] 같은 부분에서는 민우가, 아이들이 표출해 주었으면 하고 바라는 공격욕이 직접적으로 드러나고 있다. 심지어 민우는 "저놈의 새끼들 암만해도 죄인의 간을 좀 빼멕여야 겠어"[175)]와 같은 극단적인 말을 하기도 한다. 이러한 강인한 성격에 대한 요구는 "그가 약한 성격을 가졌기때문에 삼십년동안 세상에서 받은 가지가지 체험에서 울어나온 울분"에서 비롯되는 것이다. 따라서 아이들에게 공격성을 요구하는 것은 "차라리 자기의성격을 찢어발기고싶"[176)]은 욕망에서 확실히 알 수 있듯이, 나약한 성격의 자신에게 공격성을 요구하는 것에 다름 아니다.

「모색」에서도 남식은 이유없는 공격욕에 휩싸여 있다. "요지막은 책을 보다가도 길을 걷다가도 무슨 생각을 하다가도 그저 뺄이 부러지도록 싸워대고싶은때가 종종 있"는 상태이다. 이러한 자신에 대해 남식은 "싸우기 싶은 병이 생긴것같기도하였다"[177)]고 느낀다. 그리하여 "요지막은 가뜩이나 싸우고싶은 버릇이있고 그래서 제머리를 미친사람에게까지 비해보"[178)]기도 한다. 「파도」에서 명수는 아내를 향해 이유를 알 수 없는 공

172) 위의 책, 57~58면.
173) 『문장』, 1939.5, 19면.
174) 위의 책, 20면.
175) 위의 책, 24면.
176) 위의 책, 20면.
177) 『인문평론』, 1940.3, 120면.
178) 위의 책, 134면.

격욕을 표출한다. "안해를 한번 몹씨 시까슬러 주고 싶었다. 안절부절을 못하도록 들볶아주고도 싶었다. 아니 그보다도 어디든 찢어서 피를 보고 싶었다"[179]와 "제몸이겠든지 안해몸이겠든지 하여간 어느 것이든지 양단간 으스려줄듯이 제몸에 힘을 주고 이까지악물어 본다",[180] 그리고 "제몸을 어디다가 탁 부디처주던가, 그렇지않으면 손에 쥐는것은 모조리 찢어발겨놓고 싶은"[181] 모진 충동을 느끼는 대목이 구체적인 예이다. 이러한 공격욕은 실제 행동으로도 이어져 "그손은 독수리의거센 톱처럼 안해의몸과 머리를 움켜쥐고 는실난실 분탕질을 처서 안해의 머리칼"[182]을 뽑고는 한다.

「이녕」, 「숙명」, 「파도」에서는 상징적인 방식을 통해 이러한 공격욕의 표출 내지는 해소가 이루어진다. 「이녕」에서 민우는 자기 닭을 노리는 이웃집의 족제비를 공격하는 제의적인 방식으로 자신의 공격욕을 해소한다. 다음날 아침에 민우는 톹을 사기 위해 "어제아침보다 매우유쾌한낯빛으로 집을나"[183]선다. 이 시기 소설에서는 좀처럼 볼 수 없는 '유쾌한 낯빛'은 족제비라는 공격대상에게 자신의 공격욕을 해소했기 때문에 가능한 것이다. 「숙명」에서는 치술과 동일시되고 있는 닭[184]을 치술이 구하는 것을 통해 온전한 자신을 회복하는 과정이 상징적으로 드러나고 있다.

「파도」의 명수는 "내지금의 꼬락선이가 잡음과 광란이 아닐가"[185]라

179) 『신세기』, 1940.11, 66면.
180) 위의 책, 78면.
181) 위의 책, 91면.
182) 위의 책, 94면.
183) 『문장』, 1939.5, 31면.
184) 이 작품에서 여우는 서술자에 의해 "사실 또 생각하면 치술이가 여우같이 시방 상자에 들어 있는지도 십상 모르는 것이다. 다만 상자 속에 들어서도 든줄을 모르는것뿐"이라고 설명됨으로써 치술과 동일시되고 있다. 그런데 닭을 아내가 팔았다는 말을 듣자 치술은 "시퍼런 칼로 여우의 뱃대길 쭉 갈르는 것과 역시 그 칼로 닭의 목을 뚝 잘르는 광경이 머릿 속에서 꼬리를 물고 맴을" 돈다. 이를 통해 닭은 다시 여우와 동일시된다. 치술과 여우가 동일시되고, 다시 닭은 여우와 동일시되고 있다.
185) 『신세기』, 1940.11, 99면.

고 생각하며, 밖으로 나다니기 시작한다. 밖으로 나다니기 시작한 명수의 주의를 끄는 단 하나의 존재는 박준이다. "박준을 보는때마다 어떻게 저 사람이 소설이 안될가하고 궁리하곤 하였다. 그것을 잘 써내기만 하면 오늘의 세상 모습 한구석이 나마 분명 보는것이 되리라 싶었다"[186]에서 알 수 있듯이, 박준은 명수에게 있어 오늘의 세상을 상징하는 존재이다. 명수는 모든 것에 능통하며, 부박하기 이를데 없는 인물[187]인 박준과 의미있는 관계를 맺지 못하고 박준으로부터 "처복가(妻福家)라고 할가. 즉 말하자면 사이노로지"[188]라는 비웃음만 산다. 명수가 박준에게 느끼는 감정의 본질[189]은 시기와 질투심이라고 할 수 있다. 박준에 대한 불만, 즉 시대에 대한 불만은 「파도」에서 꿈이라는 장치를 통해 해소된다. 꿈속에서 박준을 만나 쓰러뜨리고, "땅바닥에 얼굴을 박고 엎어진것을 명수는 그 대가릴 구둣발로 질끈 내려 디디고 앞으로 쫙 내밀"었던 것이다. 박준에 대한 공격욕이 얼마나 격렬한지 "박준의얼굴은 코도 없고 눈도 없는 민뺀뺀 인데 검붉은 피가 샘솟듯 얼굴에서 철철"[190] 흐른다. 비로소 명수는 "거게서한개의 완전한 해결이라는것을 보는듯"[191]한 후련함을 느낀다.

나르시시즘적인 자아는 세 가지 층의 감정들로 이루어져 있다. 즉, 의존성에 대한 외면적인 부정과 결과적인 자기 찬양, 그 아래에 놓인 저항할 수 없는 구강기적 격분과 질투심, 그리고 애정 어린 보살핌에 대한 좌절된 열망이 그것이다.[192] 이상에서 살펴본 인물들의 심리는 나르시시즘

---

186) 위의 책, 113면.

187) 박준은 "신문사라 잡지사라 출판사라 게다가 영화 제작소까지 둘러다니는 사람"이자 "낭만주의와 사실주의와 세대정신과 현대적지성에 대해서 해석을 내리고 내처 불란서, 노서아, 아메리카의 그것까지를 끌어다가 부연"을 하는 존재이다.

188) 위의 책, 109면.

189) 김윤식은 명수가 박준에게 느끼는 감정이, 사실은 한설야가 임화에게 느끼는 감정이 변형되어 드러난 것이라고 주장한다(「내면 풍경의 문학사적 탐구」, 『한국현대현실주의 소설연구』, 문학과지성사, 1990, 259~260면).

190) 『신세기』, 1940.11, 110면.

191) 위의 책, 111면.

적인 자아가 지닌 감정의 층위 중에서 구강기적 격분과 질투심이 표출된 경우라고 말할 수 있다.

상상적 동일시를 통한 주체구성의 모습은 근원적 모성성에 대한 열망과 죽음충동의 형상화를 통해서도 나타난다. 「초향」에는 모성에 대한 갈망이, 「이녕」, 「모색」, 「파도」, 「두견」에는 죽음충동이 서사 진행의 밑바탕에 존재한다. 두 가지 모습 역시 나르시시즘적 자아가 보이는 특징이며, 두 가지 충동은 기본적으로 동일선상에 놓여 있다. 나르시시즘적 욕망은 기본적으로 어머니와의 이자관계에 빠져 있던 충만감이 가득한 상태로 돌아가고 싶은 욕망이다.[193] 어머니와의 결합 욕망은 그 어떤 욕망보다 원초적인 것으로서, 이러한 원초적 세계로의 회귀 욕망은 프로이드가 말한 죽음충동과도 연결되기 때문이다.

근원적 모성성의 세계를 향한 그리움은 「초향」에 잘 나타나 있다. 이 작품에서 자기애에 빠져 있는 초향은 현실세계에서 관심과 애정을 기울여야 할 대상을 발견하지 못한 채, 완전한 합일 속에서 만족을 누리던 어머니와의 원초적인 세계만을 그리워한다. 아버지를 부정하는 것과 달리 초향은 어머니에 대한 지극한 사랑을 보이는 것이다.

초향이 오빠에 대해 느끼는 그 형언할 수 없는 그리움도 "초향이에게는 열 아버지보다 한 어머니가 오히려 더 소중하다. 그러니 열 아버지보다 나은 그 어머니의 아들이고보매 오빠 상기는 아버지 다섯보다 오히려 낫다고 초향이는 생각하는 것이다"에서 알 수 있듯이, 오빠가 어머니의 핏줄을 이어받았다는 사실에서 비롯된다. 초향에게 "지금 조곰치라도 그의맘을 끄는데가 있다면 그것은 어머니의 무덤이오 어덴지도 알 수 없는 오빠 상기있는 그곳" 뿐이다. 초향에게는 어머니의 무덤과 오빠 있는 곳이 바로 '마음의 향촌'인 것이다.

---

192) Jeremy Holmes, 앞의 책, 60면.

193) 일차적 나르시시즘의 과정이란 전지전능한 어머니와의 완전한 합일 상태를 말한다. 이때 주체는 전지전능한 어머니의 능력을 자신의 것으로 오인해 스스로에 대한 충족감을 느끼게 된다.

초향이 어머니의 무덤에 마음이 끌리듯이, 원초적 세계로의 회귀 욕망은 죽음 충동과 밀접한 관련을 맺고 있다. 「이녕」, 「모색」, 「파도」, 「두견」에는 죽음충동이 직접적으로 드러나고 있다. 「이녕」의 민우는 길에서 예전에는 자신과 비슷한 길을 걸었지만 이제는 도청 사회과에 취직한 박의선을 만나고 다음과 같은 생각을 한다.

> 그는 또 뜻하지않고 관속에 가로누은 자기를 생각하였다. 그 관뚜께우에먹으로만 쓴 글씨—민우의약력이 나타난다. 그담에는 주묵글씨 또 그담에는 백묵글씨…… 이렇게 수없이 바뀌어진다. 그리다가 이 가지가지빛갈글씨가 얼룩덜룩 섞여씨인것이 보인다. 그는 또한번 몸소름을친다. 차라리관뚜게에 아무것도 씨워지지 않기를바란다.[194]

"관속에 가로누은 자기를 생각"하고, 관뚜껑 위에 아무것도 쓰여지지 않기를 바라는 욕망이란 완전한 무로 돌아감을 욕망하는 죽음충동이라고 하지 않을 수 없다. 「모색」에서도 남식의 죽음충동이 다음에서처럼 직접적으로 나타난다.

> 그는 또 어떤때는 아주 장엄하게 죽는 자기를 상상하는일도있다. 가슴복판에서 자기황같은것이 탁 튀여서 새캄한 공중에 날아올라가 찬란한 화화(火花)와같이 터지는 공상을하고 또어떤때는 다캄한 고층건축(高等建築)의 지붕위에서부터 땅바닥에까지 내려붙은길다란 면도칼날에 제배를 붙이고 미끄러 떨어지는것을 생각하는 일도 있다.[195]

「파도」의 명수는 안해에게 "그리게 나도 내가 미워서 죽겠소. 제발 나를 돌루 점 때려주구려"[196]라고 말한다. 또한 아내의 죽어버리겠다는 말

194) 『문장』, 1939.5, 27면.
195) 『인문평론』, 1940.3, 113~114면.

에 "사는 것보다 몇갑절 안락한 주검이란것을 그렇게 쉽사리 가저낼 줄 아느냐, 팔자 늘어진 소리를 하지두말아, 사람놈들은날마다 그달콤한 주검이란 놈을 잡으랴다가 되려 '삶'이라는 심술막난이 한테 덜미를 짚여 오군하더라"[197]라고 말한다. 명수에게 죽음이란 "사는 것보다 몇갑절 안락한" 혹은 "그달콤한"이라는 수식어를 거느리는 매력적인 것으로 인식되고 있는 것이다.

「두견」에서도 세형이 자아이상으로 생각하는 안민 선생은 자살한다. 더군다나 이 작품에는 상세하게 죽음의 과정과 그 모습이 기술되어 있다. 이 작품에서 안민은 자신의 목에 상처를 내서는 사발에 그 피를 받아놓고 죽은 것으로 그려진다. 그리고 세형이 "고인이 제손으로 자결하지않으면 안될 이유가—그것이 무엇인지는 알수없으면서도 연성 제몸을 엄습하는것같"[198]음을 느끼는 것에서 보여지듯이, 안민을 죽음으로 이끈 충동은 이 작품의 초점화자인 세형에게도 그대로 전해진다.

이러한 나르시시즘적 자아의 모습은 해방 이후 본격화되는 민족주의, 즉 집단적 차원에서 이루어지는 상상적 동일시의 기원이 된다.[199] 나르시시즘이 민족의식을 표출하는 하나의 방편으로 작용하고 있음은 『초향』에서 확인할 수 있다. 앞에서 논의한 바와 같이 이 작품은 부권에 대한 부정과 근원적인 모성성에 대한 형언할 수 없는 그리움을 담고 있다. 식민주의에서 모성 이미지는 흔히 민족과 고향의 은유로 사용된다.[200] 더군다나

196) 『신세기』, 1940.11, 93면.
197) 위의 책, 94면.
198) 『문장』, 1941.4, 168면.
199) 이외에도 이 시기 나르시시즘적 자아는 억압적 현실을 벗어나는 강렬한 탈주선과 사회의 비정상성을 보이기 위한 반어적 표상이라는 시대적 의미를 지닌다(이경재, 앞의 글, 465~467면).
200) 식민화의 과정은 공적인 영역에서 새아버지=신문명(혹은 법)에 예속된 국가를 만들면서 민족문화인 어머니를 거세시키는 것으로 받아들여진다. 이같은 모성 이미지는 인도 국가의 가사를 쓴 반데 마따람의 시에서 보다 분명히 드러난다. 그의 시에서 어머니는 식민주의에 의해 강간당한 인도를 의미한다(Maria Mies · Vandara Shiva, 손덕수 외역, 『에코페미니즘』, 창작과비평사, 2000, 161~163면).

초향의 어머니는 '후작' 칭호를 받은 귀족의 성적 노리개가 되어 초향을 낳았다. 그러한 어머니의 모습은 당시 식민지시대에 대응되는 우리 민족의 모습을 표상하기에 모자람이 없는 것이다. 따라서 어머니에 대한 형언할 수 없는 그리움은 민족에 대한 애정을 표현한 것일 수밖에 없다. 이 작품의 곳곳에 우리 고유의 문화와 정서에 대한 동경[201]이 드러나 있는 것도, 이 작품에 내재된 민족의식을 증명하는 하나의 사례라고 할 수 있다. 또한 「초향」에는 해외 독립지사인 오빠의 대리자, 권과의 사랑과 동행을 통해 구체적이며 실천적인 민족의식을 드러내고 있기도 하다.

해방 이후 한설야는 계급환원주의에 대하여 비판하며 강력한 민족의식을 표출한다.[202] 그것은 이성적인 판단에 바탕한 것이라기보다는 절대적인 도그마로서 작용하는 경우가 많다. 한설야의 해방 이후 소설에는 지극히 심정적이고 감상적인 차원에서 우리 민족의 우수성이나 위대함을 찬양하는 대목이 곳곳에 나타나 있다. 이러한 특성은 일제 말기 한설야 소설에 나타난 개인적 차원의 나르시시즘이 집합적 또는 집단적 나르시시즘으로 변화되어 나타난 것으로 볼 수도 있다. 이렇게 볼 때, 북한 공동체의 최고 지도자에 대한 숭배의 태도로 가득 찬 한설야의 몇몇 소설들(「혈로」, 『력사』 등)도 나르시시즘이라는 측면에서 이해할 수 있다.[203]

201) 초향의 외양은 지극히 전통적인 것으로 묘사된다. "그는 조선갓신을 신고, 입성은 행용 아래위를 모두 목으로 하고 빛도 흰빛을 취한다 머리도 조선 고래의 그대로 얌전히 면찌고 가르마는 머리한판에 바르게 탄다. 화장도 극히 개볍게 해서 언제든지 타고난 바탕 그대로 보인다." 또한 초향은 상해에서 생활하면서 미국식 생활방식에 젖어 있는 이우식을 부정적으로 바라보면서, 대신 우리 고유의 문화를 체현하고 있는 정향 부부를 이상적으로 생각한다. 선영이가 초향이라는 기생이 된 것은 정향이라는 기생의 가야금 병창 소리에 반했기 때문이다. 초향은 "아메리카 영화의 이른바 라브·씬이라는 것을 보는때마다 구역이 나는 것을 어찌할수 없"는 인물이기도 하다.

202) 김재용, 「냉전적 분단구조하 한설야 문학의 민족의식과 비타협성」, 『분단구조와 북한문학』, 소명출판, 2000, 95~129면.

203) Jeremy Holmes는 "집합적 또는 집단적 나르시시즘은 인종의 우월성에 대한 망상, 그리고 개인적인 나르시시즘이 강력한 지도자에 대한 헌신을 통해 공인되거나 그 배후에 감춰져 있는 다양한 종교 집단들의 기저에 깔려 있다"(Jeremy Holmes, 앞의 책, 10~11면)고 말하고 있다.

2) 적대자와의 경계 짓기를 통한 동일성의 확인

민족과 국가의 경계가 일치하지 않던 식민지시기를 거쳐, 두 경계가 일치하게 되자 민족은 국민국가의 통치를 공고히 하기 위한 효과적인 기제로 작동하게 된다. 본래 민족주의는 2차적 담론이라는 성격을 지니지만,[204] 한설야 소설에서 민족주의는 너무도 선명하게 국가주의로 수렴된다. 이러한 특징은 국가의 총체적 추락을 경험한 민족에게는 가장 중요한 문제가 국가 갱생이기 때문에 가능한 것이다. 그러나 한설야는 국가 갱생이라는 목표가 메시아적인 신앙으로 받아들여지는 단계에까지 이르지는 않는다.[205] 이와 같은 맥락에서 그는 후일 주체사상으로 완성되는 국수주의나 병적인 민족주의에 빠지지도 않았음을 확인할 수 있다. 그는 식민지시기부터 단련된 국제주의적 감각을 바탕으로 균형감각을 유지할 수 있었다.[206]

한설야 소설에서 애국심을 고취하고 강화하는 방식은 크게 내부적 경로를 통한 것과 외부적 경로를 통한 두 가지가 있다. 전자는 자국어와 영토, 자문화에 대한 우월감과 자부심 같은 것을 바탕으로 자민족에 대한 긍지와 존중을 불러일으킴으로써 내부의 결속을 다지는 방식이다. 후자는 '정체성의 타자 규정'을 통해 자민족의 동일성을 추구하고 타민족과

---

204) "민족주의란 자기완결적인 논리구조를 갖추지 못한 채 다른 이데올로기와 결합함으로써 자신의 목표를 구체화시켜 가는 이차적 이데올로기라는 특징을 지니고 있을 뿐만 아니라, 저항민족주의로서 진보성과 아울러 제국주의적이고 침략주의적 반동성까지도 한 몸에 갖춘 양면성 또는 이중성을 가진 이데올로기"(윤해동, 『식민지의 회색지대』, 역사비평사, 2003, 161면)라고 말할 수 있다.

205) 국가 갱생이라는 목표가 메시아적인 신앙으로 받아들여지고, 그러한 신앙을 위해 국가의 원류를 찾아 나서고, 그에 따라 민족의 역사 문화적 뿌리와 우월성을 강조하는 기획이 대대적으로 추진되면, 그것은 명백한 파시즘의 문화 이데올로기라고 말할 수 있다(Robert O. Paxton, 손명희·최희영 역, 『파시즘』, 교양인, 2005, 12면).

206) 한설야는 일제 말 만주를 배경으로 한 소설 「대륙」을 창작하면서도, 만주를 배경으로 한 다른 작가의 작품이 모두 식민주의적 (무)의식을 드러낸 것과는 달리, 유일하게 그러한 (무)의식에서 벗어난 모습을 보이고 있다(윤대석, 「1940년대 '국민문학' 연구」, 서울대 박사논문, 2006, 93~100면).

경계 짓기를 시도하는 방식이다. ‘정체성의 타자 규정’이라 할 수 있는 이러한 방식은, 우리의 적은 누구인가, 다시 말해 ‘우리’와 ‘적’의 영원한 이분법을 전제로 하여 민족정체성을 정의한다.[207] 타자들과의 차이를 통해서 주체의 동일성은 보장받을 수 있으며, 이때 주체와 타자는 선과 악이라는 선명한 이분법의 바탕 위에 놓인다.

이제는 상식화된 것과 같이 민족은 실체적 개념이라기보다는 구성적 개념에 가까우며, 민족의식이란 타민족과의 대타적 의식 속에서 탄생할 수 있다. 해방 이후 한설야 소설에서 선명하게 드러나는 것은 외세에 대한 적대의식이다. 이것은 상상적 동일시를 통한 주체구성의 방식과도 관련된다. 반영된 이미지와 동일화하는 단계 즉 상상적 관계에 놓인 주체는 자신이 아닌 타자를 일단은 사악한 적으로 간주하는 특징이 있다.[208] 타자에 대한 적대의식은 집단적 나르시시즘과 깊은 연관성을 지닌다. 1948년 이전까지 그러한 적대세력으로 설정되는 것은 일제이며(「혈로」, 「탄갱촌」, 「개선」), 그 이후에는 미국으로 변화된다.[209]

이 시기 소설에는 섬뜩하다고 할 정도로 극단화 된, 일제에 대한 적개심이 곳곳에 나타난다. 특히 한설야는 어휘 과밀화(overlexicalization) 방법을 통해, 우리를 상상케 하는 외세를 선명하게 구성해내고 있다. 어휘과밀화는 할리데이의 이론을 따르는 로저 파울러와 군터 크레스가 제안한 개념으로서 “어떤 특수한 분야의 경험을 전달하기 위해 다수의 동의어 혹은 거의 비슷한 뜻의 용어를 함께 사용하는 것”[210]이다. 어떤 집단이 특정한

207) 김기봉, 『‘정치종교’로서의 민족주의, 서양에서의 민족과 민족주의』(한국서양사학회 편), 까치, 1999, 206~207면.

208) B. Fink, *The Lacanian Subject—Between Language and Jouissance*, Princeton University Press, 1995, pp.84~86.

209) 북한이 미국을 공식적으로 적대하기 시작한 것은 1948년 국토완정론을 내세우면서부터다(박명림, 『한국전쟁의 발발과 기원』 1, 나남, 1996, 83~91면). 1948년 이후에도 일제시대를 배경으로 한 소설(『력사』, 『설봉산』, 「레닌의 초상」)과 해방 직후를 배경으로 한 소설(「기적」)에서는 여전히 일제가 적대세력으로 등장한다.

210) P. Zima, 『이데올로기와 이론』, 문학과지성사, 1996, 448면에서 재인용. 의미론적 관점에서 보면 그레마스의 의소 회귀 혹은 의소 잉여와 유사한 개념이라고 할 수 있다.

부류의 어휘를 과다하게 사용하면, 우리는 이로부터 이 집단이 무엇을 강력하게 체험했는지, 또 그들이 어떤 가치를 추구하는지 알 수 있다. 어휘 과잉은 이데올로기의 의미론적 강도와 이데올로그의 감정을 반영한다. 해방 직후 소설에는 '피', '원수', '왜놈', '악', '죽이다', '대갈통'과 같은 부정적 공시의(共示義)[211]를 지닌 어휘들이 반복해서 사용된다. 아래의 인용문은 대표적인 사례이다.

> 조선 사람들이 원쑤놈들의 피를 밟는 맛을 알아야 한다. 왜놈의 깃발을 찢어 불 속 에 던지는 것만으로는 부족하다. 그 놈들의 악의 원천인 그 피를 바닥이 나도록 쏟게 해야 한다.(「혈로」, 14면)

> 대가리를 짜르면 꼬리로라도 사람을 물어 뜯으려던 왜놈들이 그 불빛 속에서 속시원하게 천 토막 만 토막으로 산산 토막이 나서 피를 물고 자빠지는 것이 방불히 보였다. 이제는 숙모 자신의 가슴에 생겨진 톱과 낫과 도끼로 이 놈들의 산산 토막을 또 깨강정 두드리듯 해서 깡그리 없애 버릴 수 있을 것 같았다.(「개선」, 121면)

> 쇠몽둥이로 전보대 허리를 죽어라고 후려 갈겼다. 꼭 왜놈의 대갈통을 큰 칼로 냅다 갈기는 심정이였다. 혀를 날름거리는 독사 대가리가 썩은 고지박처럼 나뒹굴어 떨어지는 것을 인춘 령감은 분명 보았다.
>
> 또 인춘 령감은 뚱뚱보 왜놈 서무과장놈의 피둥피둥한 뺨따귀에서 금시 선지피가 콸콸 쏟아지는 것을 보았다.(「기적」, 367면)

전시에 창작된 『력사』에서도 일제에 대한 적개심은 강렬한 표현을 통

211) "기표에 대한 내포적 정의와 관련된 모든 문화적 단위들의 총합이다. 다시 말해서 기표가 수신자의 기억 속에 환기시킬 수 있는 문화적 단위들의 총합이다. 이때 '환기시킬 수 있는 이'라고 한 것은 공시의가 개인의 심리적 가능성이 아니라 문화적으로 주어진 가능성이라는 사실을 나타내는 것이다"(위의 책, 444~445면).

해 뒷받침된다. 금철은 일본군을 죽이며, "왜놈의 피를 보지 않고는 결코 열릴 수 없던 원한의 가슴이 열리는 것"을 느낀다. 금철이 일본군을 총으로 쏴 죽이는 장면은 "성난 발길이 그 놈의 대갈통을 걷어찼다. 그 놈의 대가리가 병사 바람벽을 철썩 들이받으며 두 눈깔이 툭 튀여나왔다"고 기술된다. 나중 아버지의 원수로 생각하는 일본인을 죽인 박춘이라는 사람의 이야기를 듣고서는, "원쑤의 대갈통을 번개처럼 걷어차는 날랜 발길! 그리고 썩은 고지박처럼 공중 나 떨어지는 원쑤의 미운 몰골!"의 광경을 머릿속에 그린다.

이 시기 적대적 타자의 설정은 그것과 구별되는 민족을 구성해내는 것과 함께, 당대 북한사회에서 생산력을 증대시키기 위한 동원의 기제로서도 활용된다. '비서구적 서구화' 혹은 '전근대적 근대화'를 추구하는 제3세계에서는 생산력의 증대를 이루기 위해 민족주의에 의존하는 경향이 있다. 민족주의가 지닌 감정적 호소력 때문에, 저개발국에서는 사회주의적 대의보다도 민족의 이름으로 민중을 동원하는 방법이 자주 사용되는 것이다. 근대적인 정치 경제적 기구가 결여된 식민지 혹은 반식민지 상황에서 인민 대중에게 호소력을 지니는 것은 혈통, 언어, 관습, 피부색 같은 종족적 요소, 즉 민족 구성의 객관적 요소들이기 때문이다.[212] 한설야도 예외는 아니다. 해방 이후 한설야 소설은 민족이 민중을 전유하는 대표적인 사례라고 말할 수 있다.

이러한 기획은 모두가 대중을 동원하고 일정한 목표로 이끌어나가는 이데올로기적 성격을 지닌 것이다. 다음 인용된 글은 '조국'과 '민족'이 노동자에게 작용하는 방식을 구체적으로 보여준다.

> 그러나 로동자들은 자기의 두 어깨에 조국을 느꼈고 자기들 손에 민족의 운명을 느꼈다. 그리하여 로동자들은 자기 손바닥에서 피가 터지는 줄을 몰랐다. 그래도 괴로운 것을 느낀 것이 아니고 기쁨과 만족을 느꼈다.[213]

212) 임지현, 『이념의 속살』, 삼인, 2001, 124면.

여기서 드러나듯이 조국과 민족은 그 어떤 괴로움도 기쁨과 만족으로 바꾸어내는 힘을 가진 마술같은 실체이다. 「탄갱촌」, 「남매」, 「자라는 마을」은 적대적 타자의 설정이 동원의 기제로 활용되는 메커니즘을 구체적으로 보여준다.

「탄갱촌」에서는 일제시대와의 대조를 통해서, 현재 탄갱의 작업환경이 바람직한 것으로 그려진다. 일제시대 "조선 로동자들은 노예와 같이 혹사"당해서, 죽거나 '병신'이 되었다. 재수의 아버지도 일제 시절 보국대에 끌려가 땀을 씻을 수 없는 모진 노동 끝에 "눈병이 나서 거의 폐안이 되사싶이 되"었던 것이다. 일제시대 혹독한 노동으로 눈이 먼다는 모티프는 『대동강』에서도 반복된다. 점순의 아버지는 왜놈의 징용에 걸려 비행장 닦이에 끌려 나갔다가 너무나 땀을 많이 흘려 "눈이 진물러 부엉이 눈처럼 된"다. 점순 아버지뿐 아니라 그 곳에서 일하는 많은 사람이 눈병에 걸리고, 어떤 사람은 거의 소경이 된다. 그러나 점순 아버지의 눈은 해방의 기쁨 속에서 다시 보이기 시작한다. 토지 개혁으로 인해 소작농의 처지를 벗어난 것이 개안의 직접적인 이유로 제시된다. 「탄갱촌」에서는 일제시대에 목욕을 못해 검게 변한 노동자들이 자식까지 검둥이를 낳았다는 이야기가 등장한다. 열악한 일제시대의 작업 환경에 비하면, 해방된 조국에서의 탄광은 "꽃"에 비유될 수밖에 없다.

나아가 일본이라는 적대적 존재는 현재 노동의 고통을 극복하는 실제적인 힘으로서 기능한다. 이 소설의 주인공인 재수는 교육의 일환으로 굴진 작업을 하면서, 육체적 고통을 심하게 느낀다. 이때 재수가 그 고통을 극복하는 방법은, 다음의 인용에서처럼 일제 시절 아버지의 노동을 생각하는 것이다.

> 재수의 몸에서는 땀이 물 같이 흘러 내렸다. 이마에서 내린 땀이 눈을 가렸다.

---

213) 「10년-해방 10주년을 맞이하여」, 『한설야 선집-수필』, 조선작가동맹출판사, 1960, 216면.

재수는 문득 아버지의 눈을 생각하였다. 자유와 기쁨을 잃은 지난 날의 노예 로동을 생각하였다.

(왜놈이 그 눈을 멀게 했던 것이다. 제 눈을 저로 보호할 수 없게 만들었던 것이다. 그러나 나는 얼마든지 내 눈을 보호할 수 있다. 아무리 일한다 하더라도 내 눈은 멀지 않는다.)

이렇게 생각하니 땀 흐르는 것이 아무 것도 아니였다.

(…중략…)

그 악독한 왜놈들의 가슴에 이 억센 송곳을 박고 돌리는 것처럼 재수는 통쾌하였다. 아버지의 원쑤를 지금 갚는 것 같았다.[214)]

"땀이 물 같이 흘러 내"리는 상황에서 재수는 아버지의 "노예 로동"을 생각하며, 땀 흐르는 것을 "아무 것도 아니"라고 여긴다. 나아가 현재의 노동은 일제에 대한 복수행위로까지 의미부여 된다. 이처럼 「탄갱촌」은 민족주의가 생산력 증가를 위한 동원의 담론으로 전유되는 전형적인 사례이다.

「남매」의 원주는 왜놈들의 징병으로 훈련소에 끌려 가 심장병에 걸린다. 일제의 패망은 원주에게 무한한 힘을 주어서 쇠약하던 몸이 당장 거뜬해지고 기분이 씻은 듯 맑아진다. 원주는 여기에서 그치지 않고, 동생 순이를 교육시키려고 하는 등의 의지적인 모습을 보인다. 원주에게 이러한 동기부여를 하는 것은 다음의 인용에 드러난 것처럼, 일제의 존재이다.

그리고 자기에게서 건강을 빼앗아 간 왜놈에 대한 불타는 증오감이 무엇보다 그를 그칠 줄 모르는 흥분 가운데서 놓아 주지 않았다.

(왜놈을 미워하기 때문에 또는 왜놈이 남겨 논 모든 불행을 물리치기 위하여 나는 무엇보다 건강해야겠다. 건강을 찾는 일은 곧 왜놈을 이기는 일이요, 그러자면 제일왈 건강이 필요하다.)

214) 100~101면.

> 이렇게 원주는 생각하였다. 순이를 광명의 길로 이끌어 주는 것도 왜놈에게 짓밟혔던 삶을 도로 찾는 투쟁의 하나이고 그러기 위하여 우선 건강이 필요하다고 생각하였다.[215]

해방이 되었어도 일제는 엄연한 심리적 실재로서 사람들의 의식을 지배하고 있다. 산후발로 고통 받는 산모의 신음 속에서도 일제는 엄연히 존재하는 것이다. 남편의 감옥살이로 고생을 했던 그녀는 "아, 저, 왜놈들 …… 저……", "이 아귀놈들…… 내 남편을 가져 가구…… 나를 또 죽이려고…… 내 아이들을 또……"라는 신음을 내뱉는다.

「자라는 마을」에서도, 미국은 사람들을 정신적으로 무장시키고, 분발하게 만든다. 금복 어머니가 민주주의란 "제일 미운 기 다 없어지구 백성들이 보구 싶구 하구 싶구 가지구 싶던 기 모래밭에서 무이 뽑듯 하나씩 둘씩 척척 나오고 앵겨지는 거더라"는 말에서 알 수 있듯이, 이 시기 이상적인 세상이란 적대적인 세력이 먼저 존재하고 그것에 저항하는 방식으로 성립된다. 여기에는 적을 밖에서부터 찾을 수 없었던 북한 정권의 특수성이 놓여 있다.

북한의 체제이데올로기는 마르크스-레닌주의에서 출발했다. 그러나 국가를 건설해 가는 과정은 마르크스-레닌주의가 제시한 보편적 특성과는 달랐다. 북한에는 진정한 프롤레타리아도 없었고, 미워할 부르주아 계급도 거의 없는 상태였기 때문이다. 일반적인 공산화와는 달리 타도해야 할 뚜렷한 투쟁 상대도, 그리고 그 적을 미워할 주체도 없는 상황에서 출발할 수밖에 없었던 것이다. 그 결과 북한의 체제이데올로기는 처음부터 적을 밖에서부터 찾을 수밖에 없었다.[216]

「남매」에는 일제 말고도 한설야 소설에서 처음으로 적대적 세력으로

---

215) 171면.

216) 김영수, 「북한의 체제이데올로기와 내셔널리즘」, 『한국 내셔널리즘의 전개와 글로벌리즘』(김영작 편), 백산서당, 2006, 405~406면.

미국과 대한민국이 등장한다. "바로 이 나라 남녘 땅에 사람 잡는 싸움을 꾸미는 놈들이 승냥이떼처럼 우글거리고 있"다는 표현과 남칠이가 원주에게 보낸 편지에 나오는 "우리에게 이 발전과 장성이 있는 한 미국놈들의 원자탄도 그 아무 것도 두려워할 필요는 없다"는 대목이 그것이다. 「자라는 마을」은 핵심이 되는 적대적 타자가 일제에서 미국과 이승만으로 표상되는 남한으로 옮겨간 작품이다. 다음의 인용은 한설야 소설에서 미국이 형상화되는 방식을 잘 보여준다.

> 정말 이제 완전 자주 독립 국가가 된다구들 들썩 기뻐하였다. 리 승만이들 도적개 무리가 오래지 않아 불 맞은 짐승처럼 곤두박질을 치다가 똥 싸고 버드러질 것을 상상하고 사람들은 통쾌해하였다. 그리고 또 이 도적들의 와주놈의 새끼들도 쇠부살 만한 코를 싸 쥐고 물러갈 것이라고들 말하였다.
>
> 리 승만의 어붓애비 미국놈들은 쩡낭(뒷간)에 선 수숫대처럼 키만 멋없이 덜렁 커서 저 으릉으릉 우는 발전소 송전실에 세워 놓고 그 놈의 모가지를 한 번씩 슬쩍슬쩍 거기에 대주기 좋을 것이고 그러면 당장 불에 떨어진 메뚜기처럼 놈들은 버둥거리다가 죽을 것이라고 금복 어머니도 우스깨를 한 일이 있었다. 그 만치 금복 어머니는 미국놈이라면 천질색이였다.[217)]

위의 인용을 통해 한설야가 어휘 과밀화 방법을 통해 미국을 부정적인 집단으로 형상화하고 있음을 확인할 수 있다. 미국을 형상화함에 있어서도, 부정적 공시의를 지닌 어휘를 반복해서 사용하고 있다. 이후 소설에서 미국에 대한 형상화는 점점 더 적대적으로 변해간다. 미국을 나타내기 위해 자주 사용되는 대표적인 어휘는 '학살자'이다.

「초소에서」는 학살자로 그려지는 미국은 물론이고, 이승만으로 대표되는 국군 역시 선명한 악의 형상으로 그려진다. 이 시기 소설들은 적대적

---

217) 254면.

타자의 설정을 통한 선명한 이분법의 심층구조를 보인다. 그런데 이 작품에서는 국가의 경계와 민족의 경계가 충돌하는 지점이 있다. 본래 남한과 북한이라는 의미소는 민족이라는 상위의 분류소에 속해야 정상이다. 그러나 한설야의 소설에서 남한은 이승만과 반이승만으로 나뉜다. 조국 통일 민주주의전선의 강령과 선언서를 주머니에 넣고 있는 국방군 시체나, '김일성 장군의 노래'나 '인민 공화국 선포의 노래'를 아는 국방군 병사의 모습, 그리고 "심문한 결과 먼저 잡힌 패잔병은 사실 강제로 징모된 것이 명백해졌다"는 언급 등을 통해, 이 작품에서는 이승만을 보통의 남한 사람들과는 분리된 것으로 형상화되고 있다. 이것은 이승만을 중심으로 한 남한 정부를 부정함으로써 '민족≠국가(북한)'의 상황을 억지로 '민족=국가(북한)'의 상황에 끼워 맞추는 모습이다. 따라서 이 시기 소설에서 보이는 의미 작용의 심층 구조는 다음과 같은 기호학적 사각형으로 나타낼 수 있다.

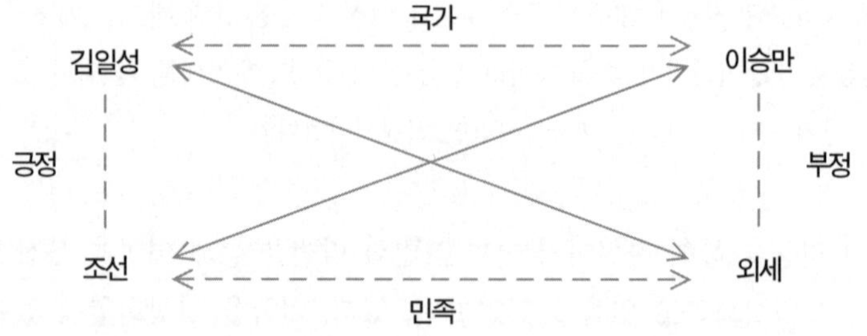

위의 사각형에서 김일성과 이승만은 국가라는 더 큰 의미론적 범주, 즉 상위의 분류소로부터 비롯된 의미소이며, 상호 대립적인 관계에 놓여 있다. 마찬가지로 민족이라는 분류소에 의해 조선과 외세라는 의미소의 대립항이 성립된다. 김일성과 외세, 이승만과 조선은 상호 모순항으로 작동하고 있으며, 김일성과 조선, 이승만과 외세는 함의 관계로 설정된다. 이 시기에는 북한이라는 체제의 문제가 민족의 문제보다 우선시되고 있다. 결과적으로 한설야 소설은 체제유지를 위해 내셔널리즘의 이분법적 담론을 적극적으로 활용하고 있다.

6·25의 발발과 함께 미국은 내부의 동원을 위하여 상상되는 적대적 타자가 아니라, 맞서 싸워야 할 실제의 적이 되며 그 싸움은 지고의 가치가 된다. 6·25로 인해 내셔널리즘은 더욱 강렬해진다. 소멸에의 불안과 공포가 국민국가의 지속성과 안전성에 대한 요구를 한층 강화했던 것이다. 이와 맞물려 미국은 더욱더 적대적으로 형상화된다. 이후의 소설에서 미국인은 조선인을 멸종시키기 위한 사명을 띤 사람들로 그려진다.

『대동강』은 전시를 배경으로 하고 있는 만큼 미군에 대한 적대감이 극에 달해 있다.[218] 이 작품에서 미군은 온갖 악의 근원이며, 이전 소설에서도 그러했듯이 조선 인종을 청소하기 위한 학살자로까지 그려진다. 미군 지프차는 광란의 질주를 하여, 하루에도 몇 번씩 사람을 친다. 점순은 어린이 얼굴에서 튀여 나온 검붉은 두 눈알을 보기도 한다. 이런 모습을 보며 점순은 "죽더라도 원쑤를 갚자"는 식의 다짐을 하게 되는 것이다. 미군이 찾는 것은 아편 내지는 "쌕시"일 뿐이다. 이 작품에서 얼굴을 가진 미국인으로 민정부장인 스미스와 미군 장교이자 강제 수용소 소장인 해리슨 두 명이 등장한다. 스미스의 생각은 이렇다.

> 나는 부라운이란 미국 인류 학자가 이 책에서 재미있는 말을 했다고 생각하오. 그는 인류가 구원 받을 길은 단 하나 뿐이라고 말했소. 즉 그것은 오늘 인류의 삼분의 둘을 무슨 방법으로든지 줄이는데서만 달성될수 있다는 대담한 결론을 내렸소. 그리고 그는 이것을 처음으로 실행하려고 든 것이 히틀러라고 말했

218) 전시(1951.7)에 창작된 수필에서도 한설야는 선명한 이분법(소련, 중국 / 미국)의 수사를 구사하고 있다. "미국놈들은 조선의 어린이의 입에서 선지피가 쏟아지기를 희망하고 있으나 중국 군인들은 조선의 어린 동무들의 귀여운 입에서 아름다운 노래와 씩씩한 삶의 노래가 흘러 나오기를 희망하여 그들에게 사랑과 희망을 실은 노래를 불러 주군 하였던 것이다"(「친선」, 『한설야 선집－수필』, 조선작가동맹출판사, 1960, 193면)와 같이 선명한 이분법에 바탕한 대조의 수사법이 사용되고 있다.

소, 나는 이 주장을 지지하오.[219]

이 작품의 미국인들은 곧 히틀러의 지지자들이고, 그들은 "모든 것을 ―뱃속에 있는 생물까지를 소멸할 수 있는―이런 철저한 소멸"을 원한다. 해리손도 도처에서 이미 수많은 조선 인민을 학살하였으며 그 공으로 평양에 전임해 와서도 역시 그 일에 종사하고 있는 것으로 그려진다.

『형제』에서도 미국의 부정적 표상은 계속되며, 현실적 곤란의 모든 원인으로 제시된다. 모든 문제는 "미국놈"들 때문이다. "그애들 부모를 빼앗아 간" 것도 "미국놈들"이며, 심지어 "영옥이 외삼촌 내외 마음 속에서 독사 대가리가 들고 일어 선 것도 그놈들 때문"이다. 이 작품에서 악인으로 형상화되는 외삼촌댁 부부 역시 미군과 연계되어 있는 것으로 그려진다. 외삼촌은 외삼촌댁의 권유로 치안대에 따라다닌 적도 있는 것이다. 이때 외삼촌 내외와 치안대는 조선인이 아닌 것으로 규정된다. 영준의 학교 선생은 "치안대 놈들도 조선 사람이지만 그놈들의 맘은 미국놈과 같소. 아니 미국놈의 개요. 조선 사람이 아니란 말이요"라고 말한다.

앞에서 살펴본 것처럼, 한설야의 소설에서 이승만을 대표로 하는 남한 사람들은 민족이라는 분류소에서 벗어난 것으로 설정되어 있다. 적으로서의 남한 사람들은 『대동강』에서 상세히 형상화된다. 평양일보를 접수한 남한에서 올라온 사람들, 즉 영선 과장이나 기계과장은 "주제 넘고 뒤넘스러운 심술망나니"나 "속은 먹통인데 주머니는 불룩한" 사람들로 희화화된다. 그들은 이승만 대통령과 애리쓰 부인이 "쥐상"이라고 말하는 백치 같은 인물들로 그려지고 있다. 한국인 정훈 장교 역시도 미군의 학살극을 적극 돕는 자로 그려진다. 미군과 한국군은 "죽이고 돈 벌고 갈겨먹고 계집질하고 술 쳐먹는 것이 적들이 추구하는 전부"인 것이다.

이러한 미국의 존재 앞에 모든 이는 반미라는 지고의 가치에 호출 받

219) 75면.

은 전사가 된다. 『대동강』에 나오는 "사실 조선 사람은 세살 먹은 어린이도 싸우고 있"다는 말은 이 시기 작품들의 핵심적인 주제의식을 담고 있다. '민족해방'은 모든 가치 위에 군림하게 된다. 『대동강』에서 태민은 "자기들의 누구나가 전선에 선 전사가 되자"고 말한다. 전사들이 승리하는 것은 "전사들이 강철 같이 뭉치여 있기 때문이며 로동자들도 이와 같이 한 목적에 뭉쳐야 할 것"이라며, 전사의 규율을 노동자에게도 부과한다. 점순이네 공장 로동자들도 초소를 지키는 전사의 마음으로 자기들의 사업에 분발하고 있다.

전시를 배경으로 하고 있는 『형제』에서도 모든 사람은 전사가 될 것을 강요받는다. 상천은 편지에서 영옥에게 "공부 잘 해라. 아버지 어머니 말씀 잘 들어라. 너도 우리와 같이 수령님의 전사다"라고 쓴다. 순이도 영옥에게 "그럼 공부 잘 할수록 좋은 전사야"라고 말한다. 남진의 소개로 협주단에 들어가 활동하고 있는 윤길도 "전선에 선 전사의 마음으로 그 일에 꼬박이 열중하고 있는 터"이다. 남진도 아내에게 전선에 나가 싸우고 있는 "상천이에게 지지 않게 분발해 봅시다"라고 말한다. 영준의 학교 선생은 "동무들이 지금 공부하는 것도 군대나 빨찌산이 전투하는 거나 마찬가지요"라고 말해 '공부=빨찌산 전투'라는 인식을 보이지만, 곧이어 "만일 원쑤놈들이 다시 들어 온다면 동무들은 헤여지지 말고 이대로 한데 모여서 산속에 들어 가서 빨찌산이 돼야 하오"라고 말함으로써 아이들에게 빨찌산이 될 것을 요구하고 있다. 『대동강』에서 '노동자=전사'라는 등식이, 『형제』에서는 '학생=전사', '주부=전사', '예술가=전사'라는 등식이 성립한다.

전쟁 이후를 배경으로 한 『사랑』과 『성장』에서도 미국은 부정적인 존재로서 그려진다. 『사랑』에서 미국은 더할 수 없이 악한 존재로 형상화된다. 미국에 대한 적개심으로 인해 이 작품은 서울을 배경으로 하고 있음에도 불구하고, 당대 남한 현실에 대한 조금의 개연성도 갖추지 못하고 있다. 다만 한설야가 일관되게 지니고 있던 반미의식과 민주기지론이 드러나고 있을 뿐이다. 대표적으로 이 작품의 핵심적인 갈등 중 하나인 대학생 징집 문제는, 국민개병제가 실행되고 있던 한국의 현실에서는 존재할 수 없는 것이다. 이 작품에서 미국은 "조선의 어린이들을 자동차로 깔아 죽이고 길 가는 사람들을 함부로 쏴 죽이고 청년 학생들을 대포밥으로 끌어 가고 부녀자를 릉욕하고 또 계속 사람들을 죽음으로 몰아 가"는 존재이다. 경찰은 민간인의 집에 이유 없이 들어와 돈을 빼앗고 총을 함부로 쏜다. 파시즘의 중요한 특성 중의 하나로 타자에게 책임을 전가하는 희생양 만들기의 사상[220]이 연상될 정도로 반미의식이 매우 강렬하다.

『성장』에서 전쟁고아가 된 경덕은 자신이 겪은 충격과 낙심으로 "말 없는 아이"[221]가 된다. 경덕이가 말을 하게 되지 못한 이유를 찾아내고, 그에게 말을 돌려주는 과정이 전반부의 핵심적인 서사이다. 다섯 살이었을 때 경덕이가 겪은 일들은 경덕이에게는 설명될 수 없는 사건 그 자체일 것이다.[222] 그것은 어떠한 의미화 이전에 부조리함 그 자체일 수밖에 없다. 온 집안이 모여 있는 자리에 폭탄이 터져 부모의 몸이 날아가고, 자신에게 돌아온다던 하나 남은 혈육인 누나가 영원히 나타나지 않는 상황이란 어떠한 주체적 선택도 상정할 수 없는 극단적인 상황이기 때문이다. 경덕의 침묵이 암시하듯이, 전쟁이라는 '사건'의 폭력성은 공약불가능한 체험이다. 경덕은 언어로 표현할 수 없는 6·25라는 사건의 기억을 몸짓과 표정 등의 흔적을 통해 자신의 의사와는 무관하게 드러낸다. 정확히 말하자면 그 몸짓과 표정을 통해 상처의 기억은 경덕에게 도래한다.

---

220) Robert O. Paxton, 앞의 책, 9면.

221) 한설야, 『성장』, 조선작가동맹출판사, 1961, 296면. 앞으로 작품 인용 시 면수만 기록하기로 한다.

222) 오카 마리는 일관되게 사건은 언어화될 수 없다고 본다. 사건이 언어로 재현된다면, 반드시 재현된 현실 외부에 누락된 사건의 잉여가 있다는 것, 사건이란 항상 그와 같은 어떤 과잉됨을 잉태하고 있으며, 그 과잉됨이야말로 사건을 사건답게 만든다는 것이다. 표상 불가능한 사건을 표상하는 것, 말할 수 없는 사건에 대해 말하는 것, 그것은 무엇보다도 사건의 말할 수 없음 자체를 증언하는 것이 되어야만 한다(오카 마리, 김병구 역, 『기억 서사』, 소명출판, 2004, 148~149면).

경덕이 남긴 더듬거림과 침묵 한숨 등이야말로 모두 '사건'의 증언인 것이다.

그러나 금옥과 윤화 아주머니 등은 경덕이 겪은 6·25라는 사건에 의미를 부여하려 하고, 경덕이로 하여금 그 의미를 발화하게 만들려고 애쓴다. 전쟁에 관한 기억을 흔적으로만 증언하던 경덕이를, 처음 발화하게 만드는 장면은 자못 폭력적이다. 윤화 아주머니의 욕설 섞인 윽박지름을 통해 경덕은 처음으로 전쟁과 관련한 말을 시작한다. 그리고 윤화 아주머니의 말에는 이미 6·25라는 사건의 의미가 선명하게 부여되어 있다. 그것은 반미로 수렴된다.

반미의식은 금옥이가 경덕의 전쟁 시기 행방을 탐문하는 9장부터 12장까지에서 선명하게 드러난다. 이 부분에서 경덕의 형인 기덕은 영웅적인 활약을 하다 전쟁터에서 전사했고, 하나 남은 혈육인 열여섯 살의 혜덕이도 반미의식이 투철한 투사로서 미군의 비행기 폭격에 죽었음이 밝혀진다.[223] 경덕을 육체적 불구를 지닌 "말 없는 소년"으로 만들어버린 이유는 "미국 원쑤들로 해서 그렇게 된 소년"이라는 말처럼, 철저하게 미국의 탓으로 돌려진다. 난데없이 날아온 폭탄에 목이 잘려나간 아버지와 어머니의 죽음에도, 군수품을 운송하다가 기총소사로 죽어간 형의 죽음에도, 철다리에서 거지처럼 살다가 폭격에 죽어간 누나의 죽음에도 '전사(戰士)'로서의 의미가 충전되는 것이다. 경덕이 겪은 사건은 금옥의 내셔널한 욕망에 의하여 일방적으로 위치 지어지고 서사화된다. 혜덕이와 같은 어린 소녀가 반미를 외치다가 폭사한다든가 혜덕의 오빠가 자신의 임무를 수행하다 민청 맹증과 수첩만을 놓치지 않고 죽어가는 모습은, 사악한 존재로 설정된 미국이라는 존재에 대한 적개심에 바탕한 내셔널

223) 이러한 금옥과 기덕의 모습은, 북한이 공식적으로 형상화하기를 원하는 이상적인 아동의 모습이라 할 수 있다. 김정일은 『주체문학론』(조선로동당출판사, 1992)에서 "항일혁명투쟁시기 장군님을 따라 용감하게 싸운 아동단원들과 조국해방전쟁시기에 용감하게 싸운 소년들, 수령님께 끝없이 충직한 참된 소년단원들의 생동한 전형을 창조하여 우리 어린이들이 그 모습을 마음의 거울로 삼도록 하여야 한다"고 말하고 있다.

리즘이 발현된 장면이다.

한설야 소설에서 특징적인 것은 외세가 기독교가 함의 관계를 형성한다는 점이다. 그러한 특징은 「승냥이」, 『대동강』, 『설봉산』, 「레닌의 초상」, 『형제』, 『사랑』에서 확인할 수 있다.

「승냥이」는 수길모와 미국인 선교사와의 대결이 소설의 기본 구도이다. 수길 모와 선교사의 대결에서 수길 모는 일방적으로 선교사에게 짓밟혀서 아들까지 잃게 된다. 이 작품에서 수길모가 마지막으로 던지는 "두고 보아라, 조선 사람 다 죽지 않았다"[224]는 말은 수길모와 선교사의 대결이 조선과 미국의 대결임을 직접적으로 보여준다.

『설봉산』에서는 지주, 일제, 기독교가 악의 집단을 형성하고 있다. 아버지 꿀꿀 령감이 마구다지로 돈을 긁어 넣을 것만 생각하는 것과 달리 상초는 돈을 벌고 지키기 위해서는 무기와 방패가 필요하다는 것을 안다. 그 무기와 방패로 삼은 것이 바로 교회를 세워 교인을 걷어쥐는 것과 관청을 출입하는 것이다. 아이들의 세계도 「할렐루야」, 「공중 나는 새를 보라」를 부르는 아이들과 「12시가」를 부르는 아이들로 나뉘어져 있다. 이런 두 아이들의 충돌은 어른들의 충돌로까지 이어진다. 이 기독교인들과의 갈등은 『설봉산』의 본질적인 갈등의 매개로서 기능한다. 김상초는 일가친척과 교인들을 추동하여 무고한 아이들을 구타하고, 금후 그런 일이 발생하지 않게 하려고 찾아간 그 아이들의 부형을 역시 구타한다. 이후 이를 규탄하러 간 군중을 김상초는 고발하여 결국 그것이 도화선이 되어 무고한 사람 200여 명이 검거된다. 이 와중에 경덕도 무고한 사람의 한 명으로 검거된다. 그리고 경덕을 살리려는 모정으로 경덕모는 전도부인의 꾀임에 빠져 농조의 핵심정보, 즉 덕종의 소재를 밀고하게 된다.

「레닌의 초상」에서도 기독교는 조선과 모순적 관계로 설정되어 있다. 감옥 안에 교회사가 나타나는데, 그는 "조선 사람이 죽는대야 좋아하"는

224) 『승냥이』, 조선작가동맹출판사, 1951, 78면.

인물로 형상화된다.[225] 『형제』에서도 조선인이 아닌 것으로까지 말해지는 외삼촌 내외는 기독교도이다. 외삼촌댁은 마지막까지 "두고 보자, 누가 이기나…… 그래도 하느님의 편이 이기겠지. 하느님의 아들이 이 땅의 주인이야. 로동당원이 주인이라고……? 어림도 없다. 로동당원이 하느님을 이길 수 있는가. 하느님의 아들을 이 땅에서 밀어 낼 재주가 있는가"라며, 결의를 다진다. 이 작품에서도 미국과 기독교 그리고 부정적 인물은 하나로 연결되어 있다. 『대동강』에서도 기독교와 미국은 함의관계를 형성한다. 점순의 동생이 아플 때, 점순의 어머니는 전도부인을 만나고, 그로부터 미국인이 경영하는 병원을 소개받는다. 그러나 그 병원에서 치료를 받기는커녕, 도리어 체온기만 사주고 돌아오게 된다. 『사랑』에서도 미국이라는 악의 근원에는 앤더슨이라는 선교사가 존재한다.[226]

이처럼, 조선과 외세는 참과 거짓, 선과 악, 미와 추, 정의와 불의 등의 선명한 이분법으로 나눠진다. 『형제』에 나오는 다음의 인용은 의미론적 층위에 놓여 있는 이분법을 잘 설명해 준다.

> 안해는 다시금 이 하늘 아래에서 아름다운 것과 미운 것을 똑똑히 구별해 보았다. 아름다운 것은 무한히 크며 영원하며 죽지 않는 생명을 가지고 있다. 그러나 미국 강도들이 희망하며 만들어 내고 있는 「죽음」은 말할 수 없이 추악하며 작은 것이며 일시적인 것에 지나지 않았다.[227]

---

225) 기록으로 남아있는 기독교와 관련된 한설야의 유일한 체험은 3・1운동 당시에 있었던 다음의 체험을 들 수 있다. "그 때 나는 내가 다니던 졸업반 학생들과 함께 3월 1일 새벽에 경찰에 체포되었다. 기독교 목사로서 3・1운동 준비에 참가했던 자가 사전에 경찰에 검거되자 형사들을 제 방에서 피해달라고 하고 '하느님'에게 기도하는 형식으로 비밀을 죄다 말해서 문 밖에서 엿듣고 있던 형사들이 죄다 알게되고 그래서 우리들까지 사전에 검거되게 되었던 것이다"(한설야, 「라운규의 형상－그의 서거 20주년을 맞으며」, 『한설야 선집－수필』, 조선작가동맹출판사, 1960, 153면).

226) 한설야와 같은 카프 계열의 작가 이기영의 몇몇 소설, 즉 「부흥회」, 「박선생」, 「민촌」, 「고향」, 「비」에도 기독교 교역자를 부정적 존재로 제시하는 시각과 태도가 드러난다(조남현, 『이기영』, 한길사, 2008, 36면).

227) 18면.

아름다운 것/미운 것, 영원한 것/일시적인 것, 죽음/생명이라는 식의 의미론적 이분법이 성립하고 있다. 이러한 이분법은 다른 작품에서도 반복적으로 등장한다. 이러한 이분법적 분류체계는 주제소설과 이데올로기의 기본적인 특징이다.[228)]

이러한 의미 작용의 심층 구조를 기호학적 사각형으로 나타내면 다음과 같다.

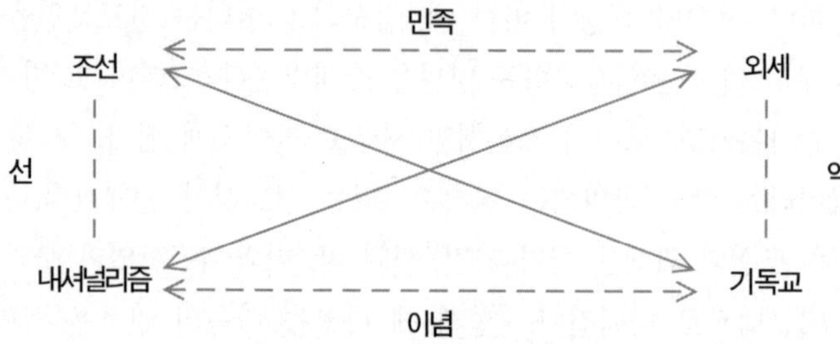

개인과 집단이 이데올로기적 주체로서 동원되어야 하는 상황에서 윤리적 애매성과 거리가 들어설 자리는 존재하지 않는다. 중요한 것은 그러한 차이를 강조하는 것이다. 일제나 미제는 논리의 차원을 뛰어 넘는 동물이나 악마와 같은 인물로 그려지는 것도 그 때문이다. 이러한 특징은 1953년 「전국 작가예술가 대회에서 진술한 한설야 위원장의 보고」에서 제시한 창작방법을 실천한 사례라고 할 수 있다. 한설야는 이 글에서 다음과 같이 '과장'과 '강조'를 중요시하고 있다.

---

228) 슐레이먼은 주제소설이 명확한 이분법적 가치체계를 제시하며, 독자가 따라야 할 행동규칙을 보여주고, 작품 세계 너머의 어떤 주의로 종속되는 뚜렷한 이념을 제기한다고 말한다(Susan R. Suleiman, op.cit., p.56). 이데올로기는 확고한 교조와 대의에 의해 개인과 집단을 동원하려고 노력한다. 따라서 이데올로기는 다음과 같은 특징을 지닌다. 첫째, 언어적 차원에서 의미론적 대립과 주인공/반주인공과 같은 대립을 구성하며, 둘째, 사회적 차원에서 특정 집단에 소속된 사람들에게 실재의 적대자 앞에서 한데 뭉칠 것을 요구한다. 마지막으로 심리적 차원에서, 애매한 입장을 취하거나 무관심한 개인을 특정한 결단 앞에 내세운다(P. Zima, 『이데올로기와 이론』, 문학과지성사, 81~82면).

말렌꼬브 동지는 '형상에 대한 의식적인 과장과 강조는 전형성을 잃지 않으며 오히려 그것을 더욱 완전히 발로시키며 그것을 강조한다'고 말하였습니다.

우리에게 무엇이 요구됩니까?

우리에게는 픽숀이 요구되며 과장과 강조가 요구됩니다. 그리고 이것은 의식적인 요구이며 사회주의 리얼리즘의 요구입니다. 이것이 없이는 어떠한 전형도 창조할 수 없습니다.

우리는 하나의 인물에다가 반드시 여러 사람들에게서 관찰한 우리 시대의 수다한 특징들을 부여하여야 하겠습니다. 우리는 픽숀에 의거한 여러가지 부차적인 모티브들과 특징들을 사회주의 리얼리즘의 기본 원칙에 부가하면서 인물을 대담히 수식하여야 하겠습니다.[229]

위의 창작방법은 당성이 전형성을 담보하며, 전형성을 강화하는 방법으로 과장과 강조를 제시한 말렌코프의 이론을 수용한 결과이다.[230]

---

229) 한설야, 「전국 작가예술가 대회에서 진술한 한설야 위원장의 보고」, 『조선문학』, 1953.10, 131면. 1956년 2차 조선작가대회에서 한설야는 도식주의 비판의 일환으로 말렌코프의 전형론을 비판하는데, 이것은 스탈린 사후에 일어난 소련에서의 스탈린 우상화에 대한 비판과 연결되어 있는 것이었다. 그러나 곧 한설야는 「공산주의 교양과 우리 문학의 당면 과업」(『공산주의 교양과 문학창작』, 조선작가동맹출판사, 1959)에서 도식주의의 비판이 가져온 오류들을 비판함으로써, 자신의 도식주의 비판 등의 발언을 간접적으로 반성하고 있다. 3장 '낡은 사상 잔재를 극복하기 위한 투쟁 속에서' 그러한 논의가 집중되어 있는데, "이것만 두고 보더라도 제2차 조선 작가 대회 이후 도식주의를 반대한다는 구실 밑에 일시적으로나마 일부 작가들 속에 어떤 분위기가 조성되었는가를 가히 짐작할 수 있습니다."라는 구절을 대표적으로 들 수 있다. 한설야의 북한 소설에서 '과장'과 '강조'는 적대적인 세력을 그릴 때, 일반적으로 나타나는 특징이다.

230) Ernest J. Simmons, *Through The Glass of Soviet Literature*, Columbia Univ. Press, 1961, pp.25~26.

3) 집단적 동일시와 사이비 총체성

(1) 국토의 심미화

악마와 같은 적대적 타자를 통해 '우리'를 만들어내는 방식을 살펴보았다. '우리'를 만들어내는 또 하나의 방식은 '우리'를 이상화하는 것이다. 외세에 대한 적개심이 국민화의 바깥 측면을 담당한다면, 우리의 심미화는 국민화의 안쪽을 담당한다. 이때 우리 자신의 자긍심을 고취시키는 방법으로 자주 쓰이는 것이 국토의 심미화이다. 근대에 이르러 국토는 "하나의 영혼이며 정신적 원리"[231]이자 개인들의 운명공동체로서의 민족 또는 국가를 표상하는 핵심적인 요소가 된다. 공동의 역사와 지리, 즉 기억과 영토에 대한 감각 역시 민족의 동일성 형성과 배양·유지에 큰 몫을 하게 된 것이다.[232] 이때 국토는 외국과 구별되는 심미화된 고유의 풍경으로 재현된다.[233]

이 시기 국토의 이상화는 그 이전에 한설야가 쓴 기행문에서 국토를 묘사한 것과 비교해 볼 때, 매우 과장된 것이다. 식민지시기 친구와 금강산을 여행하고 쓴 글에서 한설야는 "동해 북부 길가의 산과 물은 높고 깊고 맑고 시원해서 대번에 속세의 때를 벗기에 넉넉했다"[234] 정도의 표현만 사용하고 있다. 그러나 해방 후의 작품들에서는 금강산과 같은 천하절경뿐만 아니라 국토 전부가 낙원과 같은 공간으로 형상화된다.

김일성의 항일투쟁을 그리고 있는 「혈로」와 「개선」에 그러한 묘사가 많이 등장한다. 「혈로」의 6장은 '장군'의 꿈으로만 이루어져 있는데, 아

---

231) E. Renan, 신행선 역, 『민족이란 무엇인가』, 책세상, 2002, 80면.

232) 최현식, 「민족과 국토의 심미화」, 『신화의 저편』, 소명출판, 2007, 181면. 육당과 춘원 등은 민족의 과거와 영토의 심미화를 통해 민족의 영속성을 보장받는 문화민족주의 기획을 활성화함으로써, 자민족의 정체성과 미래에 대한 위기감을 넘어서고자 했다.

233) D. Lowenthal, "European and English Landscapes as National Symbols", *Geography and National Identity*(ed. David Hooson), Blackwell : Oxford, 1994.

234) 한설야, 「금강산유기」, 『조선문학』, 1939.4.

래 인용과 같이 우리 강산을 무릉도원 같은 공간으로 이상화하고 있다. 「개선」에서는 '장군'의 목소리를 통해 직접적으로 국토에 대한 찬양이 이루어진다.

> 아늑한 골짜기였다. 두문동처럼 산수가 삑 둘려 치여 있다. 그리고 그 안은 시원스레 탁 틔여 있다. 맑은 샘물이 흰 바위를 얼싸 안고 하얀 비늘을 번득이며 좔좔 흘러 내린다. 그것은 차라리 노래다. 무슨 곡조인지는 몰라도 대단히 좋은 가락인 것은 틀림 없었다. 그런데 또 꽃은 꽃 대로 피고, 새는 새 대로 춤추고 노래한다.(「혈로」, 24면)

> 나구 말구요. 이 땅이 나를 낳아 길러 주지 않았습니까. 또 일가 친척이 있고 나와 같은 수다한 동족이 살지 않습니까. 내가 무엇 때문에 싸웠겠습니까. 동족들이 사는 이 조국을 찾으려는 것이였지요. 이 땅은 우리 조선 동포가 가장 살기 좋고, 가장 일하기 좋고, 오랜 우리의 핏줄이 흘러 온 우리의 향토가 아닙니까. 세계 어디보다도 조선 사람에게는 이 땅이 좋습니다. 헐어도 내 땅이 락원입니다.(「개선」, 131면)

특히 「개선」에서는 김일성 부대의 활동이 "락원"인 "조국을 찾으려는 것"으로 의미부여 되고 있다. 이상의 발언을 통해, '땅=조국'이라는 공식이 성립한다. 이 시기 자연(향토)은 '조국'의 의미로 단단하게 굳어져 갔던 것이다. 땅은 하나의 민족상징(iconography)[235]으로 자리 잡게 된다. 이때의 국토는 훼손되기 이전의 모국이라는 이미지를 지니고 있다. 이러한 이미지 속에서 모든 것은 하나로 융해되어 그 안에 놓여 있을 어떠한 권력 관계도 상상할 수 없게 된다. 이러한 국토애는 민족과 조국을 절대화시키고 있는 것이다. 이것은 이광수와 최남선이 그러했듯이, '국토'를 단순한

235) 국민적 국가적 통일감이나 공통성의 근거가 되는 집합적인 표상을 뜻한다. 若林幹夫, 정선태 역, 『지도의 상상력』, 산처럼, 2006, 244면.

땅이나 거주지가 아닌 민족의 동일성과 역사성·미래성을 보장하는 신령스런 존재, 즉 불멸의 영혼으로 물신화하는 태도이다.[236] 물질적 개념의 영토라는 개념을 초월하여, 이때의 자연은 초월성과 신성성을 동반한 것으로서, 민족을 대체 또는 상징하는 민족동일성의 기원이자 현현체로 숭고화된다.

6·25 전후를 배경으로 하고 있는 「초소에서」, 「황초령」, 「땅크 214호」, 『형제』와 같이 전시를 배경으로 한 작품들에서는 국토에 대한 이상화가 더욱 강렬해진다. 과거의 시공을 상정할 필요도 없이, 조국은 이미 이상적인 공간이다.

「초소에서」는 월북한 남한의 군인을 통해 강산을 이상화하는 대목이 등장한다. "얼마 전에 남조선에서 도망해 넘어 온 군인 하나는 북조선에 오니 산이 푸르러 좋고 들에 소가 누워 모리는 풍경을 보니 좋다고 하였다"는 것이다. 산이 푸르고 소가 있는 풍경이 결코 남한에는 없는 북한만의 풍경일 수 없다. 그러나 이 소설에서는 그러한 향토가 남한 병사의 시선을 통해 새롭게 발견된다. 이때의 자연은 유토피아적인 공간을 표상하는 하나의 기호가 된다.

「황초령」에서도 국토의 모든 곳이 금강산 만이천 봉 만큼 아름다운 곳으로 이상화된다. 계속해서 후퇴만을 하던 순간에, 복실은 평상시에도 보아오던 강산의 아름다움에 새롭게 눈을 뜬다. 이처럼 아름다운 강산은 곧 육친의 품으로까지 인식된다. "몇날 몇 밤을 걸어 온 끝에 처음으로 따사로운 남석 바위에서 어머니 품에 안길 때 느끼던 포곤함을 느끼"는 것이다. 이러한 경험을 하며, 복실은 "어느 놈이 이 땅을……"이라는 결의를 다지게 된다. 「땅크 214호」에서도 기련은 "푸른 하늘을 쳐다보며 숨을 크게 쉬었다. 참으로 어머니라는 이름으로 부르고 싶은 자연이였다"고 하여, 자연에서 어머니를 느낀다. 이처럼 국토는 물질을 넘어 하나의

236) 최현식, 앞의 글, 193면.

인격을 가진 어머니라는 존재,[237] 즉 모국표상(motherland)으로 전이된다. 한설야는 수필에서도 "우리의 어머니—조선 땅이 곧 우리가 희망하는 밝고 희망에 찬 내 땅으로 돌아 온다고 생각하였다"[238]와 같은 문장에서 알 수 있듯이, '어머니=조선 땅'이라는 인식을 내보이고 있다.

외세는 그러한 유토피아적인 공간으로서의 국토를 훼손하는 존재이다. 「땅크 214호」의 기련은 "이 자연에 태어난 것을 한없이 은혜롭게 생각하였다. 그러나 그러니만치 오늘 이 하늘 아래에 구더기보다 더 추악한 미국놈들과 리 승만 무리들이 사람과 더불어 살고 있다는 사실에 대해서 더 참을 수 없었다"고 생각한다. 『형제』에서도 다음의 인용처럼, 아름다운 국토와 그것을 더럽히는 존재로서의 미국에 대한 구도가 선명하게 드러난다.

> 산마다에는 푸르디푸른 나무잎들이 피여 나고 골짜기에서는 시내물이 노래부르며 흐르고 있었다. 이따금 뻐꾸기 소리도 멀리서 들려 왔다. 푸르러 높은 하늘의 아름다움—미국 강도들이 아무리 발광한대도 그것으로 이 땅과 이 나라 사람들의 지붕인 이 하늘을 딴 것으로 뒤틀어 놓을 수는 없었다.
>
> (…중략…)
>
> 태양 아래에는 아름답지 않은 것이 없다. 오직 미군 야만들 만이 이 하늘, 이 태양 별을 더럽히려 날뛰지만 어림도 없었다. 이 땅과 이 하늘의 웅심 깊은 애무에 대면 저들의 발악은 미꾸라지 이 가는데 지나지 않았다.[239]

국토에 대한 이상화를 통해 북한은 어떠한 억압이나 지배도 상상할 수

237) "근대국가가 애국심을 자연스러운 것으로 국민에게 주입하기 위해서는 국가를 '어머니'로 의미화하는 것이 대단히 효과적이다. 더구나 어머니는 아버지를 받들어야 한다는 도덕을 확대하면 곧 모든 가족은 아버지인 국가 원수를 위해 죽을 수도 있다는 것으로 이어진다"(若,桑みどり), 김원식 역, 『사람은 전쟁을 왜 하는가—전쟁과 젠더』, 알마, 2007, 87면).

238) 「나의 인간 수업, 작가 수업」, 『한설야 선집—수필』, 조선작가동맹출판사, 1960, 109면.

239) 88~90면.

없는 유토피아적인 공간으로 그려지고 있다. 이처럼 국토에 대한 이상화는 내셔널리즘적인 담론으로 수렴된다. 또한 향토와 그것을 바탕으로 한 내셔널리즘적 담론은 이질적인 것에 대한 배제를 통해 더욱더 완성도를 높여간다. '국토'에 대한 이러한 맹목적 이상화는 공동체 내부의 모든 문제를 무화시키는 작용을 한다. 이것은 공동체를 단결시키고 그들을 새로운 유토피아적 미래를 이끌어나가는 하나의 원동력이 될 수도 있다. 그러나 그것이 절대화될 때, 그것은 내부의 문제를 온통 외부로 투사시키는 이분법적 폭력의 도구로서 전화될 수 있다.

(2) 일체화의 상상력

라캉은 나르시시즘의 단계를 거울단계라 명명하고 우리가 스스로의 이미지를 인식하는 시기라고 보았다. 자율환상을 만들어내 가공의 통일성을 구축하고, 이를 통해 전능한 폐쇄성을 유지한다는 것이다. 앞에서 살펴본 것처럼, 거울 단계의 기본적인 구조는 자기와 타자, 이 두 관계항이 구별되지 않는다는 점이다. 이 단계에서는 자아가 스스로 거리를 둘 수 있는, 즉 자기 자신으로 오인할 수 없는 타자가 들어설 여지가 없다. 근원적인 총체성이나 원초적 합일을 향한 지향은 삶의 주체인 자아가 결국 분리와 소외를 통해 타인과 관계맺고 주변 세계에 의미를 부여한다는 사실을 부인한다. 대신에 미분화된 삶, 소외되지 않는 삶이 가능한 것처럼 생각하는 '상상적 허구'에 빠지게 된다. 해방 이후는 이러한 자율환상이 집단적인 차원에서 이루어지는 시기이다.[240] 거기에는 김일성을 정점으로 하는 조선이라는 국가의 구성원들이 선과 미의 표상으로서 등장한다. 인간 개개의 단독성과 독립성이 보장된 주체화를 추구하는 것이 아니라, 거대한 자아를 공고히 하기 위해 개개의 타자를 집단적 자아가 흡

240) 집합적 또는 집단적 나르시시즘은 인종의 우월성에 대한 망상과 강력한 지도자에 대한 헌신을 보이는 다양한 종교 집단의 기저에 깔려 있다(J. Holmes, op.cit., pp.10~11).

수해 버리는 방식의 주체화라고 할 수 있다.

2장에서 살펴본 것처럼, 해방 이후 한설야의 소설에 등장하는 노동자나 농민들의 단독성을 추출해낸다는 것은 불가능하거나 무의미한 일이다. 그들은 아무개들이라는 호칭에서 드러나는 것처럼 개체성의 차원[241]에서만 존재하기 때문이다. 해방 이후 소설의 의미론적 측면에서 놓칠 수 없는 것은, 서로가 깊은 연대감을 느낀다는 사실이다.

「혈로」에서 김일성 부대의 대원들은 부상으로 후방 요양소에 있는 최아바이의 웃는 얼굴을 생각하며, "그 얼굴은 다름 아닌 자기들의 할아버지, 아버지의 얼굴이며 참된 조선사람들의 얼굴이였다"라고 생각한다. 「탄갱촌」에서도 '탄광 기술 공업 학교'의 학생들은 갱도를 수리하는 사람들을 만나자, "그들이 결코 자기들과 아무 상관없는 사람으로 보여지지 않았다"고 말한다. 재수는 담배를 끄며 "불을 밟고 있는 자기의 발을 통하여 나라를 느끼고 겨레를 느꼈다. 그것은 결코 먼데 있지 않았다. 발앞에 있었다. 아니 제 몸 속에 있었다"고 생각한다. 재수와 나라와 겨레가 하나로서 인식되고 있는 것이다. 나아가 김일성의 초상화를 보며 "재수는 저 자신이 아니 새까만 굴 속에서 일하는 동무들의 그 누구나가 모두 그 초상 속에 있는 것을 느"낀다. 재수와 일하는 동무는 '장군'과 동일시되는 것이다. 그렇다면 결국 '재수=일하는 동무=나라=겨레=김일성'의 도식이 성립한다고 할 수 있다. 「남매」에서도 초점자는 해방 이후 농촌의 사람들을 보며, "원주는 오늘 밭이랑 논두렁을 쏘다니는 농촌 사나이들과 녀인들을 볼 때마다 그것이 돌아간 자기 아버지, 어머니인듯 반가왔다"고 느낀다. 이 대목에서도 '농촌 사나이들=자기 아버지, 농촌 여인들=자기 어머니'의 관계가 성립한다. 「초소에서」라는 작품에서 태식

241) 가라타니 고진에 의하면 단독성과 개별성(특수성)은 차이나는 개념이다. 즉 개별성은 일반적인 것(개념, 집합, 일반자) 안에 속하는 것이고, 일반자의 한정 또는 특수화로서 있는 것이다. 이에 반해 단독성이란 결코 일반성에 속하지 않는 것이다. 단독성이란 유(類)에 대한 개(個)가 아니다. 유로는 결코 포착될 수 없는 개인 것이다(柄谷行人, 조영일 역, 「단독성과 개별성에 대하여」, 『언어와 비극』, 도서출판b, 2004, 339면).

이가 지휘처인 땅굴에 들어섰을 순간, 태식의 눈에는 "벽에 가지런히 걸린 두 개의 초상화가 태양처럼 환하"다. 그 초상을 보며 태식은 "한 사람이 또한 천만인 같은 초상"이라고 생각한다.[242]

전쟁을 배경으로 한 소설들에는 집단적 동일시의 경향이 한층 강화되어 나타난다. 전쟁은 "모두에게 그리고 각자에게 공적인 것이 우선한다는 것, 사생활은 한계가 있다는 것"[243]을 분명하게 드러낸다. 전시는 국가주의를 강화할 수밖에 없으며, 이러한 국가주의는 집단적 가치의 우월성을 강조함으로써 대중 동원의 논리로 활용되는 것이다.

「전별」은 전쟁시기를 배경으로 한 작품으로서, 어떠한 작품보다도 일체화의 상상력이 풍부하게 나타난다. 장수 할머니이자 영익의 어머니는 부상을 당해 집에 온 용주를 처음 보고는 "네 눈이 꼭 우리 영익이와 같구나"라고 말한다. 용주 역시 가까스로 민가를 찾아 들어가서는 문을 열고 나오는 아낙네를 보며, 스스럼없이 어머니라고 부른다. 그 날부터 "영익 어머니—장수 할머니는 용주에게 대해서 마치 제 배를 아프게 한 혈육처럼 놓아 말하"기 시작한다. "아들 영익이를 전장으로 보낸 이 녀인은 용주에게 대해서 언제나 변함 없는 어머니 맘"이다. "영익 어머니에게 있어서는 소생한 용주를 보는 것은 곧 원쑤에게 죽지 않을 자기 아들을 보는 맘 든든함이였고 용주에게 있어서는 이 녀인을 보는 것이 바로 심강한 자기 어머니를 보는 탐탁함이였"던 것이다. 「전별」은 "용주는 수천 수만의 우리 군대가 그리고 오늘은 또 형제인 중국 지원군 부대가 걸어 간 또 걸어 갈 그 길을 빠른 걸음으로 걸어 갔다"는 문장으로 끝난다. 용주는 수천 수만의 우리 군대 중 하나로서 분명하게 자리매김 된다.

「황초령」에서도 군위소의 간호원인 복실이가 준식이를 처음 보고 소

---

242) 해방 이후 한설야의 수필에도 "그처럼 사무치게 쏘련군을 기다리는 것은 남의 심정이 아니고 곧 나의 심정이요 또 나 한 사람의 심정이 아니고 모든 조선 사람의 심정이였던 것이다. 어린이들까지도 물론 같은 마음이였다"(「해방전후」, 『한설야 선집—수필』, 조선작가동맹출판사, 1960, 189면)와 같은 동일시의 모습이 나타난다.

243) P. Arie's · G. Duby, 전수연 역, 『사생활의 역사』 4, 새물결, 2002, 812면.

스라쳐 놀라는데, 이유는 "꼭 어디서 보던 얼굴"이기 때문이다. 복실은 "미군 장교 여러 놈을 즉쳐 버렸다는 그의 억세게 생긴 기름 투성이 손을 내려다 보면서 역시 지금 군대 운전수로 있는 안민이를 련상"한 것이다. 개전 초기 결정적인 공을 세워 신문 기사에까지 실릴 정도의 전쟁영웅인 안민은 동향 사람으로서 복실의 연인이다. "복실은 준식이가 중상당한 것이 그리고 미국놈들이 좀 더 죽지 않은 것이 원통하였다"고 생각하고, 곧 이어서 서술자는 "그것은 바로 모든 조선 사람의 심정이였다"고 말한다. 복실의 생각이 곧 모든 조선 사람의 심정이 되고 있는 것이다.

『력사』에서도 이러한 동일화의 상상력은 반복해서 등장한다. 아동혁명단의 아이들이 '장군'을 보고 "모두 자기의 죽은 아버지 어머니나 또는 지금 그 어디서든지 왜놈들과 싸우고 있을 저이들의 아버지나 형님을 만난것처럼 반가웠다"고 반응하는 것이 그 예이다. 장군은 아이들의 부모, 형제가 되고 있는 것이다.

해방 이후 한설야 소설의 근본적인 상상력은 일체화의 상상력이다. 개인의 얼굴은 보이지 않으며, 모두는 하나이다. 「혈로」에서는 '최아바이의 얼굴=할아버지 · 아버지의 얼굴=조선사람들의 얼굴', 「탄갱촌」에서는 '재수=일하는 동무=나라=겨레=김일성', 「남매」에서는 '농촌 사나이들 · 여인들=아버지 · 어머니', 「전별」에서는 '용주=영익, 자신의 어머니=조선의 모든 어머니', 「황초령」에서는 '준식=안민, 복실의 생각=모든 사람의 심정', 『력사』에서는 '장군=아이들의 부모 형제', 『형제』에서는 '고아들의 어머니=조선의 모든 어머니'라는 등식이 성립한다.

일체화의 상상력이 가장 극단적인 모습으로 실연되는 것은 『성장』이다. 『성장』은 작품에 등장하는 생산력주의의 전사들이 각자의 몸을 떼어내어 천리마 운동 중 화상을 입은 여자에게 이식하는 것으로 끝난다. 금옥, 태선생, 영준과 같은 주요 인물은 물론이고, 윤화 아주머니, 간호원들, 실습생들이 모두 자신의 피부를 떼어내어 화상 환자에게 이식을 해주는 것이다. 그것은 국가라는 거대한 하나의 집단을 만들어내는 작업의 실연이기도 하다. 『성장』에서 천리마 시대의 일꾼들은 실제로 자신의 몸을 파괴하여 하나의 몸이라는 공적인 숭고함을 만들어 내고 있다.[244)]

개인은 집단과 하나가 되고 있지만, 이러한 일체화에서 강조점이 두어지는 것은 당연히 개인이 아닌 집단이다. 「혈로」에서 '장군'은 "나 하나가 희생되면 다른 사람들은 화를 면할 것입니다"라는 말에 "옳습니다. 그 맘은 우리 혁명군의 맘입니다. 우리는 매개 사람이 나라와 인민을 구하기 위해서 자기의 생명을 내놓고 싸웁니다. 내가 죽고 남을 살리겠다는 이 큰 사랑—이것이 진정한 애국심입니다"라고 말한다. 『대동강』에서 점순이가 하는 아래의 말에는, 조국을 위해서는 죽을 수도 있다는 생각이 드러나 있다.

> 조국의 많은 진정한 아들 딸들이 그런것처럼 조국을 위해 목숨을 바친다 한들 그것이 또한 영광의 길이 아니라고 누가 말할 것인가. 그러니 무엇이 서러우며 무엇이 무서우랴…… 나는 바야흐로 가장 거룩하고 가장 아름다운 것을 향해 나가고 있지 않은가.[245)]

이 시기 소설에 등장하는 인물들의 기본적인 생각은 "사람은 죽을 수도 있지만 공화국이야 죽겠어요"라는 말 속에 응축되어 있다. 『대동강』에는 또한 정찰에 나갔다가 미군의 소이탄 파편을 맞고, 발각될 것이 두려워 아무 소리없이 그 자리에서 타죽은 병사가 등장한다. 그 이야기를 들으며 문일은 "나도 그런 사람이 되리라!"고 다짐하기도 한다.

이처럼 집단이 우선시되는 일체화의 상상력 속에서 가족과 같은 사적 관계는 유의미한 단위로서 존재할 수 없다. 나아가 국가와 인민의 관계는 별다른 매개 없이 직접적으로 부모와 자식의 관계로 이어진다. 『성

244) 이 장면이 지닌 의미에 대한 본격적인 논의는 이경재, 「6·25전쟁의 기억과 사회주의적 개발의 서사」(『현대소설연구』 41, 한국현대소설학회, 2009.8, 234~236면)에서 이루어지고 있다.

245) 52면.

장』에서 경덕이가 금옥을 자신의 누나로, 윤화어머니를 자신의 어머니로 여기는 것에서 알 수 있듯이, 그러한 작업은 경덕의 누나와 부모를 수많은 국가의 누나와 부모로 대체하는 일이다. 또한 영일은 외과 과장의 헌신적인 치료에 감동하여, 과장 선생은 "나의 아버집니다"라고 선언한다. 일본에서 치료를 위해 북한에 온 경자 역시 "이 병원에서 보는 선생님들은 모두 저의 아버지, 어머니"라고 말한다. 앞에서 보았듯이 금옥도 계속해서 경덕에게 죽은 혜덕이 대신 자신이 "누나"임을 강조한다. 윤화 아주머니도 경덕에게 "내가 네 에미다"라고 선언한다. 길에서 만난 촌부도 자신의 자식이 "나라 자식"이라고 말한다. 『형제』에서도 리위원장은 최고의 권위를 지니는 수상의 말, "조선의 모든 어머니들이 다 고아들의 어머니로 되여야 한다"는 말을 마을 사람들에게 전한다.

『형제』와 『성장』에서 주목할 것은 전쟁고아의 양육에 있어 혈연을 바탕으로 한 가족은 아무런 도움이 되지 않는다는 점이다. 금희의 아버지 고철룡은 해방 전 노동 운동을 하다가 여러 번 징역을 산다. 금희의 외할머니는 징역쟁이 사위를 떼어내고 딸을 소작인의 며느리로 개가시키려고, 딸과 손녀를 심하게 구박한다. 나중에는 사위를 밀고하여 죽음에 이르게 한다. 경덕의 누나인 혜덕이도 부모가 폭격으로 모두 죽자, 사촌의 집에 찾아간다. 그러나 사촌 올케는 혜덕 부모가 벌어놓은 양식을 모두 빼앗아 가고, 나중에는 그들 남매를 빈 몸으로 내쫓는다. 『형제』에서도 고아가 된 금옥 남매는 외삼촌 내외로부터 따뜻한 보호 대신 학대와 모멸만을 받았다. 이처럼 전쟁고아 문제는 친척과 같은 사적 영역을 통해서는 해결될 수 없다. 두 작품 모두에서 외삼촌댁은 지독한 악인으로서, 핏줄이기도 한 전쟁고아들을 집 밖으로 내몬다. 전쟁으로 인한 좋은 부모들의 죽음과 계부, 계모의 학대는 좋은 나라는 사라지고 나쁜 집단이 인민을 학대하는 것에 대응한다. 해결책은 수상의 말처럼 "당과 국가가 그애들의 부모로 되여 기르"는 것이다.

도움 대신 위해만 가하는 사적인 가족을 대신하여 등장하는 공적인 가족이 바로 당과 국가이다. 수상을 가장으로 하는 북한이라는 대가족이 탄생하는 것이다.246) 『성장』에서 당이 수행하는 부모의 역할은 부성적인 것이 아니라 모성적인 것이며, 징벌적인 것이 아니라 시해적인 것이다. 경덕의 수술이 시작될 때, 수술실에 당 위원장이 들어온다. 이 작품의 핵심이라고 할 수 있는 경덕의 치료 현장은 당 위원장의 시선 아래에서 이루어져야만 하는 것이다. 이 순간 금옥은 "그가 그의 가슴에 실어 가지고 오는 생명에 대한 사랑이 천 근 같은 무게로 금옥의 맘을 든든히 해 주었다"고 느낀다. 이처럼 국가의 시선은 어머니의 시선과 겹친다. 이러한 시선은 『성장』에서처럼 따뜻할 수도 있지만, 그러한 따뜻함만큼이나 위협적일 수도 있다.247)

가족이라는 관계도 사적관계도 허락되지 않는 상황에서 개인은 존재할 수 없다. 『력사』에서 아동혁명단에 있는 옥순이라는 소녀의 어머니는 유격대 활동을 하다가 죽으면서 옥순에게 편지를 남긴다. 이 편지에 대해 이 소설에서 절대적인 권위의 존재인 '장군'은 "그래 꼭 가지고 있거라. 네 이름은 씌여 있지 않아도 그건 네게 오는 편지다. 동시에 또 모든 조선 사람에게 보내는 편지"라고 말한다. 사적인 편지를 받을 개인은 존재하지 않는 것이다. 이것은 북한 소설 속에 존재하는 개인과 공동체의 기본적인 관계를 보여준다.

---

246) 북한은 개인주의가 아닌 집단주의를, 다원주의가 아닌 집단의 단일화를 향해 사회 전체를 공산주의적 가족, 즉 '사회주의 대가정'으로 변화시키려 했다. 중국도 문화혁명 당시 "국가는 하나의 가정"이라는 구호를 내걸었다. 개인의 이익보다는 집단의 이익을 중요하게 생각하는 '집단주의 원칙'에 의해 개인보다는 가족이, 가족보다는 국가가 중요하게 자리 잡는다(박현선, 「북한의 가족정책」, 『북한의 여성과 가족』, 경인문화사, 2006, 134면).

247) 이러한 나르시스적 상상의 영역에서 모성적인 사랑은 유아에게 엄청난 공포를 줄 수 있다. 모성적인 사랑의 철회는, 영양분 공급을 억제하는 것에서부터 육체적으로 사라지게 하는 것에 이르기까지, 직접적으로 육체를 위협하기 때문이다(Susan Buck-Morss, op.cit., 238면). 본래 나르시스적 상상적 동일시와 공격성은 동전의 앞뒷면처럼 구조적으로 맺어져 있으며 이는 거울상과의 동일시가 궁극적으로 모호하고 불안전한 구조를 지니고 있음을 보여준다(Teresa Brennan, *History After Lacan*, London : Routledge, 1993, p.40).

『성장』에서 영준의 변모는 개인주의의 청산과 맞물려 있다. 영준은 몇 년 간의 유학생활을 마치고 귀환한다. 영준의 개인주의를 향한 욕망은, 영준이 가지고자 하는 자기만의 '방'과 아무도 풀어보기를 원하지 않는 '보따리'로 표상된다. 영준은 식구들이 많은 집에서 자신만의 방을 요구하고, 자신이 소련에서 가져온 보따리를 아무도 펼쳐보지 못하게 한다. 특히 영준의 개인주의는 집단주의를 신봉하는 금옥과의 논쟁 과정을 거치면서 뚜렷하게 그 모습이 드러난다. 금옥이는 영준이가 낡은 사회의 관념에 빠져 "확대경 앞에서 너 자신을 바로보고 있"으며, "오늘 우리 나라의 어떤 사람도 전체의 리익과 모순되는 개체의 자유를 신성 불가침이니 자기의 세계니 권리니 리익이니 하고 말하는 사람은 없다"고 단언한다. 이에 영준은 자신이 "자기의 세계와 자기의 자유를 찾는 것"일 뿐이라며 맞선다.

그러나 이 논쟁은 집단주의라는 당대의 체제 이데올로기를 대변하는 금옥의 일방적인 승리로 귀결된다. 자기의 세계를 지키고자 하는 영준의 욕망은 금옥에 의하여 "라체의 세계, 색정의 세계"로 치부될 뿐이다. 영준의 보따리 안에는 건축에 관한 서적과 함께 나체 사진이 실린 영화잡지가 들어 있는 것으로 설정되어 있다. 금옥은 함정에 빠진 이리를 사람들이 구해주었더니, 그 이리가 사람들을 잡아먹으려 했다는 우화까지 영준에게 들려준다. 이때 이리는 영준을, 사람은 국가와 당을 의미한다. 이러한 논쟁을 거친 후에도 한동안 영준은 개인주의에서 벗어나지 못한다. 수도 건설에 참여하게 되어서도 처음에는 "만세주의야", "감정과잉증이야"라며 비판적인 태도를 유지하는 것이다. 그러나, 동료들의 열기와 능력에 큰 충격을 받고, 적극적으로 천리마 운동에 나서는 전사로서 새롭게 태어난다. 영준은 밤에 몰래 나가 일을 더 하기도 하고, 칭송받을 일을 하고서도 "저를 내세우고 제 자랑을 하고 싶어 하던 버릇을 송두리째 빼여 버"린 듯이, 감추기 위해 애를 쓴다. 나중에 영준은 "가만히 생각하니 만분 옳은 말이란 말이요. 나도 이제는 누나가 가르친 대로 살려오"라며, 금옥의 말을 완전히 수용하게 된다.

이러한 일체화의 상상력은 일제 말기부터 시작되었다. 『청춘기』에서 태호는 은히를 무조건 철수의 여동생 철주와 동일시하며, 은히 역시 나중에는 자신을 철주와 스스로 동일시한다. 이들을 온전한 주체라고 부를 수는 없다. 그들은 자신의 정체성을 상상적 동일시의 방식을 통해 이룩하고 있기 때문이다. 이들에게는 자신들만의 고유한 특성을 잃어버린 채, 가상의 통일성 속에서 자신의 정체성을 확인하고 있을 뿐이었다. 이러한 주체의 모습을 건강하다고 부를 수는 없다.

이러한 일체화의 상상력은 자연과의 일체감으로까지 이어진다.[248] 「전별」에서는 강산에 대한 이상화를 넘어 강산과 인물의 일체화가 이루어진다. 다리를 폭파하기 위한 작전을 수행하면서 용주는 "조국의 물도 자기를 보고 반기는 것 같음을 느끼며 문득 또 어느 곳에서든지 조국은 저의 가는 길을 바라보고 있으리라고 생각"한다. 부상을 당한 용주는 땅에 코를 박아 흙냄새를 맡고 풀을 씹어 목을 축이며, "나의 흙! 나의 풀아! 나를 살려다구"라고 속으로 부르짖는다. 이어서 개 짖는 소리를 들으며 용주는 "고향에 온 것 같았다. 아니 제 집에 온 것 같았다. 이 집 속에서면 살아 날 수 있다는 믿음"을 갖는다. 조국의 땅이라면 모든 곳이 고향인 것이다. 온 산하를 자신의 고향이라 여기며, 조국의 모든 어머니를 자신의 어머니라 여기는 태도는 영익의 어머니도 마찬가지이다. 그리하여 둘을 비롯한 한민족과 한반도는 하나의 상태로서 존재한다. 그것은 다음의 인용에 선명하게 드러나고 있다.

> 그 뒤 주인 어머니는 미국놈이 온다는 소문이 있는 날이면 용주를 떠업듯이 해서 뒷등성이 곰바위 속에 피신시켜 주었다. 용주는 그 때마다 어린 저를 업어 길러 주던 어머니를 생각했다.
>
> 오늘도 어머니는 꿈결에 등에 업은 아들을 느낄 것이요, 손 잡고 밭으로 가던

248) 「황초령」에서도 복실은 조국의 자연과 동일시된다.

아들을 생각할 것이다. 그 아들이 지금 어디서 어떻게 하고 있는가. 아침에도 저녁에도 사래긴 고갯길과 늘어진 전선줄과 아득한 남쪽 하늘을 우러러 바라보고 있을 것이다.

"그러나 어머니! 걱정 마십시오. 우리들 이르는 곳에 조선의 어머니가 있고 우리 싸우는 곳에 우리 형제들이 있습니다."

사실 그 어느 산도 물도 고향처럼 반갑고 이 강산을 찾기에 피도 아깝지 않은 것은 그 속에 조선의 어머니와 겨레들이 살고 있기 때문이였다. 용주가 누은 이 자리에도 지금 적의 포성이 은은히 울리지만 그러나 오늘도 래일도 이 곤돌막에도 이 나라 태양이 비칠 것이요 조선의 어머니와 아들딸들이 살 것이다.[249]

이러한 일체화의 상상력을 통해 조국의 자연까지 거느린 거대한 '우리'가 탄생한다. 나아가 한설야의 '우리'에는 소련까지 포함된다. 해방 이후 한설야 작품 중에서 가장 많은 비중을 차지하는 것은 소련에 대한 애정과 존경을 표현한 작품들이다. 작품수만 놓고 따진다면, 김일성을 제재로 한 작품에 비해 무려 세 배나 될 정도이다.[250]

이러한 특징은 해방 이후 첫 번째 작품인 「모자」에서부터 드러난다. '어떤 쏘베트 전사의 수기'라는 부제가 붙어 있는 이 작품의 '나'는 소련군 병사이다. 소련인 병사는 자신의 고향 우크라이나와 조선을, 나아가 자신의 딸과 조선의 딸을 동일시한다. 조선의 K평야는 "우크라이나의 여름을 상상케 하"며, "이 나라의 소수레는 꼭 우크라이나의 그것과 비슷"하다. K평야 한복판을 흐르는 C강도 우크라이나의 젖줄기 드네쁘르강과 동일시된다. 나아가 조선의 '승무'는 '볼가의 뱃노래'와 같은 것으로 인식된다. 소련인 '나'에게 "환호에 벅적 끓어 번지는 조선의 땅은 이젠즉 바로 나의 고향과 한 젖줄기에 매여진 땅"인 것이다. '나'는 독일군의 침략으로 늙은 어머니와 아내와 아들과 딸을 잃는다. 딸, 프로쌰에게 줄 모

249) 414면.
250) 강진호, 앞의 책, 128면.

자를 사서 간직하고 있던 '나'는 길에서 본 "조선이 낳은 나의 딸"에게 준다. 어느새 조선은 '나'에게 "고향"이 된다.

소설의 마지막은 "새 싹이 무럭무럭 자라나는 이 거리로 귀엽게 아장아장 걸어 가는—프로쌰의 모자를 쓴 프로쌰의 동생, 아니 바로 프로쌰 …… 그리고 모든 이 나라의 어린이들이 파노라마처럼 내 머릿속에 떠돌고 있다"로 끝난다. 소련인이 주인공인 이 작품이 한설야 소설로는 드물게 1인칭 시점으로 되어 있다는 것도, 한설야가 소련에 대하여 느끼는 친밀감을 보여주는 것이다. 이 소설의 '나'는 "이 전쟁은 고향을 잃은 나에게 보다 새로운 고향에의 길을 열어 주는 것 같이도" 생각한다. 이때의 고향은 이미 나고 자란 곳과는 무관한 또 다른 의미의 고향이라고 할 수 있다. 이것은 '나'가 소련이라는 공동체를 뛰어넘어 존재하는 사회주의라는 보편적인 진리를 신봉하기 때문에 가능한 것이다.[251)]

이러한 소련군 역시 상상적 동일시의 세계에서 벗어나지 못하는 것은 마찬가지이다. 「얼굴」에서 병수는 1945년 8월 12일 밤에 유치장에 갇힌다. 더군다나 큰 불이 나서 죽게 된 것을 소련 군인이 구해준다. 병수는 자신을 구해준 소련 군인의 얼굴을 보고 싶어 한다. 작품은 다음과 같이 끝난다.

> 그 뒤 병수는 거리로 다니는 쏘련 군인들을 볼 때마다 그들의 손과 얼굴을 먼첨 보았다. 그리며 병수는 그 어느 얼굴에서도, 그 어느 손에서도 그 날 새벽 제

251) 가라타니 고진은 "고향을 감미롭게 생각하는 것은 아직 주둥이가 노란 미숙자이다. 모든 장소를 고향이라고 느낄 수 있는 자는 이미 상당한 힘을 축적한 자이다. 전세계를 타향이라고 생각하는 것이야말로, 완벽한 인간이다"(에드워드 사이드가 『오리엔탈리즘』에서 아우엘바흐에게서 재인용한 것으로서, 12세기 독일 스콜라 철학자 생 빅토르 후고의 말)라는 말을 인용하며, 이 말은 세 가지 타입을 나타낸다고 본다. '고향을 감미롭게 생각하는 것'은 공동체의 사고를, '모든 장소를 고향이라고 느낄 수 있는 자'는 공동체를 넘어선 보편적인 이성이나 진리가 있다는 생각을, '전세계를 타향으로 생각하는 자'는 모든 공동체의 자명성을 인정하지 않는 태도를 나타낸다는 것이다(가라타니 고진, 「스피노자의 '무한'」, 『언어와 비극』, 도서출판b, 2004, 279~284면).

가 만져 보던 쏘련 군인의 따뜻한 얼굴과 손을 느꼈다.[252]

'그 날 그 새벽의 소련 군인'은 '모든 소련 군인'과 동일시되고 있다. 이처럼 한설야의 해방 이후 세계에서 개별적인 소련 군인은 존재하지 않는다. 한 명의 소련 군인은 다른 소련 군인으로 대체될 수 있는 존재에 불과하다. 즉 '단독성－보편성의 체계'가 아닌 '개별성－일반성의 체계' 속에 존재하는 개인이라고 말할 수 있다.

사회주의 선진국 소련은 북한의 미래를 현재에 이미 성취한 빛나는 귀감이다. 김일성의 항일혁명기를 그린 『력사』에서도 아동혁명단은 소련의 '수보로학교'에 해당하는 것으로 그려졌고,[253] 「남매」에서도 소련은 보고 따라야 할 이상적인 존재였다. 『설봉산』에서도 순덕은 아이들에게 소련의 소년들을 모범으로 제시한다. 이 작품에서 순덕은 아이들에게 모범으로서 쏘련의 소년 꼬취마쓰에 대한 이야기를 한다. 꼬취마쓰는 미국, 독일, 일본의 외세에 맞서 열심히 싸운 소년이다. 평범한 노인들의 대화에서도 "옛날 로씨야도 우리만치나 고생들 했대. 그러나 로씨야가 오늘은 신선이라지 않아"라고 하여, 소련이 하나의 전범으로 등장한다. 소설 이외의 다양한 글에서 소련은 '우리'로서 인식되는 경우가 많다. 한설야는 '북조선문학예술가총동맹중앙위원장', '작가동맹위원장'으로 발표한 공식적인 문건에서 소련에 대한 절대적인 지지의 입장을 표하고 있다. 대표적인 사례를 몇 가지 들면, 다음과 같다.

---

252) 155면.

253) 1953년에 발표된 글에서 한설야는 "우리 인민들은 자기의 아들 딸들의 영웅적 위훈을 항상 위대한 쏘련 인민들과 그 아들 딸들의 빛나는 영웅적 위훈과 결부시키고 있습니다. 이것은 조쏘 친선의 사상이 우리 인민들의 생활 속에 얼마나 간절한 것으로 또 얼마나 아름다운 것으로 튼튼히 자리잡고 있는가를 말하는 것입니다. 때문에 위대한 쏘련의 조국 전쟁 시기에 있어서의 수많은 영웅들의 형상은 곧 싸우는 우리 인민군 전사들의 가슴마다에 살고 있으며 또한 실제 전투에서 그들의 형상을 자기의 모범으로 삼고 있습니다"(「전국 작가예술가 대회에서 진술한 한설야 위원장의 보고」, 『조선문학』, 1953.10, 116~117면)라고 말하고 있다. 이것은 『력사』에도 그대로 적용되는 말이다.

소련은 그 어느 민족의 문화, 예술의 조장에도 가장 많은 공헌을 하고 있거니와 이것은 즉 각 민족의 문화, 예술, 언어, 문자가 각이하면서도 결코 서로 상극되거나 상살하는 것이 아니오 독자적으로 발전할 수 있다는 것과 동시에 각 민족문화를 계발시킴이 곧 세계문화를 가장 잘 키우는 방법이라는 것을 사실에서 실행 중시하는 것이다.[254)]

수다한 민족으로 구성된 과거의 로서아가 금일의 소연방이 이 자국내의 각 민족문화발전에 대하여 강도 일본과 같은 약육강식적 정책을 취했다면 금일과 같은 세계문화의 우위성을 확보하는 데까지 발전하지 못하였을 것을 우리는 단언할 수 있다.[255)]

우리 문학은 모든 인민들과 모든 나라들이 가지고 있는 문학들 중에서 가장 선진적이며 가장 혁명적인 쏘베트 문학에서 많은 것을 배웠으며 또 배우고 있습니다.[256)]

쏘베트 문학 예술의 제 달성—그것은 우리의 등대이며 우리의 앞길입니다.[257)]

위의 인용에서 확인되는 것은 소련문화가 우수하다는 점, 그리고 중요한 사실은 소련문화는 일제가 한 것처럼, 우리 민족의 문화를 무시하거나 억압하지 않는다는 점이다. 이때의 소련은 김일성 이전부터 존재했던 사회주의 이념의 담지자로서 한설야에게는 받아들여진다. 한설야에게 소련은 이중적이다. 소련은 집단적 나르시시즘을 완성시키는 계기인 동시

254) 「예술운동의 본질적 발전과 방향에 대하여」, 『해방기념평론집』, 1946.8; 김재용 외, 『현대문학비평자료집』 1, 태학사, 1993, 27면.
255) 「국제문화의 교류에 대하여」, 『해방기념평론집』, 1946.8; 김재용 외, 앞의 책, 44면.
256) 「전국 작가예술가 대회에서 진술한 한설야 위원장의 보고」, 『조선문학』, 1953.10, 124면.
257) 위의 책, 134면. 이외에도 한설야의 국제회의 참가기는 소련을 외국으로 보지 않는 듯한 표현이 이곳저곳에 나타난다. 그가 민주주의 국가라 말할 때는 소련을 뺀 다른 나라를 가리킨다(김윤식, 『한국현대현실주의 소설 연구』, 문학과지성사, 1990, 278면).

에 그러한 나르시시즘을 반성하게 하는 계기이기 때문이다.

도덕적이고 아름다운 '우리' 안에 소련을 포함시키는 것은 1950년대 전반기까지 북한에서 일반적인 감각이었을 것이다. 그러나 1950년대 중반부터 북한은 급속도로 김일성만을 인정하는 유일성의 사회로 치닫는다. 1956년 8월에 있었던 종파사건이 김일성의 일방적인 승리로 귀결된 후, 김일성은 작가들에게 사대주의를 배격하고 '주체적' 입장을 가질 것을 요구한다. 여기서 사대주의란 소련의 동향에 관심을 갖는 태도이다. 더 이상 북한에서 소련은 따라야 할 대상이 아닌 것이다.[258] 즉, '우리' 안에서 소련을 제외시키려는 움직임이 본격화되었던 것이다. 그러나 한설야는 소련을, 소련으로 표상되는 사회주의 이념을 끝내 '우리'의 테두리 밖으로 밀어내지 못한다. 한설야는 "쏘베트 군대에 의한 조선해방"이라는 말을 공식적인 문건에서 자주 사용하는데, '주체'가 강조되던 1960년에 발표한 글(「해방 후 조선 문학의 개화 발전」, 『문학신문』, 1960.8.12)에서도 한설야는 "소련 군대에 의한 역사적인 8・15 해방"이라는 표현을 사용하고 있다. 소련에 대한 한설야의 태도 역시 그의 숙청을 해명하는 하나의 근거라고 볼 수 있다.

(3) 자아이상으로서의 김일성

해방 이후 한설야가 만들어 낸 '우리'는 개체들로 이루어진 유동적인 집합체라기보다 불변의 생명력을 유지해 온 영웅적인 집단적 주체로 자리매김 된다. 한설야에게 있어 '우리'의 감각적 현상이라 할 수 있는 인격적 주체는 김일성이다. 그는 위대한 군사지도자이자 정치지도자이며, 인간적으로도 상당한 매력을 지닌 존재로 형상화된다. 숙모를 초점자로 등장시킨 「개선」에서도 '장군'의 인간적 매력이 한껏 드러나 있다. 이는

258) "김일성이 유일한 영도자임이 확인되면서 김일성이 이끈 항일무장투쟁사는 위대한 과거의 진정한 출발점이자 유일한 전통이 되었다"(신형기・오성호, 앞의 책, 165면).

집단적 나르시시즘의 전제조건인 동일시를 가능케 하기 위해 고안된 매혹의 인간상이다. 해방 이후 한설야 소설에서 김일성은 일종의 자아이상(ego-ideal)이다. 김일성은 프로이드가 말한 주체의 나르시시즘적 구조물로서 내면세계의 환상대상과 함께 존재하는 자아이상이라고 말할 수 있다.[259] 자아이상이 대상의 본질과는 상관없이 주체의 내부 안에서 확대되고 이상화되어 실제와 반드시 일치하지는 않는 변경된 자아(alter-ego)라는 점에서, 자아이상과의 동일시 역시 '상상적 전이관계'[260]가 된다. 주체의 사회화 이후에 형성되는 자아이상은 유년 시절에 잃어버린 나르시시즘의 대체물이라고 볼 수 있다.

이러한 자아이상의 모습은 일제 말기 창작된 「두견」에 등장하는 안민에게서 처음 발견할 수 있다.[261] 「두견」은 세형이라는 인물의 시각으로만 그려진 작품인데, 자결한 안민의 삶과 그에 대한 이상화로 가득하다. 안민은 청빈한 선비이자 결곡한 지조를 가진 사람으로 ×××학회의 중진으로 이름이 높았다. 한글과 사학에 대한 조예가 깊은 그가 죽었을 때 사람들이 하는 "수불석권하고 글을 읽었다는 말과 가위금세의 군자라는 말"[262]은 그의 삶을 압축해 보여준다. 세형은 안민을 "오십평생을 그렇게 가진고초를 다겪고 주림과 박해에 시달리면서도 꼬박이 살아"[263]온 사람이라 칭송한다.

안민은 약간의 병적인 측면이 있는데, 그것은 한설야가 평생을 통해

---

259) 프로이드는 주체의 나르시시즘적 구조물로서 내면세계의 환상대상과 함께 자아이상을 설정하고 있다. 자아이상이란 자아의 이상적 영상을 투영한 하나의 외부대상을 말한다(J. Lacan, *The Seminar of Jaques Lacan:Freud's Papers on Technique*, New York : W. W. Norton and Compan, 1988, pp.129~137).

260) 자아이상은 이상적인 자신에 대한 개념으로서 주체의 가치관과 바람이 투영된 것으로서, 주체의 초자아와도 관련된다(Ibid., p.135).

261) 「두견」에 등장하는 안민은, 한말과 일제시대에 민족계몽과 한글운동을 실천한 비타협 민족주의자였던 신명균을 모델로 하여 창조된 인물이다(박용규, 「일제시대 한글운동에서의 신명균의 위상」, 『민족문학사연구』 38, 2008.12, 390~391면).

262) 『문장』, 1941.4, 157면.

263) 위의 책, 152면.

강조한 신의(오기)[264]와도 통한다. 그는 닷새 동안 물만 먹다가 자신이 가르치던 ××학당에서 까무러치기도 한다. 그러한 고행의 이유는 학생들의 어려운 처지도 이해하고, 자신의 정신과 의지를 시험해보기 위해서이다. 까무러친 후에 안민은 자신의 의지가 너무나 약했음을 깨닫고는 "더욱 제정신수양에 힘을썼다. 그러는반면에서 전보다도더 육신에 대해서는 등한"[265]시 하는 비정상적인 모습을 보인다. 안민의 이러한 정신주의는 한설야가 그토록 강조한 신의와도 통하는 것으로서, 안민은 한설야의 자아이상으로서 모자람이 없다.

당연히 안민의 생활은 곤궁 그 자체이다. "칠십로모가 있었는데 굶기를 부자이밥먹듯 하"[266]며, 소학교를 마치고 상점 점원으로 들어간 맏아들 수범이가 벌어 오는 돈으로 살림을 꾸려 간다. 세형은 안민에게 강한 동질감을 느끼고 있다. 이런 안민의 곤궁한 처지를 보며 세형은 "가장 값있는일을 하면서도 어둠과 가난속에 묻혀 있는 안민씨를 위해서 하늘에 침뱉고싶은 분노"[267]를 느낀다. 안민 역시 세형을 특별한 존재로 여기는데, 안민은 수범에게 자신의 죽음을 안민에게 알릴 것을 당부할 뿐만 아니라 ×××학회의 한 사람으로 삼십년 동안 적공한 원고를 세형이에게 넘긴다.

세형은 동일한 시대 상황에서 안민이 보여주는 삶의 모습에 자기의 이상적 영상을 투사하여 자신으로 동일시하고 있다. 이때 세형에게 안민이라는 존재는 유년 시절에 잃어버린 나르시시즘의 대체물이다. 해방 이후 소설의 김일성은 안민과는 비교도 할 수 없는 초인적인 능력을 가진 인물로 그려진다. 이때 김일성의 가장 큰 의미는 제국주의에 맞서 민족 해방

264) 한설야는 자신의 지난 삶을 회고하는 글에서 여러차례 '신의'를 강조하고 있다. "이 신의는 응당 일생을 두고 지켜야 할 그러한 보물이었던 것"(「나의 인간 수업, 작가 수업」, 『우리시대의 작가수업』, 역락, 2001, 24면)이라고까지 말하고 있다.

265) 『문장』, 1941.4, 159면.

266) 위의 책, 159면.

267) 위의 책, 161면.

을 쟁취한 인물이라는 것이다. 한설야 소설의 등장인물들은 김일성을 정점으로 한 공동체에 의해서만 의미가 주어지는 동질적인 거울상들이다.

김일성에 대한 한설야의 생각은 해방 이후부터 숙청당하기까지 비교적 일관된 시각을 유지했다. 해방 이후 김일성은 민족의 유일 지도자로 자리매김된다. 그는 일제와 미국과 같은 외세에 맞서 조선을 지키는 유일한 존재이다. 그것은 김일성을 다룬 모든 작품에서 확인된다. '장군'을 주인공으로 내세운 『력사』는 물론이거니와 『형제』에서도 남진은 작품의 처음부터 끝까지 「김일성 장군 출진도」를 작곡하는데 정열을 쏟고 있다.

심지어는 숙청을 앞둔 한설야의 마지막 소설인 「아버지와 아들」에서조차 근대적인 교육을 받지 못한 봉건적 인물인 홍걸 아버지를 초점자로 내세워 김일성을 한껏 이상화하고 있다. 홍걸 아버지는 다음과 같이 말할 정도이다.

> 요전에 꿈에 만나 뵈였단 말이요. 정말 굉장합데. 나는 무슨 천동과 지동이 한데 부딪치는 줄 알았소. 무섭고 사나운 군사들이 회 회 하고 돌개바람을 몰아 세우면서 왜놈들을 쳐나가는데 죽은 을지 문덕 장군이랑, 강감찬 장군이랑, 리 순신 장군이 일시에 살아 온 것 같습데. 그런데 그 맨 앞에서 선풍도골 같은 량반이 오만 조화를 부린단 말이요. 그 분이 바로 김 장군이야.[268]

이를 통해 본다면, 숙청 당하는 순간까지도 한설야는 김일성의 유일성에 대해서 별다른 회의나 문제제기를 하지 않았다고 볼 수 있다. 오히려 김일성에 대한 이상화는 시간이 지날수록 강화된다. 1950년대 이후에는 '장군'의 인간적인 모습이 그대로 드러나 있는 「개선」과 같은 작품은 존재할 수 없는 것이다. 「아버지와 아들」에서 이제 김일성은 직접 얼굴과 목소리를 드러내지 않는다. 단지 김일성을 보고 온 애발 령감의 중개를

268) 『조선문학』, 1962.4, 13면.

거쳐 독자에게 그 목소리가 들려지고 있을 뿐이다. 그것이 아니라면 앞의 인용에서처럼, 김일성은 꿈에서나 만날 수 있는 존재이다.

그러나 한설야 소설에서 김일성은 결코 파시즘에서 말하는 것과 같은 강력한 개인 숭배[269]에까지 이르지 않는다. 김일성이 논리를 초월한 존재로 되는 것에 대한 부정적인 자의식은 늘 개입하고 있기 때문이다. 『력사』에서 '시난차' 전투가 끝난 뒤 대원들은 사람들의 여론을 들으려고 각처로 흩어지는데, 간혹 사람들로부터 '김장군'이 "암만 봐도 그림자가 없어"라는 식의 이야기를 듣는다. 이에 대해서 서술자는 다음과 같이 직접 개입하여 '김장군'이 초자연적인 인물로 초월해버리는 것을 바로잡는다.

> 이렇게 한 입 건너, 두 입으로 이야기가 이야기를 낳는 동안에 사람들은 여러 가지 놀라운 인물 형상을 생각해 냈다. 옛 전설의 영웅을 바로 오늘의 김 장군으로 생각하기도 하였다. 그리고 또 실상 보지 못했음에도 불구하고 꼭 본 것처럼 생각켜지기도 하였다.[270]

또한 나중 김일성이 직접 홍걸의 아버지에 대하여 "그 로인은 옛날 같은 왕이 다시 올라선다고 생각하는가요?"라고 질문함으로써, 자신이 봉건적인 왕조의 왕이 되어서는 안 됨을 분명히 하고 있다. 한설야의 마지막 작품인 「아버지와 아들」에서 홍걸 아버지가 김일성을 만나고 온 애발 령감에게 장군이 축지법이나 둔갑술을 쓰거나 솔방울로 총알과 대포를 만들 수 있느냐고 묻자, 애발 령감은 그것을 부인한다. 다만 "우리가 그 놈들을 이기는 것은 우리 군대가 잘 합심하고 또 우리 편 사람들이 도와주기 때문"[271]이라는 식의 설명을 덧붙일 뿐이다.

1950년대 중반 이후 한설야는 식민지시기 국내에서 일어난 항일 활동

---

269) Robert O. Paxton, 앞의 책, 10면.
270) 266면.
271) 『조선문학』, 1962.4, 21면.

을 작품화하기 시작한다. 그 이전까지 한설야는 해방 이전 식민지의 저항 활동을 대상으로 한 본격적인 창작을 하지 않았다. 식민지의 반제 활동은 오직 김일성의 활동에 국한되어 있었다. 그런데 1950년대 중반을 넘어서면서 『설봉산』, 「레닌의 초상」의 창작이나 간접적인 방식이지만, 일제시대 장편소설을 개작하는 방식으로 식민지시기 국내에서 있었던 저항 활동을 작품화하기 시작한다. 이것은 당대 북한의 일반적인 상황[272]과는 다른 것이다. 북한에서는 이 시기부터 김일성의 유일 정통론, 즉 여타의 항일 활동 대신 김일성의 활동만을 강조하는 방향으로 흘러갔기 때문이다. 그런데 이 시기에 접어들어 한설야는 김일성 이외의 국내 저항활동을 본격적으로 작품화한다. 대표적인 작품으로 『설봉산』을 들 수 있는데, 여기에서 한설야는 거의 자신의 맨얼굴을 드러내면서 적색농조 활동을 소개하는데 최선을 다하고 있다. 『설봉산』의 전반부는 작품의 인과적 질서를 깨뜨리면서까지 정리와 보고를 향한 열정으로 가득 차 있다. 한설야가 끝까지 카프 활동의 실체와 의의를 부정하지 않은 것처럼, 그는 식민지시기 국내 저항활동의 실체와 의의 역시 부정하고 싶지 않았던 것이다.

그런데, 한설야는 이러한 작업을 하는데 하나의 강조점을 두고 있다. 그것은 그러한 활동이 김일성의 항일활동과 밀접한 영향관계를 지니고

272) 역사와 정치가 결합하는 가장 극적인 예는 1958년 연안계, 소련계, 일부 국내계가 숙청되고 김일성을 중심으로 한 빨치산파가 권력의 공백을 메워 당·정·군을 장악하면서 '항일 빨치산혁명 전통'이 확립되는 과정이었다. 혁명전통 확립문제는 인민군 내 숙청과정의 발단이 되었고 지방으로까지 확대되어 식민지시기 함경남북도를 중심으로 활발했던 국내 적색노조, 적색농조운동 출신의 지방 당, 인민위원회 간부가 대거 숙청되었다. 이는 북한지역 내부에 뿌리를 가진 중요한 토착적 전통의 단절을 의미하게 된다. 천리마운동이 공산주의 교양운동과 결합하여 사상교양사업으로서의 기능도 겸하게 되면서 항일 빨치산혁명 전통의 확립은 노동생산성 증대를 위한 모범일 뿐 아니라 전체 사회를 지배하는 최고의 이데올로기, 나아가서 건국이데올로기로까지 격상되어간다. 식민지시기 민족해방운동은 항일 빨치산투쟁으로 일원화되고 이와 관련이 없는 운동은 제거되거나 축소되어갔다. 역사와 정치의 긴장관계가 무너지고 역사가 정치에 완전히 종속되는 상황이 조성된 것이다. 서동만, 「북한 사회주의에서 근대와 전통」, 『한국의 근대와 근대성 비판』(역사문제연구소 편), 역사비평사, 1996, 366면.

있으며, 때로는 위계적인 관계라는 암시를 주는 것이다. 본격적으로 국내 저항 활동을 그린 『설봉산』에서부터 그러한 특징은, 다음의 인용에서처럼 분명하게 나타난다.

> 요 몇 해 사이에 만주에서 김 일성 장군 유격대가 료원의 불ㅅ길처럼 일어 나는 데 보조를 맞추어 국내 운동이 버쩍 머리를 들고 일어 났다. 놈들의 탄압이 심한 데 따라서 국내 운동 특히 농민 운동이 지하 운동으로 들어 가면서 그 세력이 버쩍 강대해졌다.[273]

이처럼 김일성의 유격대 활동과 함께 국내 활동이 "보조를 맞추어" 일어난 것으로 설명된다. 『설봉산』의 전반부에서 '김장군' 부대의 활동과 농조 활동은 별개의 것으로 인식되지만, 서사가 진행될수록 급격하게 '김장군'의 활동에 무게중심이 놓여진다. 『설봉산』에서 최고의 권위를 갖는 인물인 학철은 경덕에게 다음과 같이 말할 정도이다.

> 우리는 이제부터 김 일성 장군의 항일 투쟁 대렬의 한 병사로서 일해야겠소. 소시민적인 바장임은 필요 없다고 생각하오, 우리의 목적은 우리 나라에서 일제를 몰아내고 조선 민족을 해방하며 우리 나라를 독립 국가로 만드는데 있소. 그런데 우리 매개가 병사로 되지 않고는 이 일을 달성할 수 없소.[274]

결국 농조의 활동 역시도 김일성 부대로 표상되는 항일 투쟁 대열로 수렴되는 것이다. 그리하여 작품의 마지막은 이 작품에서 젊은 농조의 리더 중 하나였던 경덕이 "김 장군 부대에로!" 향하는 것으로 끝난다. 그러나 농조와 김일성과의 관련성을 강조하더라도 초점은 함경도에서 있었던 적색농조의 활동에 맞추어져 있다. 김일성을 한껏 치켜세우면서 작

---

273) 629면.
274) 424면.

가는 자신이 진정으로 하고자 하는 말인 적색농조에 대한 이야기를 맘껏 하고 있는 것이다. 그렇다고 해서 "그것이 곧 김일성에 대한 비판적 언술에 해당하는 것"[275]이라고 볼 수는 없다. 『설봉산』이 발표되기 얼마 전에 김일성은 「당 선전선동 일군들 앞에서 한 연설」(1955.12.28)에서 교조주의와 형식주의에 빠져 있어 당 사상사업과 선전사업이 효과를 거두고 있지 못한 점, 공산당의 영도가 없는 점이 3 · 1운동 실패의 주요원인의 하나였다는 점과 더불어 일제 때 3 · 1운동, 6 · 10만세사건, 광주학생사건 등과 같은 투쟁상에 대한 연구가 부족하다는 점을 지적했기 때문이다.[276] 이처럼 일제 시기 국내에서의 활발한 투쟁 활동을 소개하는 것은 김일성의 지침에 부합되는 창작 활동으로 볼 수도 있다.

김일성과 국내 활동을 연관짓는 것은, 김일성의 유일화가 강화되는 당대의 분위기와 맞물려 점점 강화되는 특징을 보인다. 이러한 경향은 『황혼』과 『초향』의 개작본을 통해서 확인할 수 있다. 기존의 연구에서는 외적인 정황을 고려해 박상훈이 조국광복회와 연관되는 인물로 고려되었으며, 조국광복회와의 연관은 곧 김일성과의 연관을 의미하는 것으로 받아들여졌다. "박상훈은 식민지시대 노동운동이 김일성의 무장투쟁과 연결된 것이었음을 암시하는 존재"[277]라는 것이다. 따라서 박상훈의 등장은 프롤레타리아 해방서사에서 김일성의 지도를 받는 전위적인 인물의 출연을 의미하는 것으로 이해되었던 것이다.[278]

개작본 『초향』에 이르면 국내활동과 김일성을 연관시키는 시각은 더

---

275) 강진호, 『한설야』, 한길사, 2008, 186면.

276) "전후의 북한에서 조선로동당은 사회주의 재건의 일환으로 계급교양의 강화, 선전사업에서의 교조주의와 형식주의의 극복, 사회주의 사실주의의 재확립 등을 내걸었으며 바로 이 과정에서 한설야의 『설봉산』, 최명익의 『서산대사』 등과 함께 이기영의 『두만강』이 나오게 된 것이다"(조남현, 『이기영』, 한길사, 2008, 255~256면).

277) 신형기 · 오성호, 『북한문학사』, 평민사, 2000, 42면. 이 글에서 신형기는 안함광의 「조선에 있어서의 사회주의 사실주의 문학의 발생과 발전」(『조선어문』 1~3, 1956)을 바탕으로 박상훈을 김일성 부대의 지도를 상징하는 존재로 파악하고 있다.

278) 김병길, 「한설야의 『황혼』 개작본 연구」, 『연세어문학』 30 · 31, 1999, 169~174면.

욱더 강화된다. 초판본에서 초향의 오빠 상기의 사진이 "한구에서 박은 것"으로 표현됨에 반해, 개작본에서 상기의 사진은 "국자가에서 박은 것"으로 고쳐지고 있는 것이다. 이것은 『황혼』에서 박상훈을 묘사함에 있어 "준식이들은 자기의 올그가 어디서 왔는지 어디 묵고 있는지 그런 것은 전연 알지 못했고 알려고도 하지 않았"으며 다만 "그들의 올그 박 상훈의 지도 아래에서 언제나와 같이 맑쓰-레닌주의적 립장에서 행하여졌다"라고 표현되는 것에 비한다면 놀라운 변화라고 할 수 있다.

「아버지와 아들」에서도 김일성을 만나고 온 애발 령감의 입을 통해 "김 장군이 보낸 사람들이 벌써 서울이랑 조선 각지에 들어 가 있답데다. 그래서 거기서도 바람 잘 날이 없다우다. 여기보다 더 하다우다"라고 말하고 있는데, 이것은 국내에서의 항일활동이 "김장군이 보낸 사람들"에 의해 일어난 것임을 말하고 있는 것이다.

한설야는 일관되게 김일성에 대한 추앙의 마음과 해외항일활동에 있어서의 정통성은 인정했던 것으로 보인다. 그는 다만 일제 시기에 국내에서 벌어진 여타 항일활동의 실체와 존재의의에 대해서는 조금도 양보를 하고 싶지 않았던 것이다. 이때 국내에서 벌어진 여타의 항일활동에 카프도 중요한 한 축으로 존재하고 있음은 말할 필요도 없다. 바로 이러한 차이 속에서 한설야는 숙청의 운명을 맞이하게 된 것으로 보인다.[279)]

이것은 그가 북한 문학계의 책임자로서 남긴 각종 공식문건의 변화양상을 통해서도 확인할 수 있다. 한설야는 카프를 북한에서 발전하고 있는 사회주의 리얼리즘의 기원으로서 항상 내세운다.[280)] 1950년대 중반까

---

279) 문학사 서술을 통해서도 이러한 변화를 확인할 수 있다. 홍정선은 해방 이후 북한에서 출판된 여러 문학사를 검토한 후 "주체사상 이후의 현대문학사 서술에서 간과할 수 없는 변화는 북한현대문학의 정통성을 카프가 아니라 김일성의 항일혁명투쟁에서 찾고 있다는 사실일 것이다. 주체사상 이전의 문학사에서는 김일성의 개인적 행위가 중요하게 취급되고 있기는 했지만, 현대문학의 중심적 흐름을 카프에 두고 있었다. 그러던 것이 주체사상 이후에는 사실적 근거에서부터 작품의 가치 평가에 이르기까지 모두 김일성의 항일혁명투쟁에 근거한 것으로 바뀌고 말았다"(홍정선, 「카프와 주체사상의 관계」, 『카프와 북한문학』, 역락, 2008, 230면)고 진술하고 있다.

지는 북한 문학의 유일한 기원으로서 카프는 자리매김되고 있다. "해방 전에 있어서 '카프' 작가들은 조선 현대 문학의 창시자로서의 그의 역사적 역할을 훌륭히 수행하였습니다", "'카프'의 전통이 해방후 우리 문학에서 정당히 계승 발전된 것은 꽃나무에 꽃이 피는 것처럼 극히 자연스러운 일입니다"[281]와 같은 표현이 그 단적인 예이다. 그런데 사회 전분야에서 주체가 강조되고, 김일성을 유일정통으로 내세우는 분위기가 뜨겁던 1959년에 발표된 「공산주의 교양과 우리 문학의 당면 과업—조선 작가 동맹 중앙 위원회 제4차 전원 회의에서 한 보고」에서는 처음이자 마지막으로 카프에 대한 언급이 나오지 않는다.[282] 대신 김일성의 항일 무장투쟁 당시 공산주의자들의 형상을 적극 작품화할 것을 주문하고 있다.[283] 그러나 한설야는 이 글 이후 북한 문학의 기원으로 카프와 항일혁명문예를 동시에 언급한다.[284] 1960년에 발표된 「「카프」 문학의 빛나는 전통」이 대표적이다.

---

280) 「전국 작가예술가 대회에서 진술한 한설야 위원장의 보고」(『조선문학』, 1953.10); 「평양시 당 관하 문학 예술 선전 출판 부문 열성자 회의에서 한 한설야 동지의 보고」(『조선문학』, 1956.3); 「전후 조선 문학의 현 상태와 전망」(『제2차 조선작가대회 문헌집』, 조선작가동맹출판사, 1956); 「해방 후 조선 문학의 개화 발전」(『문학신문』, 1960.8.12); 「「카프」 문학의 빛나는 전통」(『문학신문』, 1960.8.24).

281) 「평양시 당 관하 문학 예술 선전 출판 부문 열성자 회의에서 한 한설야 동지의 보고」, 『조선문학』, 1956.3; 김재용 외, 『현대문학비평자료집』 3, 태학사, 1993, 516면.

282) 이것은 1959년 들어서서 당의 문예 정책을 담당하고 있던 이들이 북한문학의 혁명적 전통이 그동안의 주장처럼 카프문학이 될 수 없고 항일혁명문학이 돼야 한다는 주장을 강하게 제기(김재용, 「'투쟁의 문학—카프 창건 37주년에' 분석」, 『월간 Win』, 1998.2, 286면)한 것과 연관된 것이다.

283) "우리는 오늘의 공산주의 교양이 우리 당의 당적 사상 체계로 무장하는 문제와 서로 분리될 수 없다는 것을 인식하고 1930년대 김일성 동지를 선두로 하는 견실한 공산주의자들의 항일 무장 투쟁의 예술적 화폭에 보다 많은 힘을 기울여야 하겠습니다. 왜냐하면 1930년대 김일성 동지를 비롯한 견실한 공산주의자들의 사상 체계와 혁명적 사업 작풍은 바로 오늘 우리 당과 인민이 계승하고 있는 혁명 전통이며 공산주의자의 사상—성격적 특징에 있어서 전형들이기 때문입니다"(『공산주의 교양과 문학창작』, 조선작가동맹출판사, 1959; 김재용 외, 『현대문학비평자료집』 5, 태학사, 1993, 35면).

284) 「해방 후 조선 문학의 개화 발전」, 『문학신문』, 1960.8.12; 「「카프」 문학의 빛나는 전통」, 『문학신문』, 1960.8.24.

해방 후 조선 노동당은 우리 나라 문학 예술의 고상하고 풍부한 유산 특히는 1930년대 김일성 동지가 영도한 항일 무장 투쟁 과정에서 창조된 문학 예술과 「카프」 문학 예술의 빛나는 전통을 높이 평가하고 그 전통을 계승 발전시킬 조치를 취하였습니다.[285]

그러나 이 글을 포함해 이후 발표된 다른 글[286]에서도 질에 있어서나 양에 있어서나 한설야가 평가하는 것은 어디까지나 '카프'에 놓여 있음을 확인할 수 있다. 카프의 식민지시기 혁혁한 활동에 대한 소개에 비한다면 항일혁명문예에 대한 언급은 무시해도 좋을 정도이다. 한설야가 마지막으로 발표한 「투쟁의 문학－카프 창건 37주년에 즈음하여」[287]에서는 항일혁명운동을 인정한다는 발언은 나오지만 항일혁명문예에 대한 언급은 보이지 않는다. 대신 "당시의 항일무장 대열의 불요불굴의 투쟁이 우리 문화전선에 준 영향으로 해 카프 작가들이 신념을 가지고 자기들의 전투성을 높이면서 창작에 매진했기 때문"이라고 하여, 항일혁명운동에 카프가 영향을 받았지만, 일제시대 문화 투쟁의 정통성은 카프에 있음을 전보다 더욱 분명하게 강조하고 있다. 한설야는 자신의 삶으로 감당해 왔던 식민지시기의 카프로 표상되는 문학 활동의 실체와 의의를 끝내 포기하지 않았던 것이다.

285) 「「카프」 문학의 빛나는 전통」, 『문학신문』, 1960.8.24; 김재용 외, 『현대문학비평자료집』 8, 태학사, 1993, 409면.
286) 「투쟁의 문학－카프 창건 37주년에 즈음하여」, 『문학신문』, 1962.8.24. 이 글은 한설야가 숙청당하기 전에 발표한 마지막 글이다.
287) 『문학신문』, 1962.8.24.

제5장
결론

한설야는 마르크시즘이라는 뚜렷한 이데올로기적 신념에 바탕해서 평생에 걸친 문학활동을 해나갔다. 카프(KAPF) 시기에 한설야는 계급적 당파성을 신실하게 견지하며, 「과도기」와 같은 경향소설의 대표작을 남겼다. 해방 이후에는 북한의 문학정책과 이론을 총괄하는 자리에 있으면서 북한 문학의 기초를 놓았을 뿐만 아니라 실제 창작에서도 이후 북한에서 창작될 작품들의 전범을 제공했다. 1962년 '종파주의자', '일제시대 군수의 아들', '부화방탕'이라는 죄목으로 숙청당하지만, 실제로는 카프를 문학사의 정통으로 보려는 자신의 정치적·문학적 신념을 끝까지 고수한 결과이다.

월북작가에 대한 해금 이후 본격적으로 이루어진 한설야 문학에 대한 연구는 주제론적이며 사상사적인 측면에 치우쳐 있었다. 그러한 연구들을 통해 한설야 소설은 식민지시대를 대표하는 경향소설, 노동소설, 전향소설로 자리매김될 수 있었다. 이들 연구는 대부분 리얼리즘 미학에 바탕한 것으로서, 작가의 세계관적 특질을 규명하는 것이었다. 이 논문은 그동안 연구가 소홀했던 한설야 소설의 고유한 서사적 규칙을 밝혀내는 것을 목적으로 하였다. 이를 통하여 궁극적으로는 한설야 소설의 정신사적 의미까지 당대적 맥락에서 재구성하고자 하였다. 또 하나 지금까지의 한설야 소설 연구가 지닌 맹점 중의 하나는 지나치게 단절적인 성격이 강하다는 것이다. 한설야 소설 전체를 대상으로 한 연구는 찾아보기 힘들다. 대부분은 식민지시기에 창작된 작품들에 초점을 맞춘 연구들이며, 해방 이후 그의 문학 세계를 다룸에 있어서는 『설봉산』 같은 대표작 몇 편을 다루는 경우가 많았다. 그러나 한설야는 등단부터 숙청 당시까지 큰 단절 없이 지속적이며 적극적인 창작활동을 한 작가이다. 창작의 양을 놓고 보자면, 오히려 해방 이후에 더욱더 활발해진 측면도 있다. 이러한 사정을 고려하여 이 논문은 한설야 소설의 전체를 대상으로 하여, 전 시기 소설 세계를 규율 짓는 핵심적인 서사적 특질을 규명하고자 하였다. 이 논문은 이를 위해 한설야 소설의 특징을 서술적 측면, 서사 구성적 측면, 의미론적 측면으로 나누어 살펴보았다.

서사 구성적 측면에 대한 고찰은 텍스트의 각 부분들이 어떻게 연결되어 있는지, 즉 단위 사건들이 어떠한 논리적 질서와 원칙에 의해 이루어져 있는지를 살펴보는 것이다. 한설야 소설은 성장의 구성 방식을 그 특징으로 한다. 성장의 구성 방식은 주제소설이 취하는 두 가지 구성 방식(대립, 성장) 중의 하나로서, 작가의 이데올로기적 지향을 분명하게 보여주는 특징이 있다. 성장의 구성은 크게 세 가지 하위 항목을 지니고 있는데, 첫 번째는 도제 구조만이 나타나는 것으로서, 이것은 카프시기와 해방 이후 북한소설에서 찾아볼 수 있다. 두 번째는 연애관계와 중첩된 지식인 계급의 성장을 다루는 경우이다. 이것은 한설야 소설의 초기부터 후기까지 지속적으로 나타나는 현상으로서, 한설야 소설의 대표작으로 불리는 것들은 대부분 이러한 구성방식을 취하고 있다. 한설야의 도제구조에서 발신자는 시기별로 비교적 동일한 양상을 보인다. 카프시기 도제 구조에서 발신자의 자리에는 계급의식이 놓여 있다. 해방 이후 건설기에는 건국이 그 자리를 채우며, 6·25 이후에는 민족해방이 발신자의 위치에 놓이게 된다. 이 시기 주인공들은 전사 되기를 행위의 목표로 삼는다. 세 번째는 가족관계를 통한 성장의 구성방식으로서 이것은 일제 말에 집중적으로 나타난다. 이것은 원형적이고 심리적인 차원에서의 성장을 문제삼는다는 점에서 일종의 퇴행이라고 볼 수도 있다. 그러나 당대의 엄혹한 상황에 맞서, 현실의 모순을 내파하는 독특한 방식이다.

서술적 측면에 대한 고찰은 인물이나 사건과 같은 스토리 차원의 요소들이 어떠한 중개를 통해 담론화 되고 있는가를 살펴보는 것이다. 이를 위해 2장에서는 소설의 매개를 담당하는 핵심적인 장치라고 할 수 있는 시점을 중심으로 한설야 소설의 특징을 고찰해보았다. 시점에 있어 한설야 소설은 크게 세 가지 방법을 사용한다. 카프시기 작품들은, 뚜렷한 전망을 바탕으로 한 외부적 비전을 통하여 노동자들이 처한 열악한 현실과 그들의 존재 의미를 신명하게 드러내고 있다. 일제 말에는 내부적 비전의 다양한 양상을 총동원하여 지식인이 처한 곤경과 내면의 방황을 효과적으로 보여주었다. 식민지시기 한설야 소설에서 기층민중은 외부로부터 조망되고, 지식인은 내부로부터 보여지는 특징을 발견할 수 있다. 세계를 조망할 총체적인 시각과 전망이 뚜렷한 해방 이후의 소설에서는 인물-초점자를 내세운 내적 초점화의 방법이 빈번하게 사용된다. 그것은 서술자의 중개적 역할을 필요로 하지 않을 정도로, 이 시기 인물들이 이데올로기와 완전히 밀착된 존재들이기 때문이다. 인물들이 작가적 이념의 완벽한 구현체일 때 화자의 존재는 필요하지 않게 되는 것이다. 또한 이것은 무산자에 대한 작가의 일방적인 전유라는 한계를 갖는다. 이 시기 작품에 무산자라는 관념은 있어도 개체로서의 타자는 등장하지 않는다. 북한 소설에서는 서술자의 중개적 기능이 약화되는 경우가 빈번해진다. 작가의 이념을 완벽하게 구현한 인물들의 목소리가 직접적으로 독자에게 전달되는 것이다. 이것은 한층 본격화 된 독백, 대화, 훈시, 메타 담론의 등장을 통해 확인할 수 있다. 이것은 역설적으로 작가의 이데올로기적 신념이 더욱더 확고해진 결과이다. 한설야 소설은 문체적으로 점점 풍요로워지는 경향을 보여준다. 이러한 풍요로움은 '고유어', '의성 · 의태어', '속담'과 같은 민족적 특성이 강한 어휘들의 사용에서 비롯되는 것이다.

의미론적 국면에 대한 고찰은 한설야라는 문학적 주체가 보인 표면상의 여러 굴절과 변이에도 불구하고, 변치 않고 존재하는 공통된 세계관의 핵 혹은 사고의 공통구조를 살펴보는 것이다. 이것은 각각의 작품들을 가능케 하는 일반 조건이자, 한설야 소설들이 만들어내는 의미가 생성되는 심층 구조를 탐색하는 작업이기도 하다. 의미를 생성시키는 의미소들의 관계를 바탕으로 의미 작용의 심층구조를 드러내고자 했다. 1절은 생산관계와 생산력이라는 의미소의 관계, 2절은 과거와 현재라는 의미소의 관계, 3절은 자아와 타자라는 의미소의 관계에 주목했다. 이를 통해 한설야 소설에서 발견할 수 있는 첫 번째 의미론적 국면은 생산을 중심으로 형성된다. 생산을 구성하는 생산관계와 생산력의 두 가지 요소 중, 카프시기에는 생산관계가 중요시된다. 카프 해산 이후에는 점차 생산력에 관심을 기울이기 시작해서, 해방 이후 북한 소설에서는 생산력을 일방적으로 강조하게 된다. 두 번째 의미론적 국면은 시간성을 중심으로 형성된다. 첫 번째는 카프 활동 시기로서, 이때는 과거와 현재의 이분법적 관계를 통해 향수가 나타난다. 이때의 향수는 현재의 불안이 불러낸 것인 동시에 유토피아적 기획의 의미를 함께 지니고 있다. 두 번째는 일제 말에 나타나는 향수로서, 그것은 미래의 전망과는 무관하게 과거에 대한 응시 그 자체를 통해 현재의 곤란과 불안을 회피하는 의미만을 지닌다. 세 번째는 해방 이후 북한소설에 나타나는 시간의식으로서, 현재 속에 이미 이상화된 과거의 가치가 포함되어 있는 경우이다. 이로 인해 향수가 사라지는 양상을 보인다. 이때의 시간의식은 내셔널리즘에 수렴되는 양상을 보인다. 한설야 소설에서 마지막 의미론적 국면은 주체구성방식을 중심으로 형성된다. 한설야 소설의 초점자들은, 전향소설들의 초점자들을 제외하고는 단

독자로서의 개인이라기보다는 집단의 한 개체로서 존재한다. 그러나 전향소설의 주인공들 역시 나르시시즘적 자아들이라 할 수 있으며, 그들은 상상적 동일시를 통해 개인으로서의 정체성을 유지한다. 이러한 특성은 해방 이후 좀 더 집단적이고 사회적인 성격을 지니게 된다. 이 시기에는 적대적 타자와는 구분되는 심미화되고 이상화 된 '우리'를 설정하고 이를 통해 정체성을 확립하고 있음을 확인할 수 있다.

한설야 문학의 가장 큰 특징은 이념적 일관성이다. 그는 격동의 시대를 살아오며 외적으로는 큰 단절을 보이지만, 내적으로는 한 번도 자신의 신념을 포기한 바 없다. 각기 다른 시대적 환경 속에서 그에 맞는 서사화 방식을 통해서 자신이 견지한 신념을 작품화해낸 것이다. 이러한 한설야 문학의 고유성을 가능케 한 것으로는 네 가지 요인을 고려해야만 한다. 첫 번째는 사상의학의 창시자이자 조선말의 대표적 유학자인 이제마의 제자였던 아버지와 집안으로부터 비롯된 유교적 분위기이다. 한설야는 평생에 걸쳐 신의를 강조하고 있는데, 이것은 유교적 지사 의식과 연관된 것으로 보인다. 두 번째는 경성고보 재학 시절 '활박'이라는 말을 들을 정도로 탐닉했던 영화, 연극, 신소설 등의 세계이다. 세 번째는 사회과학에 대한 집요한 탐색이다. 한설야는 일본대학에서 수학할 당시에도 사회학과에 적을 두고 있었으며, 중국에 머물 당시에도 항상 사회과학에 몰두했다. 이러한 사회과학적 바탕은 그의 문학이 지닌 마르크스주의적 경향을 더욱 단단하게 만드는 기본적인 토대가 되었다. 네 번째는 중국 체험이다. 그는 1920년부터 1년 남짓 베이징에 머물렀는데, 이때 신채호와 함께 의열단 활동을 했던 서왈보와 교유하는 등 민족해방운동에 대한 인식을 가지게 된다. 1926년에는 무순에서 노동활동에 대한 간접적인 체험을 하게 된다. 이러한 중국경험은 카프 계열의 많은 작가들이 일본 유학을 하고, 일본에서의 경험을 통해 세계관을 정립한 것과는 차이 나는 지점이다.

한설야의 소설세계는 카프에 가입하는 1927년 이전까지의 시기, 카프에 가입한 이후부터 신건설사 사건으로 수감되기까지의 시기, 집행유예로 풀려나온 1935년 말부터 해방까지의 시기, 해방 이후부터 숙청당할 때까지의 시기로 나누어 이해할 수 있다. 전체적으로 카프시기와 해방 이후는 이데올로기가 강력한 영향력을 발휘한다. 카프시기에 한설야는 비평과 창작 양면에 걸쳐서 프로 문학을 확립하는데 결정적인 역할을 했다. 아나키스트 김화산과의 논쟁, 유물변증법적 리얼리즘론, 「과도기」 등이 그 구체적인 성과이다. 해방 이후에 한설야는 적극적인 활동을 통해 한국문학사에서 문학 정치 일원론을 대표하는 문인으로서 자리매김 된다. 1962년 숙청당할 때까지 한설야는 단순한 문인을 넘어 북한 사회의 대표적인 이데올로그로서 활동한다. 이 시기 한설야 문학은 김일성을 형상화한 것, 친소의식을 드러낸 것, 반미·반제 의식을 드러낸 것으로 나누어 볼 수 있다. 그러나 이 세 가지는 제재별 분류에 머문 것일 뿐, 실제로는 한설야가 문학을 통해 이루고자 하는 이상적인 사회주의 국가의 건설이라는 하나의 목적에 종속되어 있는 것이다. 한설야에게 있어 김일성은 가장 이상적이며 현실성 있는 북한 사회의 리더로서, 소련은 북한이 본받아야 할 역할 모델로서, 미국은 그러한 꿈을 막는 현실의 적대적인 세력으로서 인식되었다. 카프시기와 해방 이후 시기에는 이데올로기의 프레임을 통해 걸러진 현실이 서사화되고 있다. 특히 해방 이후에는 이념의 독주로 인하여 문학적으로는 심각한 문제점을 노출한다. 두 시기에 비해 카프 해산 이후부터 해방까지의 시기는 이데올로기가 현실과 대등한 힘을 가지며, 긴장관계를 형성한다. 소위 명작이라 부를 수 있는 한설야의 작품들은 대개 이 시기에 창작된다. 이데올로기의 중압에서 벗어났을 때, 비교적 현실도 또렷하게 보이고, 문학의 언어예술적 측면에도 관심을 기울이게 되는 것이다.

한설야 문학은 그동안 금기의 대상이었다. 대한민국에서는 물론이고, 북에서도 1962년 숙청 이후 공식적인 문학적 장에서 한설야의 이름은 찾아볼 수 없었다. 그러나 얼마 전부터 한설야 문학은 남과 북 모두에서 새로운 관심의 대상으로 떠오르고 있다. 남한은 1980년대 말의 월북작가 해금 조치와 함께 북에서는 2000년 무렵 복권과 더불어서이다. 이러한 한설야의 삶과 문학 그리고 이후의 행적은 그의 문학이 어느 한 체제 이데올로기에 포섭될 수 없는 한국근대사의 보편성과 특수성을 담지하고 있음을 간접적으로 드러내는 것이다. 통일과 통일문학사를 준비해야 하는 시기라면, 아니 그러한 시기가 온다면, 한설야 문학은 언제나 하나의 시금석으로 우리 앞에 놓여 있을 것이다.

참고문헌

1. 기본자료

『경성일보』, 『매일신보』, 『동아일보』, 『청년』, 『신여성』, 『조선문단』, 『만주일일신문』, 『조선일보』, 『조선지광』, 『중외일보』, 『문예전선』, 『조선문예』, 『문예공론』, 『중앙일보』, 『비판』, 『신계단』, 『문학건설』, 『형상』, 『조광』, 『신동아』, 『고려시보』, 『여성』, 『삼천리』, 『문학안내』, 『풍림』, 『백광』, 『사해공론』, 『청색지』, 『신세기』, 『국민신보』, 『문장』, 『박문』, 『인문평론』, 『춘추』, 『국민문학』, 『문화전선』, 『로동신문』, 『조소문화』, 『문학신문』, 『조선문학』

『청춘기』, 중앙인서관, 1939.
『황혼』, 영창서관, 1940.
『귀향』, 영창서관, 1940.
『초향』, 박문서관, 1941.
『한설야 단편선』, 박문서관, 1941.
『탑』, 매일신보사, 1942.
『영웅 김일성 장군』, 신생사, 1947.
『승냥이』, 조선작가동맹출판사, 1951.
『력사』, 조선작가동맹출판사, 1954.
『황혼』, 조선작가동맹출판사, 1955.
『대동강』, 조선작가동맹출판사, 1955.
『설봉산』, 조선작가동맹출판사, 1956.
『탑』, 조선작가동맹출판사, 1956.
『청춘기』, 조선작가동맹출판사, 1957.
『귀향』, 조선작가동맹출판사, 1957.
『만경대』, 교육도서출판사, 1957.
『초향』, 조선작가동맹출판사, 1958.
『열풍』, 조선작가동맹출판사, 1958.

『형제』, 아동도서출판사, 1960.
『한설야 선집 수필』 14, 조선작가동맹출판사, 1960.
『한설야 선집』 12(사랑), 조선작가동맹출판사, 1960.
『한설야 선집 단편집』 8, 조선작가동맹출판사, 1960.
『성장』, 조선작가동맹출판사, 1961.

2. 국내 논저

강영안, 『주체는 죽었는가』, 문예출판사, 1996.
강진호, 『한설야』, 한길사, 2008.
고태우, 『북한현대사 101장면』, 가람기획, 2000.
권순긍 · 정우택 편, 『우리 문학의 민족 형식과 민족적 특성』, 연구사, 1990.
권영민, 『한국 계급문학 운동사』, 문예출판사, 1999.
김경수, 『염상섭 장편소설 연구』, 일조각, 1999.
김기봉, 『'정치종교'로서의 민족주의, 서양에서의 민족과 민족주의』(한국서양사학회 편), 까치, 1999.
김명수, 『새 인간의 탐구』, 조선작가동맹출판사, 1957.
김 석, 『에크리』, 살림, 2007.
김석준, 『한국 근대농촌사회와 일본제국주의』, 문학과지성사, 1986.
김성도, 『현대 기호학 강의』, 민음사, 1998.
______, 『구조에서 감성으로－그레마스의 기호학 및 일반 의미론의 연구』, 고려대 출판부, 2002.
김영민, 『한국 근대문학비평사』, 소명출판, 2002.
김영작 편, 『한국 내셔널리즘의 전개와 글로벌리즘』, 백산서당, 2006.
김외곤, 『한국근대리얼리즘문학비판』, 태학사, 1995.
김윤식 외, 『한국근대리얼리즘작가연구』, 문학과지성사, 1988.
________, 『한국문학의 리얼리즘과 모더니즘』, 민음사, 1989.
김윤식, 『한국근대문학사상사』, 한길사, 1984.
______, 『임화연구』, 문학사상사, 1989.
______, 『한국현대현실주의소설연구』, 문학과지성사, 1990.

______, 『한국현대문학사상사론』, 일지사, 1992.
______, 『북한문학사론』, 새미, 1995.
김윤식 · 정호웅, 『한국소설사』, 예하, 1993.
김인옥, 『한국 현대 전향소설 연구』, 국학자료원, 2002.
김준엽 · 김창순, 『한국공산주의운동사』, 청계연구소, 1986.
김재용, 『협력과 저항』, 소명출판, 2004.
김재용 외 편, 『현대문학비평자료집』 1 · 4 · 5, 태학사, 1993.
김재용 외 편역, 『식민주의와 비협력의 저항』, 역락, 2003.
김재용 외, 『만주, 동아시아 융합의 공간』, 소명출판, 2008
김진균 · 정근식 편, 『근대주체와 식민지 규율권력』, 문화과학사, 1997.
김태환, 『문학의 질서－현대 문학이론의 문제들』, 문학과지성사, 2007.
노상래, 『한국 문인의 전향 연구』, 영한, 2000.
대중문학연구회 편, 『연애소설이란 무엇인가』, 국학자료원, 1998.
류 만, 『조선문학사』 9, 과학백과사전종합출판사, 1995.
문영희, 『한설야 문학 연구』, 시와시학사, 1996.
문학사상연구회 편, 『한설야 문학의 재인식』, 소명출판, 2000.
박명림, 『한국전쟁의 발발과 기원』 1, 나남, 1996
박태호, 『근대주체와 식민지 규율권력』, 문화과학사, 1997.
방민호, 『채만식과 조선적 근대문학의 구성』, 소명출판, 2001.
북한사회과학원 문학연구소 편, 『조선문학통사 현대편』, 1959.
류인균, 『한국 근대소설에 나타난 오이디푸스 콤플렉스의 이해』, 서울대 출판부, 2007.
서경석, 『한국 근대 리얼리즘 문학사 연구』, 태학사, 1998.
서영채, 『사랑의 문법』, 민음사, 2004.
신주백, 『1930년대 국내 민족운동사』, 선인문화사, 2005.
신형기 · 오성호, 『북한문학사』, 평민사, 2000.
신형기, 『민족이야기를 넘어서』, 삼인, 2003.
안함광, 『안함광 평론 선집』(김재용 · 이현식 편), 박이정, 1998.
역사문제연구소 문학사연구모임 편, 『카프문학운동연구』, 역사비평사, 1989.

오세영, 『한국 근대문학론과 근대시』, 민음사, 1996.
유기환, 『노동소설, 혁명의 요람인가 예술의 무덤인가』, 책세상, 2003.
윤세평, 『현대작가론』 2, 조선작가동맹출판사, 1960.
윤해동, 『식민지의 회색지대』, 역사비평사, 2003.
이경훈, 『오빠의 탄생』, 문학과지성사, 2003.
이상갑, 『한국 근대문학과 전향문학』, 깊은샘, 1995.
이재선, 『현대소설의 서사시학』, 학연사, 2002.
이제마, 이가원 역, 『동의수세보원』, 서문문고, 1998.
이진경, 『맑스주의와 근대성』, 문화과학사, 1997.
______, 『노마디즘』 2, 휴머니스트, 2002.
이현식, 『일제 파시즘체제하의 한국 근대문학비평』, 소명출판, 2006.
임규찬 · 한기형 편, 『카프비평자료총서』 1~8, 태학사, 1989.
임지현, 『이념의 속살』, 삼인, 2001.
임 화, 『문학의 논리』, 학예사, 1940.
______, 『임화 신문학사』(임규찬 · 한진일 편), 한길사, 1993.
장사선, 『남북한 문학평론 비교 연구』, 월인, 2005.
장석홍, 『한설야 소설 연구』, 박이정, 1997.
장시원 외, 『한국근대농촌사회와 농민운동』, 열음사, 1988.
전영선, 『북한의 문학예술 운영체계와 문예이론』, 역락, 2002.
정남영, 『리얼리즘과 그 너머』, 갈무리, 2001.
정이근, 『역사유물론과 자본주의』, 한울, 2008.
정호웅 외, 『장편소설로 보는 새로운 민족문학사』, 열음사, 1993.
조남현, 『한국지식인소설연구』, 일지사, 1984.
______, 『한국현대소설유형론연구』, 집문당, 1999.
______, 『한국현대문학사상탐구』, 문학동네, 2001.
______, 『소설신론』, 서울대 출판부, 2004.
______, 『이기영』, 한길사, 2008.
조수웅, 『한설야 소설의 변모양상』, 국학자료원, 1999.
조진기, 『한일 프로문학론의 비교연구』, 푸른사상, 2000.

조현일, 『한국 문학의 근대성과 리얼리즘』, 월인, 2004.
차문석, 『반노동의 유토피아—산업주의에 굴복한 20세기 사회주의』, 박종철출판사, 2001.
최시한, 『가정소설 연구—소설 형식과 가족의 운명』, 민음사, 1993.
최현무 편, 『한국문학과 기호학』, 문학과비평사, 1988.
최현식, 『신화의 저편』, 소명출판, 2007.
태혜숙, 『탈식민주의 페미니즘』, 여이연, 2001.
한국소설학회 편, 『현대소설 시점의 시학』, 새문사, 1996.
한석정, 『만주국 건국의 재해석』, 동아대 출판부, 1999
한중모, 『한설야의 창작 연구』, 조선작가동맹출판사, 1959.
홍성태, 「근대화 과정에서 어린이는 어떻게 자라왔는가」, 『당대비평』, 2004년 봄.
홍정선, 『카프와 북한문학』, 역락, 2008.

강이수, 「공장체제와 노동규율」, 『근대주체와 식민지 규율권력』(김진균·정근식 편), 문화과학사, 2000.
강진호, 「1930년대 후반기 한설야 소설과 리얼리즘」, 『현대소설연구』 1, 1994.8.
고명철, 「한설야 문학, 그 탈식민의 맥락」, 『반교어문연구』, 2006.
고정옥, 「조선문학의 민족적 특성에 관한 몇가지 의견」, 『문학신문』, 1959.10.2.
권보드래, 「1930년대 후반의 프롤레타리아작가 소설 연구」, 서울대 석사논문, 1994.
권영민, 「『황혼』에서 보는 한설야의 작품세계」, 『문학사상』, 1988.8.
______, 「노동문학의 가능성과 한계」, 『월북문인연구』, 문학사상사, 1989.
김남천, 「고발의 정신과 작가」, 『조선일보』, 1937.6.4.
김덕유, 「중편소설 『형제』의 언어」, 『문학신문』, 1960.5.24.
김동환, 「1930년대 한국전향소설연구」, 서울대 석사논문, 1987.
김명수, 「장편소설 『력사』에 대하여」, 『조선문학』, 1954.4.
김병길, 「한설야의 『황혼』 개작본 연구」, 『국어국문학』 132, 2002.
김상욱, 「거세된 현실과 방법의 포기」, 『한국국어교육연구회논문집』, 1991.
김성경, 「인종적 타자의식의 그늘」, 『한국 근대문학과 민족 국가 담론』(서울시립대 인문과학연구소 편), 소명출판, 2005.

김성수, 「프로 문학과 북한 문학의 기원」, 『민족문학사연구』 21, 2002.12.
김옥엽, 「청산할 연애론」, 『신여성』, 1931.11.
김외곤, 「1930년대 한국 현실주의 소설 연구」, 서울대 석사논문, 1990.
김윤식, 「한설야론」, 『한국문학』, 1989.8.
_____, 「북한문학의 세 가지 직접성」, 『예술과 비평』, 1990.
_____, 「우리근대문학사의 연속성에 대하여」, 『한국현대문학연구』 1, 1991.
_____, 「한설야의 일어 창작론」, 『한국학보』 115, 2004.
김재영, 「한설야 소설 연구」, 연세대 석사논문, 1990.
김재용, 「카프 해소 비해소파의 대립과 해방후의 문학운동」, 『역사비평』, 1988년 가을.
_____, 「'투쟁의 문학－카프 37주년에' 분석」, 『월간 win』, 1998.2.
_____, 「냉전시대 한설야 문학의 민족의식과 비타협성」, 『역사비평』, 1999년 여름.
_____, 「북한 문학과 민족문제의 인식－1960년대 전반기 민족적 특성 논쟁을 중심으로」, 『현대북한연구』 2권 1호, 1999.
_____, 「남북의 근대 문학사 서술과 프로 문학의 평가」, 『민족문화연구』 33, 2000.
_____, 「새로 발견된 한설야의 소설 『대륙』과 만주 인식」, 『역사비평』, 2003.
_____, 「민족주의와 탈식민주의를 넘어서」, 『인문연구』, 영남대 인문과학연구소, 2005.
김재하, 「한설야 작품 선집 『귀향』에 대하여」, 『조선문학』, 1958.1.
김정훈, 「한국근대문학에 나타난 가족과 개인」, 동국대 석사논문, 2005.
김종철, 「민주주의, 성장논리, 農的 순환사회」, 『창작과비평』, 2008년 봄.
김진수, 「1940년 전후 가족연대기의 혁명적 무의식 연구」, 연세대 석사논문, 2006.
김　철, 「1920년대 신경향파 소설 연구」, 연세대 박사논문, 1984.
_____, 「황혼과 여명－한설야의 『황혼』에 대하여」, 『황혼』, 풀빛, 1989.
김태환, 「그레마스의 행위소 모델 수용의 문제점」, 『독일어문화권연구』, 2001.
김하명, 「생활적 진실의 탐구와 작가정신－장편소설 『형제』에 대한 소감」, 『문학신문』, 1960.2.2.

나명순, 「1930년대 후반의 한설야 소설 연구」, 『우리어문연구』 19, 2002.
나병철, 「식민지시대의 사회주의 서사와 여성 담론」, 『여성문학연구』 8, 2002.12.
______, 「이광수의 성장소설과 가족로망스」, 『비평문학』 21, 2005.11.
______, 「1920년대 초반의 연애소설과 성장소설」, 『현대문학이론연구』, 2006.
남민영, 「김남천과 한설야의 1930년대 소설 연구」, 연세대 석사논문, 1990.
류창선, 「문학 형식에서의 민족적 특성」, 『조선문학』, 1958.11.
리갑기, 「「춘향전」의 비판적 계승을 위하여」, 『조선문학』, 1954.5.
민병휘, 「계급운동과 애욕문제」, 『비판』, 1932.2.
박용권, 「한설야 연작소설 연구」, 전남대 석사논문, 2001.
박찬승, 「일제 말기 문석준의 유고 『조선역사』와 『조선역사연구』」, 『한국사학사 연구』, 나남, 1998.
박태호, 「근대적 주체와 합리성－베버에서 푸코로」, 『경제와 사회』, 1994년 겨울.
백 철, 「작가 한설야에게」, 『신동아』, 1936.9.
서경석, 「1920~30년대 신경향소설 연구」, 서울대 석사논문, 1987.
______, 「한국 경향소설과 '귀향'의 의미」, 『한국학보』, 1987년 가을.
______, 「한설야 문학 연구」, 서울대 박사논문, 1992.
______, 「1930년대 후반의 카프」, 『어문학』 66, 1999.
______, 「한설야의 「열풍」과 북경 체험의 의미」, 『국어국문학』 131, 2002.
______, 「카프 작가의 일본어 소설 연구」, 『우리말글』 29, 2003.12.
______, 「한설야 문학의 유교적 배경 연구」, 『우리말글』 36, 2006.
서동만, 「북한 사회에서 근대와 전통」, 『한국의 '근대'와 '근대성' 비판』(역사문제 연구소 편), 역사비평사, 1996.
서인식, 「항수의 사회학」, 『조광』, 1940.11.
송지현, 「『황혼』의 여성중심적 고찰」, 『어문논총』 12・13, 1991.
송호숙, 「한설야 연구」, 연세대 석사논문, 1989.
신기욱・한도현, 도면회 역, 「식민지 조합주의－1932~1940년의 농촌진흥운동」, 『한국의 식민지 근대성』(신기욱・마이클 로빈슨 편), 삼인, 2006.
신두원, 「계급문학, 민족문학, 세계문학」, 『민족문학사연구』 21, 2002.12.
심진경, 「강경애 장편소설 연구」, 서강대 석사논문, 2002.

______, 「식민/탈식민의 상상력과 연애소설의 정치학」, 『민족문학사연구』 28, 2005.
안함광, 「창작방법문제 신이론의 음미」, 『조선중앙일보』, 1934.6.24.
______, 「한설야의 작가적 행정과 창조적 개성」, 『조선문학』, 1960.12.
______, 「장편 『성장』의 몇가지 형상적 특성」, 『문학신문』, 1962.5.15.
안 휘, 「계급적 성도덕」, 『전선』, 1933.1.
양탄실, 「연애와 문학」, 『비판』, 1937.1.
엄호석, 「한설야의 문학과 『황혼』」, 『조선문학』, 1955.11.
역사문제연구소 편, 「특별기획—북한의 권력과 역사학」, 『역사비평』, 1989년 가을.
오성호, 「식민지시대 노동소설의 성과와 한계」, 『연세어문학』 22, 연세대 국문학과, 1990.
______, 「향수, 고향, 그리고 향토의 발견」, 『한국시학연구』 7, 2002.
오태영, 「향수의 크로노토프—1930년대 후반 향수의 표상과 유통」, 『한국어문학연구』 49, 2007.8.
유문선, 「카프 작가와 프롤레타리아 국제주의」, 『민족문학사연구』 24, 2004.3.
유진오, 「푸로문학과 연애」, 『동광』, 1931.12.
윤대석, 「1940년대 '국민문학' 연구」, 서울대 박사논문, 2006.
______, 「'만주'와 한국 문학자」, 『식민지 국민문학론』, 역락, 2006.
윤문상, 「한설야 소설과 애정관의 변모 양상」, 인하대 석사논문, 1995.
윤영옥, 「한설야의 『탑』에 나타난 근대성과 여성」, 『한국언어문학』 47, 2001.
윤인로, 「전향의 논리와 친일/반일의 이분법」, 『동남어문논집』 18, 2004.12.
이경재, 「한설야 소설의 개작양상 연구」, 『민족문학사연구』, 2006.12.
______, 「한설야 소설에 나타난 도제살이 구조 연구」, 『인문논총』, 2007.6.
______, 「일제 말기 한설야 소설의 나르시시즘 연구」, 『한국문학연구』, 2007.7.
이기성, 「'고독'이라는 병과 근대의 노스탤지어」, 『민족문학사연구』, 2003.
이기영, 「만주와 농민문학」, 『인문평론』 1권 2호, 1939.11.
이상갑, 「전향과 친일 그리고 저항」, 『한국 근대 문학의 형성과 발전』(국제어문학회 편), 보고사, 2004.
이상경, 「문학의 역할 외면한 교양물」, 『한길문학』, 1990.10.

______, 「일제 말기 소설에 나타난 '내선결혼'의 층위」, 『친일문학의 내적 논리』(김재용 외편), 역락, 2003.

이상숙, 「북한문학의 "민족적 특성론" 연구－1950~60년대를 중심으로」, 고려대 박사논문, 2004.

이선이, 「북한문학의 문체적 특성」, 『북한문학의 이해』 2, 청동거울, 2002.

이주미, 「한설야의 『황혼』 연구」, 『한민족문화연구』, 1996.

이태숙, 「붉은 연애와 새로운 여성」, 『현대소설연구』, 2006.3.

임규찬, 「카프 해소 비해소파를 분리하는 김재용에 반박한다」, 『역사비평』, 1988년 겨울.

______, 「카프 해소·비해소파 분리 문제와 비평적 쟁점」, 『문학사와 비평적 쟁점』, 태학사, 2001.

임성모, 「동아협동체론과 '신질서'의 임계」, 『동아시아의 지역질서』(백영서 외편), 창작과비평사, 2005.

임지현, 「20세기와 잃어버린 마르크스주의」, 『이념의 속살』, 삼인, 2001.

임 화, 「사실주의의 재인식」, 『동아일보』, 1937.10.10.

______, 「작가 한설야론－「과도기」에서 『청춘기』까지」, 『동아일보』, 1938.2.22~24.

______, 「최근 소설의 주인공」, 『문장』, 1939.9.

장상길, 「한설야 소설 연구」, 서울대 석사논문, 1990.

장성규, 「일제 말기 카프 작가들의 만주 형상화 양상」, 『한국현대문학연구』 21, 2007.4.

장성수, 「1930년대 경향소설 연구」, 고려대 박사논문, 1989.

______, 「한설야 소설 연구」, 『국어문학』 34, 1999.

전봉관, 「1930년대 한국시의 도시 체험과 향수」, 『국어국문학』 131, 2002.5.

정연태, 「1930년대 일제의 식민농정에 대한 재검토」, 『역사비평』, 1995년 봄.

정은희, 「1930년대 노동소설의 백미」, 『황혼』, 동광출판사, 1989.

정종현, 「'중일전쟁'과 탈식민의 환타지」, 『전쟁의 기억 역사와 문학』 상(동국대 한국문학연구소 편), 월인, 2005.

정찬영, 「카프 해산과 전향 논리의 의미」, 『현대문학이론연구』 13, 2000.

정호웅, 「1920~30년대 한국경향소설의 변모과정 연구」, 서울대 석사논문, 1983.
조남현, 「1920년대 한국경향소설연구」, 서울대 석사논문, 1974.
______, 「지식인소설과 노동자소설의 이중음」, 『황혼』, 동아출판사, 1995.
조구호, 「한설야의 『황혼』 연구」, 『배달말』 17, 1992.12.
조미숙, 「한설야의 노동자 소설 연구」, 『한국문예비평연구』, 1998.
조정래, 「한설야론」, 『1930년대 민족문학의 인식』, 한길사, 1990.
조진기, 「일제 말기 국책의 문학적 수용」, 『한민족어문학』 43, 2003.12.
______, 「내선일체의 실천과 내선결혼소설」, 『한민족어문학』, 2007.
조현일, 「1920~30년대 노동소설 연구」, 서울대 석사논문, 1991.
______, 「1930년대 후반 한설야 소설 연구」, 『한성어문학』, 1996.
지수걸, 「일제의 군국주의 파시즘과 '조선농촌진흥운동'」, 『역사비평』, 1999년 여름.
차문석, 『반노동의 유토피아』, 박종철출판사, 2001.
차원현, 「한국경향소설 연구」, 서울대 석사논문, 1987.
______, 「문학과 이데올로기, 주체 그리고 윤리학」, 『민족문학사연구』 21, 2002.12.
채호식, 「『황혼』론」, 『민족문학사 연구』, 민족문학사연구소, 1991.
______, 「탈-식민과 (포스트-)카프문학」, 『민족문학사연구』 23, 2003.12.
최병우, 「한국근대일인칭소설연구」, 서울대 박사논문, 1993.
______, 「한설야 소설의 서술방식에 관한 연구」, 『현대소설연구』 5, 1994.
최원식, 「『황혼』에 대하여」, 『황혼』, 창작과비평사, 1989.
______, 「프로문학과 프로문학 이후」, 『민족문학사연구』 21, 2002.12.
최일룡, 「민족적 특성에 대한 나의 의견」, 『문학신문』, 1960.5.20.
한민주, 「1930년대 후반기 전향소설에 나타난 남성 매저키즘의 의미」, 『여성문학연구』, 2003.
한 성, 「우리의 창작은 무한히 자유롭다-소설 『형제』 각색작업과 관련하여」, 『청년문학』, 1960.2.
한중모, 「긍정적 주인공과 민족적 특성」, 『문학신문』, 1960.3.29.
홍용희, 「최근의 북한 문학」, 『21세기 문학』, 2000년 가을.
홍종욱, 「해방을 전후한 주체 형성의 기도-좌파 지식인의 전향을 중심으로-」, 『근대를 다시 읽는다』 1(윤대석 외편), 역사비평사, 2006.

홍혜원, 「한설야 소설의 공간 연구」, 이화여대 석사논문, 1992.
황치복, 「한일 전향소설의 문학사적 성격」, 『한국문학이론과 비평』 16, 2002.9.
후지이시 다카요, 「1930년대 후반 한국 전향소설 연구」, 서울대 석사논문, 1997.

3. 국외 논저

宮田節子, 「한국에서의 농촌진흥운동」, 『한국근대 민족운동사』, 돌베개, 1980.
高坂史朗, 『근대라는 아포리아』(야규 마코토 · 최재목 · 이광래 편), 이학사, 2007.
今村仁司, 이수정 역, 『근대성의 구조』, 민음사, 1999.
木村光彦, 「파시즘에서 공산주의로—북한 집산주의 경제정책의 연속성과 발전」, 『해방전 후사의 재인식』 1, 책세상, 2006.
柄谷行人, 박유하 역, 『일본근대문학의 기원』, 민음사, 1997.
________, 조영일 역, 『언어와 비극』, 도서출판b, 2004.
________, 조영일 역, 『역사와 반복』, 도서출판b, 2008.
小森陽一, 송태욱 역, 『포스트 콜로니얼』, 삼인, 2002.
若林幹夫, 정선태 역, 『지도의 상상력』, 산처럼, 2006.
若,桑みどり, 김원식 역, 『사람은 전쟁을 왜 하는가—전쟁과 젠더』, 알마, 2007.
伊東 勉, 이현석 역, 『리얼리즘이란 무엇인가』, 세계, 1987.
和展春樹, 고세현 역, 『역사로서의 사회주의』, 창작과비평사, 1994.
Althusser, 김진엽 역, 『자본론을 읽는다』, 두레, 1991.
Arie's, P. · Duby G., 전수연 역, 『사생활의 역사』 4, 새물결, 2002.
Auerbach, E., 김우창 · 유종호 역, 『미메시스—서구문학에 나타난 현실묘사』, 민음사, 1991.
Bakhtin. M. M., 김근식 역, 『도스또예프스키의 시학』, 정음사, 1988.
____________, 전승희 외역, 『장편소설과 민중언어』, 창작과비평사, 1988.
Bal, M., 한용환 · 강덕화 역, 『서사란 무엇인가』, 문예출판사, 1999.
Baudrillard, 배영달 역, 『생산의 거울』, 백의, 1994.
Belsey, C., *Critical Practice*, Routledge, 1980.
Buck-Morss, Susan, 윤일성 · 김주영 역, 『꿈의 세계와 파국—대중 유토피아의 소멸』, 경성대 출판부, 2008.

Caserio, Robert L., *Plot, Story, and the Novel*, Princeton Univ. Press, 1979.

Cliff, T., 정성진 역, 『소련 국가자본주의』, 책갈피, 1993.

Cohan, S. · Shires, L. M., 임병권 · 이호 역, 『이야기하기의 이론』, 한나래, 1997.

Chatman, S., 김경수 역, 『영화와 소설의 서사구조』, 민음사, 1990.

Creed, B., "From here to modernity", *Screen* Vol.28 No.2.

Culler, J., 이은경 · 임옥희 역, 『문학이론』, 동문선, 1999.

Deleuze, G. · Guattari, F., 김재인 역, 『천개의 고원』, 새물결, 2001.

Evans, D., 김종주 외역, 『라깡 정신분석 사전』, 인간사랑, 1998.

Felski, R., 김영찬 · 심진경 역, 『근대성과 페미니즘』, 거름, 1998.

Fink, B., *The Lacanian Subject—Between Language and Jouissance*, Princeton Univ. Press, 1995.

Fludernik, M., *The Fictions of Language and the Languages of Fiction*, Routledge, 1993.

Fontanille, J., 김치수 · 장인봉 역, 『기호학과 문학』, 이화여대 출판부, 2003.

Freud, G., 『무의식에 관하여』, 열린책들, 1997.

________, 김정일 역, 『늑대인간』, 열린책들, 2000.

Gandhi, L., 이영욱 역, 『포스트식민주의란 무엇인가』, 현실문화연구, 2000.

Genette, G., trans. Jane. E. Lewin, *Narrative Discourse*, New York : Cornell UP, 1980.

Greimas, A. J., trans. Daniele McDowell · Ronald Schleifer · Alan Velie, *Structural Semantics—An Attempt at a method*, Lincoln : University of Nebraska Press, 1983.

____________, 김성도 역, 『의미에 관하여』, 인간사랑, 1997.

Greimas, A. J. · Courtés, J., 천기석 · 김두한 역, 『기호학 용어사전』, 민성사, 1988.

Gittins, D., 안호용 외역, 『가족은 없다—가족 이데올로기의 해부』, 일신사, 1997.

Hall, S. · others, *Modernity—An Introduction to Modern Societies*, Polity Press, 1995.

Holmes, J., 유원기 역, 『나르시시즘』, 이제이북스, 2002.

Hunt, L., 조한욱 역, 『프랑스 혁명의 가족 로망스』, 새물결, 2000.

Jameson, F., 윤지관 역, 『언어의 감옥』, 까치, 1985.

_________, 강내희 역, 「포스트모더니즘—후기 자본주의 문화논리」, 『포스트모더니즘론』, 문화과학사, 1996.

John, E., 임홍배 역, 『맑스 레닌주의 미학입문』, 사계절, 1989.

Kern, S., 박성관 역, 『시간과 공간의 문화사』, 휴머니스트, 2005.

Kohl, S., 여균동 역, 『리얼리즘의 역사와 이론』, 미래사, 1986.

Lacan, J., *Ecrits — A Selection*, New York : W. W. Norton and Company, 1977.

________, *The Seminar of Jaques Lacan — Freud's Papers on Technique*, New York : W. W. Norton and Company, 1988.

________, 권택영 역, 『욕망이론』, 문예출판사, 1994.

Landry D. · Maclean, G. ed., *The Spivak Reader*, New York : Routledge, 1996.

Lane, Richard J., 곽상순 역, 『장 보드리야르 — 소비하기』, 엘피, 2008.

Lanser, S. S., 김형민 역, 『시점의 시학』, 좋은날, 1998.

Laplanche J. · Pontalis J. B., 임진수 역, 『정신분석사전』, 열린책들, 2005.

Lowenthal, D., "European and English Landscapes as National Symbols", *Geography and National Identity*(ed. David Hooson), Blackwell : Oxford, 1994.

Lukacs, G., 이춘길 편역, 『리얼리즘 미학의 기초이론』, 한길사, 1985.

________, 반성완 역, 『소설의 이론』, 심설당, 1985.

________, 황석천 편역, 『현대 리얼리즘론』, 열음사, 1986.

Marx, K., 김수행 역, 『자본론』 I, 비봉출판사, 2001.

Mies, M. · Shiva, V., 손덕수 외역, 『에코페미니즘』, 창작과비평사, 2000.

Morris, P., 강희원 역, 『문학과 페미니즘』, 1997.

Mosse, George L., *Nationalism and Sexuality*, Howard Fertig, 1997.

Myers, Brian, *Han Sŏrya and North Korean Literature — The Failure of Socialist Realism in the DPRK*, Cornell Univ. Press, 1994.

Osborne, P., 고병권 · 조원광 역, 『How to Read 마르크스』, 웅진지식하우스, 2007.

Paxton, Robert O., 손명희 · 최희영 역, 『파시즘』, 교양인, 2005

Pecheux, M., trans. Harbans Nagpal, *Language, Semantics, and Ideology*, Macmillam, 1982.

Pelski, P., R., 김영찬 · 심진경 역, 『근대성과 페미니즘』, 거름, 1999.

Perry, M., "Literary dynamics — how the order of a text creative its meaning", *Poetics Today*, 1979 Fall.

Pickering, J., *Narrative of Nostalgia, Gender and Nationalism*, New York UP., 1997.

Renan, E., 신행선 역, 『민족이란 무엇인가』, 책세상, 2002.

Reboul, O., 홍재성 · 권오룡 역, 『언어와 이데올로기』, 역사비평사, 1994.
Rimmon-Kenan, S., 최상규 역, 『소설의 시학』, 문학과지성사, 1996.
Robin, R., *Socialist Realism – An Impossible Aesthetic*, Stanford UP, 1992.
Schramke, J., 원당화 · 박병화 역, 『현대소설의 이론』, 문예출판사, 1995.
Sebeok, T. E. ed., *Encyclopedia Dictionary of Semiotics*, mouton de gruter, 1986.
Siegel, C., *Male Masochism – Modern Revisions of the story of Love*, Indiana UP, 1995.
Simmons, Ernest J., *Through The Glass of Soviet Literature*, Columbia UP., 1961.
Spivak, Gayatri C., "Can the Subaltern Speak?", *Marxism and the Interpretation of Culture*(Cary Nelson · Lawrence Grossberg eds.), Macmillan, 1988.
Stanzel, F. K., 안삼환 역, 『소설형식의 기본유형』, 탐구당, 1982.
__________, 김정신 역, 『소설의 이론』, 탑출판사, 1990.
Suleiman, Susan R., *Authoritarian Fictions*, Princeton University Press, 1993.
Todorov, T., 곽광수 역, 『구조시학』, 문학과지성사, 1977.
Toolan, Michael J., 김병욱 · 오연희 역, 『서사론—비평언어학적 서설』, 형설, 1993.
Uspenskii, B. A., 김경수 역, 『소설구성의 시학』, 현대소설사, 1992.
Zima, P., 허창운 · 김태환 역, 『이데올로기와 이론』, 문학과지성사, 1996.
_______, 허창운 · 김태환 역, 『텍스트사회학이란 무엇인가』, 아르케, 2000.
_______, 김태환 역, 『비판적 문학 이론과 미학』, 문학과지성사, 2000.
Žižek, S., 김소연 · 유재희 역, 『삐딱하게 보기』, 시각과언어, 1995.
_______, 주은우 역, 『당신의 징후를 즐겨라』, 한나래, 1997.
_______, 박정수 역, 『그들은 자기가 하는 일을 알지 못하나이다』, 인간사랑, 2004.
_______, 이성민 역, 『까다로운 주체』, 도서출판b, 2005.
_______, 박보희 역, 『전체주의가 어쨌다구?』, 새물결, 2008.
Zupancic, A., 이성민 역, 『실재의 윤리』, 도서출판b, 2004.